叢書・ウニベルシタス　888

カインのポリティック

ルネ・ジラールとの対話

ルネ・ジラール／ドメーニカ・マッツ　他
内藤雅文 訳

法政大学出版局

POLITIQUES DE CAÏN: EN DIALOGUE AVEC RENÉ GIRARD

This book is published in Japan
by arrangement with DESCLÉE DE BROUWER
through le Bureau des Copyrights Français, Tokyo

まえがき

近代性によって忘れ去られたかのように見えた一つの知が、今日、力強く蘇りつつある。それは古い神話の中に、無意識の奥底に、夢のイメージの中に、〈想像的な〉生活の乗り越えがたい紆余曲折の中に刻み込まれている知である。その知が関与するのは詩的な、芸術的な世界だけではない。時には隠れたやり方で、また時には感知できるような、心にしみいるようなやり方で、その知が保持し支配している人類の歴史や宿命にもまた関与する。この知は象徴的な領域に属している。形成基盤という点では、この知はあらゆる時代に適合するものである。というのも、最も古い社会から最も技術的な、最も制度化された社会に至るまで、どんな社会もそれぞれに象徴的なシステムと知とを伝達しているからである。

象徴の世界は、分化された、トポス論的状況において、ずっと以前から研究の対象となっている。また美学、人類学、精神分析のような研究分野は、自らの責任で象徴の世界を継承してきた。逆に、政治的、社会＝制度的な科学においては、象徴的なものは散発的、偶然的なやり方でしか研究されることがなかったのであり、研究家たちは――例えば、その業績が国際的な成功を博しているミゲル・ガルシア・ペラヨとか、マリー・エデルマンに倣って――特にある種の現象、偶発的な様相をその象徴的なものによって把握してきた。あるいはエルンスト・カッシーラーのように、象徴的なものを一連の専門化された言語活動と見なしてきた。

象徴的なものの研究を政治哲学の領域にまで拡大した功績は、イタリアの研究家たちのグループに帰する。政治的なものの——および法律学の——象徴体系は、特殊な方法論を備えた真の科学的研究分野である。

「**ミーティ、シンボリ・エ・ポリーティカ**〈神話、象徴、政治〉センター」の最初の中核は、一九七〇年代の終わりにメッシーナ大学で組織された。まもなく他の国々の研究家たちが合流することによって、この「センター」は研究、学術会議、ゼミナール、専門化された講義、および本の出版といった主導的な大きなネットワークを展開させるようになった。

象徴の次元はほとんどいつも、最も遠回りな、最も目につかない道をとるのであるが、その作用を無視することはできない。というのも、そんな風に無視することによってその効果を強化し、同時にその象徴の次元を制御できないもの、予見できないものにしてしまうからである。象徴はその時、集団的無意識によって保護されつつ、闇の中でうごめくがゆえに危険な力となる。だからこそ、この象徴の次元の認識を培う重要性が生じてくるのだ。

本書に集められている著作家たちは、模倣の心理学や宗教の人類学に関して、自分の仮説をルネ・ジラールの仮説と対決させている。それゆえ、この論文集はルネ・ジラールの一つのテクストから始まる。フランス語ではまだ刊行されていなかったそのテクストは、一九九八年の「所属の象徴」に関するシンポジウムの際に、メッシーナで行なわれた最初の講演の再現である。

ジューリオ・M・キオーディ

カインのポリティック／目次

凡例

＊原文のイタリック体は太い明朝体で示した。
＊原文の大文字で始まる単語は「　」で示した。
＊原文の« »は、〈　〉で示した。
ただし、作品の長い引用箇所には、「　」を用いた。
＊原文の" "は、〝　〟で示した。
＊（　）と［　］は原文どおりである。
＊訳者の補足・説明には〔　〕を用いた。
参照可能な邦訳文献も〔　〕を用いて示した。

序説

ドメーニカ・マッツ

ただ、たまたま私は彼らのうちの一人を英雄にする必要があったのです。そこで、私は他の者たちに囲まれている彼らの死体を探したのです。彼らが――たぶん、生涯において初めて――抱き合っているのを見つけました。彼らはお互いに剣で刺し違えていたのです。次いで、アルゴスの騎兵隊の重みが彼らの上を通過していったのです。彼らはぐちゃぐちゃにつぶれていましたよ、アンティゴーヌ、見分けがつかないほどにね。私はその体のうちの一つ、二人のうちの損傷のひどくないほうを集めさせました。国葬にするためです。そしてもう一つはそこでそのまま朽ち果てるにまかせよ、という命令を与えたのです。それがどちらであるのかということさえ私には分かりません。だからはっきり言うと、私にはそれがどちらであっても同じことなのです。

ジャン・アヌイ、『アンティゴーヌ』

第三千年紀の節目にあって、二〇〇一年九月十一日のテロは、この地球という惑星全体にとって新しい時代の始まりを示している。ツインタワーの破壊によって引き起こされた衝撃の波は、部分的に、このテロ組織が持つ異例な様式に起因している。その責任は誰に負わせるべきなのだろうか。これが脳裏に浮かんでくる最初の疑問である。もちろん**敵**に対してである。しかし一体誰の敵なのだろうか。というのも、これらの高層ビルに被害を与えた火災では、一種の犠牲的な重大局面において、じつに多様な民族と国籍が混じり合っていたからである。死を与えた者たちもまた死んでしまった。虐殺者たちと犠牲者たちが白熱した同じ鋼鉄の中に溶けてしまったのである。人々の心を占領した無差別の暴力による深い祭壇、「**グラウンド・ゼロ**」の共同墓穴に集められたのは、無差別な人間たちの遺骨である。われわれはこのような暴力を、祖先たちの恐怖から千年以上を経た時の深淵の中に永遠に封じ込めた、と考えていた。しかし、計り知れない、不可解な理屈にそそのかされて、その暴力が、煙のいがらっぽい臭い、火の耐え難い熱、炎のまばゆい光といった悪夢のような荷物を携えて、今、太古の昔から蘇ってきている。広島、カルタゴ、トロイア……におけるように、ニューヨークにも。

当然のことながら人々は次のように自問する。同じような火が、決して完全に消えることなく、突然再び炸裂するのだろうか。同じような都市が破壊され、再建されるのだろうか。同じような死者たちが再び立ち現われてきて、またもや、あいかわらず虐殺されるのだろうか。

神話は暴力の再現を禁じるが、暴力は常にそこにあり、**アブ・ウルベ・コンディタ**〔都市の建設以来〕、あらゆる物語言説の紛れもない**冒頭句**を成している。ローマの暴力的な建設は、トロイアの暴力的な破壊の埋め合わせをしたのである。神々の援助のおかげで虐殺から生き残った英雄、アイネイアースと、ギリシャ人たちによって助けられた裏切り者、アンテーノールは二人とも、イタリアのほうに向かう船に乗り込む。彼らのうちの一人はアドリア海のはずれに、もう一人はラウレンテース族の領土に居を定め、彼らは自分たちの仮住まいに同じトロイアという名前をつける(1)。しかしながら、物語はアイネイアースの反意語、アンテーノールを忘れてしまい、彼は「物語言説の中に生まれるとすぐに死んでしまう(2)」。これは宿命的な、避けることのできないシンメトリー、ロムルス〔オオカミに育てられ、ローマの初代の王となったとされる〕とレムス〔ロムルスの双子の弟〕の伝説が象徴している分身の悪夢への序曲なのであって、敵どうしでもあるこの兄弟は、一人だけが、もう一人の屍の上に塀を建てることによって、やがてその「町」を建設するのである。なるほどこの都市の誕生によって、暗黙のうちにシンメトリーと結びついている危険が避けられはするが、しかし暴力にけりをつける**差異**はそれ自体恣意的なものである。つまり、なぜレムスではなくてロムルスなのだろうか。建設にまつわるすべての伝説が、人類のための真の**記憶**として、これと同じ疑問を提起している。概して文化的次元の基盤を成す非シンメトリーは、必然的に不安定をもたらすものなのだが、同時にこの非シンメトリーは、遅かれ早かれ、必ず最初の汎婚的な pantogamique、全破壊的な pantoclastique 未分化状態に戻ってゆく。

　今日では、もはや予告することなど問題ではない。九月十一日の象徴的なメッセージの意味は、付随するツインタワーの崩壊から引き出される。差異ゆえの危機はひたすら拡大しているのであって、ルネ・ジラールがその危機のことを、「暴力と相互性」と題された最近の論文で話題にしている。その中で彼は、現代において、「われわれにのしかかってくるあらゆる脅威の中で最も恐るべき脅威、現実的で唯一の脅威、それはわれわれ自身なのだ(3)」、と強調している。暴力はわれわれの内にある。それは指数のように増加し、通過しながらすべてのものを荒廃させる自然の大災害のような破壊力によって広まり、最も遠い心の深層から生じた一種の暗い聖別によって支えられている。通常は覆い隠されているこの深層が突然現われてきて、**秩序自体** *ordre en soi* が危険にさらされている、ということを人間に警告するのである。太古の時代と場所においては、人間社会の守護神、エウメニデス〔慈しみの女神たち〕の好意が、エリーニュエス〔復讐の女神たち〕の怒りを止めていた。しかし今日では、「大いなる神話のイメージが、まるで暴力が極めて古い時代の、少し謎めいた形態を取り戻したかのように、突然また浮かび上がってくる」、とジラールは書いている。「それは最も激しい暴力の数々が、その真ん中で合流し、混じり合う渦巻のようなものであって」、「全人類が自分自身の暴力と地球的規模で出会う場」のようなものである(4)。

ここには、千年王国説の不安とともに〈勝利する近代主義〉によって引き合いに出されたグローバル化が、期待された独自性〔自己同一性〕や和解ではなく、混乱と苦悩しかもたらさなかったという逆説的な結果を見ざるをえない。差異を消し去った後では、すべてが**無関心な** *in-different*〔差異の＝ない〕ものになる(5)。最初の未分化状態の背景には、ヘーゲルの有名な**ウーアスツェーネ**〔原初の光景〕のように、個人どうしが向かい合っている。各人は、他者に先んじ、自分が目標とする物を奪うために、他者の行為を監視し、その方針を見つけようと努める。そんな風にして彼は、模倣者（奉仕者）からモデル(6)（主人）へと変化するのである。いわゆる冷戦の時代には、〈この世の女王〉として、またエリーニュエスとエウメニデスの守護者として、核爆弾が王座に居座った。「聖職者や信徒たちの大群衆の上に居座ったのであって、彼らはそれに奉仕するためにしか存在していないように見える(7)」。核爆弾の存在によって人質にされていることを意識している明晰な人間たちは、核爆弾を神聖化したのである。ますます非神聖化してゆく世界において、暴力は、〈毒〉であると同時に〈薬〉でもあり、それゆえに正当な権利として、人間に及ぼすその力を復活させている(8)。

核爆弾の救済能力はそれ以降、論じ尽くされたかのように思われる。テロリズムが伝統的な戦争に取って代わったために、人類はまたも深淵の縁に立たされている。エロス〔愛の神〕かタナトス〔死の神〕かの選択の岐路に立って、模倣的な踊りの繰り返しに呪縛されたかのようになって、人間はもはや、走っている自分の欲望がどこで止まるのかを知ることができない。また他者の欲望がどこで止まるのかも知ることができない。そうした呪縛の虜となって、人間は、人間にではなくモデルに左右されるような対象への精神的隷属の中で生きている[9]。カインが存在するのは、アベルが存在するからである。カインの系譜にとって、アベルはやはりカインの幽霊のようなモデルである。すべての幽霊と同様に、つかまえることも消滅させることもできない彼は、欲望のために、絶対的な対象を再現し続けるのであって、追いつこうとするとたちまち、解体して、消えてしまう。

最近の世界的な事件の数々が証明したように、カインのような戦略のうちで最も新しい戦略がもくろむのは、もはや他者の欲望に向かって示されるということではなくて、まったく逆に、他者の欲望から逃れ、目に見えないものとなること、兄弟や敵と**区別がつかないように**紛れ込んでしまうということなのである。恐怖を拠り所とする現代的戦略において心理的に最も強烈な衝撃を与えた、二つの現象を考えさえすればよい。それはつまり、バイオテロリズムと自爆テロである。敵はもはや正面から立ち向かっていって殺すということはしない。個人的、生物学的、社会的な機構の最も目につかない繊維組織にまでこっそりと侵入して、敵はそれを破壊する。このような脅威は、その危険を推し量ることが困難であればあるほど、より一層桁外れなものとして精神的な次元で察知される。生物化学兵器は目に見えず、カミカゼは無意識のうちに模倣される。

ミメーシス〔模倣〕を中断するのは、最初に人類の絶滅に向かって出発の合図を送り、最後に地球の最も寒々とした砂漠に勝利の旗を打ち立て、最終的な保有者としての刻印を押して、地上の権力を揺るぎなくする者であろう。それはつまり、いかなる自己同一性によっても区別されることのない象徴、頭蓋骨のことである。

今日では、兄弟殺しという争いの中に、カインの特徴やアベルの特徴を見定めるのは難しくなってきている。それは本当にあちらこちらで、もはや守ることのできない壁と壁との間で展開されていて、血も凍りつくような映像を伴っている。人類がこれから直面する黙示録におけるが如き大惨事との境目で、すべて同じように傷つけられ切断された体を、相互に区別することは可能なのだろうか。世界の重心は地獄のほうへ傾いたのだ。「**グラウンド・ゼロ**」において、めくり上がり、われわれの目に入ってくるのは、堅固な地上の内臓そのものであって、昨日それは「高層ビル」の〔ジュピターのように〕威圧的な高みからまばゆく輝いていたのに、今日は基盤がむき出しになって灰燼に帰してしまうのである。

「**グラウンド・ゼロ**」という表現は、九月十一日のまさしく夕方に、ただちに日常言語に入ってきたものであるが、これは一つの正確な起源、特別に意味が込められた起源を持っている。というのもこの表現は、「一九四五年七月十六日、ニューメキシコ州、アラモゴードで、人類の歴史において最初の原子爆弾が爆発した［トリニティー〔三位一体〕という名の］サイトの正確な場所を、教養あるすべてのアメリカ人の心に必ず思い出させるからである[10]」。この名前は、「やがて広島と長崎を粉砕することになる爆弾を開発する興奮状態の中で[11]」、オッペンハイマー自身によって選ばれた。ツインタワーへのテロは、アメリカ人たちの想像力の中に、核爆発と同じくらい強力な衝撃を刻み込んだ。そしてそれは、一九四五年八月に日本に原子爆弾を投下することで、**彼ら自身**が引き起こした核爆発のイメージを伴っている。それゆえ、二〇〇一年九月十一日は一つの**ミメーシス的な応答**ということになるのではないだろうか。

以上が、十分に納得のいく一連の基礎原理を拠り所として、ジャン゠ピエール・デュピュイが主張することである。実際に、ＣＩＡによって押収されたアルカイーダのメッセージの一つは、〈アメリカに対する広島〉をほのめかしているように見えるのであって、それはウサマ・ビン・ラディンによって用意されたものらしい[12]。一九八八年五月、アメリカのチャンネルABCのあるジャーナリストとの会見の中で、ウサマ・ビン・ラディンははっきりと、曖昧さなどありえないかのように、女性や子供たちも含め、民間人と軍人、すべてのアメリカ人を標的とするテロリストのテロの論理を述べていた。「始めたのはアメリカ人のほうだ。相互性という原則にきちんと従って、反撃と懲罰が実行されなければならない。とりわけ女性や子供たちが問題となるときにはそうである。原子爆弾を投じて、長崎と広島に対し大量破壊兵器という手段を講じたのは、アメリカ人だった。それらの爆弾は軍人と女性と子供たちを区別することができただろうか[13]」。

　テロリストたちの行為を示唆したと思われるこのシンメトリーの原理は、九月十一日の事件の後、二〇〇二年二月五日に、ビン・ラディンが応じたテレビの単独会見で確認された。彼はこう言っている。「われわれの子供たちを殺す者たち自体を殺すということがテロリズムだというのならば、その時はいいだろう、歴史に、われわれはテロリストであると証言してもらうことにしよう[14]」。彼はさらに、人を殺した者たちを殺すのは、「コーランの教えによっても、論理によっても許される[15]」とさえ付け加えている。

　相互性の論理という名目で、ニューヨークの死者たちは広島の死者たちの**埋め合わせをしたことになるらしい**。また日本語の**カミカゼ**が、復讐の脅威を強調している。しかし、九月十一日の暴力においては、誰が誰の犠牲者なのだろうか。多数の人命が犠牲になったことを記憶するために「**グラウンド・ゼロ**」を聖別する企ては、すぐに超時間的な石につまずく。つまり、どのようにしてテロリストたちと他の人たちを、犠牲を引き起こした者たちと、それをこうむった無実の犠牲者たちを区別することができるのだろうか。もう一度繰り返して言えば、誰がカインで、誰がアベルなのだろうか。

早急に答えを出さなければならない。というのも、「高層ビル」の鋼鉄はなおも白熱しているのだが、人間は鋼鉄でできているのではないからだ。

本書は、二十年前から政治的象徴体系について取り組んでいる、メッシーナ大学における研究家グループの論文を紹介するものである。このグループが設立した「**ミーティ、シンボリ・エ・ポリーティカ**（〈神話、象徴、政治〉）研究センター」は、定期的に討論会やゼミナールを組織し、そこには国際的な最高の専門家たちが参加している。(16)

これらの論文の執筆者たちは、それぞれ個人的な視点から出発しているが、ルネ・ジラールの思想と明白な、あるいは暗黙のつながりを持っており、暴力と同じくらい複雑で、予見できない展開を見せる現象を理解し、正当化するためには、政治哲学と生物学という二つの古典的なアプローチだけでは不十分である、という理論的な信念を共有している。ルネ・ジラールは、人間の暴力の起源には、欲望によって引き起こされたミメーシス的敵対関係があるという仮説に基づいた、第三のアプローチを提起している。その敵対関係は――生物学で規定されているような食欲や生理的欲求から生じるのではなくて――この上なく象徴的な主体、人間に固有のもの〔人間の属性〕なのである。ミメーシス的敵対関係という概念は、本書の論文の特徴である象徴的アプローチと結びついて、解釈学の環を完成させるものであるが、この環の中にわれわれは兄弟どうしの戦いのテーマを閉じこめようと試みたのである。

このテーマはわれわれを、政治的な分野で最も意味の明白なパラダイムの一つに差し向ける。ヘブライの伝統の中に強く根づいた兄弟どうしの争いは、ギリシャの伝統に固有の、父親と息子の戦いのモデルによって部分的に隠されてしまった。そしてこのギリシャの伝統は、家族のパラダイム（父親＝息子）を力の関係（君主＝臣下）に拡大しながら、何世紀もの間、政治理論を支配してきた。

ヘブライの伝統を拠り所とするならば、象徴的な次元では、政治権力の保有者が父親ではなくて、兄弟のうちの一人、もう一方を屈服させた者である、という命題をはっきりさせることができる。したがって、カインを出発点に、権力は、政治的体制という間接的な方法によって人類最初の殺人者に変える恣意的な恩恵から生じてくる。この暴力が示している特徴のすべては——周期性という特徴をも含めて——根源的な創設者の危機である。

ホッブズからルソーへ、ヘーゲルから今日に至るまで、カインとアベルの聖書の物語は、人間どうしの平和共存の可能性に関して、厳密な、熱のこもった考察の対象となり続けてきた。


この著作をルネ・ジラールに捧げるのは、もちろんのことであるが、「**ミーティ、シンボリ・エ・ポリーティカ・センター**」のわが友人たち全員に、そしてとりわけ、最初の提唱者であったジューリオ・M・キオーディに捧げる。

同様に、この論集の実現と指揮という点で、マリーア・ステッラ・バルベーリが果たした重要な役割についてもぜひ強調しておきたいと思う。この大切な話し相手に、私の心からの感謝の念を捧げる。

さらにまた、熱意あふれる、献身的な協力をしてくれたことに対して、われわれの若きアシスタントたち、マリーア・フェリチア・スケピス、カチューシャ・カプリ、マリーア・グラツィア・レクーペロに感謝したい。そしてわれわれ一同から、「政治社会研究部門」のライブラリー〈V・トメオ〉の責任者、フランカ・ボッタリに感謝を申し上げたい。彼女にとってはいつものことであるけれども、注意深く熱心に、彼女はわれわれの仕事を手助けしてくれたのである。

最後に、デクレ・ド・ブルウェー出版社の、ブノワ・シャントルに深い感謝の気持ちを表わすことをお許し願いたい。彼こそが、ミメーシス理論に寄せるその関心によって、本書の真の推進者であったに違いないのである。

原註

（1）アガメムノーンとの平和交渉のために、プリアモス〔トロイア王〕によって送り込まれたアンテーノールは、自分を愚弄したプリアモスの息子の一人、デーイポボスに復讐するため、パラディオン〔女神パラス（アテナ）の像。トロイヤを守ると信じられた〕とトロイアの町をオデュッセウスの手に委ねようと決心した。それと引き換えに、彼は自分の命を助けること、自分の家族を救うことという約束を取りつけた。トロイアが蹂躙されている間、ギリシャ人たちは、アンテーノールの家の扉の上にヒョウの毛皮を吊り下げて、その家に手をつけてはならないということを示した。トロイアの町の占領の後、アンテーノールと、彼の妻テアーノーと、彼らの四人の子供たちは、アドリア海の海岸、エネーティカに向かって出発し、そこに居を定めたらしい。彼らが上陸した港は、〈新トロイア〉という名前を受け取ることになった。アンテーノールはウェネーティ人たちの先祖と見なされており、彼がパドバの町を創設したとされている（Robert Graves, *Les Mythes grecs*, Paris, Hachette Littérature, 1958 を参照）。ティトゥス・リウィウスの『歴史』の読み方に関しては、Michel Serres, *Rome, le livre des fondations*, Paris, Grasset & Fasquelle, 1983を見よ。

〔ミッシェル・セール、高尾謙史訳、『ローマ　定礎の書』、法政大学出版局、一九九七年〕

（2）Michel Serres, *Rome, le livre des fondations, op. cit.*, p. 144.

（3）René Girard, «Violence et réciprocité», *Celui par qui le scandale arrive*, Paris, Desclée de Brouwer, 2001, p. 15 に所収。

（4）*Ibid.*, p. 16.

（5）「グローバル化が待たれていたときには、すべての人がその到来を願っていた。地球的規模のまとまりは勝利する近代主義の大いなるテーマであった。それを祝って〝万国博覧会〟が増えていった。ところがグローバル化が実現している今では、誇りよりもむしろ苦悩をより多く呼び起こしているのである。明らかに、差異を消し去るということは、確実視されていた世界的な和解ではないのかもしれない」（*ibid.*, p. 16–17）。

（6） ヘーゲルにとって、各自意識は「自らがすることと同じことを**他者**がするのを見ている。各自意識が他者に要求することを自意識それ自体がするのである。それゆえ他者もまたそれをするという限りにおいてのみ、自意識がすることをする」（*Phénoménologie de l'esprit*, J. Hyppolite 仏訳, Paris, Aubier-Montaigne, 1939, 1941, p. 156–157）。〔ヘーゲル、樫山欽四郎訳、『精神現象学』（上・下）、平凡社、〈平凡社ライブラリー〉、一九九七年〕

（7） René Girard, *Des choses cachées depuis la fondation du monde*, Paris, Grasset, 1978, p. 278.〔ルネ・ジラール、小池健男訳、『世の初めから隠されていること』、法政大学出版局、一九八四年〕

（8） ルネ・ジラールは次のように書いている。「人間はいつも偶像の陰に、すなわち自分たちに固有の神聖化した暴力の陰に、平和を見出してきた。そして今日でもなお、究極の暴力の庇護のもとに、人間はそうした平和を探し求めている。絶えず非神聖化してゆく世界においては、全体的、直接的な破壊という永続的な脅威のみが、人間たちの相互破壊をくい止めているのである。要するに、暴力が爆発するのをくい止めているのは、常にまさしく暴力なのである」（*ibid.*, p. 279）。

（9） これはまたフロイトによる欲望の劇的な両価性《アンビヴァランス》でもある。生命を守ることにかかりっきりになると、個人は抑えがたい力によって最終的に死と区別のつかない状態のほうへ追い込まれる、そしてその欲望そのものを通じて、絶えず障害を提示することによって、彼は死を複雑なものにしてしまうのである。本能についてのフロイトの理論はこの矛盾を説明することができない。というのも、彼はエロスとタナトスの中に二つの根源的な原理を見るからである。ルネ・ジラールはこの二つの本能〔愛と死〕を特異な起源に差し向け、これらを「同じ一つの原因、すなわち模倣的欲望の、誤って理解された部分的な二つの結果」と見なしている（*ibid.*, p. 437）。模倣の理論という観点から、彼は、その未分化状態を構築しようとする衝動を説明することができるのである。「この衝動を認識するということは、その欲望が、究極的に、死のほうへ、他者やモデル＝障害の死、さらには主体自身の死のほうへ向かってゆくということを認識することである」（*ibid.*, p. 436）。続いて彼はこう断言する。「フロイトが行なっているように、他のすべての本能から独立していて、それらすべてを統轄しているような新たな本能をまたも考え出すということは、模倣的欲望のエネルギーが狂気のほうへ、死のほうへ向かっているということを理解できないということである」（*ibid.*, p. 436-437）。ジラールはさらに次のように強調している。「核開発による対立関係において」、この特徴は「とりわけ際立つように具体化されている」（*ibid.*, p. 436）。

（10）Jean-Pierre Dupuy, *Avions-nous oublié le mal?*, Paris, Bayard, 2002, p. 48.

（11）*Ibid.*

（12）*Ibid.*, p. 49-50を見よ。

（13）この会見のテクストは、Jean-Pierre Dupuy, *Avions–nous oublié le mal?* に掲載されている。*op. cit.*, p. 49.

（14）*Ibid.*, p. 50.

（15）*Ibid.*

（16）メッシーナ大学の「**ミーティ、シンボリ・エ・ポリーティカ**・センター」の仕事の中で喚起しなければならないのは、映画の言語活動についての象徴的分析の研究所、〈オッフィチーネ・シンボーリケ OffiCINE Simboliche〉〔象徴の仕事場、チーネは映画の意〕における仕事である。この「センター」が刊行したいくつかの本は、その研究所に捧げられたもので、トリノのジャッピケッリにより出版されている。*L'immaginario e il potere*（1992）, *La contesta tra fratelli*（1993）, *La simbolica politica del terzo*（1993）は、ジューリオ・M・キオーディの監修によるものである。また刊行に向けて進行中のものは、キオーディとドメーニカ・マッツの監修による *La simbolica politica dell'appartenenza* と *Spazi e simboli dell'identità politica* である。これと同じ叢書において、個別研究の刊行がすでに開始されている。Elena Cuomo, *Il sovrano luminoso. Fondamenti della filosofia politica de Louis-Claude de Saint-Martin*（2000）および Maria Stella Barberi, *Mysterium e ministerium. Figure della sovranità*（2002）である。マッツの監修による、*Quaderni del simbolico* の第一号が、最近刊行されたばかりである。この「センター」との共同作業として、いくつもの会議や研究会がトリエステ大学の政治学部で開催されているが、その貢献は（クラウディオ・ボンヴェッキオが監修した）次のような本の中に見られる。*Ponzio Pilato o del giusto giudice*（Cedam, Padoue, 1998）, *Il nuovo volto di Ares o il simbolico nella guerra postmoderna. Profili di simbolica politico-giuridica*

(Cedam, Padoue, 1999), *L'irrazionale e la politica* (Université de Trieste, 2001), *Gli Arconti di questo mondo. Gnosi, politica e Diritto* (Université de Trieste, 2000). 象徴による研究家たちのこのグループの提唱によって、ナポリのベニンカーサ・ウルスラ修道女学院では、学術会議と技術研修が何度か開催された。同じナポリの町にあるフェデリコ二世大学の政治学部では、通年課程の単一テーマに関する講義がいくつか設置された。ヨーロッパの高度な成長を目的とするエコール・ユニヴェルスィテール、〈ジャン・モネ〉で、象徴分析の方法論的なゼミナールが二つ、キオーディとGiuseppe Limoneによって組織され、Sito Reale de San Leucio (Caserte) の本拠地で展開された。ウルビーノ大学ではルイージ・アルフィエーリの指揮のもとに大学の講義が行なわれた。他にもいくつかの率先的な活動が、インスブリア大学でそれらの活動どうしを結びつけて、今まさに実現しようとしている。例えば、政治的象徴と文化的形態の研究センターや、コミュニケーションに関する象徴体系の研究における学位審査といったものである。またシエナ大学に本拠地がある団体、「**シンボロ、コノッシェンツァ、ソチエタ**〔象徴、認識、社会〕」の活動も指摘しておこう。そこにはとりわけDomenico Conciによって組織された人類学の部門と、キオーディによって組織された法律的〝政治的象徴体系の部門が加わっている。後者は雑誌*Symbolon*を刊行している。象徴の研究とこの部門の活動に関する最新情報についての文献目録が、メッシーナ大学の「**ミーティ、シンボリ・エ・ポリーティカ**・センター」によって作られている。

所属

ルネ・ジラール

所属とは何かあるものに、誰かある人に所属するという事実を示す。農奴は土地に所属する。奴隷はその主人に所属する。われわれの民主主義の世界では、少なくとも原則的には、もはや誰も領主や主人に所属するということはない。人はもう法的に自由で平等な個人からなる共同体にしか所属しないのであって、それもまた原則的なものである。

われわれはみな人間という種に所属している。ここにいるあなた方はほとんど全員イタリアという国家に、シチリアに、メッシーナという都市に、あれやこれやの社会環境に、あれやこれやの家庭に所属している。あなた方の大部分にとっては、今日、超国家的な、新たな所属さえ存在する。つまり、あなた方のパスポートはもはやイタリアだけに通用するのではなく、ヨーロッパに通用するのだ。

ある種の所属はことのほか空間的ではあるが、それらは必然的に時間的な次元を有している。そして逆もまた同様である。われわれはみな決まった一つの世代に所属しているのである。所属が空間と時間の中に位置づけられるのは、人間もまた同様に位置づけられるからである。ある宗教、ある社会的環境や職業的環境、あるイデオロギー、ある政党への所属といった具合に、ある種の所属はもっぱら文化的である。それとはまた別に、ことのほか自然的ではあるが、しかし〈文化的なものとされた〉所属もある。例えば、われわれはみなある決まった血筋の集団に属している。

かつて、所属というものはすべて階級的なやり方で組織されていた。現代世界では、所属はますます多様なものに、変わりやすいものになっている。われわれは今やさまざまな所属の集合体なのであって、しかも階級的な名残をも備えている。

強い所属と弱い所属が存在し、その割りふりは、ある個人から別の個人へ、ある国から別の国へ、ある時代から次の時代へと変化してゆく。ある人が私に語ってくれたことによるならば、イタリアでは、国家的な所属がアメリカ合衆国やフランスよりも弱いけれども、地方的、家族的な所属はより強力なのだという。

意志的な所属と無意志的な所属がある。アカデミーへの所属といった名誉的な所属と、前科者集団への所属といった不名誉な所属がある。

ただ単に行政的、官僚的な所属もあれば、別の所属はそれとは逆に、個人的で、しかも人の目からは隠されている。それは例えば、誰にも知られずに、ある個人が身も心もどっぷり浸っているような秘かな情熱への所属である。また同様に、支配されている人を除いては、誰でもが苦もなく確かめることのできるような所属もある。もしも私がうぬぼれ屋という人間のタイプに所属しているならば、私はそのことに気づかない唯一の人間である。

われわれの社会的自己同一性は、あまりにも数多い、あまりにも多様な所属が交差し、混じり合う場のことなので、所属はそれだけで、自分だけが所有するような、何か唯一のもの、ある個人的存在を形成する。われわれの所属が厳密な意味で個人的であったためしはないとしても、所属の数と多様性は極めて多いので、各個人にとっては、他のすべての集合体とは異なる一つの集合体、われわれの遺伝子のシステムと少し似通った、一つの特異な自己同一性を組み立てているのである。

所属を個別化するこの多様性の中にこそ、**自己同一性**《イダンティテ》という語の、二つの意味の説明を求めなければならない、と私には思われる。それらの意味は確かに異なってはいるが、しかし何にもまして真っ向から対立するものなのである。自己同一性を得るということは、唯一のものになるということであるが、その使い方の他に、この用語は唯一のものとは逆のものを意味し、同じもの、別の言葉で言えば、個別化しうる差異の完全な欠如を指し示す。

要するに、すべての人間に所属すれば、われわれはもはや自分自身にしか所属しなくなるのである。われわれ固有の自己同一性とは、われわれを無数の他者たちと同じものにするすべてのものの交わりでしかない。自己同一性の逆説は以上のように説明されるのだが、ただしそれは、今日、これほど多くの人々が〈自己同一性の問題〉と呼ぶものに悩まされていても、そんなことは驚くことではないというようなやり方によってである。この表現そのものが彼らの混乱を強調し、かつ説明している。これらの人々は自分をみんなと同じであり、かつ誰とも同じではないと感じている。特異性に関して、現代世界がわれわれに提起しているものは、われわれの唯一性という欲望を満足させることができない。

強力に社会化された伝統的な世界においては、人々はその所属によってすでに、排他的にと言えるほどに規定されている。しかし人々は所属と区別がつかず、所属と一体になっているので、無数の〈自己同一性〉が問題になっていることを知らないし、また、所属を自覚しているならば、自分はみんなと異なっていると感じるので、それで苦しむことはない。人々はまだ自分を一人の他者と見なすような危険を犯さないし、同様に、まだ支給されてもいない身分証明書〔自己同一性のカード〕をなくすような危険もない。

われわれの世界においては、所属は常により一層ゆるんだものになってゆく。われわれから離れることによって、所属は目に見えてくるのだが、われわれのほうが、所属から離れたというような気がするのである。そこで、われわれは所属をわずらわしいものと思ったり、あるいは逆に、所属を完全に失うのではないかと懸念したりするような事態がしばしば生じる。それが理由で、かつては知らなかった一つの問題が今日浮かび上がってきた。今ここでわれわれの心を占めている、所属という問題である。それが自己同一性と差異の問題を裁ち直すのである。

キリスト教徒たちは、所属から切り離すことのできない、個人的な**人格**の存在をかつて信じていたし、今でもあいかわらず信じている。しかし彼らは、自分をそうした所属の集合体と取り違えることはないし、いわんやそうした所属のうちの一つ、例えば民族と取り違えることはない。ロマン主義の時代に、また現代において、多くの思想家たちが、純粋で空虚な主体を創り出すことによって、そうした所属の弱体化に呼応したのであり、その主体は非個性的であると同時に極端に個人的であって、単にわれわれの所属を裁ち直すどころか、神の助けも誰の助けも借りずに、われわれを賛美しようとしたのである。しかしそういうものはすべてすぐに崩れ去ってしまった。

われわれは、所属の弱体化と拡大化が、経済的、財政的、政治的、さらには文化的な生活のあらゆる相のグローバル化と一体になった世界に生きている。ところで、常に併合的で、常に拘束の少ない所属は、徐々に保護することがなくなり、安心感を与えなくなってゆく。

こうした弱体化を見つけるのは、常に容易であるとは限らない。というのも、その弱体化の原因はしばしば所属の変動によるものだからである。例えば、長い間に、ローカルな所属は地域的な所属のために弱体化し、次いで地域的な所属は国家的な所属のために衰弱し、そしてとうとう今日では、超国家的な次元にまで至っている。

私が今述べたばかりのことを逆だと考える人々は多い。つまり、弱体化するどころか、古い時代からの、民族的な、とりわけ宗教的な所属は、今も維持され、堅固になっている。その証拠として、民族的、宗教的、文化的に、所属の対立のように定義される衝突の激しさがあるではないか、というのである。彼らは間違っている、と私は考える。そこで、それはなぜなのかを示すことにしよう。

われわれが訓練とか教育と呼ぶあらゆるものに関して、われわれの最初の所属は根源的である。個人に対してその最初のモデルを供給するのは、家族である。自分の母親と父親をまねることによって、子供は人生の基礎的な所作を学ぶ。続いて現われるのが学校であって、これが提示するモデルがなければ、子供たちは、社会の中で有効に〈機能する〉ことのできる大人には決してなれないだろう。同様に職場は訓練の源である。われわれの最初の所属は、社会生活への同化を保証するのである。

肯定的で、必要不可欠ではあるが、たいていの所属は、最も目立たないものであれ、ある排除的、拒絶的形態を、したがって暴力的形態を含んでいる。実在するために、彼らはある種の存在を排除しなければならないのだ。そしてもしも排除が肉体的暴力を介して行なわれないとしたら、それは必然的に、その犠牲となる人々が暴力的なものとして知覚する手段に訴える。排除というのは、その所属が望ましいものであればあるほど、望ましく思えれば思えるほど、排除される者がその分だけ辛さを感じる、一つの暴力である。また一般に、所属は、獲得するのが困難であればあるほど、望ましいものに思えるのである。

過去へ遡っていけば行くほど、ある種の所属は暴力と結びつく。最も望ましい階級、貴族階級への所属が、本質的に武力に左右されていた時代があった。時代が移るにつれて、肉体的暴力の役割は弱まってくるが、しかし所属が有利であったり、有利に見える至るところで、それは競争の対象となり、その競争があらゆる種類の軋轢、策略、陰謀、つまり荒々しさは緩和されたが、狡猾さが増した暴力のさまざまな形態をもたらしている。

例えば、教育のシステムを見さえすればよい。最も民主的な教育システムにあってさえ、すべての効用を放棄しないようにして、すべての選択を放棄することは不可能である。敵対関係に対して感覚が過敏になった世界では、入学試験、進級試験、最も有能な者を選択するべく定められたものはすべて、拒絶された者たちにとっては耐え難い暴力のように感じ取られる。そして最も正当な方法でさえも、またとりわけそうした方法こそは、価値という角度から見れば、実質的には残酷であると認識せざるをえないのである。

社会学者が全神経を傾けて然るべきテーマであるにもかかわらず、社会学者はごくまれにしか、所属の二重の性質に注意を払わない。さもなければ、彼らはこのテーマを一面的なやり方で、政治的、社会的、人種的な不正として取り扱い、もっと平等主義的な体制が樹立されれば、その不正を改めるのは容易であろう、と考える。これはつまり、一般的な利益のために、われわれの社会は最適任者の選択を放棄することができない、ということが分かっていないのだ。

排除するという暴力は、今日ではたいへん目につくようになり、大いに討議がなされている。しかし、人がふだん考えていることとは逆に、排除するという暴力は、所属と結びついた唯一の暴力というわけではない。この暴力は最も広く行き渡ったものでもないし、最悪のものでもない。同様に、まったく無視されている暴力、所属の内部に存在するとも言える暴力があるのだ。

個々の人間を互いに比較しながら、また彼らが同じ目的を追い求めるように仕向けながら、職業、教育、娯楽、スポーツなどに関する、あらゆる種類の団体が、集まった人々の間に、見解の一致を引き起こす。というのも、そうした団体は構成員に同じ欲望を吹き込むからである。ところがまさしくこのことによって、そうした団体はある種の衝突をも引き起こすのである。

もしもわれわれが同じものを欲しがるならば、われわれは互いに似通っているなと感じる。ところが精神的な次元で一致しているこの近接関係が、現実的な次元では不一致〔食い違い〕となりうる。確かに、二つに一つである。われわれ二人が、あるいは数人が望んでいるその対象は、分け合うことができる。そしてわれわれはそれを分けることを承諾する。そんな場合には、衝突は起こらないだろう。ところがもう一方で、問題になるのは、われわれが分けることのできない、分けたくないものがただ一つの対象であるときであり、その場合には、衝突は避けることができない。

この衝突を私は**ミメーシス的敵対関係**と呼んでいる。これは共通の所属を前提としており、それらの所属は接近させ、かつ対立させるという事実そのものからして、この種の衝突を助長するだけでなく、さらにその衝突が起こるよう促す決闘場をも提供するのである。ミメーシス理論は主張する。人間の欲望は、実のところ欲せられる対象や欲する主体の中に根を張っているのではなくて、第三者、われわれの欲望のモデルや媒介の中に根を張っているのである。模倣者とそのモデルが共通の所属をほんのわずかしか有していないうちは、ミメーシス的敵対関係が彼らを脅かすことはない。彼らは互いに相手のことを夢見ることはできるが、それでもやはり何光年も離れている、二つの星のようなものである。それとは逆に、もしも模倣者とモデルが数多くの共通の所属を有しているならば、彼らは敵対しようとする危険な誘惑にさらされる。われわれは常に競争相手の近くにいる。そして彼らと競えば競うほど、ますますわれわれは彼らに似てきて、しかもますますわれわれの二つの自己同一性《イダンティテ》は一つのその自己同一性のほうへ近づいてゆく。もしもモデルがその模倣者に物的欲望だけを生じさせ、その後でその物的欲望を互いに分け合うとしたら、暴力的な敵対関係は避けられるだろう。暴力的な敵対関係を避けられなくするものは、独占的な所有への渇望であって、たいていの場合、これが模倣者の欲望を特徴づけている。というのも、それがすでにモデルの欲望を特徴づけているからである。

ヴォルテールの『カンディード』は、ひどい結果をもたらすミメーシス的欲望の例を数多く含んでいる。若き主人公〔カンディード〕の家庭教師、哲学者のパングロスは、無邪気な生徒に、自分の崇拝の的、偉大なるライプニッツの楽天主義のシステムを教える。自分では気づくこともなく、パングロスはもっと哲学的ではない活動、恋の情熱に関してもまた、モデルとしての役割を務めることになる。実際に、この物語《コント》の冒頭で、カンディードと同様にパングロスの生徒である、美しいキュネゴンドは、図らずも茂みの中でお城の小間使いと愛の営みを行なっている師を見つけてしまう。その光景に示唆されて、この若い娘はカンディードに自分の愛をはっきり知らせたいという欲求と大胆さを抱き、カンディードもまた彼女の熱意に見事に答える。しかしこの恋人たち二人が今度は、自分の娘に不幸なカンディードよりももっと貴族らしい配偶者を与えたいと思っている領主に見つけられてしまう。そして彼はカンディードの尻に大きな足蹴りを食らわせ城から追い出してしまう。

敬愛する自分の師が今しも一人の若い娘を愛撫しているのを見つけてしまったとき、忠実な一人の弟子が自分も同じようにしてみたいと思うことは、たやすく理解することができる。ところがそれよりもなお誠実であろうとして、まったく不誠実になってしまうという事態が生じる。つまり彼は自分のモデルから、モデル自身の相手をこっそり盗もうとするのである。最も恐るべき衝突が巻き起こるのは、まさしくこの時である。

ミメーシス的敵対関係は性的なものとなりうるけれども、フロイトとその弟子たちがわれわれに信じさせようとしていることとは反対に、この敵対関係はまた職業的、頭脳的、精神的、美的、スポーツ的、切手収集的でもあって、手短に言えばあらゆる種類のものがあるのだ。人間というものは卵の殻ほどの問題のために死を賭して闘うこともある、とシェイクスピアが『ハムレット』の中でわれわれに語っている。この劇作家は同じイメージを『コリオレイナス』の中で繰り返している。というのも彼はミメーシス的敵対関係の空しさに取りつかれているからである。おそらくはシェイクスピアのこの卵の殻が、やはり同じようにミメーシス的敵対関係の啓示者である、諷刺家ジョナサン・スウィフトに、卵を割って殻にするときのとめどもない争いのもとになる考えを示唆したのであるが、その争いは卵を大きな端から割る人々と、卵を小さな端から割るほうがよいとする人々との間で展開されている〔『ガリヴァー旅行記』、第一篇、第四章〕。

結局、平和を保証するどころか、所属というものは、最も取るに足りないものであれ、排除という外的な暴力だけではなく、個人どうしの敵対関係という内的な暴力をも引き起こす。そしてそうした個人はみな、同じもの――それがどれほどばかげたものであれ、――を欲するがゆえに、互いに相手の妨げとなり、もはや喧嘩をやめるわけにはいかなくなるのである。

われわれのミメーシス的吸収能力は、われわれに模倣するように望む、モデルの行動だけに限られるわけではない。所属の持つ暴力的側面は、その肯定的機能の裏返しの姿である。したがって所属は、自己破壊の芽、それら固有の炸裂の原理を含んでいるのであって、それは人間的欲望のミメーシス的本質と、そこから生じる敵対関係によって説明される。

そのもう一つのよい例は、クレティアン・ド・トロワの物語、『イヴァン』の中で繰り広げられるイヴァンとゴーヴァンのすさまじい戦いであろう、と私には思われる。二人の人間をこの世で一番の親友どうしにしている理由が、二人を秘かに妬み合うように駆り立て、したがって二人の騎士がかつて戦ったことのないような戦いに駆り立てる理由そのものとなる。彼らは互いに名前を隠し、全身を武装して現われるので、理論の上では、彼らは互いに相手が誰であるのか分からずに戦っている。しかしわれわれは、実際に、彼らの絶妙さは彼らの武器のおかげで互いに相手が分からないということなのだ、と考えることができる。彼らは二人ともこの上なく完璧な騎士としての資質を持っている。そしてどちらも自分が比類なき存在であろうとする領域で、相手に凌駕されることを恐れている。

この物語を読むと、われわれは騎士道の世界が——これはおそらくすべての文化的世界についても等しく真実なのだろうが——自己破壊という運命に向かうよう定められていると感じる。同じように、ある種の民主主義体制においても、ミメーシス的敵対関係が極めて深刻になり、そのために公的生活が麻痺してしまうことがある。イタリアやフランスにおいては、どんな決定をも妨げる敵対的な拒絶反応が、周知のものになっている。

われわれの経済的自由主義の特質は、富の追求においてミメーシス的敵対関係の手綱をゆるめ、そのようにしてこの敵対関係そのものを、社会のために生産的で、有益な方向に向かわせることである。しかしながら、このシステムもまた、あまりにも激しすぎる競争の作用によって、危ういものなのではないか、と自問することはできる。

われわれの平等主義の世界では、所属のゆるみは、敵対関係にけりをつけるどころか、あらゆる社会階層において、競争者たちの間に常により多くの暴力的均衡を引き起こしつつ、敵対関係を激化させるだけである。モデルはその模倣者の模倣者となり、模倣者はそのモデルのモデルとなる。この種の関係が模倣的に、至る所に広まってくると、それは時限爆弾に変わり、ついにはそれを可能ならしめていた枠組み、所属のシステム、すなわち文化そのものを爆発させることになる。

　ミメーシス的敵対関係は、すべてを爆発させなければならないような、極めて激しい衝突の危機を生み出す。そしてたぶん、すべてが爆発するという事態が生じる。しかしまた、とりわけ古代の社会においては、ミメーシス的敵対関係それ自体が、ひたすら激しさを増してゆくことで自らの治療薬〔救済策〕になるという事態も生じている。言ってみれば、**贖罪の山羊**〔スケープゴート〕と称されるメカニズムを起動させるのである。

　ミメーシス的敵対関係が段階的に拡大してゆく中で、競争者たちはついには互いに奪い合っていた対象を忘れてしまい、争いそれ自体に気を取られるようになる。またミメーシス的な流れはもはや対象にではなく、敵対者に直接に集中してゆくようになる。そうした模倣《ミメティスム》は累積的であるので、やがて必然的に、共同体全体が特異な個人に関心を集中する瞬間がやって来る。そして彼に反する形で失われてしまった統一性を修復し、共同体を共同体自体と和解させるのである。贖罪の山羊のこのメカニズム、すなわち生贄のシステムがその効力を発揮することができるのは、敵対関係によって引き起こされたそれらすべての憎悪を、一人の犠牲者に全員一致で転移させるためであり、その追放および／あるいは死が、必然的に平和を取り戻させるのである。というのも共同体は、つきまとっているすべてのものをやっかい払いしたと感じるのであり、つまりは実際にやっかい払いしたことになるからである。

　そこには暴力に対する一つの歯止めがあり、共同体は暴力を他のやり方で説明することができないので、それを犠牲者自身のせいにしてしまう。すると犠牲者は、自分自身の死を介して、贖罪の山羊として、絶えず悪にとって全能なものに見え続けながら、その時からは善にとっても全能なものに見えてくる。有益にしてかつ不吉な、この二重の全能性は、古代の神聖さが創り出したものである。贖罪の山羊のメカニズムは、その機能を完全に発揮することで、**古代の宗教の形成**を確固たるものにしている。神聖化された贖罪の山羊の周りに、危機によって動転した体験とその和解的結末を分かち合った一つの集団が集結する。その集団は、最初の犠牲者に代わる新たな犠牲者たちを介して、常に再生してくるミメーシス的障害を撤去しながら、集団自体の均衡を永続させ、強化しようと努める。それこそが血の犠牲と呼ばれているものであって、これは解放のメカニズムを、程度に差はあれ忠実に敷き写したものなのである。

ミメーシス的敵対関係が再び燃え上がるようなそぶりを見せるたびごとに、あるいはまた他の種類の大災害が今にもやってきそうなとき、共同体は再び、代わりの犠牲者を介して、初めて彼らを窮地から救ったそのメカニズム、贖罪の山羊のメカニズムを始動させることで、それに備えようとする。そんな風にしてこのメカニズムは、血の犠牲という実践を伴った慣例的な技術に変わるのだが、その実践はわれわれの時代にあってさえ普遍的である。犠牲を介して、宗教は文化の創造者となる。宗教は抑制の効かない暴力を食い止めようとする。あるいは犠牲としての暴力を適用することで、その暴力が生じないようにするのである。

私の見解によれば、社会的な所属はすべて、慣例的、かつ犠牲的である。まさしくそのために、古代社会においては、社会的な所属は、**加入**とか**通過**の儀式と呼ばれるものに依存している。志願者たちは、最初のミメーシス的危機とその犠牲を強いる決断を再現するような試練を受けさせられる。その試練に打ち勝つことによって、志願者たちは、自分たちを待ち受けている危機を乗り越えることができるということと、自分たちを加入させる文化に所属するに値するということを示すのである。原初の社会は儀式的、宗教的な所属の多様性と厳格さによって特徴づけられる（例えば婚姻によって結びついた集団）。そうしたものの増加によって、欲望が同じものに集中するのを避けられるようになるし、ミメーシス的敵対関係を前もって防ぐことができる。要するに、私が言いたいことは、所属というものが常に、今にも破壊されそうな危機の中から、贖罪の山羊を介して再出現するということなのだ。共同体はその贖罪の山羊に反して、次いでその周りで、自らの宗教的、儀式的システムを生み出したり、刷新したりする。その手綱がゆるむことによって、われわれの所属のシステムは、根本的危機と暴力的再生にかかわっていたこのモデルから次第に遠ざかってゆく。

私が今述べたことはすべて、古代社会のためにしか直接的な価値を持たない。歴史社会、現代社会においては、影響力は反対方向に行使されるのであり、ユダヤ教とキリスト教の影響力は、所属の絶えざる衰退を説明する。キリスト教は、今定義したばかりの意味での犠牲としての暴力を非難する。というのも、それはキリストの死を非難するものだからである。「福音書」は、イエスの死をミメーシス的熱狂によって引き起こされた群衆的現象として提示しながら、文化的な暴力というものを明白にしている。「福音書」は人間の文化について、神話的な宗教全体が隠している一つの真理、と言い表わしている。キリストは、ミメーシス的復讐に対抗し、復讐心を捨て、犠牲を「神」の国の支配に、すなわちミメーシス的敵対関係とその結果から免れるための意図的な努力に置きかえることによって、人間に贖罪の山羊を放棄するように勧めている。キリストの「受難」の現実的、ミメーシス的叙述は、犠牲のメカニズムの不条理性をあばくことによって、それらが機能しないようにしているのである。キリストは、異教の神々のように、罪人であると同時に救い主でもあるような贖罪の山羊として神格化されるのではない。そうではなくて、逆の理由で神格化されるのである。なぜならば、彼は暴力のメカニズムをあらわにし、それが機能しないようにしているからである。

所属の起源においては真に聖なるものなど何もないことを明らかにし、すべての所属を弱体化させるのが、キリスト教である。したがって、犠牲の原理を弱体化させるのが、キリスト教である。そして今日、弱体化しているのはキリスト教ではなく、それと取り違えられる聖なる暴力のほうなのである。

所属の弱体化は本来は肯定的な現象である。というのもそれは人間を隔てる柵を低くするものだからである。所属の弱体化は、排除に対抗するように、贖罪の山羊を作り出すことに対抗するように作用する。しかしそれはまた、否定的、かつ暴力的な結果をも生じさせる。というのも、儀式的メカニズムと禁忌の柵を取り除くならば、所属の弱体化はミメーシス的敵対関係に対する抵抗をもまた弱めてしまうからである。現代世界においては、肯定的かつ否定的なこの二つの側面が、極めて複雑なやり方で組み合わされており、もしも所属の弱体化によって世界の統合が拡大してゆくならば、その統合はまた敵対関係の増加をももたらすのである。もはやお互いに越えられない柵によって隔てられることのない集団や個人は、熱狂的にお互いを模倣するようになり、国家的な衝突であれ、民族的、経済的、社会的、宗教的などといった衝突であれ、激しい衝突が増加してゆく。

これらの衝突は常に、ある伝統的、民族的、宗教的、国家的な所属を引き合いに出して正当化されるので、そうした所属はかつてよりもなお強力で危険である、と人々は考える。ところが、たいていの場合、まったくそんなことはない。しかもそれが理由で、正当化のための言説においては、所属がそれぞれ容易に別のものに置きかえられる。所属はほとんど口実にすぎないのである。ボスニア紛争が勃発したのは、民族的所属が原因なのか、それとも国家的、あるいは宗教的所属が原因なのか、誰もあまりよく知らない。

しかしこうした所属のうちのある一つ、または別の一つが衝突の真の原因になっていると誰もが信じている。だから、伝統的な所属はかつてよりも強いように見える。しかし私にとっては逆に、所属の弱体化、およびその結果として常にひどくなってゆく無差別化は、四十年にわたる共産主義の後では、そうした所属に残されている現実的なものよりもなお重要である、と思えるのである。

衝突はすべて敵対者である兄弟どうしの衝突である。所属がもはや十分に拘束的ではないために実際に所属を分け隔てることのできない集団と集団、所属が今やあまりにも目立ちすぎ、人間の思考の中にあまりにも現前しすぎるために、所属を一つにすることが許されないような集団と集団の間には、もはや内戦しか存在しない。

所属による衝突が所属の弱体化ゆえに悪化するということを理解するためには、社会学者にも政治学者にも頼ってはならない。われわれの人文科学や社会科学は、自然科学によってあまりにも魅惑されてしまったので、人間の知能は主として物体のほうに向けられているかのように、われわれは偶然に、付随的にしか他者とのつながりを持たないかのように、人間の知能を論じている。社会科学は所属ということでは物体を他者のように理解する。ところが、加入、排除、追放といった形態に基づくミメーシス的なつながりによる体制は、原初的な贖罪の山羊と慣例的な犠牲から派生してきたのである。

したがって、所属というものと、現代世界において何が所属に生じているのかを理解するためには、衝突を引き起こす模倣《ミメティスム》のことを何も分かっていない社会科学にではなく、人間的なつながりにかかわる真の専門家たち、所属を演出し、表現する人たち、つまり劇作家や小説家——ただしその中の最も偉大な人たち——に助力を求めなければならない。弱いがゆえに、衝突の中で衝突によって、強化されることを欲する所属の弁証法が、マルセル・プルーストによって、『失われた時を求めて』の社会的相互作用の中で見事に描写されている。一見したところでは、この小説家が動き回るコンブレーの村とパリのサロンは、現代世界の衝突を解明するには、その提供する活動領域があまりにも狭すぎる、と考えられるかもしれない。ところが、事実はそうではない。コンブレーは、小説家によって描かれたミメーシス的関係の縮図のような感嘆すべきモデルなのである。

コンブレーは一つの〈閉ざされた小さな世界〉である。その子供はそこで、両親と家族の神々に庇護され、鐘塔に庇護されている伝統的な村と同じように平穏な親密さの中で生きている。コンブレーの統一性は領土的であるのとまったく同様に精神的なものである。これは家族の、さらには村のメンバー全員に共通する光景である。そしてもちろん、コンブレーはもっぱら贖罪の山羊の力によって機能しており、同化することのできないもの、彼らのものの見方に反するかもしれないようなものはすべて拒絶し、排除している。コンブレーと社交界のサロンの間には驚くほどの類似がある。ヴェルデュラン家のサロンは単なる集まりの場ではなく、見て、感じて、判断する一つの手法である。このサロンもまた〈閉ざされた文化〉である。これはその精神的な統一性を脅かすものをすべて拒絶する。追放と贖罪の山羊のおかげで存続しているのである。

サロンの精神的な統一性には、コンブレーにはなかった何か張りつめたもの、硬直したものがある。コンブレーからヴェルデュラン家のサロンまで、〈閉ざされた小さな世界〉の構造は変わることがなかったように思える。最も目につく特徴が単に顕著に、強固になっただけである。ミイラ化した顔が生きている顔を歪曲し、その特徴を際立たせるようなやり方で、サロンはコンブレーの有機的統一性を歪曲している。全体の中の各要素に関して言えば、それらは同じものなのだが、違ったやり方で階層化されているのである。コンブレーにおける外部の否定、外的世界の拒絶は、常に実際に体験された、本来の価値の表明に従属している。逆に、パリのスノビズムにおいては、反対の現象が生じる。親密な人どうしが結びつく儀式は、隠蔽された別れの儀式でもある。礼儀を守るのは、もはや心を一つにするとか、自分自身を失わない〔自分自身である〕ためではなく、そうした礼儀を守らない人たち、つまり他のサロンと自分を区別するためである。原則として嫌われる、敵対するサロンは、紛れもない神々〔崇拝の対象〕なのである。

ほとんど同じような外見が、完全に異なる二つの現実を覆い隠している。ある集団の有機的統一性が現実的になればなるほど、ますますその集団は同種の別の集団と対立するための暴力を必要としなくなり、間違いなくますますそれらの集団とは異質なものになってゆく。

コンブレーはわれわれに対して常に家父長制のようなものとして描写されているが、それが権威主義的なのか、それとも自由主義的なのかは言うことができないだろう。というのもこれはそれだけで作動しているからである。それに反して、ヴェルデュラン家のサロンは、民主制で通るように努めているけれども、熱狂的な独裁制である。この女主人は現代的な意味での全体主義的国家元首である。彼女は、贖罪の山羊たちを追放する場合に、扇動と無慈悲さの巧みなさじ加減で統治を行なう。コンブレーが吹き込む忠誠という感情を想起させるときには、プルーストは**愛国心**《パトリオティスム》という言葉を使う。ヴェルデュラン家のサロンに関心を向けるときには、**盲目的愛国心**《ショヴィニスム》〔排外主義〕という言葉を使う。これらの用語の違いは二つのタイプの所属に対応しているのである。好戦的で、尊大で、敵対的であるので、後者のほうが強力なものに見える。ところが実際には、後者のほうが脆いのである。愛国心とは正真正銘の集団的エゴイズムである。これは英雄や聖人といった、競争者となるにはあまりにもかけ離れたモデルに対する心からの崇拝である。崇拝の熱意は、その他の国々との敵対関係に左右されない。それと反対に、盲目的愛国心は、そのような敵対関係から生まれた結果である。それは否定的感情であって、怨恨に、すなわち崇拝すると同時に嫌悪する「**他者**」への秘かな熱愛に基づくものなのである。

コンブレーとサロンの機能は、小宇宙的な次元で、今日の世界における所属の弱体化、およびその結果として生じる敵対関係の逆説的な強化を再現する。暴力は力を育むのではなく、所属の弱さを育むのである。所属がもはや存在しない力によって自ら茶番劇を生じさせるのは、所属が完全に破綻を来しているためである。

歴史はプルーストの分析を裏づけている、と私は思う。封建制の衰退は封建制の争いを激化させた。宗教改革の後で、熱烈な宗教心が弱まったときに、宗教戦争が増加している。十八世紀の終りに、フランスで、貴族階級の弱体化によって引き起こされた〈貴族による反動〉は、フランス革命が勃発する引き金になっている。国家紛争が頂点に達した時期、第一次世界大戦はナショナリズムの衰退を告げている。

右翼と左翼のイデオロギーもまた同じ過ちを犯している。それらのイデオロギーは所属を一義的で、一面的なやり方で考える。伝統主義は人間を、かつて、地面に根を張った植物にたとえていた。伝統主義にとっての最高の善、それがどんな代価を払っても保護しようと欲したものは、〈根づくということ〉だった。その反対に、革命のイデオロギーが所属というものの中に見るのは、どんな代価を払っても厄介払いしなければならないような全面的に悪いもの、階級的偏見を持つ人たちだけの〈過度の執着〉という表現なのである。

私が所属というものについて素描しようとしてきたものは、イデオロギー的な善悪二元論よりも少しばかり一義的でなく、一面的でもない展望、このような分野ではほとんど意味のない、賛否両論の愚直さの中にあまり埋没することのない一つの展望であった。しかし、極めて複雑なテーマについて私が述べたことは、図式的、かつ簡略的なままにとどまっている。そこでこれから論じ合うことによってわれわれは、こうしたすべての観念を明確にし、磨き上げ、そして批判することができるようになるだろう。

火と野獣[1]

ウィリアム・ゴールディングの『蠅の王』についての哲学的＝政治的解釈

ルイージ・アルフィエーリ

「野獣を殺せ！　やつののどを掻き切れ！　やつの血を流せ！　やつのとどめを刺せ！」

棒が振り下ろされた、そして歯ぎしりをして、うなり声をあげる口のように、その輪が閉じた。怪物は中央で、ひざまずき、両腕を顔の上に交差させていた［……］[2]。

ウィリアム・ゴールディング、『蠅の王』

島

文学的テクストが、哲学的テクストでは容易に捉えることのできない効力や急進性を伴って、哲学的なさまざまな問題に取り組んでいるということがよくある。権力と暴力が提起する、哲学的、政治的問題に関して言えば、ウィリアム・ゴールディングの『蠅の王』は、その最良の例の一つである。

これは重要な小説であるが、必ずしも一般大衆に知られているとは限らない。そこでまず手短にその粗筋に触れておくのがよいだろう。

戦争が勃発する。一九五〇年代に想像しえたような核戦争である。必ずしもすべてを破壊するわけではない戦争だから、それから逃れることもありうる。イギリス人は住民の一部を安全地帯に避難させようと努める。子供たちの集団を輸送している飛行機が太平洋の無人島に墜落する。子供たちは飛行機から無事に抜け出すが、その飛行機は搭乗員と大人の乗客全員を乗せて海に沈んでしまう。そこで子供たちの共同体がその島に作られる。この共同体はやがて幸せになって、栄えることだろう、とすべてが思わせる。島はすばらしく、食べ物と水がふんだんにあり、そこでは危険も敵も見つけることができない。しかもその新たな住人たちは、まったく普通の、清らかな、しつけのよい子供たちである。ところが、一見すると理想的なこの状況の中で、子供たちの間に、自分だけ打ち捨てられるのではないかという不安によって育まれた、情け容赦のない権力闘争が勃発する。またそこから高まってゆく脅威の感覚が出現する。

その緊張はついに象徴的なやり方で表現され、多くの子供たちが見たと思いこんでいる怪物、その野獣のイメージで具現化されるに至る。無防備にその野獣と直面して、すなわち自分たちの暴力の予想外の激しさに直面して、子供たちは一種の野蛮な部族へと変貌してゆく。儀式的な殺害が行なわれ、人食い《カニバリスム》さえも行なわれようとするが、ついに一隻の軍艦がやって来て子供たちを子供たちどうしの争いから救い出す。

この手短かな紹介だけで十分に、小説の哲学的＝政治的な読み方の妥当性を示すことができる。作者自身にとっては、パラダイム的な性格を帯びているのが当然である物語言説《レシ》が、一つの政治的共同体の誕生、闘争的進化、悲劇的結末を演出する。子供たちの共同体が問題になっているという事実にわれわれは戸惑うことはないはずである。これは遊びの、無邪気な、あるいは感情的な次元を前提にしているのだと想像してはならない。指導者もモデルもなしに、野蛮な、原初的な、**スタトゥス・ナートゥーラエ**〔自然の状態〕に近い状況において、組織化された共同体を創るという問題に直面した子供たちの集団は、政治の**起源そのもの**を再検討させるような、一種の実験的なモデルを具体化する。そして政治についてそんな風に想像して起源へ回帰してゆくと、暴力の発見が決定的な役割を果たすのである。

法螺貝を持つ子供

小説の冒頭に、二人の子供が出てくる。彼らが未来の共同体の最初の核を形成するのだが、その共同体は、島に到着する前は存在していなかった。というのも、のちに重要な役割を演じることになる一つの小さな集団を除いて、飛行機に乗る段階では子供たちはお互いに知り合いではなかったからである。この二人の子供が来るべき共同体の二つの極となる。彼らのうちの一人、ラルフがまもなくそのリーダーになる。滑稽なあだ名しか知ることのできないもう一人のほう、ピギー〔子豚〕、すなわちポルシネは、他のすべての子供たちのなぶり者、犠牲者になる。したがってリーダーと**パリヤ**〔のけ者〕のこの近さは、両極を分かつものが実際のいかなる距離でもなく、両者は潜在的には交替可能なのだ、ということをはなからわれわれに示しているのである。

二人の子供の間に、ヒエラルキーがすぐに、ほとんど無意識のうちに打ち立てられる。ラルフは、不器用で醜い友達に面と向かって、ナルシシズム的な〔自己陶酔的な〕快楽をこめて、身体的優越性をひけらかす。自分は立派で、強くて、すばやい。太っていて、めがねをかけていて、喘息のピギーは、一瞬にして、彼と競争することはできないと考える。彼は喜んで崇拝する者としての従属的役割を受け入れ、時折自分の崇拝対象から好意的な関心を呼び起こすことができるのをうれしいと思う。遊びの最中に、二人の子供は大きな白い貝を見つける。ピギーは、その中に息を吹きかけるとトランペットのような音を出せるということを知っている。そこで彼はあることを思いつくのだが、臆病な臣下として、彼はその考えをすぐにラルフに提示する。まるでその考えはラルフの考えなのだとでも言うかのように。

「他の者たちを呼ぶのにこれを使うことができるんじゃないかな。集会を開くんだ。僕らの音を聞いたら彼らはきっとやって来るよ……」

彼は晴れ晴れとした様子でラルフを見つめた。

「それを君は望んでいたんじゃないのかい。そのために、君は法螺貝を水の中から取り出したんだろう(3)」

ラルフは法螺貝に息を吹きかける。するとすぐに、島中に散らばっていた他の子供たちが、走ってくる。素速く、小さな集団がラルフとピギーの周りに形成される。その時ラルフは、ピギーに教えられた考えの論理的結果を引き出す。つまり、一人のリーダーを選ばなければならないということである。彼はもちろん自分自身のことを考えている。そして他の大部分の者たちも、そのことに何の不都合も見出さない。そこで、法螺貝で合図をしたすぐ後に、ラルフはリーダーになる。

その時から子供たちの集団は一つの政治的共同体になる。それは民主主義であると言うことさえできる。一つの議会とその前で責任を負うべき一人のリーダーが存在する。そして承認によって、リーダーの提案を〈規則〉に変えるのは、議会だけである。もっとも、子供たちの一人、ジャックは、いわゆる権利の名において、ラルフを選ぶことに反対する。無制限の権力を発揮する権利を、ラルフが手にするかもしれないからである。かくして、この物語を民主主義と全体主義の闘争の隠喩として解釈する可能性が現われる。しかしそうすると、この小説は月並みなものになりかねない。とりわけ、彼が述べる**始源の原理**、**原初的な始まり**という観念が見落とされかねない。実際に、子供たちは大人たちの世界の猿まねはしていないのである。子供たちは、この世界がまだはるか遠くにあって、神秘的で、異質なものであった一時代に属している。もちろん彼らには、議会民主主義が〈救世主〉の絶対権力よりも優れているかどうかを知るなどという問題は課せられていない。彼らはモデルや価値が完全に欠けている状態で行動し、行きあたりばったりに、まったくの無意識状態の中ですべてを再創造しなければならない。彼らの共同体は、この世界の、全面的に脱歴史化された状況の中で最初の共同体でもあるかのように生まれる。だから、実際にラルフが選ばれたのかどうか、本当にリーダーの選挙が取り上げられているのかどうか、自問するべきなのである。

子供たちは島全体に散らばっている。そして、ジャックと結びついた集団を除いて、彼らはお互いに相手を知らない。彼らを結びつける絆はまったくなく、彼らはいかなる規則も共有しておらず、お互いに相手を見分けられるようにするいかなる社会的身分もない。彼らは、自分たちが全面的に方向を失い、未知の世界に打ち捨てられたような体験、他の者たちにとっては誰も何の意味もないような体験をする。彼らを結びつける唯一の現実は、まさしく彼らが共有するこうした身分〈自己同一性〉の欠如、この**未分化状態**である。突然、トランペットに似たような音が鳴り響くと、それは大人がいるという幻想、まもなく救われるという夢想になるのである[4]。全員が駆けつける。すると、彼らの真ん中に法螺貝を持つ子供がいる。どこからか彼らを呼び集める謎の力を引き出した見知らぬ子供である。今や彼がそこに、全員の視線が集中する地点にいる。そのたった一人を全員が本当に目にしている、そのたった一人が全員にとっての何か、全員にとっての同一物を具現化している。だからこそ、法螺貝を手にする子供なのだ。そのことによって、〈選挙〉が成立し、選挙の形式である投票は、選出の余地がまったくない**客観的な**状況を明白にすることにしか役立たない。

「貝を手に持っている人」
「ラルフ！　ラルフ！」
「彼をリーダーにしよう、トランペットのようなのを持っている人を(5)」

ゴールディングは次の点を強調している。ラルフが選ばれる**唯一の**理由は、彼が法螺貝を吹いたということなのだ。彼についてその他のことは何一つ分からない。彼はいかなる計画も述べなかったし、いかなる肩書きも示さなかった。彼はただ信じられないような象徴的な力を示す行為を成しただけであって、その力が彼の周りに一つの集まりを形成し、彼を輪の中心に、決定的に、回復不能なほどに**異なる**一つの空間に切り離したのだ。

どよめきが［……］ラルフをリーダーとして選ぶことの正しさをはっきりと示した。彼を選んだ理由を誰も示すことができなかったであろう。頭のよさを示していたのはポルシネであり、権威を示していたのはジャックだった。一種の不動状態がラルフの人格を際立たせたのである。そしてそれに彼の背丈と感じのいい雰囲気が付け加えられた。最後に、より曖昧な、しかし強力なやり方で、法螺貝が作用したのである。そのような法螺貝を吹いた人間存在、高台で、木の幹に座り、膝の上にそんな

脆いものを載せて、彼らを待っていた人間存在は、他の者たちとは違っていたのだ。(6)

ラルフ自身は、自分に割り当てられる役割が、自分の人格にかかわってくるような大したことではないということを漠然と理解している。そのことで――ただそのことだけで――彼の行動の〈民主主義的な〉特徴が成り立っているのである。彼は法螺貝の所持者にして管理者であるにすぎない。ところが法螺貝それ自体の中には象徴的に、法律、協定、そして救われるという希望が住みついているのである。そういうわけで彼の機能は**個人を超越した**ものである。彼は好みのままに振る舞うわけにはいかないのであって、客観的、超越的な次元の原理に応じて行動しなければならない。不確かな、謎めいた兆候を通して、彼は苦労しながらそれらの原理を解読しようと努めなければならないのである。彼は常に法螺貝に導かれているが、その美しくて、脆い、貴重なものは、冒頭のような計り知れない能力と、その島に存在する驚異のすべてを閉じこめている。法螺貝の音は集会を招集するものであり、発言権を持つ者はそれを手の中に持っていなければならず、彼がそれを置くまでは、誰も彼の話を遮ってはならないのである。法螺貝は聖別され、これはほとんど生き物といってもよい。毎回、この共同体を招集するのはこの法螺貝であり、目標を決定し、指示するのもこの法螺貝である。(7)

しかしながら、すぐに、子供たちは島には何も驚くべきものはないことに気づく――そんなものは彼ら自身の中にしか住みついていないのだが、しかしそれは彼らにとって理解できないことなのである。そして法螺貝の権力が弱まり始め、ラルフは自分にその弱体化の責任があると感じるようになる。とはいえ彼は、自分が何を間違えたのか分からない。法螺貝はついに砕かれてしまう。そしてまさしくその瞬間に、暴力と死が解き放たれる。だからラルフに差異が生じることによって様相が変わるのである。彼は他のすべての者たちから攻撃される者、指示された犠牲者となる。この展開は何ら異なるところはないし、冒頭のラルフの選出と対立するものでもない。これはその必然的、自動的、客観的な結末なのである。

輪

小説の中で描写されている状況に関して、すべての曖昧さを取り除くために、われわれの世界に固有の政治的概念、例えば〈選挙〉、〈民主主義〉という概念、さらには〈リーダー〉という概念さえも無視する必要がある。そして語られる出来事を、先入観による図式に当てはめずに考察する必要がある。ラルフの〈選出〉は、未分化な集団が**彼の周りに輪〔円〕となって集まること**以外の何ものでもない。この集団はそんな風にして初めて、**自らに中心を与える**一つの秩序と、一つの構造を獲得する。ラルフただ一人がいるその中心から、社会的空間の分配が行なわれ、各人はそこで、みんなが自分だと認めてくれるような一つの位置、自己同一性――どれほど脆くて、堅固でなかろうとも――を得るのである。共同体のメンバーたちを結びつける絆は、**全員の視線がたった一人のほうに集中する**という事実に存在するのだ。

いくつもの頭がヤシの緑の木陰の下で互いに近づいた。栗色、ブロンド、黒、褐色、赤茶色やくすんだブロンドの髪をした頭であった。みんながささやき、つぶやき、興味を持ってラルフにじっと目を凝らしていた。(8)

ラルフはこれらの頭の全般的な動きを、自分をリーダーにしたいようだと、最初に解読する人である。

しかも他の子供たちの誰一人としてそれを否定することはないようだ。しかしながら、全員が一種の精神的留保の姿勢を取っているということが確かめられる。なるほどその中心はラルフのものである、そしてジャックとの最初の衝突を解決した後では、誰も彼に異議を唱えない。しかし彼に従うということはまた別問題なのだ。だから実際に誰もそうする義務があるとは感じない。したがってこの共同体は、集会の輪という最初の形態を越えて発展することができない。その輪の中で、みんなは一緒だと感じ、お互いに安心することができ、決定し、解決策を見つけるという幻想を自らに示すことによって、恐怖を追い払うことができるのである。しかし結束を固めるセメントは十分なほど強力ではない。子供たちは、その束の間の秩序を永続的、拘束的なものに、集団的行為を鼓舞できるものにして、それを象徴化し、内面化するまでには至らない。集団的行為の中であれば、各人が権利と義務との間で分かち合ったそれぞれの特殊な役割を得ることもできるはずなのだ。この共同体が招集される遊びと儀式の瞬間を除いて、各人はずっと一人きりであり、言いしれない恐怖とともに彼らが抱えているのは、存在理由がたっぷりと、ぎっしりと詰まっていて、安心させてくれるような集団の中に迎えられたいのにという満たされない欲求なのである。

ラルフは、正確に言えば彼の性質ゆえに、自分の限界に達する。彼は正直であって、状況について現実主義者のような目を持っている。彼は、島で子供たちが出くわす体験が極めて危険であるということ、たとえその体験がすばらしいものであるとしても、この島は、前途ある未来の可能性をまったく与えてくれない場所、短い冒険譚にしかなりえない場所であるということ、あるいは、あまりにも長い間とどまっていると死に至る落とし穴である、ということを知っている。この島から離れなければならない。子供たちは救われなければならない、救助を求めなければならない。ラルフの〈政治戦略《ポリティック》〉はただ一つの所作に要約される。つまり、煙が遠くから見えるような火をつけるということである。そうすれば大人たちがそれを認め、子供たちを探しに来ることができるのだ。しかしそんな初歩的な行為も、成し遂げるのは困難なように思える。そこでラルフは絶えず、とりつかれたように、灯すべき火のことを蒸し返す。その必要性は、ポルシネと彼だけが理解している。

「その火は、この島で一番大事なものなんだ。もしも僕たちがその火を維持していないとしたら、めったにないチャンスさえ作れず、僕たちがいつか救助されるなどということもなくなってしまうんだ。火を作れるほど十分に大きくなっていないというのかい」

彼は片方の腕を伸ばした。

「ごらんよ！　僕たちは何人だ？　僕たちは煙を出すための火を維持することもできないというのかい！　君たちはなぜ分からないんだ。君たちはこう感じているのではないだろうな。むしろ……、火が消えてしまうよりも、死んだほうがましだなんて」(9)

自分の考えを抽象観念のほうに投影させるために、物語言説の直接の内容を捨てて、ラルフが考えている共同体を一つのモデルに還元するのはたやすいが、そのようなモデルは、一目見て、妥当性を欠くような印象を与えるであろう。実際に、この共同体のまとまりを確かなものとしているのは、次のような共有された意識のはずである。こんな状態の中で暮らしているが、これは満ち足りているとはいえず、根本的にふさわしくない。自分自身の力だけを当てにしていたら、もっとよい状態に到達することはできない。救いに導いていけるような唯一の、もっと優れた権威が存在しなければならない。そしてその権威に訴えるということは、果たすべき唯一の、道理にかなった所作なのであり、祈願と期待のための共同体として、まさしくこの共同体の唯一の、真の存在理由でもあるのだ。この意味では、ラルフがその誓いによって呼び集める共同体は、厳密な意味《ストリクト・サンスュ》で政治的というよりもむしろ宗教的である、と考えることができる――また、その点で、この共同体は民主主義を全面的に指し示すということからはまだはるかにかけ離れている。

外部から見ると、合理的かつ現実主義的と思われるラルフの態度も、この暗黙の指示的モデルの構造が内包する結果を免れることができない。その最初の結果は、この共同体が、自立的な価値を持っていないので、それだけで充足することがないということである。つまり、この共同体は方向が閉じられた活動領域を形成するのではなくて、常に異なる**他の場所**を、可能な唯一の方向、唯一の目的として、指示しなければならないのである――もっとも共同体がもしもそんなものを追い求めてゆくならば、共同体は崩壊の道を辿ることになるだろう。そうこうするうちに、維持するべき火、ますます無益になってゆく集会の儀式、輪の反復性以外には何も、この共同体を強固にするものがなくなってしまう。

このような社会構造の運命はたやすく予想することができる。それは形態そのものの中に書き込まれている。もしも期待している超越的な対象が現われてこないとしたら、またもしも制度的な構造（ある意味では一つの〈教会〉）が創られて、その強化が価値ある代用目的として体験されないとしたら、崩壊は避けられないのである。

その崩壊は二つのやり方で生じうる（二つともこの小説で考察されている）。根本的な中心から新たな集合空間へ向かう逆流のようなものか、あるいは中心へ向かう輪の収縮のようなもの、つまり共同体のすべてのメンバーが結束して、存在する秩序の原理を破壊するような、社会的内部崩壊に行き着くもの、そのいずれかである。エリアス・カネッティの**静かな群衆**の描写は、ラルフが自らの誓いによって呼び集める火の共同体とちょうど対応するものなのだが、そのカネッティが指摘するように、期待というものは群衆に、長い間保持するのが難しい抑圧された力を詰め込む。遅かれ早かれ、群衆に対して彼らを満足させるような何か、例えば切り落とした首といったものを見せなければならなくなるのである。(10)

ラルフは中心にいるが、これは必ずしもリーダーを意味するわけではない。実際に共同社会が一人の個人の周りで輪を狭めるのは、二つの場合だけである。つまり、共同社会の上にその個人を高く掲げるためか、または**彼を殺す**ためかである。中心、回転軸、崩壊するのを妨げる内的な秩序の原理を有していることに満足していても、集団社会自体は個人を無視する。中心を占めている人物の差異の曖昧さをある方向や別の方向へ向けるためには、ほんのわずかなものだけで十分なのであり、その交替によって彼はある場合には、すべての人が自分を取り戻し、自分の規範を見つける指導者ともなるし、またある場合には、長い間追い回され、最後には捕らえられてしまう餌食にもなる。その餌食は、これからは射程距離内にいる全員の敵であり、恐怖の典型的な所作——殺すこと——によって、恐怖を和らげることができ、また、その他者の死によって各人が抱いた死ぬという恐怖が癒され、中断されるのである。

しかし〈違って〉いるのはラルフ一人だけではない。この小説には、まったく同様に満場一致で確かに違っているという同意を引き起こすもう一人の人物がいる。ポルシネである。

大きな子供たちの間では、一つの確信が暗黙のうちに形成されていた。単にアクセントばかりではなく——これはあまり重要ではない——、彼の肥満、〝喘息〟、眼鏡、そして手仕事に不向きな性格においても、ポルシネは彼らとは違っていた。(11)

最初見た限りではすべてのものが無害であったけれども、どんな子供の共同体であれ、実際には根源的な差異、**ヒエラルキーの原則**が形成されるようである。ポルシネは〈申し分のない〉少年ではない。彼はおどけていて、滑稽で、誰も彼のことをまじめに取らない。当然、彼は他の子供たちのなぶり者に、必然的な一連のいじめの対象となる。同様のことは至る所で生じるだろう。しかしこの島には大人がおらず、〈規則〉はすぐに飽きてしまう遊びのようなものであって、制限の意味は、ある別の時代、別の世界のますますぼやけてゆく記憶にまで遡ってゆく。ポルシネは**運命づけられた犠牲者**であるという点で、子供たち全員の意見は一致している。もう一つの〈選出〉が行なわれて、もう一つの輪が準備される。

最初は、ラルフも他の子供たちと同じように振る舞い、ポルシネを苦しめる。まさしく彼が、他の子供たちにその滑稽なあだ名を暴露したのであり、ポルシネ本人はラルフにその秘密を守るように哀願していたのだった。だから、正式に、単なる遊びにすぎないようなことから始まる迫害の口火を切るのは、まさしくラルフなのである。(12) しかしながら、リーダーの役割を理解しようとする態度によって、すぐにラルフは姿勢を変える。ラルフにとって、リーダーとは、あらゆる気まぐれやあらゆる形の身勝手さを越えて、物事の秩序を正しく、救済者として理解し、保持することができなければならない人のことである。リーダーは**考えること**ができなければならないのだ。そしてラルフは、ポルシネが次のように考えていることに気づく。彼〔ラルフ〕は知識が豊富ではない、とりわけ賢いというわけでもない、だが自分の魅力のない肉体と自分の孤独は他に選択の余地がない。そこでラルフはとうとう彼を、自分に最も似ている人物、大切な助言者、師のようなものとさえ見なすようになる。

ラルフがそのような価値を再検討しなければならなかったのは、その晩が初めてではなかった。ポルシネは考えることができた。彼はポルシネの大きな頭を少しずつ探索することができた。しかし彼にはリーダーのようなところは何もなかった。滑稽な覆いで包まれている堅固な知性。思考に関する専門家となって、ラルフは今や他人の思考の兆候を見分けることができるようになっていた。[13]

しかしラルフとポルシネのこの類似性は、他の者たちの目には疑わしいものであって、ついに暴露という暴力を帯びることになる。リーダーは犠牲者にあまりにも近すぎる、リーダーは**犠牲者になりつつある**のだ。

「ラルフはポルシネのようだ。彼はポルシネのように話す。本物のリーダーではない[14]」

完全に異なる領域において、まったく革新的、かつ根本的なやり方で暴力のテーマに取り組んだ現代の思想家の作品の中に、同じような状況を見つけることができる。ルネ・ジラールである。人間の社会化の基盤そのものを表現しているような最も古い制度は、暴力を的確な、あらかじめ決められている方向へと導いてゆき、そのようにして社会的集団を解放する。その最初が、人間の犠牲なのである。すでに見たとおり、生贄となる犠牲者の選択において、両極は互いにつながってしまう。

人間の犠牲に関する全体的パノラマの中で、犠牲者たちが織り成す幅広さを眺めると、極めて雑多な一覧表を目にすることになるだろう。戦争の捕虜がおり、奴隷がおり、子供や未婚の青年がおり、障害者や、ギリシャの**ファルマコス**〔下賤の輩、生贄〕のような、社会の落後者がいる。いくつかの社会においては、つまるところ、**国王**さえも犠牲者となる。このような一覧表は、共通点を含んでいるのだろうか。このような一覧表を、統一基準でまとめ上げることができるだろうか。まず第一に、この一覧表には、社会に属していない人間たち、あるいはかろうじて属している人間たちが見られる［……］。

しかし**国王**という言葉まで、普通口にするだろうか。彼は共同体の中心にはいないというのだろうか。なるほどいないのだろうが、しかし国王の場合、中心的な、根源的なその位置そのものが、他の人間たちから彼を引き離し、彼を真のアウトカースト〔カースト外の賤民〕にしているのである。**ファルマコス**が〝その低さによって〟社会性を免れているのとまったく同様に、彼は〝その高さによって〟社会性を免れている。しかも彼は自分の**道化**という人物を後ろ盾としており、この道化は自分の主人とともに外在性という状況、すなわち事実上の孤立を共有している。そしてこの孤立は、それに付与することのできる肯定的な、あるいは否定的な、容易に逆転しうる価値によってというよりも、しばしばそれ自体において重要であるということが明らかになっている。あらゆる関係において、道化はこの上なく〝犠牲になりやすい〟存在であって、国王はいらだちを彼に向けて自分の心を和らげることもできるが、しかしまた国王自身が犠牲にされるということも生じる。しかも時には、それはアフリカのある種の君主制におけるように、極めて儀式的、規則的なものになっているのである(15)。

ここでルネ・ジラールが述べていることはすべて、**輪そのものによって**という単純な、印象深いやり方ですでに表現されている。その両義性は幾何学的な完全性の中にすでに書き込まれており、いかなる秩序の原則もそれ以上に明白に乱されるはずがないのである。以上が、ウィリアム・ゴールディングの小説の根本的教訓である。政治というものをその基本的、原初的な構造の中で想像するという綿密な努力が、理想主義によって道を迷わされることもなく、安易な慰めを求めることもなく、その圧迫するような、拘束するようなイメージから、死の幾何学的な姿から始まるのである。

線

ラルフの競争相手、ジャック・メリデューも、まったく同様に基本的、古代的な、しかし読み取るのがもっと簡単な、もう一つ別の姿を提示している。ジャックは、政府権力がすでに公認していて、異論の余地のない、ある意味で神聖なその島へ到着するべき子供たちの中で、たった一人だけ残った子供なのである。というのも、彼は大人の世界によって特権を与えられた者だからである。

「リーダーになるべき者は、僕だ」、とジャックは、傲慢さだけを漂わせて宣言した。「だって僕は、第一番目のミサの侍者で、聖歌隊のリーダーだもの。僕は**嬰ハ音**まで高い声が出せるんだ[16]」

理屈に合わないように見える、ほとんど滑稽とも言える権威の要求である。イギリスの音楽教育の伝統の中ではどれほど重要であっても、熱帯地方の島で、このような汚れなき声の聖歌隊ほど場違いなものは他にないであろう。しかしジャックは、聖歌隊――これは、後ろ盾となる歴史と共同体という自己同一性を備えた子供たちの唯一のグループである――とともにそこにおり、聖歌隊は彼のものである。というのも、大人たちが彼にそれを預けたからである。ジャックはリーダーである。そして彼は始まりから（それどころか始まる**以前から**）リーダーであって、この島の誰も、ラルフでさえも、彼の公認を無効にしたり、より大きな共同体の中で結束しているこの小さなグループを解体したりするのに必要な権威を持ってはいない。聖歌隊はジャックのものであり続ける。しかし彼はそれをどうするべきなのだろうか。

汚れなき声の聖歌隊。悪がそこに潜むこともある、などとは考えられないかもしれない。それは無害で、魅力的で、ちょっと感動的である。それは単なる子供たちでしかない。そしてジャックは他の者たちと同じ一人の子供である。彼は意地悪ではないし、さらに聖歌隊の他のメンバーも意地悪ではない。唯一の問題は、聖歌隊が学校では制服を着ているということである。その制服が軍服——一種の詰め襟の軍服——というよりは僧服のようなものであるとしても、一つのグループが同じやり方で服を着て、階級によって支配されるときには、必然的に何か軍隊のようなものが存在する。そうしてジャックの聖歌隊は、**並足で歩きながら**舞台に登場する。

曇った空気の中を、熱気できらめきながら、何か黒いものが手探りするように前に進み出てきた。ラルフが最初にそれに気づき、彼のまなざしがそこに釘付けになったので、他の少年たちの目もまさしくその地点に注がれた。蜃気楼のおぼろげな地帯から出て来る、その黒い色は衣服の色なのだということが分かった。それは二列縦隊で、異様な服を着て、ほとんど並足で歩いている、少年たちのグループだった。彼らは手に肌着や衣服を持っていたが、頭には銀の記章の飾りがついた黒い角帽をかぶっていた。同じように黒い、ゆったりとした袖なしマントが、彼らの体を覆い隠していたが、その胸の左側には、大きな銀の十字架が刻み込まれ、頸のところは襞飾りのついた襟で狭くなっていた。熱帯地方の暑さ、飛行機の落下、食べていかなければならないということ、最後に熱い砂浜での行進が、彼らの顔色を濡れたプラムのような色合いにしていた。彼らを導いている少年も同じような異様な身なりをしていた。しかし彼の制帽の記章は金色だった。そのグループが高台から約十メートルの地点に達したとき、彼は一つの指示を出した。すると彼らは、息を切らし、汗びっしょりになり、強烈な光の中でふらつきながら、立ち止まった。リーダーがグループから離れ、高台に跳び乗った。彼の袖なしマントがその背後に翻った。そして彼は影の地帯に向かって目を見張った。(17)

ジャックが最初に、礼拝の音楽とは大した関係もない観念を、制帽、記章、袖なしマントに結びつけるということは明らかである。大人たちがそんな風にして自分の子供の心を引きつけながら何を考えようとも、子供たちは自分のことを小さな兵士だと思い、ジャックは自分のことを彼らの隊長、さらには一人の騎士、英雄とさえ思うのである。当然彼は武器も持っている。

ジャックはベルトにつけてある堂々たるナイフをつかみ、鞘からそれを抜き出すと、木の幹に投げつけた。つぶやきが起こって、また静かになった。(18)

言うまでもないことであるが、聖歌隊が自ら作り上げる軍隊のイメージは、教会で歌うということに関する限り、ほとんど重要なものではなかった。しかし今は、聖歌隊が歌うことを使命としている、とは誰も想像することができない。聖歌隊は一つの部隊、縦列隊形、ジャックを先頭にして行進する戦列〔線〕であり、そのイメージの中にはまた、何か完全に客観的、必然的、不可避的なものも存在するのである。ジャックはリーダーとして選ばれてはいない。ラルフが過半数を獲得したからである――別の言葉で言えば、輪〔円〕の支配力は線の支配力よりもなお優位を占めている――、しかしこの線は打ち砕かれることはありえず、集団の中で解体されることはない。この集団は、ジャックの聖歌隊が**一つの軍隊**であるということを正式に確認させながら、事物の本質にひたすら適応している。


「これは軍隊にもなるよ……」

「あるいは狩猟隊にも……」

「あるいはまた……」

ジャックの顔は、正常な色合いを取り戻した。ラルフは手を振って沈黙を求めた。

「聖歌隊を指揮するのは、ジャックだ。彼がどうするかを決めるんだ。ジャック、君はどうしたいと思っているんだ」

「狩猟隊さ(19)」


この瞬間には、子供たちはこの島に敵や獲物がいるのかどうかまだ知らない。そして彼らは、狩りをすることが役に立つのか、立たないのかまったく考えていない。彼らが冷ややかな、しかし完全に無意識的な明敏さで認めたことはただ、無害なパレードに時間を費やしたジャックのグループが、**構造的に**人を殺すために形成されているということだけである。円には両義性があるが、線にはそれがまったくない。部隊が存在するところはどこででも、部隊は誰かに**対抗して**行進する。敵、獲物は、部隊にとっては何よりも、部隊として存在し続け、そのグループの自己同一性を強固にする役に立つのだ。想像しうる限り最も理にかなった、最も納得のいく自己同一性、その自己同一性によってグループ自体が存在理由、方針、標的に向けられた矢となる。これは古くからあるシナリオであって、おそらくはあらゆるものの中で最も古い、悲しくも最も古代的なシナリオ、**狩りの群**を参照させながら、カネッティが提起している〈扇動される群衆〉のシナリオである。

扇動された群衆は、すばやく近づくことのできる一つの目標を見て形成される。その目標は群衆に知れ渡っており、正確に特徴が示され、しかも近くにある。群衆はまさに殺そうとしており、誰を殺すべきかも知っている。［……］殺すためのこの集中力は特殊な種類のものであって、他のいかなる集中力も強度においてこれに勝るものはない。一人一人がそこに加わろうと欲し、一人一人が殴りかかる。自分の一撃を加えられるようにするために、一人一人ができるだけ犠牲者の近くへと押し寄せてくる。殴りかかることができなければ、他の者たちがどのように犠牲者を襲うのかを見ようとする。全部の腕が突き出される、まるで唯一の存在から出てきたかのように。しかし打撃が命中した腕は、価値と重さがその分だけ多くなる。目標がすべてである。犠牲者はその目標なのだが、同時にまた密度の最も高い地点でもある。つまり、犠牲者の中にすべての人の行為が凝縮する。目標と密度が一致するのである。[20]

したがって、一つの円と一つの線を近くに置けば、事態がどういう結末を迎えるか、疑問の余地はないだろう。

怪物のような分身

このメカニズムはまだ止めようとすれば止められる、ということが理解できる。ジャックの部隊は殺すために創設されたが、しかしもちろんその対象は動物であり、それだけでもすでに辛い行為であるように思われる。初めて豚を打ち殺そうとするとき、ジャックは自分の手を抑える。

彼らは、なぜ彼がその仕草を終えなかったのか、よく知っていた。生肉を切り裂くそのナイフが尋常ではないせいなのだ。血という耐え難い観念のせいなのだ(21)。

しかしながら子供たちは、殺すという行為の中に含まれている魅惑を発見しながら、すぐに血という耐え難いものに慣れてゆく。それでもやはり、それは狩りをするということに変わりはない。そして、この島では、決して誰も他の理由で殺すことは考えられない、といった印象を受ける。

とはいえ子供たちは恐れている。彼らは何を恐れているのか、なぜ恐れているのかを知らない、けれども彼らは恐れている。そして理性がするなと言うことをしてしまう。彼らはその恐怖について語り、議論し、恐怖の理由を把握したり、決定を中止しようと努める。かくして、そのはっきりしないものの中に、彼らは自分たちが恐れているその〈もの〉を封じ込めてしまう、そしてそれを存在させ、それに形と固さを与えてしまう。なかんずく、彼らはそれに野獣という名前を与えてしまうのである。

野獣が具体化しているのは、夜ごとに最も小さな子供たちを苦しめている孤独の苦悩、もはや自己同一性も前途ある未来もないという悲痛な感覚、一種の甘美な恐怖の中で狩人たちの群が感じ始めている殺しの嗜好、二人のリーダーがお互いに友達になったと思い込んだときから、それぞれ無言のうちに相手に放っている挑戦的態度、グループの秩序は必然的に死を仲介しなければならないというぼんやりとした意識である。悪夢の中で、こうした恐怖のすべてに一つの名前を与えるのは、最も小さな子供たちである。(22) 初めは、野獣の存在を否定するような態度をとっていたのに、大きな子供たちもすぐにそれを踏襲する。そんな風にして野獣はまずその名前から、おしゃべりと思考の中に存在し始めるのである。野獣は感情的な存在として生まれ、それを肉づけした感情は現実的で、強烈なものである。恐怖が名前を持ち、それは生きたもの、具体的なものとなってしまった。そしてこれからは、闇の中で待ち受けるあるものが存在するようになる。もちろん子供たちの外にではなく、中にである——もっとも、内部ではないとしたらどこかにそんな場所があるだろうか。

大きな子供たちが野獣の存在を否定するとき、その否定は子供たちを結びつけるどころか分裂させる。彼らはそのようなものを考えないし、感じないし、望まないし、怖がりもしない。ラルフとポルシネにとって、野獣が存在することなど**ありえないし、あってはならない**。もしも野獣が存在するならば、道理にかなった、納得のいく、人々のためになる秩序、法螺貝が象徴するような秩序が存在することはありえない。ポルシネは、見かけよりもはるかに深遠な、世間をよく知っているような態度で、ラルフにそのことを説明する。


「結局のところ、ポルシネ、亡霊は存在するのだろうか。それに怪物は?」

「もちろん存在しないよ!」

「じゃ、なぜ存在しないんだ?」

「なぜなら、そんなのはもう意味がないからだよ。家、街路、テレビ……、こういうのは歩くはずがないんだ(23)」

しかし、ジャックにとっては、事情が異なる。彼もまた野獣の存在を否定することから始まる。とはいえ彼は、野獣の存在をかなり望んでいるということをほのめかしている――そしてラルフはそのことで、初めて挫折感を感じる。

「もちろん、ラルフの言うことは正しい。〝蛇のようなもの〟なんて存在しない。しかしもしそういうものがいるならば、それを追跡して、殺すことができるだろう。豚の狩りをするのは、みんなが食べていかなければならないからだ。そして同時に、その蛇を狩ればいいのだ(24)」

ラルフとポルシネの世界では、暴力、恐怖、死は容認することができない。これらは破壊的で、合法的なものではない。逆にジャックの世界では、これらは、子供の遊びをもとにして、英雄的、情熱的、野生の魅力に溢れた現実に到達するために必要な条件である。野獣が存在しなければ、ジャックは単なる一人の子供にすぎない。しかし野獣が存在すれば、彼は、本当の獲物を持つ真の狩人となる。そしてその獲物の恐怖と暴力が、彼に跳ね返ってくるはずであり、彼はラルフがまったく思いつかないような一つの権威を授けられることになるのだ。

野獣に名前をつけることは、各人の中で何か原初的な、恐ろしいものに到達したことを意味する。その何かを抑制できるのは、規則やタブーの緻密な網の目が維持されているときだけに限られる。子供たちはこのときから、自分たちの恐怖とただちに必要とする暴力――これらは異なる二つのものであるが、しかしまったく同じ一つのものでもある――を考慮しなければならなくなる。彼らは今はもう、この島がすばらしいものではないことを知っている。何ものかが付け狙っているからだ。彼らは、問題のその何ものかが他ならぬ彼ら自身であるということを知らない。

その時から、破局が迫ってくるのだが、その破局を引き起こすにはほんの些細なことだけで十分だろう。そのほんの些細なことは正確にはラルフによって口実にされ、火を維持するようにと彼を駆り立てる〈超越的な〉世界からやって来るだろう。子供たちの周りで戦争が続いているのに、彼らはそれについては何も知らない。ある夜、彼らが眠っている間に、島から遠くないところで空中戦が展開されるが、誰もそれには気づかない。飛行機が撃墜されて、傷を負った操縦士が、パラシュートで島に落ちてくる。しかし彼は大地に接する前に死んでしまう。それ以降、島では、ラルフの火のすぐ近くに、死が存在することになる。熱帯地方の暑さが死体の腐敗を速める。一陣の風が、死体の絡まっているそのパラシュートをふくらませ、持ち上げ、火によって映し出された光の輪の縁で露出させると、野獣の存在について、子供たちはもはやまったく疑いを抱かなくなる。二人のリーダー自身が、すぐに第一の目撃者たちに呼び寄せられて、その野獣を目にするのは、彼らの対立が初めてあからさまな形で、早くも残酷に、怨恨に満ち溢れて爆発しているさなか、恐怖に打ち勝つ試練に身を投じたときである。その地点、救助を求める火の近くには否定しがたいほどはっきりと、何か恐ろしい、険悪なものがうずくまっている。もしかすると大きな牙を持つトラかもしれない、それとも、巨大なサルかもしれない。そしてその翼がざわざわ、ばたばたと音を立て、結局はそのような存在の合理的な説明をことごとく不可能にしている(25)。

今度は、ジャックが集会を招集する。というのは、ラルフがリーダーとしての力を失ったからである。彼の世界、法螺貝と火との、救済と正当化をもたらすはずの超越的な力のしるしを求める思考の、**その**世界、合理的な秩序の世界が、希望もなく消え去ってしまったのである。野獣は存在する、だから、火が象徴している天への呼びかけは、もはや意味がない。しかしながら野獣の存在は、ジャックの集団に目的を与える。**彼の**価値を称揚し、その価値を共同体全体の頂点に位置づけるような目的である。もはや遊びなど論外である、時折食べるための肉を少しばかり手に入れるということさえも論外である。本当の狩り、英雄的な狩りにかかわっているのだ。撃たれた後でも果てしなく再生してくる、恐怖、死、敵を相手にしているのだ。その野獣の存在に対抗するには、もはやたった一つの秩序しかありえない。暴力の秩序である。それが理由でジャックは、ラルフが絶望にも負けることなく、彼を合理的な現実のほうへ引き戻そうとすると、深く侮辱されたような気がするのである。またそれゆえにジャックは、ラルフがリーダーであるどころか、ポルシネのような話し方をすると宣言するのである。


「煙の合図さえすることができないんだ……。もうだめだ！」

「……」

「じゃあ僕の狩猟隊は、彼らは数のうちに入らないのか」

「子供が、棒で武装しただけだろう」

ジャックは立ち上がった。顔を真っ赤にして、彼は離れていった。ポルシネは壊れためがねを再びかけて[26]、ラルフを見つめた。

「さあ、君が何をしたのか分かったろう。君は彼の狩猟隊のことで彼の自尊心を傷つけたんだ[27]」


実のところ、ラルフの言葉は侮辱よりもなお悪いものである。これらの言葉は冒瀆といってもよいものであり、ジャックが予感している存在の陶酔させるような充足感を非神聖化している。事実、これからは、追跡や、戦いや、極端な危険の興奮を味わうことが可能となるし、これからは、振り上げた腕、打ち込まれた槍が、満足感を味わえるようになるのである。この瞬間に、すべてが説明され、すべてが落ち着き、すべてがその目標に到達する。これ以降支配するのは、野獣の秩序、一つの完璧な、完成された秩序である。最大級の非理性が勝利し、威厳に満ち、**聖なるものとなる**。そこでラルフは彼からそれらすべてを奪い取ろうとするのだろうか。残念ながら、彼はリーダーではなく、ポルシネと同じくらい滑稽で、うんざりさせるのであり、彼はポルシネ**となる**のである。ジャックが反逆し、輪〔円〕が壊される。

ジャックの勝利が即座に成されたものではないということ、まだしばらくの間、大多数がラルフと一体になっているということ、さらに分離した二つの共同体が形成されるということは、どうでもよいことである。ラルフはこの先も決してその集団の多数派を失うわけではない。彼が失うのは、集団というものなのだ。少しずつ、すべての子供たちがジャックとともに去ってゆく。円はどんどん狭く、線はどんどん長くなってゆく。それがなぜなのかはよく分かる。つまり、群衆は福音を失って、火と法螺貝は無用の長物になり、ラルフはもはやどうしたらよいのか分からなくなるからである。ところがジャックのほうは、どのように行動するべきか、たいへんよく知っている。もはや規則も、記憶も、制限もないし、そこからやってきて、そこに戻っていかなければならないような、もっと正しい、もっと本当の別世界も存在しない。唯一の世界は、限りない恐怖と、冒険と、自由のこの世界なのであって、そこでは野獣、すなわちいかなる獲物も逃れることのできないような大いなる狩人が支配している。しかしそこにはまた、常に死の運命が用意された大きな獲物も存在している。打ち倒すべき敵であると同時に、模倣すべきモデルでもある。野獣とジャックの世界では、**すべての意味**が殺すという行為の中に宿っている。われわれがかかわっているのはもはや棒で遊ぶ子供たちのグループではなくて、古い、原初的な、太古の人の群であり、時代の奥深くから無傷で浮かび上がってきた彼らは、果てしなく新たな犠牲者を求め続けるようになる。

ここには絶対に読み解かなければならない一つの逆説が存在する。子供たちにとっては、間違いなく、野獣は超自然的なものである。それゆえに、彼らは野獣を**見た**のである。したがって、ジャックでさえもが一回限りでそれを本当に殺せるとは考えない。それに、もしもそうすることができるとすると、彼はラルフの世界に戻って、再び単なる一人の子供になってしまうだろう。だからこれからは野獣は存在**しなければならない**のだ。そしてその野獣が無害だとか、有益であるなどとは誰も考えることができない。というのも、野獣が作り出す脅威だけが、一人の英雄になることを可能にするからである。それが理由で野獣に対して武装するのであるが、これは一つの儀式、悪魔祓いである。武器は人を安心させ、恐怖を遠ざけ、力があるという感覚を持たせてくれる。一撃が放たれるたびごとに、恐怖は一時的に克服され、野獣は離れてゆく。この意味では、殺されるのは、常に野獣である。しかし、まさしく野獣が**常に**殺されるからには、野獣は決して**完全に**殺されるわけではないのだ。本当に死んでしまう犠牲者、これは、野獣の代理となり、野獣の代わりに死んでゆく。野獣が生き続けるために犠牲者は死ぬ、野獣**のために**犠牲者は死ぬのである。犠牲者は捧げ物、**生贄**なのである。ジャックにとって、これはすべて極めて明白なことである。事実、野獣が出現した後で初めて、狩猟隊の仲間たちが新たに豚をつかまえるとき、ジャックはまったく苦労もせずに、一つの古い所作、おそらくは**人間にとって最も古い所作**を、**彼のもの**ではないけれども**彼の中に刻み込まれている**記憶から出てきたかのように、浮かび上がらせる。

ジャックは血まみれの頭を持ち上げて、それを尖った棒の上に刺した。その棒は頸まで入り込み、口から出た。ジャックは一歩退いて、その頭を見つめた。それは物思わしげな様子で吊り下がっていて、棒の上に血をだらだらと垂らしていた。

「……」

ジャックは大きな声で言った。

「この頭は怪物のためのものだ。これは捧げ物だ(28)」

犠牲を捧げるジャックの所作には、隠れた目撃者がいる。虚弱で、口数の少ない、奇妙な子供、シモンである。彼は人から距離を置いているのが好きで、しばしば不在の時があり、他の子供たちが知らないことに気づいて戻ってくるのだが、それを決してうまく表現することができない。シモンは、野獣に捧げる犠牲が生じた林の空き地に隠れている。一人だけ残って、彼は、棒の上で、ハエに覆われているその豚の頭を見つめた。するとその頭が、**彼に話しかける**。彼自身の内部から生じてきた声で。

シモンの前で、棒に吊り下げられて、蝿の王はあざけり笑った。シモンはとうとう屈し、彼に視線を戻した。彼はその白い歯、くすんだ目、血……を見た。時代の奥深くから生じてくる、仮借なきデジャ・ヴュ〔既視感覚〕の確信が、シモンの視線を釘付けにした。「……」

シモンは頭を軽く斜め上に向けた。彼は、自分の前で、空間に吊り下げられた蝿の王の視線を引き離すことができなかった。

「お前はここで、たった一人で何をしているのだ。お前は私が怖くはないのか」

シモンは震えた。

「ここにはお前を助ける者など誰もいない。私一人きりだ。それに、私は『怪物』だ」

シモンの口が努力のすえに、かろうじて聞き取れる声を発した。

「杭の先端に吊り下げられた豚の頭なんだろう?」

「この『怪物』が、狩り出して、殺せるようなしろものだとはね!」、とその頭が言った。

一瞬、森とまだぼんやりと見えるすべての場所が、歪んだ笑い声を谺させた。

「おい、お前は、私が心の底からお前の一部であるということをよく知っていたな。私は何もかもだめにしてしまう存在なんだよ。今のような事態にしてしまう存在なんだ[29]」

蝿の王 *Sa Majesté-des-Mouches* とは、悪魔の名前の一つで、聖書に出てくる名前バアル・ゼブブ Baal-Zebub〔ベルゼブル〕の翻訳である[30]。しかしゴールディングによって示されている筋書きは、この魔王の伝統的な表現とは何の関係もない。問題になっているのが何なのかを理解するためには、悪についてのユダヤ教的=キリスト教的象徴作用の彼方にまで、つまり神性についての一神教的概念がもたらした刷新の上流にまで遡ってゆかなければならない。バアル・ゼブブが悪魔の名前の一つであるということは大したことではない。それ以前には、これは**聖なるもの**にかかわる数多くの名前の一つであった。そしてゴールディングはここで、その聖なるものを、不気味なくらいに極めて明快に、原初的な、本質的な形態でわれわれに提示している。文学の中に溢れるほどたくさんある悪魔との駆け引きの中でも、『蝿の王』の駆け引きだけが、おそらくは起源の状況、長い道のりの出発点と一致するのである。その一神教は、どれほど古くて、どれほど複雑であろうとも、極めて新しい展開の一つであるにすぎない。この聖なるものの起源の形態は、棒に突き刺された頭である。天の恵みなのである。しかし天の恵みとは正確には**何**なのだろうか。**誰が誰に対してそうするのだろうか**。ここでは、天の恵みそのものが、**それ自体の受取人**であると言っている。蝿の王、天の恵みが与えられる野獣、それは棒の上の豚の頭であり、**天の恵みそのもの**であり、**生**

贄である。この野獣は自分自身に捧げられるのであって、犠牲が生贄を野獣に**変える**。暴力を受ける者が、暴力そのものの化身となり、暴力を物象化し、人格化し、目もくらむような形而上学的プロセスの支えとなる。つまり、生贄の姿をとることによって、**暴力は神となる**のである。しかし、犠牲を捧げる者、殺害者は誰なのだろうか。この疑問に対してもまた、蝿の王は、それは常に自分である、と答える。ジャックはみんなのために子供たちを殺すのであり、それはラルフ、ポルシネ、シモンのためでもあるのだ。彼は**未分化の**共同体のために殺したのである。だから蝿の王はその共同体の〈一部〉であると言う。それはシモンの一部であり、他のすべての子供たちの一部でもある。しかし、他の部分と対立する一部である以上に、蝿の王は一つの次元、共同体の一つの段階、その存在様式を成している。正確には、未分化の存在様式である。野獣自身は誰を排除するわけでもなく、誰を**救う**わけでもない。ポルシネをそうするわけでもないし、ラルフをそうするわけでもない(31)。

　野獣は殺す者であり、殺される者である。野獣は殺害した捧げ物を受け取る者であり、その捧げ物を儀礼に、意味のために必要な構造に変える。野獣とは暴力の**完全なる循環**のことなのである。かくして**聖なるもの**は達成された完璧さの中にある。

　ウィリアム・ゴールディングの小説は、そのすべての側面において、また細部に至るまで、暴力と聖なるものに関するルネ・ジラールの考察を先取りしている(32)。認められる自己同一性も、決まった役割も、共有される行動の規則も存在しないような未分化の集団においては、個人と個人との間にありうべき唯一の関係は、**敵対関係**だけである。衝突がどこにでもつきまとってくると、集団は徐々に、不安、恐怖、暴力によって衰弱してくる。しかしもしもその集団が一つの統合的な構造を見つけるならば――たとえ偶然であったにしても――、完全な崩壊は避けられる。すなわち、すべての人間の暴力が唯一の目標に集中し、その目標がありうべき他のすべての標的に取って代わり、進行中のすべての衝突を象徴的に解決するのに役立つのである。その時、生贄は超自然的なオーラを獲得する。生贄は、自分が暴力を解き放った恐るべき、怪物のような存在であると同時に、暴力を引き受けながら、暴力を耐えられるもの、理にかなうものにした有益な存在であるということを示しながら、悪のすべてを一身に引き受け、そのことで共同体の重荷を取り除くのである。ちょうど、エウリピデスの『バッコスの信女』にも、同じような野獣が登場する。しかしその野獣はもっと高貴な名前を持っている。つまりディオニュソスである。

『バッコスの信女』にまつわる神話のような一つの神話の背後に、また限定された歴史的内容全体の外部に、突然燃え上がる暴力と、共同体存続のために暴力が作り上げる恐るべき脅威があることを、暗黙の前提としなければならない。その脅威が結局、出現したときと同じくらい速く遠ざかってゆくのは、共同体の全員が参加するがゆえに全体的な和解を生み出す私刑《リンチ》のおかげなのである。穏やかな市民が猛り狂う野獣に変身するということは、あまりにもむごく、一時的なものなので、共同体はそこに自分の姿を認めるわけにはいかないし、わずかにかいま見られた、その異質な、恐るべき顔を、自分のものとして受け入れることもできない。嵐というものは、奇跡的に和らぐとたちまち、この上なく神々しいものの訪れでもあるかのように見えてくる。未知のものとされたり、無視されたりするとねたましく思う神は、紛れもなく神のやり方で、人間たちに自分の不満をはっきりと示してきた。最後の生贄、実際に自分で選んだ生贄、おそらくは神自身が化身となった生贄を受け入れた後で、ディオニュソスは、近づいてきたときには恐るべきものとして、しかしその分だけ遠ざかるときには好意的に、静かに去ってゆくのである(33)。

野獣に捧げられる生贄は野獣自身であるということを、ジャックは漠然と知っている――そして暴力に身を委ねれば委ねるほど、ますます彼はそのことをよく知るようになる。子供たちの中で、シモンだけが、野獣とは彼ら自身の一部であるということ、島にもはや友情も、喜びも、希望もありえないのは彼ら自身が原因なのだということを理解している。野獣とは彼ら自身の外部に放たれた、**彼ら自身の**暴力の象徴的な投影なのである。自分の中の怪物性を認めたり、自らのうちに恐怖のはけ口として役立つ血の欲求を認めたりすることができずに、自分の外部にその野獣を**創り出す**。暴力のこの二分割は、ゴールディングにとっても、ルネ・ジラールにとっても、幻覚のような形態を取りうるのであって、それは暴力が**聖なるもの**となるために必要な通り道なのである。ひとたび神聖化されれば、生贄の儀式に変化することによって、前もって定められた時間と形態で繰り返されることによって、またそんな風にしてどこにでもつきまとうことをやめて、暴力それ自体が悪魔祓いされるのである。野獣に命を与えるのは、そうした儀式化である。つまり打ち倒すべき敵、捕らえるべき獲物となるのだが、同時にまたそれは、秩序と意味が可能となる唯一の源、したがって必然的に不滅であって、暴力の大量生産を具象化するために、未来のすべての殺害を準備し、押しつけるために、それ自身の殺害を超越することができるのである。

　怪物のような分身を標定すると、原初における宗教的体験が、いかなる雰囲気の幻覚や恐怖の中で展開されているのかを、かいま見ることができるようになる。暴力による狂乱が頂点に達するとき、怪物のような分身が同時に至る所に出現する。決定的な暴力は、その不吉な幻**に対抗して**、同時にその庇護の下で実現されることになるのである。[34]

　今のところは、確かに、棒の上に豚の頭しか存在していない。しかしその後で、ジャックは犠牲を求める暴力を、この島でなおも可能な唯一の意味の領域として再認識したのである。野獣に対して別の捧げ物を用意しなければならなくなるだろう、野獣は再び野獣自身のために生贄として捧げられなければならないだろう。そして、今やシモンが知っているように、野獣は**人間的**になっているのである。

装甲艦

野獣が何であるのか知っている唯一の人物であるシモンは、同時に自分の問題に関して幻想を消し去ることのできる唯一の人物でもある。蠅の王との静かなやりとりの後で、シモンは火を焚いている山をよじ登っていって、野獣が実際には何なのかを発見する。それは他の子供たちが目にしたけれども、自分たちが何を見たのか実際に知ることのなかったもの、つまり、〈恐ろしいけれどまったく無害の〉もの、腐敗している死体であった(35)。彼らもこれを見つけたら、すべてが以前と同じ状態に戻るだろう、とシモンは考えるのであるが、彼は蠅の王が自分に向かって明らかにしたことをまったく理解することがなかった。それはつまり、野獣とは彼ら自身の一部なのだということである。彼は他の者たちに知らせるために山を降りてくるが、道は長く、すぐに夜のとばりが降りてしまう。

他の子供たちは豚を殺害したお祝いをしている最中であり、まさしく豚の頭が蠅の王となったのである。この大饗宴はジャックにとっては栄光の瞬間である。ラルフとポルシネもそこに参加している。二人はのけ者にされているが、まだ迫害されてはいない。ほとんどこの共同体が、今度はジャックの権威の下に、再構成されつつあるという印象を受ける。最後に、子供たちは獲物を捕らえたことを記念するために踊り回る。一人の少年が豚の役割を受け持つ。その他の者たちは、**彼の周りで輪になって**、狩猟隊となる。新たな輪、新たな社会的秩序である。野獣が存在しないがゆえに、これが唯一、可能な秩序でもある。ラルフとポルシネもまたそう感じている。

ラルフとポルシネは同胞たちと同席することに慰めを見出していた、どんなに彼らが興奮していようとも「……」。二人は、恐怖をせき止め、制御できるようにする、それらの褐色の背中の人垣に触れてうれしい気分になっていた。(36)

突然、輪の内部で象徴的に表わされていた恐怖が、外部に噴き出して、外部に脅威をもたらす。何かが暗がりの中で動き、何かが森から出てきたのだ。輪は恐怖の侵入に直面して壊れ、恐怖を迎え入れるために開かれ、恐怖の周りで再び閉じられる。やって来たのはシモンなのだが、しかし子供たちの目には野獣と映る。

輪は馬蹄形に開かれた。何かが這うようにして森から出てきた。黒っぽい塊が、ぼんやりと前進してきた。その怪物を前にして鋭い叫び声が上がったが、苦痛の叫びのようだった。怪物はぐらつきながら輪舞の中に入ってきた「……」。

「**野獣を殺せ！　やつののどを掻き切れ！　やつの血を流せ！　やつのとどめを刺せ！**」

棒が振り下ろされた、そして歯ぎしりをして、うなり声をあげる口のように、その輪が閉じた。怪物は中央で、ひざまずき、両腕を顔の上に交差させていた。そして彼はずっと山の上の死体のことを説明しようと叫んでいた。とうとう、その怪物はぐらつきながらも努力して、締めつけてくる輪を断ち切り、岩場から水際の砂の上に落下した。すぐさま、子供たちは溶岩流のようにその後を追って岩壁を流れてゆき、怪物を覆い隠してしまった。そして不明瞭な叫び声をあげ、殴ったり、噛みついたり、引きちぎったりし始めた。言葉は一言も聞こえず、顎と引き裂く爪の音だけだった。(37)

次いで、まだ残っているシモンの遺骸を海が運び去ってゆくのだが、まさしくその瞬間に、風が、丘の死体に結びつけられているパラシュートを再び開き、その死体を引きずってゆき、結果として、その死体もまた、広大な、揺るぎない死の宝庫、海の中に落ちてゆくのである。(38) 今はもう野獣は子供たちの内部にしか存在せず、もはや誰も野獣を見ることはないだろう。まさしくそれが理由で、この島にはもう野獣を打ち負かすことができるような力は存在しない。

ラルフとポルシネはシモンの虐殺を目撃した。彼らは何が行なわれたのかを理解しないわけにはいかなかった。それにおそらくは彼らもまたシモンを殴ったのである。いずれにせよ、彼らは潔白ではない。かつては潔白であったということでもない。というのも野獣は全員が作りだしたものだからだ。彼ら二人を他の者たちと分かつのは、自分たちは潔白ではないということを二人が知っている点である(ただし、二人はそのことを本当に認めるには至っていない)。二人はまた、シモンの殺害が恐怖に起因するのではなく、むしろ殺すことの欲求と快楽に起因するのであって、生贄はほとんど重要ではないということも知っている。(39) 実際には、たぶん最初の瞬間を除いて、誰もまったくシモンを野獣と取り違えてなどいないのだ。その輪が殺すことを欲したがゆえに、存在することを可能にするために殺さ**なければならなかった**がゆえに、そしてその輪の中に入ってきたがゆえに、シモンは死んだのだ。しかしながら、他の子供たちは自分に罪があるとは感じない。何が起こったのかを自ら説明するために、彼らは野獣の神話を示す。野獣は、姿を変えて、輪の中にいたのだ。そして自分たちは彼を本当は殺さなかった。どうしたら、野獣を殺すことができるのだろうか。彼らはただ踊りによって野獣狩りをしただけだ。だから野獣が戻ってきたら、彼らはまたもう一度踊りによって野獣狩りをするだろう。[40] これはルネ・ジラールが話題にする聖別された暴力の論理である。人殺しどもは自分たちを潔白だと感じる。なぜなら、暴力が帰するべきところは彼らではなくて、生贄自身だからであり、しかもまた、殺害のように見えるものが生贄自身に対して行なわれる奉納である以上、生贄は〈本当は〉殺されていないからである。[41] だからまた生贄を犠牲にすることができるし、犠牲に**しなければならない**。そして生贄として捧げられなければならないのは誰なのか、はっきり分かっている。それは、人殺しどもの輪から外に出て、彼らとは決定的に**異なるもの**となった者たちなのだ。[42]

それが何よりもポルシネの成りゆきなのである。またしても彼の死は部分的には偶然の結果である。しかし、はっきりとした、**儀式的に定めた**殺害の意志のほうへ向かっているのが分かる。ジャックと何人かの彼の支持者たちは、ラルフ、ポルシネ、彼らのもとに取り残された二人の子供を攻撃し、火をつけるために欠かせないポルシネのめがねを奪い取る。それはラルフの秩序への決定的な侵害である。襲われた者たちは自分たちの権利を要求することに決める。白い法螺貝を持ちながら、彼らは初めて他の子供たちに理性を取り戻すように呼びかける。ジャックとラルフは互いに向き合い、殴り合いとなる。するとその時突然に、ジャックの〈部族〉が避難していた岩の多い岬の高みから、聖歌隊の子供の一人が、一種の〈狂乱〉状態で、岩を落とす。

その岩はあごから膝にかけて、ポルシネにもろにぶつかった。法螺貝は砕け散って無数の破片となり、消え去った。ほんのわずかなため息を出す余裕さえなく、ポルシネは空間を斜めに投げとばされ、逆さまに落下した。[……] ポルシネは、十五メートル下の、海水に囲まれている岩盤の上に、仰向けに押しつぶされた。彼の頭は割れ、そこから出た物質がたちまち赤くなった。彼の四肢がぴくぴくと動いた、ちょうどのどを掻き切られた豚の脚のように。次いで海が長いため息をついた。海水が赤と白に泡立ち、その岩を覆った。そして吸気のような音を立てて退いたときには、ポルシネの体は消えてしまっていた。(43)

ジャックの秩序が今は完成された形を帯びている。ポルシネを殺害した張本人たちは、シモンの殺害とは異なり、自分たちの行為の現実を見ないふりするわけにはいかない。今度は姿を変えた野獣がかかわってはいなかったのだ、〈踊り〉がかかわってはいなかったのだ。あらかじめ計画されなかったとしても、今や死の欲求が白日の下に曝されたのである。ジャックがほとんど〈英雄的〉といえる仕草をするのはこの時であって、それは暴力に一つの意味を与える。つまり、彼がポルシネの死を要求し、その責任を引き受け、それを二つの〈部族〉の間の戦争行為に変えるのである。ラルフもまた死ななければならない。開始された暴力が一つの論理を持つ、というよりもしかすると、〈踊り〉に隠された暴力の美学よりもはるかに意味深長な、一種の美学を持つ。行き着く果てまで行かなければならない、未完成は認められない。

突然、ジャックは野蛮な叫びを発しながら、集団から抜け出てきた。

「見たか。分かったか。あれこそが君を待っているものなんだぞ。あれこそが僕の命じたことなんだぞ。君にはもう部族はいない。それに法螺貝ももうない……」

彼は前屈みになって、突進した。

「リーダーは、僕だ！(44)」

当然のことながら、ジャックがラルフに向かって宣言する戦争には、寛大さが欠けている。なぜなら、それは同等の者どうしの戦争ではないからである。ラルフは間違えたのだ、彼は真のリーダーを見分けられなかった、そしてそのリーダーから部族をだまし取ろうとしたのだ。ジャックはラルフのいかなる降伏も待つことはないし、許してやろうという気もない。殺そうとする意志が、初めて、彼にとって明白なものと見えてくるのであり、そのことを自ら隠す必要もない。事実、彼にとっては、殺そうとする意志は正義を求める意志と同一視される。彼がリーダーであり、ラルフは反逆者、裏切り者だ。ラルフは、この時から他の**全員**と対立して完全に一人きりになり、もはや逃げるしかなくなる。

輪は閉じられ、ラルフが中心だった最初の秩序は再編成される。しかしもはや曖昧さはまったく残っていない。今はすべてがはっきりしている。ラルフはリーダーではない、彼は罪のある生贄である。真のリーダーは不正を正す人の群れの先頭に立つ者のことだ。ラルフは一時的に、夜の間しか、救いが得られなくなる。ジャックの〈野蛮人たち〉の野営地の近くに隠れながら、ラルフは彼らのうちの二人と話をすることに成功する。ラルフを見捨てた最後の二人であって、彼らがラルフにどんな運命を準備しているのかを彼に教えるのは、この二人である。


「彼らは君を憎んでるんだ、ラルフ。彼らは君の死を望んでるんだ」

「明日、彼らは君をつかまえるために獲物狩りをするつもりだ」

「でもなぜ?」

「僕は知らない。それにいいかい、ジャック、リーダーは、あいつは、それが危険なものになるだろうと言っている……」

「……そして注意を払って、豚に向かうように槍を投げなければいけないとも言っている」

「島をふさぐように列を成して前進するんだ……」

「……ここから出発して……」

「……君を見つけるまで」

「……」

「でも僕は何もしていない！」と、ラルフは懸命に抗議した。「僕が望んでいたのはただ、火を維持することだけだった！」

明日のことを考えて、彼は不安に襲われた。極めて重要な問題が彼の脳裏に浮かんだ。

「君たちは何を……」

彼は自分の考えを説明するのに困難を覚えた。しかし恐怖と孤独が彼の心を駆りたてた。

「僕を見つけたら、彼らは僕をどうするつもりなんだ？」

「……」

沈黙。ラルフは自分が馬鹿であるように思えた。彼は岩場を少し降りるともなく降りた。

「君たちは何をするつもりなんだ？」

頂上からわけの分からない答えが届いてきた。

「ロジェが棒の両端を鋭く削ったんだ」[45]

ラルフは両端を削った棒の使い道を見破ることに長い時間をかけていない。彼の足は蠅の王の、すなわち豚の頭のある空き地まで向かってゆく。残っているのは肉の落ちた頭蓋骨だけであり、自分自身でもわけも分からず激高して、この子供はそれに向かって突進してゆく。頭に突き刺さっている棒は、彼が追跡者たちと戦う武器として役に立つだろう。だから程なくして、ラルフは、その棒の両端が、ジャックの死刑執行人、ロジェが自分のために準備した棒と同じようになっていることに気づくだろう。(46)それは切り落とした頭を支えるのに使われる棒であって、頭は、野獣が新たな捧げ物を喜ぶように、森の中でよく見えるように残しておかなければならない。そしてその捧げ物をさらに見事に具体化するものは、最終的には、**人間の**頭なのである。

それからラルフの体は、どうなる運命にあったのだろうか。豚のように彼を追い回さなければならない。豚のように彼を殺さなければならない。彼の頭が豚の頭の代わりとならなければならないということは、あまりにも明らかである。新たな「蠅の王」が、さらに一層公然と、決定的に聖別されて、林間の空き地に君臨することになるだろう。そして、間違いなくもっと儀礼的な、別のタイプの新たな饗宴が催されるだろう。聖別された暴力ほど自由にならないものは他にない。そのしきたりほど厳格で、首尾一貫性のあるものは他にない。道徳的で分別もある大人の偽善とその場しのぎによってその厳格さを損なうことがないほどに、ジャックの部族はあまりにも原初的で、幼稚で、**根源的**である。ラルフは当然、食われてしまうことになるが、ここには何か奇妙なところがないだろうか。本当なら食われて然るべきものは逆なのだ。ずっと後になって、彼の殺害者たちやその子孫たちは、仮にそんな人たちが存在することがありうるとしたら、(47)神秘的な、極めて立派な子供に変貌する野獣の神話を**きっと**語ることだろう。彼は、不幸と驚異をもたらした後で、生贄として暴力を封じ込めるために、忘我状態の中で**切り裂かれた**体、堅固に確立された秩序、厳格なシステムを自分の背後に残して、消えていったのだ、と。ラルフは、実際には、ディオニュソスと同じなのである。(48)さらにまた他の何人かの人物たちとも同じなのである。

しかしながら、ゴールディングはそのような結末にはしてくれない。彼は古典的な**デウス・エクス・マキナ**〔機械仕掛けの神〕の介入による、物語の論理的展開を中断する。ラルフの追跡者たちは、彼を狩り出すために森に火をつけたのだ。隠れるところのない海岸に出ていかざるをえなくなって、彼は今まさに屈する瀬戸際にいる。するとそのとき、幽霊のように予想もしていない、一人の海軍士官が彼の前に現われる。

他のさまざまな恐怖を予想し心をこわばらせつつ、ふらつきながら彼は身を起こした。見上げるとつばのある大きな制帽が目に入った。白地の大きな制帽で、ひさしの上には、王冠、錨、金色の葉形装飾があった。そして彼は見た。白い制服、肩章、拳銃、その上着の上に並んでいる金ボタンを。海軍士官が一人、砂の上に立っていた。そしてあっけにとられた不審なまなざしで、ラルフを見下ろしていた。(49)

次のような逆説には不安な、ほとんど神学的ともいえる含意がある。実際に、ラルフの火、幸福を乞い願っていたはずの火が無益なものになったのに対して、殺すためにつけられたジャックの火は、遠くから目撃されて、〈超越性〉の介入を引き起こしたのである。そうして天使のように光り輝きながら、海軍士官がやってきて、あっけにとられると同時に、理解に苦しむのである。その子供たちは〈ある種の戦争〉をしたのだ。その子供たちは殺害を行なったのだ。天使たちは、人間の暴力について何を知っているだろうか。天使たちは、孤独、捨てられること、恐怖、死について何を知っているだろうか。こうしてみると天使たちは少し愚かしい存在である。当然のことなのだが。

「私にはこう思えたんだよ」、とその海軍士官が話し始めた。「……」「イギリスの少年たちのグループだったら――というのも、君たちは皆イギリス人なんだよね――もっと元気に反応することができたんじゃないのか、つまり……[50]」

救助はされたが、ジャックとまったく同様に打ちひしがれたラルフは、もはや泣くしかなかった。シモンとポルシネの死のために、「無垢なものの最期、人間の心の邪悪さのために」。一方、海軍士官のほうは、動揺し、戸惑い――しかしまたたじろぎつつ、慰めを探し求めながら――、顔をそむけ、「遠くで静止している、すっきりとした輪郭の装甲艦に視線を注いだ[51]」。

暴力と秩序

物語の結末において、われわれは、海軍士官をまねて、われわれの救いの手段のほうにほっとするような視線を注ぎたくなる。われわれの法律、制度、そういったもののおかげで、正常な生活が暴力や恐怖と同一化しないですむのである。

しかし遠くにいる立派な装甲艦は、その技術的な複雑さがすぐに感知させることはなくとも、死の機械なのである。装甲艦には、殺すという目的で作られないようなものは何もない。これは、破壊的な力がいかなる逃げ道も残しておかないような大砲を備え、すばやく敵をつかまえるようにする力強い機械である。しかしながら、殺す必要がないとしたら、装甲艦など建造はしないはずなのだ。簡単に、単刀直入に、この確認事項はわれわれの法律や制度にも等しく当てはまると言っても、誰も納得はしないだろう。われわれの社会世界は広大で、多様である。そして装甲艦、あるいは一般の死の装置は、この社会の一つの構成要素にすぎず、しだいに異例に、周辺的になってゆくことを期待してもよいものなのである。しかしもしも探求の分野を制限するならば、すなわち、できる限り単純化した、最低限の、必要ぎりぎりのところまで切りつめた社会世界を想像するならば何が生じるだろうか。われわれの歴史を忘れずに、決して存在したこともない〈失楽園〉に対する子供のようなノスタルジーに屈することなく、誠実に対処するならば、あらゆるものの起源に、必ずあの**円**と**線**、つまり暴力の純粋な形態を発見することができるだろう。

今日よりも起源においてより多くの暴力が存在した、と考える理由はまったくない。われわれの科学技術力の極みと、時として核兵器の形をとって、われわれの社会世界の最も人目につかない、最も巧みに管理される片隅で、潜在的に蓄積され、貯蔵される莫大な量の暴力を、破壊という領域で考察するならば、われわれは容易に、真実はその逆だ、と理解することができるだろう。いかなる社会もこれほど先端にまで悪を押し進めていったことはなかった。しかもそれは、ゴールディングのテクストに現われるもう一つの〈神学的な〉逆説にかかわっている。つまり、子供たちが最終的に自分たち自身の暴力から逃げ込もうとする卓越した世界は、その島における彼らの元の世界よりも、限りなく悪いものだということである。楽園と間違えられるようなこの罠の中に子供たちを導いてゆくのは、大人たちが欲する戦争であり、子供たちの目に死そのものへと変貌してゆくのは、その戦争による無数の死者たちのうちの一人である（したがって野獣は大人たちが作り上げたものなのであって、それは天使のような海軍士官と同じ世界からやって来る）。子供たちを救う海軍士官までもが（厳格な制度上の義務によって）暴力には責任があるし、責任を負うようになるかもしれない。そしてその暴力と比較するならば、ジャックの部族の暴力は子供の遊びの無邪気さということになるのだろう。この点に関して、〈文明〉は野蛮よりもよいなどとはとても言えない。だから、文明と野蛮という対立項目によるこの小説の解釈は、いくつかのシーンでゴールディング自身によって示唆されているとはいえ、単純すぎるし、滑稽でさえある。野蛮とは、少年時代とまったく同様に、始まりや、起源というもののはっきりとした隠喩なのである。起源において、われわれが想像したに違いないものは、**より多く**の暴力ではなくて、**純粋な**暴力であって、そこには、暴力を見えなくし、われわれの生活が一般的なしきたりにかなうことで、恐怖から比較的守られるようにする、無数の媒介や象徴化もなかったはずだ。最初に、暴力は象徴化されるのではなく、神聖化されるのである。そして、暴力が自らを制御するメカニズムを生み出すのは、恐怖なのである。だからこそ、ジャックが〈野蛮人〉のように色を塗った顔つきの中には、海軍士官の白と金色の制服よりももっと多くの情報が存在する。そしてまた、狩猟者としての聖歌隊の棒の中には、遠くで巡航している立派な装甲艦の大砲よりも、もっと多くの勇気とヒロイズム（またさらにその奥底には、美、詩情、道徳性）が存在する。ゴールディングのこの小説から引き出すことのできる数多くの情報の中でも、それは最も重要なものの一つなのである。

もう一つの教訓は、暴力が〈悪い〉のではないということ、すなわち暴力が悪いという事実から由来するのではないということである。ジャックは少しも意地悪な少年ではない。彼は生意気で、少しほら吹きであるが、何よりもまず善良な少年なのだ。だから、彼は指揮をとる役割をたいへん重要視し、大人たちはその役割を、誰にも渡さないようにと彼に委ねたのだ。島の環境に移し換えられたために、その役割は彼を少しずつ流血を好む部族のリーダーに変えてゆく。しかしそのことが、彼を、例えば海軍士官よりも〈意地悪に〉しているのではない。海軍士官は確かに極めて勇敢な人物であるが、彼もまたジャックと同じようなまじめさと細心さで、殺すという仕事を遂行している。なるほど海軍士官は、大砲を使って、〈市民の〉ようなやり方で人を殺し、空き地の野獣に捧げものをしないけれども、彼に優位性を与えるのはおそらくそのことではない。

われわれは市民的に、道徳的に、英雄的に殺すことを好む。もしもわれわれが戦争は悪いと考えることに何の困難も感じないとしたら、われわれは軍人たちを善良な存在、通りの名前や記念建造物を捧げるにふさわしい〈英雄〉と見なしているのだ。それもまた、結局のところ野獣の崇拝よりももっと非論理的な、おそらくはもっと非道徳的な、暴力の神聖化ではないのだろうか。形を変えた野獣の崇拝ということにならないだろうか。野獣の崇拝が**一つの意味を帯びている**という違いを除けば、それは、どこにいても常に警戒している人間の潜在的な残忍さとか、最終的には不可解なものとなるほどの根源的な、計り知れない、抑えがたい残虐さの爆発ではないのだ（ゴールディングはたぶんそう考えていた）。人間というものは〈善良〉ではない。人間が善良であると考えるのはばかげたことであろう。しかし人間が〈悪〉であり、そのことによって何でも説明がつくと思うことも、まったく同様にばかげている。

問題は、孤独になっていて、自由に使えるものとしては棒しか持っておらず、言葉のまったく文字通りの意味で、死というものを目の前で見た子供たちのグループの〈正しい〉、〈道徳的な〉、〈理性的な〉振舞いはどのようなものなのかを知ることである。狂人になるのか。海に身を投げるのか。片隅に寄り添って、母親（あるいは神）に助けを乞いながら、めそめそするのか。このような状況では、確かにジャックが成すような行為以外には、成すべきことは何もない。恐怖によって恐怖を支配し、暴力を儀式化するのである。そして――テクストの中でということもふまえた上で――明らかなのは、このような状況において、ラルフは、ジャックの代わりを立派に演じられないということである。シモンやポルシネが死んだ後でさえ、もしもジャックが次の生贄として彼を必要としなければ、彼自身はジャックと一緒にとどまろうと決心するだろう。(52) ジャックの共同体は確かに〈善良な〉共同体ではない。そして誰も自由にそのメンバーになろうと決心はしないだろう。しかしこれは、サディズムの欲動が氾濫し、その悪名高き災いが勝利を収めているような、〈悪い〉共同体でもない。これは平穏、喜び、無垢、愛がもはや所を得ることのない共同体なのである。しかしながら、権力と秩序の基本的形態による情け容赦のない厳格さの中に、少なくとも一つの〈美徳〉だけは残されている。絶望や不条理を前にしての勇気、ナンセンスに屈服することの拒否である。ジャックもまた少しは〈英雄〉なのであり、彼の中にこの長所を認めても、彼に賛同するという意味にはならない。それは、われわれのさまざまな空間に住みついているすべての〈冷たい人間〉を尊敬する（たぶん彼らは尊敬するに値する）ということが、彼らの信条に賛同することではないのと同じなのだ。そうした信条もすべて――あるいはほどんどすべて――野獣との妥協の産物なのである。

しかしこの島を離れ、今や装甲艦に乗るべき時である。われわれは、それが野獣の領域から離れることではないということをすでに知っている。大砲の存在がわれわれにそのことを思い出させる。野獣は想像上のもの、丘の上の無害の死体でしかない、と考えることができないのと同様に。野獣はまさしく存在する。その野獣の偶発的な化身こそが、〈想像上の〉ものなのだ。野獣とは死、恐怖、不条理のことであって、この島は全世界、その全体における人間の条件を象徴化しているのである。舞台を転換させれば、ジャックは消えていない。彼はむしろ海軍士官になっている。ある意味では、もしかするとそのほうがよいのかもしれない。白と金色の服を着た暴力のほうが、半裸で彩色をした暴力よりも安心させるし、付き合うのも心地よい。これは暴力の〈文明化された〉バージョンであって、われわれがそれほどまでに執着するからには、それは本当にすばらしいものであるのに違いない。その後で、〈当然、自分の側でも身を守ろうとする〉〈邪な襲撃者に対抗して自己防衛する〉瞬間がやって来たときに、問題になるのはもはや棒やナイフではなく、大砲や核兵器であって、白と金色の野獣だけが世界を滅ぼす能力を持つ、というのは残念なことである。

いずれにしてもジャックを抜きにして済ますことは不可能だと思われる。道徳と愛は**アド・リビトゥム**〔好きなように〕援用される。事実は、ジャックに対抗して道徳と愛を英雄的に守ろうとする者は、またしてもジャックだろう、ということなのだ。祭司＝戦士、〈聖なる〉義務によって殺す者は至る所で見られ、スータン〔聖職者の衣服〕や極めて多様な制服を着ている。つまり〈自由のための戦闘服〉とまったく同様に、〈革命服〉を身につけている。彼が存在し続けるのは、彼が必要とされるからである。そして落度があっても、責任が彼に降りかかってくることはない。重要なことは──そしてこれが唯一の可能な解決策なのだが──ラルフも同時に存在し、彼がリーダーになるということである。確かにラルフは〈よい〉とはいえない──ジャックが〈悪い〉とはいえないのと同様に──が、しかし彼は殺さない。そして彼が指揮をとっている限り、ジャックもまた殺すことはないかもしれない。ラルフはわれわれに白い法螺貝を差し出して、こう言っているのだ。もしもわれわれの言葉が、われわれの手の中にあって、不思議なことに、野獣よりももっと多くの力と真実を持つこともあるその美しい、滑らかな、脆いものに値するならば、ナイフも棒も持たずに、話すことでわれわれは打ち勝つことができるのだ、と。また彼は、われわれは一人きりではないし、自給が可能ではないのだから、さらにわれわれは常に何かを、あるいは誰かを待たなければならないのだから、火をつけなければならない、とも言っている。当然のことながら、われわれはラルフが真実を語っているのかどうかを知らない。しかも彼自身もそのことを知らないのだ。だからすぐ間近から野獣を見つめるならば、彼はそのことに疑念を抱き始めることができるのだ。それでもやはり火と法螺貝のほうが、闇の中で流される血よりも好ましいことに変わりはない。この選択の問題は、決めるのがそれほど難しくはない。選択することがまだ可能である限り。

ラルフは、ジャックと同様に、極めて多様な形態をとる人間の体験にかかわっている。彼の中に、哲学的な知恵、キリスト教、仏教、あるいは聖なるものの憂慮すべき両義性に還元できない宗教的感情を丸ごと見ることもできるだろう。ある意味では、彼の中に民主主義というものを見ることもできる。ジャックの神話と同じ価値を持つような、人民主権とか平等の神話を考慮してではなく、野獣の儀式とまったく同じような儀式でもある〈遊びの規則〉を考えてのことでもなく、エリアス・カネッティが比類のない厳密さで表現するような、もっと単純で、根源的な理由によって。

投票の際に、より多い方の意見は、勝ちを収めたという事実から、それはまたより賢明な意見でもあるなどと誰も本気で信じたことは決してない。戦争におけるように、一つの意志が、もう一つ別の意志と対立するのである。それぞれの意志が、必然的に自分の側の権利とその固有の道理を確信している［……］。票で打ち負かされた敵対者は少しも屈服しない。ただ単に負けたと認めるだけなのだ。それは彼にとっては簡単である。というのも彼の身には何も生じていないからだ。

［……］

［選挙における］こうしたあらゆる操作の厳粛さは、決定手段としての死を放棄したことから生じる。死はある意味では各個人の投票用紙によって遠ざけられるのである。しかし死が獲得したであろうような結果、敵対者の力は、数字によって丹念に書き留められる。そうした数字を機能させ、それらを消したり、偽造したりする者は誰であれ、そうとは知らずに死を再導入しているのである。投票用紙をとかく嘲笑する熱狂的好戦主義者は、そのことによって自分たちの血なまぐさい意図をあらわにしているだけなのだ。条約と同様に、投票用紙は彼らにとって紙くずにすぎない。血がしみこんで

いないということから、彼らはそれらを無視する。彼らが決定として受け入れるものはただ血にまみれたものだけなのである。[53]

民主主義的な競争は一つの戦争であるが、しかしこれは人を殺すことのない唯一の戦争である。その競争〔選挙〕が終わるとき、数え上げられるのは**死者**ではなくて、**票**である。〈決定手段としての死の放棄〉という特徴を示す民主主義**だけしか**存在しない。というのも、〈死は［……］各個人の投票用紙によって遠ざけられる〉からである。死を好むということにはおそらく他に明白な理由は存在しないのであって、これはもうすでに十分すぎる理由なのである。ラルフによって確立された秩序が〈民主主義的〉〈専門的な意味においてでもなく、歴史的な意味においてでもなく、この言葉の力強い意味において〉であると見なされうるのは、まさしくそれが死を〈遠ざける〉からであって、選挙や、集会や、〈法律〉に基づいているからではない。もしも民主主義が**本質的に**非暴力の権力であるとすれば、ラルフによって設定された秩序は、民主主義の素朴で、萌芽的で、古風な形態と見ることもできる。しかしそれは単にカネッティが意図しているような意味合いにおいてでしかない。他のいくつかの意味作用は、選挙人＝人殺したちの輪を〈民主主義的〉と取り違えさせる危険があるかもしれない。だがそうではないのだ。ラルフの秩序においては――それこそが彼の悲劇的な挫折なのだが――民主主義は中心にしか存在しない。つまり、周辺はあまりにも未分化でありすぎて、民主主義的になれないのである。最初から、周辺は生贄を選び出しているのに、初めのうちはそのことが分からない。そして、周辺が間違っていると言うことはできない。というのはこの島では、ジャックだけが指揮を取ることができるからだ。死はあまりにも目の前にありすぎて、それを象徴的に〈遠ざける〉ことができない。だからラルフが持ちこたえられるのは、装甲艦が直ちにやって来る場合だけなのだ。ゴールディングによって設定された状況においては、民主主義は、ラルフが**自分自身を神聖化することも、リーダーとしての彼の役割を神聖化することもなく**、法螺貝を神聖化し、火を神聖化するという事実だけに限られている。物語全体を通して、ラルフは無意識のうちに、中心は法螺貝、中心は火なのであって、自分ではない、ということを〔他の者たちに〕理解させようと努力している。すなわち、秩序は非人間的なものであり、誰にも属さないというわけである。実際に、民主主義は中心を持たない。中心は空である。それゆえ人を殺す理由はまったく存在しない。自分だけの権力を**所有する**ような者は一人としていないのだから、権力はどんな人の手に握られてもならない。ただしばらくの間、法螺貝を持たなければならない人、またやはりしばらくの間、火の責任を負うべき人を決めることだけが問題なのだ。

この島で、死を携えて火の周りに座っている子供たちにとって、こうしたことはすべて実際にはあまりにも抽象的でありすぎる。だからといってこの島から離れれば状況はもっと容易になるというわけでもない。何世代かの民主主義に反して、数千年にわたる野獣の崇拝が、それほど楽天主義になることを許さないのである。ラルフはまだ、完全にジャック抜きで済ますわけにはいかない。常に、あれやこれやの別の形態で、狩猟隊が存在するのである。したがって海岸へ逃げてゆくラルフを目にするのは珍しいことではないないし、たいていの場合、装甲艦が水平線にくっきりと姿を現わすなどということはない。しかしながら、たとえラルフが〈よい〉ものでなく、ジャックが〈悪い〉ものでなくとも、選ばなければならないのはラルフの党派なのだ、ということをよく理解しなければならない。しかも説明するのが難しい一つの理由で、野獣は存在しているのだから。おそらく別のやり方だと割に合わないのだから、またそのいたずらを導くのが野獣であるのなら、野獣によって勝つよりも、野獣に対抗して負けるほうがよいのである。少なくとも、火はついたまま残る。そしてもしも野獣の領域の彼方に、現実を越えた次元に、あるいは来るべき時代に、誰かが存在するようなことがあるとしたら、おそらくはそれを見抜くことができるであろう……。

原註

（1）Isabelle Lavergne による仏訳。

（2）«—Kill the beast! Cut his throat! Spill his blood! Do him in!
The sticks fell and the mouth of the new circle crunched and screamed. The beast was on its knees in the centre, its arms folded over his face[...].»
参照した英語版は、W. Golding, *Lord of the Flies*, introduction et notes de I. Gregor et M. Kinkead-Weekes, Faber & Faber, Londres-Boston, 1962（rééd. 1991）であり、これを *LF* と記す。フランス語版は、W. Golding, *Sa Majesté-des-Mouches*, Lola Tranec-Dubled 仏訳、Paris, Gallimard, «Folio», 1956 であり、これを *SM* と記す。
〔ウィリアム・ゴールディング、平井正穂訳、『蠅の王』、新潮文庫、一九七五年〕

（3）*LF*, chap. 1, «The Sound of the Shell», p. 22–23. *SM*, chap. 1, «L'appel de la conque 法螺貝の呼び声», p. 20.

（4）*LF*, p. 27–28. *SM*, p. 25–26.

（5）*LF*, p. 30. *SM*, p. 27–28.

（6）*LF*, *ibid*. *SM*, p. 27.

（7）*LF*, chap. 2, «Fire on the Mountain», p. 43–44. *SM*, chap. 2, «Incendie sur la montagne 山の上の火事», p. 39–40.

（8）*LF*, chap. 1, p. 25. *SM*, chap. 1, p. 27–28.

（9）*LF*, chap. 5, «Beast from Water», p. 100–101. *SM*, chap. 5, «Monstre marin 海の怪物», p. 98.

（10）E. Canetti, «La masse», «Stagnation» のパラグラフを見よ。*Masse et puissance*, Robert Rovini 仏訳、Paris, Gallimard, 1986, p. 33-38.
〔エリアス・カネッティ、岩田行一訳、『群衆と権力』（上・下）、法政大学出版局、一九七一年〕

(11) *LF*, chap. 4, «Painted Faces and Long Hair», p. 81. *SM*, chap. 4, «Visages peints et cheveux longs 色を塗った顔と長い髪》、p. 78.

(12) *LF*, chap. 1, p. 28–29 et 33. *SM*, chap. 1, p. 26 et 29–30.

(13) *LF*, chap. 5, p. 97. *SM*, chap. 5, p. 94–95.

(14) *LF*, chap. 8, «Gift for the Darkness», p. 157. *SM*, chap. 8, «Offrande aux puissances obscures 闇の権力への贈り物», p. 155. 話しているのは、ラルフの競争相手、ジャックである。

(15) R. Girard, «Le sacrifice», *La Violence et le sacré,* Paris, Grasset,1972, p. 27–28.
〔ルネ・ジラール、古田幸男訳、『暴力と聖なるもの』、法政大学出版局、一九八二年〕

(16) *LF*, chap. 1, p. 29. *SM*, chap. 1, p. 27.

(17) *LF*, p. 26–27. *SM*, p. 23–24.

(18) *LF*, p. 32. *SM*, p. 29.

(19) *LF*, p. 31. *SM*, p. 28. オリジナルのテクストでは、ラルフは、ジャックに対してではなくその集団に対して、聖歌隊の少年たちは何をしたいと望んでいるのか、と尋ねる。また、自分たちは狩猟隊になると決定するのは、その集団であって、ジャックではない。

(20) E. Canetti, «La masse», «Masses ameutées» のパラグラフ、*Masse et puissance, op. cit.*, p. 48–49.

(21) *LF*, chap. 1, p. 41. *SM*, chap. 1, p. 38.

(22) *LF*, chap. 2, p. 46–48. *SM*, chap. 2, p. 43–45.

(23) *LF*, chap. 5, p. 115. *SM*, chap. 5, p. 113.

(24) *LF*, chap. 2, p. 48. *SM*, chap. 2, p. 44.

(25) *LF*, chap. 6, «Beast from Air», p. 118, 125, et chap. 7, «Shadows and Tall Trees», p. 147–153. *SM*, chap. 6, «Monstre de l'air 空中からの怪物», p. 116–122, chap. 7, «Ombres furtives et grandes futaies 秘かなる影と高い樹林», p. 145–151.

(26) ポルシネのめがね（たいへん重要である。というのも、これは太陽光線を集めて、子供たちが火をつけることができるようにする唯一の器具だからである）は、レンズが一枚しかない。もう一枚は、けんかの最中にジャックによって壊されてしまったのであり、それは集団の内部における最初の暴力行為である。

（27） *LF*, chap. 8, p. 155. *SM*, chap. 8, p. 153.

（28） *LF*, p. 169-170. *SM*, p. 167-168.

（29） *LF*, p. 171-177. *SM*, p. 169-175.

（30） 「列王記　下」、第一章、二、三、六、一六、マタイ伝、第十章、二五、および第十二章、二四、二七、マルコ伝、第三章、二十二、ルカ伝、第十一章、一五、一八、一九を見よ。
最も広く受け入れられている主張によれば（しかしすべての人がそれを共有しているわけではない）、バアル・ゼブブ、蠅の王（あるいは、人によっては、〈糞尿〉）は、カナンの地の神の名前、家の王 Sa Majesté-de-la-Maison、バアル・ゼブル Baal-Zebul（あるいはベエル・ゼブル Beel-Zebul）を嘲笑的に歪曲したものであろう。「福音書」の中では、バアル・ゼブブは〈悪魔たちの王〉を示す。

（31） *LF*, chap. 8, p. 178. *SM*, chap. 8, p. 176.

（32） 私の記憶に間違いがなければ、ルネ・ジラールは一度もゴールディングを引用したことがないし、また、ゴールディングから何らかのひらめきを得たと考える理由もまったくない。しかしながら、観念というものは、特別な作家に属するというよりもむしろ一つの時代に属するのである。

（33） R. Girard, «Dionysos», *La Violence et le sacré, op. cit.*, p. 191.

（34） *Ibid.*, chap. 6, «Du désir mimétique au double monstrueux», p. 225.

（35） *LF*, chap. 9, «A View to a Death», p. 181. *SM*, chap. 9, «Aspect d'une mort 死の様相», p. 179.

（36） *LF*, p. 187. *SM*, p. 185.

（37） *LF*, p. 188. *SM*, p. 186. 強調は筆者。

（38） この小説の死者は**みな**、海の中で生涯を終える。彼らの死は隠されている。彼らを殺害した者たちは、自分たちが何をしたのか、決して理解することができないし、決して気づくこともない。それが、ゴールディングとルネ・ジラールの聖なる暴力の分析のもう一つの共通点である。生贄を捧げる者たちは、自分たちが人殺しであるということを知らないし、知ることもできないのである。

(39) *LF*, chap. 10, «The Shell and the Glasses», p. 192–194. *SM*, chap. 10, «La conque et les lunettes 法螺貝とめがね», p. 190–192.

(40) *LF*, p. 197–199. *SM*, p. 195–197.

(41) 例えば、R. Girard, «Œdipe et la victime émissaire», *La Violence et le sacré, op. cit.* を見よ。

(42) 生贄は犠牲を捧げる者たちの共同体の**外部のもの**でなければならない。*ibid.*, chap. 4, «La genèse des mythes et des rituels» を見よ。

(43) *LF*, chap. 11, «Castle Rock», p. 222–223. *SM*, chap. 11, «Forteresse des roches 岩の砦», p. 220.

(44) *LF*, p. 223. *SM*, p. 220–221.

(45) *LF*, chap. 12, «Cry of the Hunters», p. 232–234. *SM*, chap. 12, «Clameurs de chasse 狩りのどよめき», p. 230–231.

(46) *LF*, p. 227–228 et 244. *SM*, p. 225–226 et 241.

(47) この島に少女はいない。一番年長の者でも十二歳という、この難破した若者たちの年齢で、ゴールディングは恋愛と性のもめ事を避けられるし、他のさまざまな欲動が目立つのを避けることができる。しかしながらそのことによって、共同体のモデルが十分に機能するための限界も生じている。この島では、聖なる暴力によって可能となるものがすべて生み出されるのに十分なだけの時間がない。そのためにわれわれは、例えば、真の宗教の誕生を目にすることができない。そのすぐ近くに来ているにもかかわらず。

(48) R. Girard, «Les dieux, les morts, le sacré, la substitution sacrificielle», *La Violence et le sacré, op. cit.* を見よ。

(49) *LF*, chap. 12, p. 246. *SM*, chap. 12, p. 243.

(50) *LF*, p. 248. *SM*, p. 245.

(51) *LF*, ibid. *SM*, p. 246.

(52) *LF*, p. 228. *SM*, p. 226.

(53) E. Canetti, «Masse et histoire», «La nature du système parlementaire» のパラグラフ、*Masse et puissance, op. cit.*, p. 200–202.

アダムとイヴには息子が二人いた……

マリーア・ステッラ・バルベーリ

アダムとイヴには息子が二人いた、カインとアベルである。かくして人類の歴史が始まる。かくしてすべてのものの父親が現われる。これが世界の歴史を動くように維持している弁証法的緊張なのであり、世界の歴史はまだその終末に至っていない[1]。

カール・シュミット

ルネ・ゲノンは、一九四五年の論考[2]の中で、カインとアベル、農夫と羊飼い[3]の対立を、二律背反的でありながら、補完的でもある文化の衝突によって説明している。定住民族の文化と遊牧民族の文化は、それぞれ農耕と牧畜に由来しているのであろう。前者、農耕者の文化は、時間のカテゴリーと結びついているのに対して、後者、羊飼いの文化は、空間のカテゴリーと結びついている。しかし、一種の象徴的な均衡と、文化的な逆転によって、時間の中で機能している定住民族が空間を占有し、イメージの構築者となり、その一方で、空間を横切る遊牧民族が時間を占有し、音声の芸術[4]（音と言葉《パロール》）によって表現される。

ゲノンの著作はそんな風にして、文化的な性格を転移することで、兄弟殺しの暴力についての隠喩的な読み方を提起しているのであるが、その均衡が切れる瞬間と、その均衡を回復するのに役立つ補償を際立たせることができる。したがってカインとアベルの物語は、〈交換の循環運動〉[5]についての一種の例証ということになるだろう。「祝福される者が死に、生きている者は呪われる」。二人の兄弟の対立の背景には、実際に物質的、文化的構造の問題が浮かび上がってくる。しかしながら、ルネ・ジラールは、動物の生贄がそこに占める支配的な機能を見分けるのである。「カインは土地を耕し、自分の収穫物を神に捧げる。アベルは羊飼いであり、彼は家畜の群れの中で最初に生まれたものを生贄として捧げる。この二人の兄弟のうちの一方がもう一方を殺すのだが、この人物〔殺す側〕は、**動物の生贄が成り立たせる暴力＝隠蔽を手配することができないほうである**〔……〕。神がアベルの生贄を受け入れ、カインの捧げ物を受け入れないと言うことは、すなわち別の言語、神の言語で言いかえれば、カインはその弟を殺すけれども、アベルは兄を殺さないということなのである」[6]。動物を犠牲に捧げるのは、兄弟のうちの一方、羊飼いのアベルだけである。もう一方の、農夫カインはそれを行なわない。だから、この農夫が生贄として捧げることのなかった子羊の代わりとなるのが、アベル、すなわち「旧約聖書」の最初の無実の犠牲者なのである。犠牲を捧げる者たちの先祖は、彼の最良の子羊のように死に、彼の死は暴力が作り出す危険をあらわにする。生贄の制度がその力を失うとき、舞い戻ってくるのは暴力である。兄弟殺しが平地の真ん中で犯されるのは、たぶん偶然ではない。象徴的な次元では、それは**エクストラ－モエニア**〔城壁の外で〕、つまり人間どうしの調停の役割を務める制度の外部で生じる。平地の真ん中では、人間は人間にとってオオカミなのである。

暴力は超克されないときには、人間に降りかかってくるのだが、その暴力の**トポス**〔場所〕は、カインの捧げ物が損なわれた物で成り立っているとする伝統によって確固たるものとなる。その上、「創世記」

のテクスト自体が、カインは、襲い来て、捉えようとする欲望の餌食となっていることを示している。「ヤハウェ〔神〕はカインに言った。『なぜお前はいらだっているのか。またなぜお前の顔は沈んでいるのか。正しく身を処しているのなら、お前は顔を上げられるのではないのか。しかし正しく身を処していないのなら、罪は戸口にまで来ているのではないのか。お前を渇望しているけれど、お前が支配しなければならない隠れた獣が』」（四、六―七）。人類学の次元で、カインの性格の変化が意味するのは、**ホモー・ホミニ・ルプス**〔人間は人間にとってオオカミ〕よりもむしろ、**ホモー・ホミニ・ホモー**〔人間は人間にとって人間〕[7]を懸念しなければならないということである。そこでなぜアベルの死が、動物の生贄とは違って、「地面の中から叫ぶ」（「創世記」、四、九）のかが分かる。それは人間どうしの衝突の危険を糾弾しているからなのだ。

この人類学的な知は、暴力の問題に取り組むさまざまな方法と結びついている。例えば、政治的な問題提起の中心に、この聖書のエピソードは、次のように表わせる二つのタイプの問いかけを導入する。

1　初めから歴史を刻み込み、歴史の流れを決定づけているこの衝突は、衝突そのものの境界の中に閉ざされたままなのか。それともこの衝突は、その力学の中で、もっと根源的な、人類の創世にかかわる重要性を把握するようにしむけるものなのか。

2　この衝突はたった一度の訴訟手続き、すなわち的確な禁止事項によって、また私情を交えずに、暴力のあらゆる危険に対応する〈合法性〉という訴訟手続きによって解決されうるものなのか。それとも、聖書の象徴体系において、アベルの〈正当性〉は、常に多かれ少なかれカインの〈合法性〉の解消として出現するものなのか。

この論考で示される考察は、これら二つの疑問を、聖アウグスティヌス、ルネ・ジラール、カール・シユミットのテクストを拠り所としながら展開するものである。

アベルの緩慢さ――弱さの象徴すなわち歴史への定着か？

少し聖書の神話に注目してみよう。(8) カインは弟のアベルに話しかける。ところが、われわれは彼が話す内容を知らない。それどころかわれわれは、表現によって空間の中に固定され、時間の中を遡ってゆくような彼の殺人行為を知らされる。「カインは弟のアベルに飛びかかって、彼を殺した」(9)（「創世記」、四、八）。もしもわれわれがルネ・ゲノンの反対者たちの論理に従うならば、言うまでもないことだが、言葉《パロール》を固有のものとして有する遊牧民、アベルの口を閉ざすことによって、カインはアベルの機能を手に入れるのである。ゲノンにとっては、対立する二つの原理の交換によって、言葉の時間とイメージの空間が一つに結びつく。ところで、この〈音声的な〉獲得の特性は、儀式的、隠喩的な横領以上のことを成し遂げている。「創世記」がわれわれに教えているのは、まさしくそのことなのである。なぜならば、秩序ある空間を安定させるどころではなく、アベルの殺害者は、相互的な危機と暴力のプロセスを始動させるからである。しかしながら、この衝突を報告しつつ、「旧約聖書」は創始者としての最初の言葉の表現をこの殺害に連結させる。

実際に、カインとアベルの物語は、人間集団どうしの衝突の年譜を、ヘブライ人の世界における宗教的絆の創設と結びつけている。「創世記」が伝えるところによれば、アベルの殺害の後、世代が交替して、セツ〔アダムとイヴの第三子〕の息子で、アベルの理想的な子孫、エノスとともに、やっと人々は「ヤハウェの名前を出して加護を祈る」（「創世記」、四、二六）ことを始める。(10) 名前による加護ということに関して一つの基盤を求めると、聖書のテクストは、即座に表現されることはないにしても、忌避されることのありえなかった言葉《パロール》、アベルにまで遡る。ところで、**ミュトス**〔言葉、物語、神話〕、事件の意味を理解可能にするこの言葉とはいかなるものなのか。それを把握するためには、神話は常に人間の宗教的起源について**語っている**、ということをあらかじめ想定しなければならない。神話とは常に、礼拝を通して絶えず表現され続けている客観的な事件である。まさしくそれが理由でわれわれは、ヴァルター・F・オットーが断言しているように、さまざまな神話を、「またとりわけ**言葉という意味での神話**」をよく調べなければならないのである[11]。そのためには、語源的な意味を参照するということが、われわれの理解の助けとなるかもしれない。しかし同時にまたわれわれを道に迷わすかもしれない。ファーブル＝ドリヴェは、『復元されたヘブライ語』の中で、**アベル** *abel* という名詞の語根から、拡大する受動性〔無気力〕という意味作用を引き出している[12]。自然人類学はそこからアベルの細さともろさを推論しているのだが、それにつけ込むのがカインなのであって、彼は〈支配する[13]〉者、人間自身の生活環境に対する人間の主権を何千年も前に創始した者なのである。倫理的な意味では、アベルの〈弱さ〉はわれわれを、**はかなさ**、幻想、不条理の次元に招き入れるだろう[14]。「創世記」のテクストが、カインは弟に向かって話したと述べているのに、アベルの答えにはまったく触れていない、ということを思い起こそう。アベルは答えない。彼は死の危機を予想していないのに、物語《レシ》はそれを予感させるのである。

　しかしながら、われわれにとって重要なのは、何のためにアベルの**ミュトス**〔神話〕がヤハウェの名前による加護よりも先行しているのかを理解することである。そこで、聖書のこの物語はアダムの世代における、遊牧民アベルの文字通りアレゴリー的な進出を表わしているのであって、アベルの沈黙は**ゆっくりとした**定着、部族や王国の定住化をその始まりから刻み込んでいる緩慢な時間の表現なのだ、という仮説を立ててみよう[15]。そうすると重大な、決定的とさえ言える展望が開かれ、カインによる計算に基づいた〈規則〉の熱狂的な視点と、アベルによる〈空しさ〉というあきらめの視点の面倒な二者択一が避けられるようになる。その展望を、歴史的アレゴリーのパウロ的な手法に従って、聖アウグスティヌスが採用するのである[16]。

〈人間たちの中の最初の正義〉は実際には、**空しく**て、短期間で終わった。カインによって大地に流され、広がった血が集められなかったという事実は、ユダヤの儀式的生贄の終わりを告げるものである[17]。なぜなら、アベルの殺害を何世代もの連続性の中に位置づけるとしたら、それは〈最古の〉町の建築ではなくてむしろ破壊を引き起こしたはずだからである。「いかなる町が存在するよりも前に、人間的なものの起源において［……］、カインが最初に一つの町を建てた。彼はどんな町も存在しないところにそれを建てたのだ。ところがそれとは反対に、エルサレムを建てるべき時がやってきたとき、人々は、まだ町が存在しない場所を選んだのではなかった。その場所は実際にエブスという名前の町で、エブス人の出身地である（「ヨシュア記」、一七、二八）。エブスは占領され、打ち負かされ、降服し、老朽化のために破壊されたのと同じだった。そしてその廃墟に新しい町が建てられ、平和のイメージ、神の都市、エルサレムと名づけられた」[18]。第二の町への移行を引き起こした（単に神学的なだけではなく）歴史的な断絶は、エブスが象徴であるような危機的空間の占有のためだった。名前の加護によって、カインの部族の力を自らの力に置き換えることのできた〈人間〉、エノスのように、ユダヤ人の征服は、血筋の中にエルサレムの町に特権的に入る手段を見つけたのだろう。その血筋を不毛の土地に広めたのは、カインが建てたアダムの町なのであって、最初の境界を越えたその血筋は、アベルの世代を再生する証拠を示している[19]。

道徳的な特徴[20]（正義の顔）の単なる出現ではなく、アベルの神話の〈力強い〉、〈事実に基づく〉様相こそが、この殺害を、他のいくつもの殺害を内包し、それらを時間の中に持ち込むような事件にしているのである。[21] この神話の力は、まだ明らかではなかったものを、〈形として〉[22] 目に見えるようにしたもの、つまり最後の聖職者のアレゴリーに由来する。この神話は、いわばその聖職者のアレゴリーの外的な救いの形と特殊な力を吸収したのである。[23] 未来の現実についてのこの証言には教訓的なものは何もない。むしろ問題となるのは事実における前兆のようなもの、またそのことで〈明らかになった原初の体験〉である。もしも生贄、捧げ物、犠牲が無力であるならば、その時には、「ヘブライ人への手紙」(一〇、七)で述べられているように、キリストが介入することになる。「こうして、私はやって来た／なぜなら巻物の書物の中に採り上げられているのは私だからだ」。現実主義的でもあり同時に預言的でもある、キリスト教の歴史的アレゴリーが実際に示す時間性の概念は、もともとはもっと豊かだった象徴の崩壊や喪失のように見られるアレゴリーで表現される時間性とは異なる。カインの彷徨と同じやり方で、この後者の意味でのアレゴリーは、歴史を瓦礫の山のようなものや、不確かな未来のほうへ引きずり込むためにしか過去から離れない挫折のようなものと見なすのである。[24] アレゴリーのこれらの異なる意味は、一つの選択を準備し、提起する。一方は、〈記号〉の意味作用の漸進的喪失、カインのような人間性の果てしなき流出であり、もう一方は、歴史の回復と占有、そしてアベルの名による歴史の〈正当化〉である。

躓きの関係

彼自身として、すなわちカインの弟としてではなく、むしろキリストの〈形〉として、アベルは最初の犠牲者にして、最後の生贄のしるしと見なされている。そこで次のように自問することができる。もしも、アウグスティヌスが言うように、「創世記」の二人の兄弟が〈模倣の実例[25]〉にすぎないのだとしたら、なぜアベルは最初の殉教者と見なされるのだろうか。アウグスティヌスは、アベルの殺害は生贄などではないと断言している。しかしながら、キリストの形としてアベルに触れることは、実例の一覧表を引き延ばそうとする単なる修辞的な技巧ではない。その言及は人間どうしの関係を非難しているのだ[26]。

情念は〈生み出す〉、とアウグスティヌスは書く。人間はみな〈本質からして怒りの子供たち[27]〉なのである。この生成という観念に留意することが重要である。情念は生命を伝達し、時間における世代と世代の継続は、情念に依存している。しかしそれだけではない。空間におけるその生成能力はさらに顕著であるように見える。というのも、戦うことによって、互いに取って代わる人間集団の生命は、情念に依存しているからである。アダムの〈堕落した意志〉がエデンの園で生命と認識の樹を増殖させたときから[28]、彼の後継者や子孫たちは、本能による支配から引き離されて、伝達能力を獲得した。また同様に〈肉欲的衝動の法則〉、葛藤の情念も獲得し、それを通じて肉体的な人間の生命もまた続いてゆく。とはいっても、最初の人間が生命を捉える企てに失敗したために、人類には、ユートピアの中に生きる望みを基礎づけようとする、不毛な、それ自体間違った意志が生じてきたように思われる。知的な人間はそのために死の情念について恨みや妬みの混じった瞑想に追いやられている。精神の中で知覚されるものと、肉体の中に生み出されるものとの分離が始まるのは、まさしくその時である。カインとアベル、この二人の兄弟は、その分離の表われとなるのだろう[29]。

聖アウグスティヌスがプラトン的疑念を乗り越えて肉欲的情念の表現のほうへ向かったのは、アダムの背任行為[30]が、〈理性に期待をかける者たち[31]〉に関する裏返しの疑念の出発点になっているからである。現実的に情念を解釈することで、彼は、生成とは系統のことであり、人から人への現実的な伝達であるという結論に至った――つまり、存在するとは、何かあるものから、誰かある人から生じることである。したがって情念から怒りの息子たちが生まれる。しかしアウグスティヌスは、模倣が情念であるとは考えない。そうではなく模倣を、実例に従うことで成り立つ知的活動と見なす。模倣はよいこともあるし、悪いこともありうる、善意を表わすこともあるし、反対に、悪意を表わすこともありうる。だから、悪魔の実例とまったく同じように、アブラハムの信仰をまねることができるのである。しかしだからといって、自分をあれやこれやの人物の肉体的系譜であると言うわけにはいかない。アベルと同様に、カインは一つの実例にすぎないのである[32]。

しかしながら、情念の支配を説いている知的、主意主義的見解の無力さをひとたび認めたにしても、われわれはまだ――完全に認識論的な立場の決定とは無関係に――この事件の具体的、存在論的な原因を説明しなければならない。つまり、なぜカインは弟を殺したのか、を説明する必要がある。この二人の兄弟の関係は何を秘めているのだろうという疑問こそが、働いている情念の説明を越えて、カインによって遂行された殺害を理解するようにわれわれを前進させてゆくものである。

この疑問に対する最も驚くべき答えは、ルネ・ジラールが考察するように、**スカンダロン** *skandalon* についての聖書の理論によって与えられる[33]。われわれは常に所有欲を誘導するようなモデルに従う。ルネ・ジラールは、その所有欲が取得される様態を〈所有のミメーシス〉とか、〈ミメーシス的対立関係〉と呼んでいるが、それによって彼が意味するのは、怒りの子供たちにとって、モデルとして役立つ者は同時に、同じものを獲得しようとする対立の中で競争相手にもなるということである。模倣関係において、対立状態が顕著になってくると――対立の原因となったものは後方に追いやられ――、その対立関係が伝染してくる。欲求が対象からモデルのほうへ移ると、所有関係は、外見的に出口のない、模倣の円環性の中に閉じこめられるのである。**スカンダロン**の中で、われわれは、〈モデル〉と〈弟子〉とがもつれて、模倣関係の柵が動いているのを見ることができる。そのもつれは、〈正常な〉区別を妨げ、〈躓いた者〉を二重にしながら、彼らの敵意を致命的なものにする。厳密に言えば、そこには〈他者による欲求〉の模倣的性格——生成的性格ではなく——が存在する。**スカンダロン**とは、対立の始まりと対象を忘れるに至った、模倣的欲求の伝播のことである。それは、暴力で埋め合わせをするような個人どうしの危機以上のものを表わす[34]。つまり人間どうしが出会うとすぐに人間に襲いかかるような致命的危険を表わすのである。**スカンダロン**のこの重要な概念は、後でまた取り上げる。さしあたって今は、聖アウグスティヌスに導いてもらうことにしよう。

「肉体は精神に反して渇望し、精神は肉体に反して渇望する。実際に、この二つのものは、互いに戦っている。その結果、あなたが欲することをあなたはしないのだ[35]」。「死すべき肉体の各部分に存在する」この対比は、聖パウロを引用し、注釈しながら、アウグスティヌスがしばしば喚起するものである。この対比に関与するのは、欲せられる対象でも、精神や肉体を捧げる人の行為の動機でもない。したがってそれは意志と行動との難しい配合によっては解決されない。精神と肉体とのこの対比は、実存的なものである。だからパウロが、「われわれは実際に、律法が精神的なものであるということを知っている。しかし私は、肉体的なのである[36]」と書くとき、彼は最も人を欺くような幻想に警戒するよう促しているのだ。肉体の支配力をまったく知らないのに、肉体に律法の精神的性格を押しつけることができるという幻想である。このような過ちの結末は率直に、荒々しく予告されている。「律法は罪を溢れさせるために導入されたのだ[37]」。行為の主体は律法ではない（律法は人格的な実在性をまったく持っていない）が、しかし生きている者の死すべき肉体は、いつでもどこでも貪欲さや〈伝染する無力感〉に屈服するきっかけを求めているのであって、律法による非人間的戒律を、物質的な障害に変えることとさえ厭わないのである。[38] この意味で、聖アウグスティヌスのように、実例の模倣が人を死から救ったためしはなかった、と言うことができるだろう。あるいは聖パウロの言葉にならって、「律法が生命を得て、私のほうは死んだ[39]」、と言うことができるだろう。

こうして右に引用した文では省略された結末を理解できるようになる。「〔……〕だから、あなたが欲することをあなたはしない」のだ。パウロはそうは言ってないけれども、逆境は、われわれが他者に従属していることを示す。個人は外部との対立という形で従属関係を体験することができる。[40] しかし人間が相互関係の中で形成するミメーシス的障害は、人間が欲することを成しえないようにする。[40] アウグスティヌスはカインの行動に同じ障害を見出す。「彼が弟に対して憎しみを抱いたとするだけでは十分ではない。彼は弟の成果を妬んだのであって、**弟のまねをするのではなく、むしろ彼を殺すほうがよいと思ったのだ**[41]」。彼は明確に、成果に対する憎しみや嫉妬よりも、模倣における対立関係のほうが強く現われている、と言っている。結局のところ、アベルが持っていた〈善〉（最初に生まれた家畜を儀式的な生贄にすること）なるものは、カインのためにすべての魅力を失ったのである。それはより強い羨望の念、すなわち紛れもない**リビードー・ドミナンディー**〔支配する欲望〕、傲慢さのほうが勝ったからであって、これは欲望や恐れ——魂の動物的情念[42]——さえも、一つの未知の力に変えるのである。「われわれの真の幸福を妨げる敵はわれわれを責め立て[42]」、「自分自身の欲望[43]」をまねるようにしむける。しかしその欲望は、正確に言えば誰のまねもしないという意志の中に存する。[43] 羨望とは、歪んだまなざし、欲望する主体の堕落を際立たせる**イン＝ウィデーレ**〔横目で見ること〕だけではない。羨望とは〈善〉を持ちたいという欲望（取得関係）が、模倣のモデルのほうへ向かう偏向のことなのである。アウグスティヌスはこの移行について見事に示している。カインにとって、欲望は〈別の〉主体に変化したのであって、サタン、敵対者が、彼を自分自身の餌食としたのである。カインを〈悪魔の子供〉と呼ぶとき、アウグスティヌスはどんな模倣の欲望よりも強力な否定的意志について語っている。彼はそれ以来カインと、完全に非人間的な絆を模倣したいと思わない者との間に居を定めた。弟が自分に望ましいものとして示す欲望を模倣したくはないと思う欲望が、カインをアベルと対抗するように追いやるのである。

アウグスティヌスは自らの破壊的／発生的結末を通して**模倣の情念を**発見した。しかもそれでいて、殺害は「起源の問題には属さない」、なぜならその殺害は「意図的に」犯されたものだからだ、と彼は主張する。(44) 実際に、この次元では、知性の表現として、意志は模倣――これは欲望と切り離すことができない――の破壊的／発生的影響力を解明することはできない。したがって、〈実例の模倣〉は情念よりも優位に立つことはできないし、敵意を和らげる保証にもなりえない（このテーマは本論文の後半部で、カール・シュミットの政治分析と比較して展開する）。しかしながら、意志（これは自らが望むべきことを望まない）の逆説を示すことによって、アウグスティヌスはまさしくこの意志から自律的要求を取り除くのである。というのも、人間はことごとく欲望の餌食、つまり感知しうる情念とすべての現実的基盤を失っている意志との間の理論的対立となっているからである。だからアウグスティヌスの分析は、個々の人間どうしの絆が確立し、結合関係――この場合には模倣したいとは思わない〈モデル〉との結合関係――が創り出されたり、破壊されたりする方法という重要な問題に答えている。そのことによって、アウグスティヌスの分析は、模倣に関する人類学的展望、およびその**スカンダロン**の知と合流するのである。**スカンダロン**は、語源的には〈躓きの石〉、〈障害〉を意味していることを思い起こそう。しかしどんな障害でもよいというわけではない。**スカンダロン**とは、押し返す〔拒絶する〕場合に限り引き寄せ〔魅了し〕、引き寄せる場合に限り押し返すような障害なのである。**スカンダロン**をこうむる人においては、模倣関係が、反作用によって、反対の感情をもたらす。つまり、モデルが、望んでいないのに、**模倣しないではいられない**競争相手と化すのである。それが理由で、神話的な法律の番人、カインは、弟の実例には従わないという意志が現われるようにするために、アベルの実例の跡に位置づけられたのである。他方の影響を和らげようとする企てが、実際に、その関係を、躓きを引き起こす力学に変えたのだ。

カインによって表わされる人間性の束縛状態は、こうむった障害の反復と拡散の中にある。ルネ・ジラールが述べるような**スカンダロン**は、驚くべき拘束力を持っている。これは〈暴力の分身〉を再生する強力な機械なのである。〈躓いた者たち〉は、**偽りの無限性**、中立不可能性として自らの境遇を生きる。逃亡するカインのように、彼らは自分たちの前に、決して追い着くことのできないモデルにしてかつ競争相手でもある存在を見つける。暴力の化身と化すカインの変貌は、彼の有名な質問の尊大さの中に公然と現れている。「私は弟の番人でしょうか?」彼はそうなることはできない。なぜなら彼は自らの完全無欠性〔清廉潔白〕を永久に取り上げられたからである。[45] それでも、この問いかけの表現は後に続く世代に一つの疑念を漂わせる。人間の完全無欠性は、模倣のモデルを中和させる〔弱める〕ことによって回復できるものなのだろうか、と。[46] ところで、アウグスティヌスが主張するように、このタイプの意志はすべて紛れもない不可能性を形成する。それでは、躓きを模倣する力に対して、〈躓いた〉人間たちが互いに作り上げる致命的な危険に対して、いかなる力を対置させることができるだろうか。通常であれば、律法は、模倣関係における暴力の制御できない拡散に対する障害となる。しかしながら、周期的に、課せられていた制限そのものによって刺激されることで、暴力は自らのはずみでその制限を越えてしまう。するとその時に躓きの危機が炸裂するのだが、それらは逆説的に、不思議な収束作用のように機能し、たった一つの躓きがまるで拡散した無秩序の原因になったかのようになるのである。集団的暴力のすべての躓きを中に含んだその唯一の躓きを認めるということは、起源において、構造的に神聖な形で、頂点に達した危機を解決することのできた、犠牲の生贄を認めるということに等しい。その認識の中に**スカンダロン**に関する真理が宿っている。そして排除されえないがゆえに、それは最も大きな躓きを形成するのである。

一方では、正しい人間、アベルの沈黙によって、もう一方では、典型的な死刑執行人、カインという見本によって、倫理的概念の二極が表現可能なのである。しかしカイン的な次元の優位性が、模倣関係を和らげることはなかった。象徴的には、アベルは逃げてゆく人間が躓く隅石〔礎石〕のままであった[47]。寓意的には、彼は人間と神との争いによる躓きを地上に持ち込んだのであって、その躓きはアダムがユートピアから王国へ移動させることによってこの世から排除しようとしていたものだった。そうすることによって、聖書の物語《レシ》は、いかなる点でアベルが〈個人的原則〉、〈不信心を証明する〉姿になっているかをも明らかにしている。というのも、カインが欲望の餌食となっているような躓きの関係を乗り越えようとすると、必然的に人類学と〈欲していなかった者を欲するようにさせる[48]〉恩寵の教義にぶつかるからである。

要するに、〈地上の意味の探求〉はそこから、つまり歴史とその破壊の原因となっている対立から再出発するのである。

正当性と合法性

生まれつき無秩序へと向かう傾向は、一つの治療法を求めるが、それは律法の非人間的な解決策からもたらされるものではないだろう。カール・シュミットはそのような根本的な直観から、政治的に体系化され、実存主義的な意味が強く染み込んだ結果を引き出した。彼の主張によれば、衝突は歴史的行程——歴史はまだ終わってはいないが——においても、起源[49]（あらゆるものの父親）においてもまったく同様に見つけられるが、しかしそれは何よりも「世界の歴史を動くように維持している弁証法的緊張である」[50]。カール・シュミットはこの弁証法的緊張を、聖書の兄弟の概念的な人相学を通して探り当てている。時間と空間の象徴、カインとアベルは、それぞれ、一方は生成の〈現実的〉原則を、一方は再生の〈個人的〉原則をも表現しているのである。彼らの反定立が法学の動機となり、それを開始させる。そして「法律と社会生活全体の最初の原則」[51]となるのである。したがってこの法学者は、その反定立を弱めるような同時代の傾向に対して極めて批判的な態度を示している。[52]〈現実的原則〉——カインがその象徴である合法性——は対立を和らげることを狙い、個人どうしの対立は解決されうる。しかし〈個人的原則〉は、権力の**生きた**基盤を証明することのできる唯一の原則である。カール・シュミットは数多くの著作で、この〈個人的原則〉を正当性と同一視しているが[53]、これは権力の所有者たちにとっては都合のよい弁明とはならない。これは**スタトゥー・クオー**〔現状〕を規範的な基盤の上に安定させるのに役立たないし、また権力による法的決定に反して自然法に訴えるものでもない。そうではなくて、個人的原則は実存主義的な基盤に基づいて、合法性から実証主義のほうへ、その偽りの無限性のほうへ向かう動きを鈍らせるものを表わしているのである[54]。位置を変え、異なる顔を採用しながら、個人的原則、すなわち正当性の原則は、その持続そのものによって、秩序の完全さを表わしているのである。

　合理主義と現代国家の特殊な成果である、法律的形態は、権利に関するこれら二つの原則の反定立を基盤としている[55]。したがって、もしも空間の組織化が完全に実定法の〈成果〉となるならば、個人的原則は消滅し、国家はもはや実行者としての役割だけしか持てなくなる[56]。これは国家権力の構造的危機の一つである。そしてシュミットが、法的形態の消滅によって、**パトス**〈情念〉の中でも最大のものを前にした無力な国家、その時代の暴力の危機にさらされた国家が残されるのではないか、と懸念するのも理由がないことではないのだ。

要するに、個人的原則と現実的原則との反定立が測られうるのは、正義という秤の上ではない。これらの原則を吟味するのは、テミス〈正義と掟の女神〉（正義の秩序、プロメテウスの母親）ではない。だから、「テミスは秤を持っていない[57]」。この反定立が、すべての存在や、すべての政治概念の**アルカーヌム**〈秘密〉のように、その真の力量を示すのは、**レース・プーブリカ**〈公のもの、国家〉（可視性の空間）においてである。

国家の危機は、**ユース・プーブリクム・エウローポエウム**〈ヨーロッパの公法〉によって、この法学者から時間の中の位置を奪った。しかし、秩序の完全性が拠り所とするその反定立は消滅しておらず、ただ位置を変えただけだった。〈独房の知恵〉がそれを裏付けている。技術によって法学に課せられた沈黙は、この法学者を裸に、無防備なままにしてはおかなかった。なぜならば、位置の喪失は知の喪失を意味しなかったし、その知から〈法律へと向かってゆく意味が発せられる[58]〉からである。**アルカーヌム**を考え続ける人にとって、そのような知は時間の流れが停止した虚構なのではなく、むしろ脇に置いておくこと〈蓄え〉であり[59]、来るべき時代のためにそれを守ろうとする中断であろう。

エクス・カプティーウィターテ〈拘留から〉、この法学者の言葉《パロール》は正反対の原則に戻ってくるのだが[60]、その原則は、ユートピア的直接行動主義の解体的な効果や、秘密に操作される用途から生じる効果と対立しながら、まだ**無秩序を解体する**ことができる。われわれが起源はアベルにあるとしているその言葉《パロール》を、カール・シュミット自身が、コンラッド・ヴァイスの詩の次の三つの詩句によって説明している。「エコー

〈裂〉は一つ一つの言葉《パロール》に目覚める。／広い空間からやって来た嵐のように、／それはわれわれの家のドアを叩く」(61)。今度は法学者の言葉《パロール》が、この裂に形と名前を与えることになる。

法律における正反対の原則（〈現実的原則〉と〈個人的原則〉）を引き合いに出しながら、シュミットは**神話の宗教的機能**、この場合はカインと直面するアベルの機能を守ろうとする。一方でカインのほうは、**宗教の神話的機能**を体現している。儀式的な生贄から法に向かって、暴力を制御するのに用いられる解決策は、敵意が実際に爆発することに対して障害を設定するか、または敵意を引き止めるようにする。これらの解決策が使える限り、人間はこれらを使おうとする。しかしこれらの解決策がもはや使えなくなると、犯罪で膨れあがった円環性、すなわちカインのように、「地上を歩き回る放浪者(62)」である人間の彷徨しか残らなくなる。神話の宗教的機能のほうは、兄弟間の対立にもう一つ別の出口、〈正当化〉という出口を設ける。シュミットによって提示された聖書の兄弟と、ギリシャ神話の兄弟プロメーテウスとエピメーテウスとの比較は、神話のこの宗教的機能をもっとはっきりと説明してくれるであろう(63)。

この神話の後の版では、エピメーテウスは人間の不幸とこの世の無秩序の原因とされている。ゼウスに騙されたエピメーテウスは、自分の身の安全を確信することができなくなって、外的な保護を求めるようになる。エピメーテウスに先見の明がないために、プロメーテウスが舞台に登場するきっかけが与えられるのである。エピメーテウスは要するに、人間が自由に使える能力の過ちと乏しさの緊密な関係を表わしているようである（そして人間はちょうどパンドーラの箱のように、苦しみと病気で満ち溢れ、防御する能力を奪われている(64)。というのもエピメーテウスが、生存のために必要な長所をすべて動物たちに与えてしまったためである）。

それが理由でエピメーテウスの過ちは、進化的展望の中で考察が可能となった。つまり、働きかける者は生き残り、働きかけない者は敗れ去るのである。ずっと前から（歴史的に、文化的に常に）、人間は働きかけるか、働きかけないかという事実に、救済か、破滅かという意味作用、すなわち悲劇的な決定不可能性の意味を与えている。したがってエピメーテウスは、生命の誘発に応じられないことの隠喩となったのであり、同時に、善の中で最大のもの、つまり生命を人間に授けたプロメーテウスに対する認識を正当化しているのである[65]。エピメーテウスは受動的で、罪があるが、その一方で、プロメーテウスは能動的で、罪の意識を持たせるということを、神話の現象学的分析が明らかにしている。しかしながら、神話は原初の、創世記の時代に由来するということ、力を正当化する理論はわれわれの道を誤らせるということを忘れてはならない。ケレーニイは、神話の最初の性格を分析し、プロメーテウスとエピメーテウスは、二重になった一つの存在であるとする。現に彼らの名前はそれぞれ、〈先に考える者〉と〈後に考える者〉を意味する。「プロメーテウスとエピメーテウスは、二重になった一つの存在を形成してはいなかっただろうか。人間性が生み出した［……］最初の『人間』ではなかっただろうか？」[66]〈贖罪の山羊〉という生贄の観点を取ると、この極めて古い神話発生装置の二重のイメージをもっとうまく分析することができる。その観点においては、現象学的観点におけるのとまったく同様に、しかし別の創設的な意味を与えられて、（プロメーテウス**に対して**）エピメーテウスは罪がある。というのも生贄は常に罪があるからである。その一方で、（エピメーテウス**に対して**）プロメーテウスは、神聖化された英雄であり、人間たちに調和をもたらす。エピメーテウス＝プロメーテウスは特異な生贄構造の段階を具現化しているのであって、彼らを切り離すことで、彼らの持続性の中にそうした段階が生じ、先行するものと後続するものの理解が可能になるのである。それは別の言葉で言えば、崩壊と救済であり、これらは最初は罪があり、次いで聖別される唯一の生贄に付与されている。

（プロメーテウス＝エピメーテウスの二重のイメージのように）最も古い神話発生装置である、神聖化された生贄の後継者たちは、無秩序に対して終止符を打つことができると思われた。しかしそれは、聖書の物語《レシ》がこの兄弟を切り離す前のことであって、聖書の物語は無秩序を解体しながら、宗教的な制度であろうが政治的な制度であろうが、彼らの対立が最初は制度に属しているということをもはや隠さない。結局のところ、カイン（律法の息子）とアベル（生贄の息子）とともに、その時までギリシャ神話のイメージの中に閉じ込められていた〈二重の存在〉が、現われ始めたのである。ルネ・ジラールの言葉を繰り返すならば、それは暴力の危機の中に、敵対関係の**スカンダロン**の中に捉えられた〈存在〉として現われると言うことができるだろう。世界の歴史が進展するのを阻んでいた結び目がほどかれ始めるのもやはりその時からである。

プロメーテウスやカインのように熱狂的で、多忙な、神々の系譜にまつわる人物たちにとって、行動する権利や自信というものが、兄弟間の置き換えを正当化する。その一方で、〈後に考える者〉、エピメーテウスは、アベルのように、危険を感知することに困難を覚えるのである。この神話の後のもっと洗練された版では、彼は神々の恵みと結びついた罠を理解するのがあまりにも遅すぎて、行動しなければならないときに行動しないし、また事後にしか行動しない。エピメーテウスはあまりにも〈単純なのである〉、とケレーニイは言っている。

まさしくその点から、シュミットは考察に取りかかり、策略と曖昧さに屈した一人のエピメーテウスとして自分自身を語るのである。(67) 確かに彼はペテン師たちの好ましからざる締めつけから抜け出そうと欲しているが、しかし彼は同時に自らを定義しようともしているのであって、彼が好むのは紛れもなく、〈キリスト教徒のエピメーテウス〉[68]という定義なのである。精神史という観点からすれば、ペテンではなく、この〈狂気〉[69]が、エピメーテウスの技法を説明できるのであり、その技法によって人間性にまつわる古代の聖なるものの結び目がほどかれたのかもしれない。確実にその結び目をほどいて、しかもそれを閉じてはならない。プロメーテウス＝エピメーテウスは、内面の罠であり続けたのだ。キリスト教徒のエピメーテウスにとって、それは起源からの行動を踏襲し、解きほぐすという意味においてその行動に付き随うことを意味する。有罪化＝神聖化という論理が閉じ込めて、隠しておいたものが、現われてきて、理解されるようにするためである[70]。

ギリシャの兄弟を一緒に繋ぎとめていた結び目であるが、聖書の兄弟の対立によって始まるその結び目の解体は、エピメーテウスの悲惨さ（人間性と言ってもよい）を**受け取りながら**それを目に見えるものにした、キリスト教徒のエピメーテウスの〈狂気〉の中にその帰結と視界を見出した。シュミットはキリスト教徒のエピメーテウスを、さまざまな要素を制御し、支配する力を持った自然主義者の現実主義と対立させる。またそれを〈過ちが原因である疎外〉[71]と対立させる。実際に、この法学者に固有の概念的現実主義によって喚起されるように、取ることと理解することは同じ語根を持っているだけではなく、一つの名前を取ることと与えることとは同じ一つの行為を成すのである[72]。

プロメーテウスとエピメーテウスの神話の筋立てを解明することによって、カール・シュミットはカインとアベルの物語の中に、それぞれ、現実的原則（合法性）と個人的原則（正当性）に譲るべき位置を認められるようになったのだが、それらは一緒になって、権利の正反対の原則を成している。すでに述べたように、合法性（カイン）と正当性（アベル）——感情的欲動と基本的認識の形——を通して、シュミットが確信しているのは、人間たちの間であれ、人間と自然の間であれ、合法性が正当性を吸収しようと望めば望むほど、ますます政治的権力は根本的な反定立の中に閉じ込められるということである。とはいっても秩序の完全さとは、過ちによってもたらされた人間の異邦人的な身分と、自然の力の〈合法的、あるいは非合法的〉認識の間に打ち立てるべき均衡とは別のものである。シュミットはこのような中間的立場——客観化されていて、しかも偶像崇拝的でさえある——を喜んで放棄する。(73)〈純粋な権威〉と〈避難所〉、法学の視点はそれでも世界の秩序と無縁ではないのだ。つまり、この世における彼の立場は彼の精神的な力に由来するということであり、またそのことによって彼は、あまりにも恣意的かつ主観的な解釈学の言い回しを拠り所としないですむのである。キリスト教のない実存主義はデンマークの王子のいない『ハムレット』の上演に似ているであろうというシュミットの主張は、輝かしい機知による奇妙な言い回しではない。(74)モデルがなければ、実存のための選択は、結局のところ実存のない哲学になってしまう。

〈敵を持たない者に災いあれ〉

概念的な現実主義はシュミットをヘーゲルに近づける。『拘留からの救済』はヘーゲルの根源的な文章を繰り返しているのであって、ヘーゲルによってわれわれは友＝敵関係の真の意味作用を理解することが可能となるはずなのである。「否定の否定は［……］中立化ではない、そうではなくて真の無限性がそれに左右されるのだ(75)」。

シュミットは否定の否定を歴史の動き、カインとアベルとともに始まる動きとして解釈する。「かくして人類の歴史が始まる」。敵どうしである兄弟の関係は、歴史の流れを示す〈弁証法的緊張〉である。敵の認識なくして、可能な歴史は存在しない。〈敵を持たない者に災いあれ〉、〈友を持たない者に災いあれ〉、なんとなれば、友＝敵が欠如、消滅してしまうと、どんな自己同一性も不可能になるからである。敵の消滅とは〈自分自身の消滅〉(76)に等しい。

敵を消滅させる否定とは、**見せかけの無限性**である。真に無限なるもの、すなわちこの世の推移の意味は、その代わりに、否定の否定を通して、他者、敵を保持する。したがって敵を持ち続けなければならないのである(77)。逆に、消滅の論理はその関係を中断させ、消滅が作用するところに躓きを生じさせる。消滅とは見せかけの無限性の躓きであって、他者、敵を、もはやそれと同時に友の自己同一性をも規定するものとしては認識しないようにするのである。

シュミットにおいて重要なもの――独房による隔離はその実存的な重みのすべてを理解させる――は、友＝敵関係が〈自我と非＝自我〉の関係と混同されてはおらず、また非＝自我、すなわち世界が敵と同一視されてはいない、〈出会い〉の現実である。〈真に無限なるもの〉が拠り所とするのは、まさしくそうした出会いである。逆に、躓きは出会いの可能性の消滅のことである。カール・シュミットの表現においては、それはまた現実的原則――合法性――が、個人的原則――正当性――を排除しようと考えるときに生じてくるものでもある。

しかし歴史の原動力である対立は、なぜそんな風に意識を狂わせるのだろうか。シュミットは、ヘーゲルを引用した後で、次のように書いて、この問題に答えを出しているのだと私は考える。「しかし真に無限なるものとは彼の哲学の基本的概念である」(78)。神秘主義的誘惑は、たとえ彼が明らかに〈独房の沈黙〉の中でそれを体験したとしても、われわれのテーマには入らない。他者との関係は、むしろ、敵対する兄弟どうしの関係、最も近しい者どうしの関係に引き戻す。実際に、相互的消滅から〈真に無限なるもの〉へ直接移行することは、人間にとって不可能である。その確証を見つけるためには、キリストがまさに弟子たちの間に引き起こした躓きのことを考えるだけでよい。〈躓いた者たち〉にとって、この世の中でこの世の掟に反して働く〈真の仲介者〉とは、生きた躓きのことなのである。

シュミットによれば、対立こそがわれわれを開口部の真ん前に立たせるのであり、その開口部は〈真の仲介者〉が人間どうしの関係の躓きによって閉鎖部と対比させるものである。他者、敵は、そういうものとしては知られていないのだが、躓き――ミメーシス的欲望を未分化状態の危機に、二重の存在の危機に変える躓きの石――の原因となりうる。その一方で、友と敵の対立を維持している〈弁証法的緊張〉が、さまざまに異なる次元で、聖書の物語によって開始された対立を再開する。否定はカインであり、アベルの否定である。しかし「否定の否定は中立化ではない」。先に述べた通り、否定の否定は基本的に、名前による祈願である。というのも、それは人間どうしの対立関係に刻印を施すからである。あるいは、シュミットが言うように、真に無限なるものはその祈願に依存するからである。そこから次のように結論しなければならないだろうか。カインの敵、アベルは、欲望のミメーシス的力学を遠ざけ、終止符を打ったという事実からして、人を救う他者となったのだと。兄弟どうしの敵意を〈政治の基準〉にまで高めながら、この場合は、生贄選択の基準以外の何ものでもないような敵の自己同一化によって、シュミットは犠牲的な展開を暗示していないだろうか。私にはそれとは逆に、この政治の基準は、ミメーシス的敵対関係の危機に対する別の生贄による解決法として見ることはできないし、また見てはならない、と思われるのだ。

『拘留からの救済』に戻ることにしよう。「友を持たない者に災いあれ、というのも彼の敵が彼を法廷の裁きに委ねるであろうから。敵を持たない者に災いあれ、というのも『最後の審判』において私が彼の敵となるであろうから」(79)。ここでは、友と敵は〈モデル〉や〈競争相手〉という意味を持っていない。あらゆる友情とあらゆる敵意の空しい中立化に付随する躓きを糾弾するために、シュミットは、根本的な否定を叙述するだけにとどめたのかもしれない。モデル＝競争相手の躓きに関与しない者は、その根本的な否定に従っている。躓きをこうむることがないような者に災いあれ、というのもそれが理由で彼は裁かれるのだから。躓きを引き起こさないような者に災いあれ、というのもどんな人であれ彼を裁くために法廷に立つことができるのだから。彼は他者に割り当てる政治的＝神学的（論争的＝具体的）意味作用を明白にするほうを好んだ。友を持たない者に災いあれ、というのも〈真に無限なるもの〉は個人的な出会いの恩恵に依存するのだから。敵を持たない者に災いあれ、というのも彼は否定に直面して反発が欠如しているがゆえに裁かれるのだから（否定の否定に依存するのが〈真に無限なるもの〉なのである）。敵も友も持たない者は、神に責任があるとしながら人間関係から暴力を遠ざけたことの責任を負わされるであろう(80)。

結論として

この〈弁証法的緊張〉を放棄すると、いかなる結果がもたらされるのだろうか。律法の命令を尊重するという規範的なモデルは、一つの事実を考慮に入れていない。このモデルにおいては、アベルの言葉《パロール》はカインの身振りの中に、打ち明けることのできない秘密として封印されたままであり、またそのように存続しなければならないのだが、それは律法がカインと彼の子孫を、衝突の繰り返しや復讐の連鎖によって引き起こされる致命的な結果から保護できるようにするためである。しかも、対立（弟）がひとたび排除され、カインが律法の所有者となったときには、神的なものの媒介的な役割は消えてしまうはずである。カインはそれ以降は自分自身のことを本来の父親と考えることができるのである。その上に系統の上での父親、王朝の創始者として、彼は権力を保有し、自分を保護してくれる神のしるしのおかげで、権利の源を独占するほどになる。[81] 彼は自分自身の息子と見なされることさえあるかもしれない。というのも、彼は律法に似せて形成されたからであり、その律法は慣例によって、人間の系譜に起源を与えたからである。その身振りで定義されるカインの〈立場〉とは、要するに〈構成のための規範〉なのである。それが兄としての彼の立場の、自然的、合理的な権利を確立させ、転じて、地上の最初の人間たちの歴史を律法によって秩序づけられる動きとして表現するのである。

　人間自身に及ぼす人間の力の表現として、カインという人物はロマン主義の芸術家たちによって再評価された。しかし、儀式という観点からすると、弟の殺害者、カインはとりわけ、死をもたらす力の発見に直面した人間集団の恐怖を表わす。したがってなぜ、自分自身の暴力に**打ちひしがれた**カインが、同時に、復讐が繰り返されないように、また集団的な規則が確立されうるように彼に刻み込まれた〈身振り〉によって**高揚させられる**のかを理解することができる。この身振りは、非＝特権者である彼を、神に選ばれた者とするのだ。[82] しかしながらこの選択は、カインをもっぱら法的な機能の中に閉じ込めてしまう。というのも、彼の身振りは一つの表現手段であって、決定的な言葉《パロール》、**ミュトス**〔言葉、物語、神話〕ではないからである。**ミュトス**は、聖書の物語のときから、もっぱらアベル（〈名前〉の保有者）のものである。一方、カイン（〈意味するもの《シニフィアン》〉の保有者）のほうはその意味作用を永久に黙殺しなければならない。そのことによって、カインを選んだことの善は、与えられた、あるいは受け入れられた死による悪を乗り越えるのにふさわしくないことが明らかになる。確かに、自分自身への対峙として、また〈法的な〉主体の自己制御として、この中に合理的な意識の起源を読み取ろうとし続けなければならない。しかしながら、はるかな昔から、次のような主張が鳴り響いているのである。「カインは七倍復讐されるが、しかしレメクは七十七倍復讐される！」（「創世記」、四、二四）。実際に、カイン的な理性の自律性は、規範的な活動の漸増によって乗り越えられた。ところで、この問題に関して、キリストの有名な返答、「七十七倍ではなく、七十七の七倍許さなければならない」が巧みに示しているのは、「福音書」の規範が明らかに予測しえないものであり、したがって人間にとって不条理なものという理由で、ある規範を別の規範と取り替えるということではない。そうではなくて、規範的な礎としての規範の非常識さを示すことなのである。

アベルに飛びかかるカインは、ロマン主義的主観性の姿として、実際に合法性の特殊な**パトス**〔激情〕を先取りしている。それはつまり、人間どうしの怨恨の媒体と見なして、正当性という個人的原則を完全に捨て去るということである。規範による規範主義の代弁者、合法性の秩序は、ついには規範一般に基づく合理的な理想を放棄するに至る。

さらに、規範による規範主義の最も興味深い側面は、それが境界として役立つということである。[83] しかもそれは具体的なものと普遍的なものとの境界ではなく、ある人間と別の人間との境界としてである。[84] そのことは規範の起源は規範的ではないという事実をなお一層明白にさせる。実際に、規範が二人の兄弟の差異をはっきりと示すのは、彼らの間に存在論的な差異があるからではないし、ましてや存在者の差異があるからでもない。カインとアベルは、兄弟として同等であるが、それ以上に競争相手として同等なのである。[85] したがってわれわれは、カインに付与される暴力の分身としての役割に関する考察に戻らなければならない。聖書の物語は基本的に二つのことを述べている。第一に、カインとアベルは兄弟であり、兄弟であり続ける。つまり、共同体から犠牲者を追放することで、その犠牲者を暴力の神としていた古代の宗教のメカニズムが中断されたのである。これが意味することは、儀式的な生贄も、律法ももはや現実には衝突をくい止めることができないということである。第二に、カインは欲望を抱く人間と欲望の餌食である人間という二重の意味で、欲望と妬みの人間であり、またそうあり続ける。[86] ルネ・ジラールのおかげで、欲望を抱く者は必然的にあるモデルが示す欲望〔他者に倣った占有の欲望〕に従うということが理解できるが、しかしそうしながら、彼はそのモデルの競争者となり、ついには逆説的に自分に対して、ある別の欲望ではなく、欲望の分身としての自分自身を対立させる羽目になるのである。だから理屈が先行するような頭では、なぜカインが〈模範〉、弟の見解と信仰に従わなかったのかを説明できない。アベルは排除されるべき障害でしかなくなるほどに追い込まれてしまったけれども、その理性は模倣の対象から模倣するべき存在へとそれていって、模倣の情念の中を探し求めているのである。いみじくも聖アウグスティヌスは次のように述べている。*Quia imitare noluit, necare voluit*〔なぜならば彼は模倣することを欲さず、殺すことを欲したからだ〕。

　聖書の物語と、数多くの文化の中に見出される弟殺しの物語とを比較するならば、アダムとイヴの長男が自分の弟に対して抱く怒りと、殺害による否定は、ルネ・ジラールによって強調された斬新奇抜な要素である。「聖書」の中で規定されている規範的な枠組みは、他のさまざまな共同体において優位を占める復讐という文化的な規則との不一致を生み出す。伝染の危険を避けるために障害物を創り出すということが、カインを殺すのを禁じる律法の存在理由なのである。またたとえその律法によって暴力による危機が勃発するのをくい止められないとしても、律法は兄弟の互いの立場を侵犯することに対する最も根本的な解決策として必要不可欠である。しかしながら律法の規範的な役割が根を下ろすことができるようになるためには、そのための隅石〔基盤〕であり続けたアベルの言葉《パロール》を理解し――そして何よりもまず手に入れ――なければならなかった。それが意味しているのは、情念の抑圧が、カインやプロメーテウスのように、不可能な自律性を求めて時代を通り抜けてゆくせわしない人物たちの行為の、悪しき結果でしかないということである。

兄によるアベルの殺害の物語を通して、カインの身振りによって象徴される文化と律法の必要性が現われてくる。しかし、ヤハウェの名前による祈りの信仰の起源もまた浮かび上がってくるのが見えたのだが、それがユダヤ的＝キリスト教的一神教に、最終的にかなり謎めいた持続性を与えたのである。すでに見た通り、アベルはキリスト教的なアレゴリーを予想する人物像である。すなわち、**ミュトス**、言葉《パロール》がやがて肉となってゆく。したがって、一種の時間的な逆転によって、自分を表現することのできなかった人物、アベルは最終的啓示、言葉を得てそれを実現させる犠牲のキリスト教的アレゴリーを象徴しているのである。

神話を単なる隠喩的な物語に還元する異教のアレゴリーとは異なり、アベルの**ミュトス**は、時間の中で作用しながら、その痕跡によって、人間の中への第二の宗教的定着を示した。そしてつまるところ、人間の進化を確定した。アウグスティヌスの救済という概念の枠組みでは、その言葉は、カインの子孫によって否定されてはいても、それでもやはり〈名前による祈り〉という形で存在し続けたのである。普遍的な歴史の展望の上で聖なるものの進化が浮き出てくるようにするには、その解読のための鍵を使おうと決心しなければならない。他者の接触や感染から身を守るのに十分とは言えない律法の合理性に対して、この場合はむしろ、兄弟の対立の〈合理化〉と言うことができるだろう。それは**ミュトス**が真に**ソエクルム**〈世紀、時代精神〉の中に導入されたことの結果であって、自然的な進化の系統が形成されたことや、〈神の国〉が〈地上の国〉の中に導入されたのとまったく同じであった。この問題に関しては、カール・シュミットの『語彙』の、おそらくはもっと意味深長な文章を引用しなければならない。「空間とは出来事であって、ただ出来事のみが空間を創り出すのである(87)」。

アウグスティヌスが最初の時代の人間たちに関する出来事をまとめて検討するときには、彼は事物をそんな風に解読する方法にアプローチする。そしてその最初の時代から生じてくるのが、アブラハムの子孫や、〈後の時代の選択による〉キリストの系譜なのである(88)。まさしく名前をあげて加護を祈らなかったという事実が、カインの子孫の根絶、ノアの洪水にまで行き着く根絶を引き起こしたのである(89)。アウグスティヌスはそうした子孫のことを〈怒りの泥〉と呼んでおり、その種族とその姿はことごとく破滅するべき運命にある。消滅は犠牲を忘れてしまったことの結果である。生き残るためのノアの洪水以前の行程は、したがって不均等な条件の中で展開される。ある者たちは、希望や、儀式的生贄や、名前による加護によって助けられる。しかし別の者たち、〈怒りの泥〉たちは、彼ら自身の暴力によって粉砕される（〈虚無から引き出された〉がゆえに変わりやすい彼らの意志は、彼らを無防備の存在にする(90)。ルネ・ゲノンは次のように主張している。「時間、すなわち変わりやすい、破壊的な要因によって生きている者たちは、定住し、維持しようとするが、空間、すなわち不変の、恒常的な要因によって生きている者たちは、分散し、絶えず変化しようとする(91)」。しかしながら、二律背反的なモデルによる象徴的な交換から、犠牲的なモデルの反定立に移行するならば、われわれは、遊牧民の開放的な傾向を定住民の系統へと定着させた征服者たち、空間の創始者たちが、ちょうど〈死すべき運命の共通の門から〉出てきたように、アダムから生じたことを発見する。どんな言葉よりも先行する〈谺〉――アベルの系譜によって反響される――が、時間に従って展開される生活の発展に役立つようにするために、**ソエクルム**の中に位置を占めたのである。

カインとアベルの衝突は二つの異なる角度から考察することができる。合理的な視点からすると、アベルに加えられる暴力と、その結果生じる復讐は、競争相手の禁忌と敵の分離を通過して、実証主義の規則に行き着く。この対立を解釈し、理由づけ、それを救済の歴史という展望の中に組み込む歴史的力学の視点は、それとはまったく異なっている。カインは否定、つまり暴力を封じ込めていたアベルの否定なのである。この意味では、アベルの死は、もともとはカインの系譜に重くのしかかってくる禁忌なのだ。しかしながら、アベルの死と律法の創始は、人間の解放に役立つ交換によって釣り合いをとるために、天秤の二つの秤皿にのしかかってくることはありえない。アベルの殺害は悪臭に満ちた捧げ物、〈違反の伝染〉の結実なのであって、その繰り返しが躓きを引き起こし、それを拡散させるのである。人間どうしの衝突の歴史には躓きがあまりにも満ち溢れているので、律法でさえもこれを正当化することはできないし、釣り合いを取ることもできない。始まりからのこの反復的な動作を最もよく示しているのは、螺旋運動による渦巻である。というのも、アベルから「黙示録」へ向かって、ちょうど渦巻のように、躓きが深みを帯びてくるからである。律法と化すために、アベルは死んではいない——彼は犠牲になってはいない。だから、アベルの死以降、この世には躓きが定着してしまっているではないか。躓き〔スキャンダル〕はわれわれの時代にあって、人間どうしの衝突によって引き起こされる典型的な形態だと言うことさえできる。かくして、増大してやむことのない危機に伴い、生贄として殺された子羊が回帰するのを見る機会がますます大きくなっているのである。とはいえ、絶えず高まってゆく争点に直面しても、その名前による加護を祈るならば、秩序が無傷であることの証人となり続けることができるであろう。歴史の流れが止まらない限りいつまでも。

原註

（1） Carl Schmitt, *Ex Captivitate Salus. Expériences des années 1945–1947*『拘留からの救済　一九四五―一九四七年の体験』、André Dorémus による紹介・仏訳・注釈のテクスト、Paris, Vrin, 2003, p. 168.

（2） René Guénon, «Caïn et Abel», *Le Règne de la quantité et les signes des temps*, Paris, Gallimard, 1945, p. 142-149.

（3）「アベルは小さな家畜を飼う者となった。そしてカインは土地を耕した」、と「創世記」第四章の二が述べている（「創世記」からの引用はすべて、エルサレム聖書学派の監修によるフランス語訳『聖書』、デュ・セール版、一九六一年、を用いている）。

（4）ゲノンは次のように書いている。「感覚能力の中で、視覚は空間と、聴覚は時間と直接的な関係を持つ。視覚的象徴の要素は同時性の中で表現され、聴覚的象徴の要素は継続性の中で表現される。ところでこの秩序の中に一種の逆転した関係が生じる［……］。しかもそれは相反する二つの原理の間で、ある種の均衡を打ち立てるために必要なものなのである。この逆転は、定住民族がなぜ造形芸術（建築、彫刻、絵画）、すなわち空間の中で展開される形態の芸術を創り出し、一方で、遊牧民族がなぜ音声芸術（音楽、詩）、すなわち時間の中で繰り広げられる形態の芸術を創り出すのかを、説明するであろう」（*Le Règne de la quantité et les signes des temps, op. cit.*, p. 46）。

（5）René Guénon, «Caïn et Abel», *Le Règne de la quantité et les signes des temps, op. cit.*, p. 147. 善人が死に、悪人が生きることを欲する不当性は、以前の均衡が根本的に切れたことを標準化する。その補償は回復を含んでいる。このような観点のさらに豊かな展開は、D. Mazzù, *Il complesso dell'usurpatore*, Milan, Giuffrè, 1999（2e éd）, p. 29–43で見ることができるだろう。また本書所収の、D・マッツ、〈政治の自己＝免疫的な隠喩〉も参照。同様にGiulio M. Chiodi, *Equità. La regola costitutiva del diritto*, Torino, Giappichelli, 1999, p. 179–186; *Europa*, Torino, Giappichelli, 2000 および本書の論文〈兄弟間の敵対関係〉も参照せよ。

（6）René Girard, *La Violence et le sacré*, Paris, Grasset, 1972, p. 17（強調は筆者）. 逆に、ルネ・ゲノンは、アベルの死を一種の自動的感染のせいだとしている。「動物の生贄はアベルにとっては致命的なものである」（René Guénon, «Caïn et Abel», *Le Règne de la quantité et les signes des temps, op. cit.*, p. 146 et note 2 を参照）。〔ルネ・ジラール、古田幸男訳、『暴力と聖なるもの』、法政大学出版局、一九八二年〕

（7）「人間は人間にとって人間である——**ホモー・ホミニ・ホモー**——は、一つの解決策ではなくて、単にわれわれの問題の始まりである」、とカール・シュミットは書いている。Carl Schmitt, *Gespräch über die Macht und den Zugang zum Machthaber*, Pfüllingen, Günther Neske, 1954, p. 31（イタリア語訳 *Dialogo sul potere*, Gênes, Il Melangolo, 1990, p. 52）.

（8）〈聖書の神話〉という表現はドイツの神学者、パンネンベルクから借用したものである。彼はハイデルベルク・

クライスの代表者で、キリスト教のいわゆる〈非神話化〉とブルトマンの弁証法的神学を体系的に批判した。W. Pannenberg, *Christentum und Mythos*, Gütersloh, G. Mohn, 1972（イタリア語訳 *Cristianesimo e mito*, Brescia, Paideia, 1972）を参照。

（9） マソラ学者によるヘブライ語の聖書には〔マソラとは、子音字だけで記されているヘブライ語の旧約聖書に、ユダヤのラビが後から母音符号・句読点・註を施した作業のこと〕、「七十人訳旧約聖書」に見られる〈外へ行こう〉という文が欠けている。この欠落はぜひとも指摘しておかなければならない。というのも、私が述べる文脈では、この一文は聖書のテクストの解釈にとって必然的に重要な値打ちを持つからである。カインの言葉《パロール》は言葉に非ず、彼の〈ミメーシス的〉羨望に由来する破壊性の反映なのである。

（10） 〈主の名前を引き合いに出すことで希望を生じさせた〉者と、〈人間の中に希望を〉位置づけた者との間のこの時間的な隔たりは、聖アウグスティヌスによって強調された。*La Cité de Dieu*, XV, 18, XV, 21, *Œuvres de saint Augustin*, vol. 36, *La Cité de Dieu*（XV-XVIII), G. Bardy 序文・仏訳・註、Paris, Desclée de Brouwer, 1980, p. 119, 135 を参照。
〔アウグスティヌス、服部英次郎・藤本雄三訳、『神の国』（全五巻）、岩波文庫、㈠・㈡（一九八二年）、㈢（一九八三年）、㈣（一九八六年）、㈤（一九九一年）〕

（11） «Mythe et parole», *Essais sur le mythe*, P. David 仏訳、Mauvezin, Trans-Europ-Repress, 1987, p. 55. 神話 mythe、「これは現実的で、事実の次元に属する（言葉で理解される！）ものなのだ。**ミュトス** *muthos*、これは起こったこととか、繰り広げられていることという意味での〝物語〟であって、存在と一致する。現実についての情報を与えたり、一度表明されたなら現実となるほかない事柄を確認するのは、言葉である。つまり言葉は、客観的に情報を伝え、権威を作り出すものである〔……〕。**ミュトス**はそれゆえ、正しい判断に従って考えられ、証拠と同様の力を有するものという意味ではなく、事実に基づいた与件、啓示されたもの、崇められているものという意味で、真の言葉なのであり、またそのことによってこの言葉は他のあらゆる陳述と区別されるのである」（«Mythe et parole», *Essais sur le mythe, op. cit.*, p. 26, 27）。ヴァルター・F・オットーは、一九五五年の論文で、次のように書いている。「もしもわれわれが後退するようなやり方で、交互に、人類の主要な動機、人類が自ら定めた結末、何世紀にもわたって人類が感じてきた欲求や必要性に至るまでを考察するならば、文明の始まりに立ちはだかるのは、まさしく神話である。［というのも］神話は民衆やその文明から生じてくるのではなく、逆に、柔軟な、統合的な力として、最初に民衆そのものを創り出すものこそが神話だからである」（«La percée jusqu'au mythe antique au XIXe siècle», *Essais sur le mythe*, *op. cit.*, p. 12）。

（12）「その語根はבקである。これは内的な行為の記号בが、拡張運動の記号קと結びついて組み立てられており、拡張、膨張、極細［……］といったすべての観念を表現している。したがって［……］、人は**カイン** *Kaïn* という名前の中に、力、権力、濃密さ、所有を見ると同時に、**アベル** *Habel* という名前の中に、弱さ、希薄さ、放棄といったものを見てきたのである」。その上、著者——彼は註と解釈で何度もこのことを繰り返している——にとって、「**カイン**と**アベル**は［……］血、肉、骨を持つ人間ではない。宇宙発生論的存在であって［……］、彼らは自然の中に一緒に存在していた。しかし一方がもう一方に対して反乱を起こし、自分の力でそのもう一方を打ちのめしたときから、彼らはもはやそこに存在しなくなった」（Antoine Fabre-d'Olivet, *La Langue hébraïque restituée*, Lausanne, L'Âge d'homme, 1992, première partie, p. 124, 130）。

（13）*Ibid.*, p. 123 を参照。カインとアベルの名前に関して提起された語源のうち、聖アウグスティヌスのものを挙げておこう。彼によると、アベルは〈喪〉〈死別〉をカインは〈所有〉を意味するらしい（*La Cité de Dieu*, XV, 17, 18, *op. cit.*, p. 113, 117 を参照）。同様に、聖ヒエロニムスは、カインに関しては「所有、あるいは哀れさ、あるいは嫉妬」を、アベルに関しては、「神から来る、偽りのない、悲しみ、あるいは温情、さらにまた悲嘆」を提起している。*Liber interpretationis Hebraicorum nominum*, Migne, *Patrologia latina*, vol. XXIII, p. 771 以降。Berthold Altaner, «Augustinus und die biblischen Onomastica», *Munchener theologische Zeitschrift*, 4, 1953, p. 34-36 も参照。

（14）ヘブライ語の**ヘベル** *hebel* は、吐息、消滅して逃げ去るものを示す。またコフレの注釈（1、2）が指摘しているように、この単語の語源は、われわれが解釈しているように、**はかなさ**か、あるいは**不条理**を含んでいる。

（15）ゲノンによって用いられている象徴の中で、農民である定住民の共同体が、羊飼いである遊牧民の共同体の代わりとなってゆく推移を示す長い文は、カインの最初の捧げ物が、時間的には引き延ばされたけれども、直接的な結果を生み出したことを示している。つまり、カインの土地は収穫物を生み出し、彼の子孫の住居や仕事は定着することになる。René Guénon, «Caïn et Abel», *Le Règne de la quantité et les signes des temps, op. cit.* を見よ。その一方で、この著者はアベルの沈黙を、儀式の神秘的な、秘密の様相によるものだとしている。R. Guénon, *Mélanges*, Paris, Gallimard, 1976, p. 48-57〈汝自身を知れ〉を見よ。

(16) 歴史的寓意の手法については、Henri de Lubac, «Typologie et allégorisme», «Allégorie hellénistique et allégorie chrétienne», *Théologie d'occasion*, Paris, Desclée de Brouwer, 1984, p. 137-211を参照。

(17) «Discours sur le Psaume 39, 13», *Œuvres complètes de saint Augustin*, trad. J.-M. Péronne, M. Vincent, J.-P. Charpentier, Paris, Librairie Luis Vivès, 34 tomes en 33 vol., 1869-1878, tome 12, M. Vincent 仏訳、1870, p. 277 以降を参照。

(18) «Discours sur le Psaume 61, 7», *Œuvres complètes de saint Augustin, op. cit.*, tome 13, M. Vincent 仏訳、1871, p. 33-34.

(19) ダビデ王はエルサレムを自分の王国の聖なる中心地としたのだが、彼によるそのエルサレムの遅ればせの征服は、この町を囲んでいる運河を通ってこの〈井戸の町〉を奪い取った方法と同様に、町が地理的に二つの国の境目に位置しているにもかかわらず、確立された正当性のイメージをたくさん作り上げている。次を参照。Martin Noth, *Histoire d'Israël*, Paris, Payot, 1954, p. 199-201; J. Alberto Soggin, *Storia d'Israele, dalle origini alla rivolta di Bar Kochba*, 135 d. C., Brescia, Paideia, 1984（英訳 *A History of Israel: from the Beginnings to the Bar Kochba Revolt, AD 135*, Londres, SCM Press, 1984）.

(20) アベルは道徳的寓意であると主張する解釈が、アレクサンドリアのフィロンによって広く展開された。*De sacrificiis Abelis et Caini*, *Œuvres de Philon d'Alexandrie*, vol. 4, Anita Méasson 序文・仏訳・註、Paris, éd. du Cerf, 1966.

(21) 「エルサレムはアベルによって、バビロンはカインによって創始された。しかし実際上の町はもっと後になってからやっと建築されたのである」（«Discours sur le Psaume 64, 2», *Œuvres complètes de saint Augustin, op. cit.*, tome 13, p. 92）。

(22) 「これらすべてのことは形をなして彼らに生じたのである。そしてこれらは、世紀末に達したわれわれに対して、われわれの教訓として書かれた」、パウロによるこの「コリント人への第一の手紙」（一〇、一一）は、聖アウグスティヌスによって引用されている、«L'utilité de coire», III, 8, *Œuvres de saint Augustin*, vol. 8: *La Foi chrétienne*, J. Pegon 序文・仏訳・註、G. Madec 改訂、Paris, Desclée de Brouwer, 1982, p. 225. パウロによる「ガラテヤ人への手紙」(四、二二―二六)も参照。

(23) 次を参照。パウロによる「ヘブライ人への手紙」(一〇、一―一〇)。«Discours sur le Psaume 118, 9», *Œuvres complètes de saint Augustin, op. cit.*, tome 14, M. Vincent 仏訳、1872, p. 657–658; «La Genèse au sens littéral», *Œuvres de saint Augustin*, vol. 49: *La Genèse au sens littéral en douze livres* (*VIII–XII*), P. Agasse, A. Solignac 仏訳・序文・註、Paris, Desclée de Brouwer, 1972, VIII, 4, p. 14–15; «Lettre 102», *Œuvres complètes de saint Augustin, op. cit.*, tome 4, 1873, p. 711–715; *La Cité de Dieu, op. cit.*, XVIII, 51.2, p. 195–207.

(24) W. Benjamin, «Thèses sur la philosophie de l'histoire», *Essais II*, *1935–1940*, Maurice de Gandillac 仏訳、Paris, Denoël/Gonthier, 1983, p. 195–207 を参照。

(25) アウグスティヌスが**生成**に対比させる**模倣**とは、外的な模倣、あるモデルの〈敷き写し〉のことであって、プラトン的思考や、追求するべき目的とか避けるべき目的といった道徳に固有の哲学的見解に従っているものである。犠牲者たちの中でアベルが占める第一の地位に関しては、saint Augustin, *La Cité de Dieu*, XV, 7, p. 63 および *Contra Faustum Manichœum*, 12, 9 を参照。模倣の手本としてのアベルに関しては、*Contre la seconde réponse de Julien. Ouvrage inachevé*, *Œuvres complètes de saint Augustin*, J-F. Poujoulat, Bar-Le-Duc, 1864–1873, Guérin éd., 1871, tome 16, III, 85, p. 600.

(26) 「なぜならば、確かに死の原因と張本人はカインであって、アベルではなかったからだ。したがってその原因であった者が、それをそれを利用したのだ。というのも正義の死は、悪人の憎むべきしわざであって、善のためにそれに耐えた者は、死ではなく、殉教をもたらしたからである。またそのことによって彼は、一人の悪しき兄と同じようなユダヤ人たちの肉欲の群れに脅かされて倒れた、無実の犠牲者の前触れとなったからである。したがってアベルは栄光への権利を獲得したのだが、ただしそれは、彼の兄が彼に死をもたらすことで彼に善を伝えたためではなかっただろう[……]」(*Contre la seconde résponse de Julien. Ouvrage inachevé, op. cit.*, 1873, tome 17, VI, 27, p. 118)。

(27) パウロによる「エペソ人への手紙」二、三。アウグスティヌスによる引用は、*De nuptiis et concupiscentia*, *Œuvres de saint Augustin, op. cit.*, vol. 33: *Premières polémiques contre Julien*, F.-J. Thonnard, E. Blenzen, A.-C. De Veer 序文・仏訳・註、Paris, Desclée de Brouwer, 1974, p. 189 以降。

(28) 本書所収のジュゼッペ・フォルナーリ〈過ちの樹――聖書における暴力の啓示〉〔二九三ページ〕を参照。

(29) 意志＝理性と肉欲の情念との間で、人間の歴史に沿って明らかになった二元論に関しては、次を参照。*La Genèse au sens littéral*, IX, 10, 18, *Œuvres de saint Augustin, op. cit.*, vol. 49, p. 115; *La Cité de Dieu*, XIV, 2, *op. cit.*, p. 355 以降。ここではこの二元論の起源をアダムの最初の後継者たちの名前の中に指摘することができる。カイン以降、知的な人間の系譜は彼の息子、辛い努力、エノク Hénok〔Énoch〕によって継続される。一方、普遍的な魂、アベルの系譜からは、肉欲的な、病気の人間、エノス Énosh が出てくる。Fabre d'Olivet, *op. cit.*, p. 148–149 を参照。

(30) アウグスティヌスが与えている意味でここで用いた**背任行為**とは、アダムの罪と掟への不服従を話題にしていたユリアヌスとの論争におけるような、神との対抗意識を示している。

(31) 聖アウグスティヌス、«L'utilité de croire», XI, 25, *op. cit.*, p. 267 を参照。

(32) アウグスティヌスは、知的情念と肉体的情念との間の短絡によって表わされる危険を常に念頭に置いているので、〈手本の模倣〉について説明しなければならないときには、論争することを選択する。例えばユリアヌスに反駁する多くの著作において、またとりわけ、すでに引用した *Opus imperfectum* の中で。自由意志の理論家、ユリアヌス・エクラネンシスにとって、人間の最初の罪は規則と戒律に背いたことであったようだ。アウグスティヌスによれば、アダムの背任行為の中に、意志（理解している人の行動）の気まぐれを見ることは、『聖書』を、模倣されたり模倣されなかったりする一連の実例に還元してしまうことであって、そうした実例を基盤とすることができるような生成の歴史はまったくありえない。

(33) **スカンダロン** *skandalon* というギリシャ語は、動詞**スカゼイン** *skazein*〈びっこをひく〉から派生している。「聖書」の中では、とりわけ「旧約聖書」の中では、**スカンダロン**は、道の上の障害を指す。それが理由で、伝統的に、〈躓《つまず》きの石〔障害〕〉という言葉も使われる。しかしびっこをひいている人の一歩ごとに生じてくる障害は物質的なものではない。これは敵対関係が障害となって人を躓かせ、またそれにのっとって弟子や模倣者の欲求が躓き続けるような、追随されるモデルなのである。次を参照。René Girard, *Des choses cachées depuis la fondation du monde*, Paris, Grasset, 1978, p. 438-469; *Je vois Satan tomber comme l'éclair*, Paris, Grasset, 1999, p. 35-39; *Celui par qui le scandale arrive*, Paris, Desclée de Brouwer, 2001.

〔ルネ・ジラール、小池健男訳、『世の初めから隠されていること』、法政大学出版局、一九八四年〕

(34) 例えば「レビ記」、一九、一四―二二、および二〇、二〇―二一を参照。

(35) パウロによる「ガラテヤ人への手紙」、五、一七、聖アウグスティヌスによる引用、*La Nature et la grâce*, LIII, 61, *Œuvres de saint Augustin, op. cit.*, vol. 21: *La crise pélagienne I*, G. de Plinval, J. de La Tullaye 序文・仏訳・註、1994, p. 361.

(36) パウロによる「ローマ人への手紙」、七、一四。

(37) パウロによる「ローマ人への手紙」、五、二〇、聖アウグスティヌスによる引用、*Lettre à Hilaire*, II, 6, III, 15, *Œuvres de saint Augustin, op. cit.*, vol. 21: *La crise pélagienne I, op. cit.*, p. 43, 63.

(38) 「法律という概念の中には［……］常に暴力の偶像崇拝的な残滓が存在し［……］、偶像崇拝されたモデルは法律に置き換えられることが可能なのである」（René Girard, *Des choses cachées depuis la fondation du monde, op. cit.*, p. 445）。

(39) パウロによる「ローマ人への手紙」、七、九。同じような意味で、アウグスティヌスはこう書いている。「その戒律を［……］カインは背任行為を犯したものとして受け入れた」（*La Cité de Dieu*, XV, 7, *op. cit.*, p. 63）。

(40) 「『福音書』の中では、**スカンダロン**は決して物質的な対象ではない。それは常に他者であるか、あるいは他人に隷属させられる者としての自分自身である」（René Girard, *Des choses cachées depuis la fondation du monde, op. cit.*, p. 439）。

(41) «Parum est quia odit fratrem suum, et invidit operibus bonis: *Quia imitari noluit necare voluit*», 聖アウグスティヌス、*Les Dix Traités sur l'épître de saint Jean aux Parthes*, V, 8, *Œuvres complètes, op. cit.*, vol. 10, Péronne 仏訳、1869, p. 508（強調は筆者）。

（42）『告白』、X、二六、五九。

（43）したがって、社会的な役割によって、あるいはもっと簡単に地位が近いということで、弟子や模倣者たちの欲望に対して、モデルとして役立ちうる人々にのしかかってくる責任を理解することができる。「私を模倣せよ、誰の模倣をすることもないこの私を」というのが、悪しき巨匠たちのほぼ明白なメッセージなのである。

（44）*Contre la seconde réponse de Julien, op. cit.*, tome 16, II, 181, p. 538: «*Cain, ad originis causam non pertinet, quoniam voluntate commissum est.*»

（45）カインの完全無欠性の喪失は――意志との内面的な対立という角度から考察されるにしても、ミメーシス的対立関係として考察されるにしても――それ自体の中に新たな完全無欠性が必要であるということを宿している。あるいは少なくとも、もっと後で述べるように、彼に〈政治的な〉規定を認めることで、カイン＝アベルという反定立を確立する必要性を宿している。*Ab integro nascitur ordo*〔また改めて秩序が生まれる〕.

（46）結果として人間に罪悪感を抱かせることにしかならない、人間による人間の意志の支配について、聖アウグスティヌスは次のような言葉で語っている。「君は創造主〔神〕を非難している、そして創造主を非難しないようにするために、君は悪しき意志の有罪性に訴えかけなければならないのだ。しかしいかなる意志の有罪性なのか、と彼は君に尋ねるだろう。なぜならば、生まれたばかりの赤子と同様に、胚〔芽〕は意志など少しも持っていないからである。そうしてみると、われわれの起源の秘密の中には、生まれて来るはずの者の胚〔芽〕と、造物主の邪な意志から来る能力が存在する［……］と理解すること以外に、何が残されているだろうか（*Contre la seconde réponse de Julien, op. cit.*, VI, 9, p. 72）。

（47）パウロによる「ヘブライ人への手紙」一一、二四―二五を参照。躓きの石と隅石との関係については、René Girard, *Des choses cachées depuis la fondation du monde, op. cit.*, p. 450-451 を参照することができる。それほど弁証法的なやり方ではないが、ルネ・ゲノンがこのテーマに取り組んでいる。«La pierre angulaire», *Symboles fondamentaux de la science sacrée*, Paris, Gallimard, 1962, p 278-291.

（48）«Ex nolente volentem facit»（*Contre la seconde réponse de Julien*, III, 122）.〈恩寵〉についてのアウグスティヌスの論証は、模倣すべき実例を提示するのではなく、不信心者の証明である情念の成就を提示する。パウロによる

「ローマ人への手紙」、五、二〇も参照。

(49)「闘争はあらゆる存在の父親〔源〕である」、ヘラクレイトス（五三）、*Les Fragments d'Héraclite*, Roger Munier 仏訳・註釈、Paris, Fata Morgana, 1991, p. 51.

(50) 冒頭の引用句と原註（1）を参照。

(51) カール・シュミットはこう書いている。「法律と社会生活全体の最初の原則としての、個人的なものと現実的なものとの間の反定立、これらは、その反定立が最初の原則を形成する〝二つの原則〟である」（*Glossarium. Aufzeichnungen der Jahre 1947–1951 [Cahiers de 1947 à 1951]*,『語彙　一九四七―一九五一年の記録［一九四七年から一九五一年までのノート］』、Berlin, Duncker & Humblot, 1991, 22. 10. 1947, p. 34）。

(52) 例えば、〈二つの原則〉の反定立の最初の原則への回帰は、この法学者の経歴全体を正当化している。「私は自分の時間を失い、自分の空間を獲得する」、とシュミットは *Ex Captivitate Salus*（*op. cit*., p. 169）の中で主張している。獲得された空間とは公法の理論家の空間であるが、それは象徴的に**ミュトス**〔神話〕の〈場所〉と解釈され、そのことによってそこにアベルの位置を認めることが可能となる。この問題については、似たような言葉で自分の考えを述べながら、ゲノンが反対の展望を辿っていることを指摘しなければならない。その展望においては、遊牧民（アベル）と定住民（カイン）の交替が結局のところ、彼らの対立を和らげている。「そんな風に〝破壊者〟としての役割を発揮しながら［……］、時間は空間をすり減らす〔浸食する〕。また同様に、時代の流れの中で、定住民は少しずつ遊牧民を吸収してゆく。それこそが［……］カインによるアベルの殺害の社会的、歴史的な意味なのである」（René Guénon, «Caïn et Abel», *Le Règne de la quantité et les signes des temps, op. cit*., p. 145–146）。

(53) 次を参照。Carl Schmitt, «Légalité et Légitimité», *Du politique. Légalité et légitimité et autres essais*, Alain de Benoist 監修、Puiseaux, Pardès, 1990, p. 39–79; «Le problème de la légalité», *ibid*., p. 215–223. *Théologie politique. 1922, 1969*, trad. J.-L. Schlegel, Paris, Gallimard, 1988, p. 167 以降。*Doctrine de la constitution*, Olivier Béaud 序文、Paris, PUF, 1993, p. 225 以降。*Les Trois Types de pensée juridique*, Mira Koller, Dominique Seglard 仏訳、Paris, PUF, 1995.

〔カール・シュミット、田中浩・原田武雄訳、『合法性と正当性』、未來社、一九八三年〕
〔カール・シュミット、田中浩・原田武雄訳、『政治神学』、未來社、二〇〇〇年〕
〔カール・シュミット、阿部照哉・村上義弘訳、『憲法論』、みすず書房、一九七四年〕

(54) このことは、法律的実証主義が個人的原則を動機や信仰の〈単なる形式的な〉様相に変えることができたという事実を説明している。正当性の理論の叙述的性格——相反する原則の性格ではなく——は、この場合、マックス・ウェーバーの方法論と結びつく。「支配力はすべて自らの正当性を信じることを促し、維持しようと努める。したがって、それらに固有の正当性の要求に応じて、支配のさまざまな形態を区別しなければならない」とウェーバーは書いている（*Économie et société*, 7 vol., Jacques Chavy, Éric de Dampierre 仏訳・監修、Paris, Plon, 1995, vol. 1, p. 286 以降）。そんなわけで、正当性の基盤に関する分析の中で、ウェーバーは合法性を、カリスマ的な支配力や伝統的な支配力と同じ資格、同じ次元の、支配力の理想＝タイプの一つと見なしている。

(55) とりわけ『合法性と正当性』に関する一九三二年の論文の中で、カール・シュミットは、普遍性と持続的規制が刻み込まれている合法性の中に、権利の〈現実〉を見出している。他方で彼は、合理性と正義の中に、合法性の歴史的、〈個人的な〉意味作用を認めている。「合理的な理想を信頼し続ける限り〔……〕、法治国家は高い理想のままであり続ける。それは自らの古い起源と、他のすべての時代との差異をひけらかすこともできる。すなわち**テスモス**〔法律〕に反する**ノモス**〔慣例〕、**ウォルンタース**〔意志〕に反する**ラティオー**〔理性〕、盲目的で制御できない意志に反する知性である」（*op. cit.*, p. 47）。〈合理性への信頼〉が他の権力や制度上の決定機関を前にした民衆の表現を主張する限り（立憲君主制において生じるように）、これは立法権の正当性の原則となる。民主主義の到来とともに、こうした論争の必要性がひとたび消滅すると、合法性の個人的**エートス**〔習慣〕もまた消滅する。正当性はもう一つ別の手段を取り入れる。つまり、多数決という基準に、次いで法律形成のための訴訟手続きの基準に従った後で、正当性はついには政治的奨励金となり、これによって法的権力の保有者は他の形態の権力に移行することが可能となる。

(56) Carl Schmitt, *Ex Captivitate Salus*, *op. cit.*, p. 151-162 を参照。

(57) リヴァロルのこの箴言は、カール・シュミットの著作の中でフランス語で引用されている。Carl Schmitt, *Glossa-*

rium, op. cit., 29. 6. 1948, p. 172.

(58) 「私にはその豊かな、年月による擁護もされない成果が見える、その豊かな、年月による擁護もされない成果から、法律へと向かってゆく意味が発せられるのだ」（*Ex Captivitate Salus, op. cit.*, p. 169）。

(59) **ススペンデレ** *suspendere* は〈空中に保持する、中断する、停止させる〉を意味するが、またキリスト教徒のラテン語では、〈脇に置いておく〉をも意味する。

(60) 『合法性と正当性』の後に続いた数年の間に、シュミットがこの反定立にほんの少し注意を寄せていることは、実証主義的な合法性が誕生する過去の日付確定によって説明されるのであって、彼はそれを、近代国家が現われるときと同じであるとしている。次を参照。Carl Schmitt, *Le Léviathan dans la doctrine de l'État de Thomas Hobbes. Sens et échec d'un symbole politique*, Denis Trierweiler 仏訳、Étienne Balibar 序文、Wolfgang Palaver 後記、Paris, Seuil, 2002; «Der Staat als Mechanismus bei Hobbes und Descartes», *Archiv für Rechts und Sozialphilosophie*, XXX, nº4, 1937. しかしながら、〈改革の実現〉についての一九六五年の論文には、法律と政治を構成する二つの原則が再び現われる。Schmitt, «Die vollendete Reformation», *Der Staat*, IV, nº1, 1965, p. 51–69（仏訳 *Le Léviathan dans la doctrine de l'État de Thomas Hobbes, op. cit.*, p. 147–189）を参照。〔カール・シュミット、長尾龍一訳、『リヴァイアサン―近代国家の生成と挫折』、福村出版、一九七二年〕

(61) ヴァイスの詩の題名は〈一九三三年。キリスト教徒のエピメーテウス〉である。*Ex Captivitate Salus, op. cit.*, p. 169, note 13, p. 279 を参照。

(62) 「創世記」、四、一二、および四、一四。「創世記」によれば、カインはノド Nôd の地（逃亡の地、あるいは恐怖の土地）へ逃げてゆく（**ナド** *nad*）。したがって、どこに行こうとも、カインは悲嘆と遭遇する。シュミットは、彼の時代にあってこの逃亡の恨みがましい漂流の結果は止められないということに気づいたのである。ただ一つ普遍的な大赦のみがこの悲嘆さにけりをつけることができる、と彼は *Glossarium* の中で書いている。

(63) 「バッハオーフェンは、太陽の＝火を燃やす＝男、プロメーテウスとは対照的に、エピメーテウスを取るに足りない〝hyliste 樵〟としている。その時この弟はどんな風だったのだろうか。すべての人間がプロメーテウスの側にいる。だからこの英雄プロメーテウスのそばで、エピメーテウスは少しばかり愚かな反動的人間となる。カール・シュピッテラー〔スイスの詩人。『プロメーテウスとエピメーテウス』という作品がある〕においても同様である。実のところ、この二人の兄弟はカインとアベルのようなものである。このアベルは動物に与える恵みを浪費してしまい、その結果、人間のためのものはもはや何も残っていない。その点で彼は〝人間の最も小さな生物学的価値〟を生じさせたのである。愛を示そうとして、パンドーラの箱を開けて、彼はヘルメスから送られてきた偽りの女の罠に落ちる」（*Glossarium*, 1. 05. 1949, p. 238, A. Doremus による引用、*Annexe III*, Carl Schmitt, *Ex Captivitate Salus, op. cit.*, p. 360 に所収）。*Glossarium, op. cit.*, 22. 12. 1947, p. 66 も参照。

（64） これはエピメーテウスに原因があるとされる最も有名な過失である。K. Kerényi, *La Mythologie des Grecs, histoire des dieux et de l'humanité*, Henriette de Rougin 仏訳、Paris, Payot,1952, p. 211 以降を参照。〔カール・ケレーニイ、植田兼義訳、『ギリシャの神話　神々の時代』、および『ギリシャの神話　英雄の時代』、中公文庫、一九八五年〕

（65） エピメーテウスとプロメーテウスの〈力の〉関係とは、前者が後者に保護を求めるというものだろう（そして彼に従うというものだろう）。また（神々、ティタン族、人類の恩人たちなどの）庇護のもとに生きているときに、自分自身を罪ある者と考えるのは、賢明なことである。

（66） K. Kerényi, *Prometeus, das griechische Mythologie von der menschlichen Existenz*, Zurich, Rhein-Verlag, 1946（イタリア語訳、«Prometeo», Kerényi, *Miti e Misteri*, Turin, Boringhieri, 1979, p. 203）. *La Mythologie des Grecs* の中で、著者はこう書いている。「プロメーテウスは二重の存在である。彼はほとんど常に自分の傍らに、自分よりも策略家ではないパートナー、いわば彼の左手、弟のエピメーテウスを有している」（*op. cit.*, p. 210）。〔カール・ケレーニイ、辻村誠三訳、『プロメテウス』、法政大学出版局、一九七二年〕

（67） シュミットは、自分がペテンに屈したことを認識しようとしている。しかしながら彼は、何らかの方法によって歴史的犯罪のロマン主義的高揚にかかわっているということは認めない。エリート主義の理論が、ヒットラーに権力へ向かわせたのである。*Glossarium* の中で、カール・シュミットはしばしば、言葉を行為と〈混同し〉、自分たちの死刑執行人が現われてくるのを理解しなかった人々が用意した、このロマン主義的幻想を撤回する。

（68） コンラッド・ヴァイスのこの詩の題名はすでに前のほうで引用してある〔原註（61）〕。一人のキリスト教徒のエピメーテウスのように、またアベルのように、シュミットは自分自身の役割を解釈する。それゆえ彼が自分のことをあまり〈明白〉ではないと非難する人々に対して次のように答えているのは正当なのである。「私の本性は、静かな大河のように、モーゼル川のように、のろくて、寡黙で、柔軟である *tacito rumore Mosella*」（*Ex Captivitate Salus, op. cit.*, p. 126）。

(69) ヘシオドスの『神統記』では、エピメーテウスはすでに〈気の狂った男〉として紹介されている。「初めから、彼は、人間の息子たちにとって不幸の源であった」ということを喚起しながら、K・ケレーニイはこう書いている。「彼こそは、悲痛な結末をこうむるべき最初の人間であった」（«Prometeo», *op. cit.*, p. 201-202）。それに、聖パウロの次の文が思い出される。「［……］ユダヤ人にとっては躓きの石、異邦人にとっては狂気である、十字架にかけられたキリスト」（コリント人への第一の手紙、一、二三）。
〔ヘシオドス、廣川洋一訳、『神統記』、岩波文庫、一九八四年〕

(70) この結び目をほぐすという解決策――シュミットによって引用されたゴルディオスの結び目の神話に関する異本の中にある――は、アレクサンドロス大王によって操作された解決策と同じであって、大王はゴルディオスの戦車の轅にくびきを付けていた結び目を断ち切るのである。これはそんな風にして、プロメーテウスとエピメーテウスがそれぞれ象徴していた、西洋による東洋の支配という予言を実現している（«Die geschichtliche Struktur des heutigen Welt-Gegensatzes von Ost und West», *Freundschaftliche Begegnungen. Festschrift für Ernst Jünger zum 60. Geburtstag*, Francfort, Klostermann, 1955 を参照）。それはまた、シュミットが現代史の理論的な出発点としている、**大地と海**の二人の狩猟者の分離でもある（*Terre et mer: un point de vue sur l'histoire mondiale*, Julien Freund 序文・後記、Paris, éd. du Labyrinthe, 1985 を参照）。
〔カール・シュミット、生松敬三・前野光弘訳、『陸と海と――世界史的一考察』、福村出版、一九七一年〕

(71) ロマーノ・グァルディーニは次のように書いている、「〃疎外された性格〃という概念にはいくつかの段階がある。この概念はまず、原初の人間がまだ自然を知らず、自然を支配していないという事実を含んでいる。しかしそれを越えて、この概念は、過失が原因である〃疎外〃というような啓示をもとにしてしか理解されえないもっと深い意味作用を持っている。すなわち自然は人間に反抗する、あるいはもっと正確に言えば、人間はある意味で、被造物という性格に反対する主張によって、自然の前に身を置いている。その結果、それは人間の意志を妨害し、人間の意志と対立するのである」（*La Puissance. Essai sur le règne de l'homme*, Jeanne Ancelet 仏訳、Hustache, Paris, Seuil, 1954, p. 45, note 1）。〔ロマーノ・グァルディーニ、永野藤夫訳、『権力について 「年齢」と人間理解』、天使館、二〇〇二年〕

(72) **プラーンドル** *prendre* と**コンプラーンドル** *comprendre* は、**ネーメン** *nehmen*〔取る〕と**ヴァールネーメン** *wahrnehmen*〔知覚する〕とまったく同様に、同じ語根を持っている。«Nehmen/Teilen/Weiden. Ein Versuch, die Grundfragen jeder Sozial und Wirtschaftsordnung vom NOMOS herrichtig zu stellen», *Gemeinschaft und Politik. Zeitschrift für soziale und politische Gestaltung*, I, 1953, p. 18-27 で、シュミットは、取得の意味作用に関する考察を展開している。そしてその考察をエーリヒ・プルズィヴァラを祝すために記した一九五九年の次の論文で再び取り上げている。*Nomos-Nehmen-Name, Staat, Groáraum, Nomos. Arbeiten aus den Jahren 1916–1969*, Berlin, 1995. *Le Nomos de la terre. Le droit des gens du jus publicum europæum*, Lyliane Deroche-Gurcel 仏訳、Paris, PUF, 2001 も参照。全体的な論争に対峙しようとはしなくても、**ノモス**は、原義としては、〈分配と分割〉、それに〈財産の享受〉を意味するということを指摘することができる。ところで、財産の享受は、財産を自由にすることのできる取得から始まっている。具体的には、財産の享受は名前の付与に要約され、それが取得行為を公のものに、目に見えるものにする。〈名前〉を与えるという取得は、〈最初の規範、権利と所有物の出発点〉なのである。

(73) 同じ精神で、概念は自動的に形成されると考える法律的実証主義にシュミットは反発する。概念は他のさまざまな概念に対する論争的な成立過程を帯びているだけではなく、それらが引き起こす歴史的結果は恐ろしいまでに現実的なのである。

(74) Carl Schmitt, *Glossarium*, *op. cit.*, 30. 12. 1947, p. 71.

(75) Carl Schmitt, *Ex Captivitate Salus*, *op. cit.*, p. 168.

(76) 「破壊者を消滅させなければならない、と考えて自己を正当化する破壊者たちは、もちろん遺憾な存在である。どんな破壊も自分自身の破壊でしかないのだから。それに対して、敵とは、他者のことである」（*ibid.*）。

(77) ヘーゲルの語法では、シュミットが話題にする消滅の論理は、「抽象的な否定であって、抹殺されるものを**保持**

し、引き止めるようなやり方で**抹殺する**意識の否定ではない」(Hegel, *Phénoménologie de l'esprit*, Jean Hyppolite 仏訳、tome I, Paris, Aubier, 1992, p. 160)。それこそがまさしく否定の**否定**という意味であって、これは保持しながら抹殺し、意識に対しては否定的なもの、すなわち他者、敵の存在の〈権力〉を全面的に抹殺するように強いるものなのである。自分自身を抹殺することなくして、そうした他者、敵を抹殺することはできない。〔ヘーゲル、樫山欽四郎訳、『精神現象学』(上・下)、平凡社、〈平凡社ライブラリー〉、一九九七年〕

(78) *Ex Captivitate Salus, op. cit.*, p. 168.

(79) *Ibid.*, p. 168–169.

(80) キリスト教、躓きの石の宗教が、近代において、奴隷についての倫理のニーチェ的告発においても、価値の横暴と化した相対主義的、反キリスト教的人間主義の倫理形態においても、その影響を被らなければならなかったということに驚いてはならない。ルネ・ジラールの次の著作を参照。*Je vois Satan tomber comme l'éclair, op. cit.*; *Celui par qui le scandale arrive, op. cit.*; *La Voix méconnue du réel. Une théorie des mythes archaïques et modernes*, Bee Formentelli 仏訳、Paris, Grasset, 2002.

(81) 〈ゼウスの権力に対する服従のしるしとして特別な冠〉(Károly Kerényi, *Les Mythes des Grecs, op. cit.*, p. 219) を身につけているプロメーテウスのように、カインも一つのしるしを身につけている。しかし神話が他の一揃いの人物像と関連づけているプロメーテウス (Kerényi, «Prometeo», *op. cit.* を参照) とは逆に、そのしるしは自己指示的なものである。

(82) 「創世記」、四、一五を参照。Fabre d'Olivet の仏訳では、«Ihôah: ainsi disant: tout en accablant Kaîn, les sept fois il fera exalter Kaîn»「主はかくの如く言われた。『カインを打ちのめすならば、その者はカインを七倍高揚させることになるだろう』」(*op. cit.*, p. 137)。

(83) 規範による規範主義がめざすのは、「その〝規範的な状況〟を創り出すことであって、それがなければいかなる規範主義も単なるペテンにすぎなくなってしまう」(Carl Schmitt, «Légalité et Légitimité», *Du politique. Légalité et légitimité et autres essais, op. cit.*, p. 50)。

(84) 次を参照。Giulio M. Chiodi, *Equità. La regola constitutiva del diritto, op. cit.*, p. 4-5, 179–186; D・マッツ、〈政治

の自己＝免疫的な隠喩〉、本書所収〔三二五ページ〕。

(85) ルネ・ジラールはこう書いている。「ミメーシス的危機の中にあって、生贄は他者たちの中の敵対者でしかない、それはすべての他者の化身、かれらの双子の敵なのである〔……〕」(*Des choses cachées depuis la fondation du monde*, *op. cit.*, p. 57)。

(86) 彼のほうへ「彼の欲望が向けられる」(「創世記」、四、七、Luis Segond 仏訳、新版、Éditions des Sociétés bibliques)。

(87) C. Schmitt, *Glossarium*, *op. cit.*, 一九四七年十二月十六日、p. 61. 自然の進化の系列を生み出すさまざまな手法との類推によって、**ソエクルム**にこのように**ミュトス**を導入するやり方は、仮定的な空間の〈占有〉と見なすことができるのであって、このような占有は空間の〈礎〉であることが明確に示される。R. Dawkins, *Le Gène égoïste*, L. Ovin 仏訳、Paris, A. Colin, 1990; *L'Horloger aveugle*, B. Sigard 仏訳、Paris, Robert Laffont, 1989 を参照。またこのテーマについては、René Girard, «L'envers du mythe, entretiens avec Maria Stella Barberi», *Celui par qui le scandale arrive*, *op. cit.*, p. 135 以降も参照。〔リチャード・ドーキンス、日高敏隆・岸由二・羽田節子・垂水雄二訳、『利己的な遺伝子』、紀伊國屋書店、一九九一年〕〔リチャード・ドーキンス、日高敏隆監修、中嶋康裕・遠藤彰・遠藤知二・疋田務訳、『盲目の時計職人』、早川書房、二〇〇四年〕

(88) 聖アウグスティヌス、*La Cité de Dieu*, *op. cit.*, XV, 19, p. 119–121 を参照。

(89) 「〔……〕彼らは自分の名前を大地の上に置いておいた！」(「詩篇」四八、一二) は、結果として、「詩篇」七二、二〇が述べていること、「主よ、あなたは目を覚まして、それらのイメージを無視する」を伴う。

(90) 聖アウグスティヌス、*La Cité de Dieu*, *op. cit.*, XV, 21, p. 137 を参照。

(91) René Guénon, «Caïn et Abel», *Le Règne de la quantité et les signes des temps*, *op. cit.*, p. 147.

(92) 聖アウグスティヌス、*La Cité de Dieu*, *op. cit.*

権力の原型としてのカインの〈しるし〉(1)

クラウディオ・ボンヴェッキオ

人々はカインの子供たちを恐れていた。彼らは一つの〝しるし〟を持っていた。だから人々はそのしるしを、実際にそうであるもの、すなわち区別としてではなく、その反対のものとして解釈した。

ヘルマン・ヘッセ、『デーミアン』

一九一九年――すなわち、ヨーロッパの意識をひっくり返した出来事、第一次世界大戦が終わったちょうど一年後――、ヘルマン・ヘッセは長編小説、『デーミアン』(2)を刊行するが、そこでは当時の悲壮感と、西洋世界が陥りつつある〈漠然としたもの〉の〈多くの見地から表現主義の典型ともいえる〉認識とが混じり合っている。その西洋世界の避けられない歴史的没落を、一九一八年に――この日付はとりわけ意味深長であるが――、オスヴァルト・シュペングラーは『西洋の没落』(3)で指摘していた。

神話的〟象徴的な指示対象で満ち溢れ、生まれつつあった精神分析に左右されるような環境の中で、ヘルマン・ヘッセは、若きジンクレールという登場人物の中に呼び起こされた漠たる不安に肉付けをする。他の多くの青年たちと同じような一人の青年で、彼は、エルンスト・ユンガーのように(4)、当時十四歳で、

〈禁じられた〉夢や、詩、小説、芸術、音楽の世界でしか結晶化されえない光景の中で、——この場合に、規範となるのはシュテファン・ゲオルゲであるが[5]——決定的な逃避とありえない出会いを夢見ている。別の言葉で言えば、おもねるようなブルジョワ的順応主義によって生活領域から追放されたすべてのものが市民権を持っている一つの世界である。生活と外在性のこの二元対立がジンクレールの精神の中に存在している。それは紛れもなく一時代の集団的無意識の横断面というような性格を帯びている。

実際に、この若き主人公は気の許せるブルジョワ的**ウムヴェルト**〔環境〕——形式主義、慣習、〈プロシア的な〉堅固さで成り立っている——に属しているけれども、最も奥深い精神領域では、ゆっくりとしかし抗いがたく、一種の**ウーアヴェルト**〔太古の世界〕が形を成している。それは——表現主義的な映画の背景にも似た——大昔の、ぼんやりとして、じめじめとした、ねじくれた世界であって、その中では〈精神の王国〉に由来するのではなく、〈血と肉の〉王国に由来する緊張が表現されている。**宇宙生成的エロース**——同じ時期に刊行されたルートヴィヒ・クラーゲスの有名な論文を敷衍している[6]——によるこの王国では、カント以後の合理論や、〈かのように〉[7]〈**アルス・オプ** *als ob*〉の哲学的プラシーボ〔偽薬〕が〈母親たちの王国〉の暗がりに溶け込んでいるのだが、その〈母親たちの王国〉は**バッハオーフェン＝ルネサンス**によって明るみに出される[8]。

その**太古の世界**はブルジョワ的**環境**をしのいで、ついにはブルジョワ的**環境**とあからさまに衝突し、そのほっとするような確信を解体させるように思われる。しかしこの衝突は、本質的には、極限的な挑戦、全面的な対決なのである。それは希薄になった大気、あるオーラの中で展開されるのだが、そこに浸っている人はちょうどデューラーの有名な版画、『騎士と死と悪魔』におけるあの騎士の極限的な体験を味わっている——あるいは味わっていると信じている——ようなものであってこれは**フェルキッシュ**〔民族的な〕想像力や政治的神秘主義にとってはおなじみのものである。

ヘッセの主人公、ジンクレールはしたがって、「かつて見た雲の下で、彼を見つめている家々に沿って、彼を疑っている人々の傍らで、たった一人きりである」[9]。実存的でもあり同時に存在論的な、凍りつくような孤独の中に、デーミアンが出現する。彼は、主人公の無意識が反映したイメージであると同時に、彼の原型的統一体でもあるその**太古の世界**を象徴している。彼を他の人と区別するものは、**カインのしるし**である。それどころか、デーミアンの中に現われる**太古の世界**全体が、**カインのしるし**を受けている。それは隠されているのではなく誇示されている一つのしるし、恥ではなく大胆さという一つのしるしである。

ブルジョワ的思考や宗教的伝統とは根本的に対立するようなやり方で、カイン゠デーミアンはニーチェ的な英雄として描かれている。孤独な存在である彼は、臆病な人々、怖がりな人々、順応主義者たちと対立する人である。デーミアンはカインについてこう言う。「これは、その顔つきが他の人たちに恐怖を吹き込むような何かを反映しているような人間だった[10]」、そして「まなざしの中には、何か分からない不安にさせるようなもの、他の人間にとってはなじみのない、聡明さに加えた大胆さという色合い[11]」があった。人物像を恣意的に重ね合わせるということは承知の上で、ニーチェのツァラトゥストラ、〈あまりにも人間的〉であるがゆえに〈通過にして終わり[12]〉である人物、あるいはニーチェ自身、エルンスト・ベルトラムの伝記によるこのゲルマン的英雄[13]と比較せずにはいられない。それにこのような関連づけは、レンブラントの中に刷新されたゲルマン的精神のモデルを見たユーリウス・ラングベーエンの例[14]や、あるいはまったく別の方向であるが、マルクス゠カントという同一性の中に、存在することと、存在しなければならないことと、政治的行為の間の**ウニオ・ミスティカ**〔神秘的結合〕の神髄を読み取ったドイツの社会民主主義の例[15]を信じるならば、時代の精神と完全に同調している。

それに反して、ヘッセのカインは、それが何であれ、ある政治的、イデオロギー的図式に還元することができない。カインは、ゲルマン的世界では——しかしここに限定されないが——、分裂、空虚、政治的混沌、内戦が優位を占めているような歴史の一時期における、集団的無意識の産物、統一的原型なのである。要するに、ホッブズの場合のように、もはや規則が存在しない状況なのであって、そこでは、存在している価値のシステムの崩壊に——アルフレート・ローゼンベルクは自らの『ワイマール共和国の起源』[16]の第七章と最終章に〈崩壊〉という題名を付けている——、政治的モデルが呼応しており、その政治的モデル（ワイマールのモデル）をジューリオ・M・キオーディは政治的アレゴリーと定義したのだった[17]。その〈荒廃した光景〉の中にカインの姿がくっきりと浮かび上がる。それは権力と恐怖という象徴的重荷を背負っている。「その男は権力を持っていて、彼を前にすると、人々は震えるのだった[18]」、とヘッセははっきり示している。

自由主義的＝ブルジョワ世界の〈崩壊〉を前にして、その順応主義、自由放任、不毛な議論を前にして（ブルジョワ的自由主義を、軽蔑を込めて〈絶えざる議論〉と定義するのは、ファン・ドノソ・コルテスである）、カインは、荒々しい力を込め、純粋な清らかな形で、勇気だけではなく権力そのものも具現化している[19]。それは根源的な、神々しいという意味での権力である。実際に、カインは、デーミアンやジンクレール自身と一致するという点においては、神々しい性格を最高度に具現化している[20]。神性の最高度の表現である両性具有的なものを自分は備えている、と説明するくだりがそれを示している[21]。

何か女性的なものも存在していた。そして、一瞬の間、私にはその顔つきがもはや男の顔つきでも子供の顔つきでもなくなったように思えた。年を取っているのでも若いのでもなく、千歳、というよりもむしろ年齢がなくて、われわれが生きるサイクルとは別のサイクルの痕跡を帯びているように私には見えた。(22)

彼は自分の中に神的なものの二重の性質のしるしを持っている。善と悪、肯定的なものと否定的なもの、上方の世界と外部の世界の統一体なのである。

デーミアンが神と悪魔について、公認の神の世界と沈黙の中で過ぎゆく悪魔の世界について今私に述べたことは、私自身の考え、私自身の神話、二つの世界、すなわち世界は半分ずつ、光の部分と闇の部分に分かれているという考えと一致するものだった。(23)

この簡潔な概要によって認めることができるように、ヘッセの作品は驚くべき明晰さで、神的なものに特有の希薄な、微妙な雰囲気を捉える。そのような雰囲気の中で、カインの神話は、原初的な権力全体の中に、また復元的、再建的な力全体の中に、新たに提示されるのであり、統一性・全体性の原理として課せられるのである。そんなわけで、カインという神話上の人物像は、アブラクサスという人物像と混じり合い、混沌と個人的・社会的混乱の時代に、原初的、起源的な秩序を回復させる。(24)そしてアブラクサスは、最初の人間にして人類の最初の親であるカインと同様に、最初の神にして、その肩書きは「神的要素と悪魔的要素を両立させるという象徴的役割を持っていた神(25)」である。他方、二十世紀の最初の数十年における根源的な不安は、まもなくさまざまな確信を無価値にして、良心を覆してしまう大変動の前触れであるだけではない。その上に、とりわけ、長い苦しい過程の歴史的結果でもあるのだ。

事実、非宗教化は**イン・テンポラーリブス**〔現世における〕権力と神的なものの最後のわずかな名残のような神聖さを決定的に無力化する（われわれはヨーロッパに君臨する最も古い家柄の正当性と権力が消えてゆく時代に存在している）一方で、かつて国家がそうであったような秩序や政治的合理性の慎ましやかな幻影もまた解体しているように思える。ブルジョワ的自由主義によって社会や市場の単なる保護者といった役割に追いやられているけれども、そうした幻影は、いかにいわくつきで異論の余地があるものだとしても、少なくとも、法や権利の存在を保証するウェーバー的な合理性という性格を保持していたのだ。最も定着した宗教的信念であっても、細分化というこの一般的なプロセスを免れるわけにはいかない。若きカール・シュミットのようにカトリックによって形成された作家の例を考察するだけで十分である。ローマ・カトリック教会を賛美していたにもかかわらず、**コインキデンティア・オッポスィトールム**〔反対者たちの一致〕のために、自らの表現力と美学的栄光のために、シュミットは『ローマ・カトリック教会と政治形態』の中で、ローマ・カトリック教会が陥っているのっぴきならない立場をあばく。それはローマ・カトリック教会の政治的選択が**スプラー・パルテース**〔当事者を越えて〕あり続け、そのためにローマ・カトリック教会は必然的に直接に**イン・パルティブス**〔当事者の中に〕入らざるをえなくなっている、というものである(26)。さらに、ボルシェビキたちが公然と最初の無神論国家であると表明した宣言は、政治的次元では、良心の次元の非宗教化によってもたらされた空虚さの検証である。それはさまざまなイデオロギーを拠り所として穴埋めされる空虚さなのであって、そうしたイデオロギーは、仮定的な全体性の名の下に自らを絶対的真理だと宣言し、したがって他のどんなイデオロギーの形態とも衝突するのである。

同じように、歴史的な突然の加速は現在の時間（**イェツトツァイト**）と歴史的な**ロングム・テンプス**

〔長い時間〕との完全な一致を消し去ってしまう。終末論、投影、破壊が重なり合うとたちまち、ヘーゲル的な歴史の線状性——観念論者にとっても実証主義者にとっても重要な大いなるモデル——が炸裂して歴史的断片と化し、それらの歴史的断片は本質そのものからして、人を先史時代の世界へ差し向けるのである。指導原理の代わりとなりうるような、安心させるような〔神学的、哲学的、あるいはイデオロギー的な〕歴史の図式などまったくない世界である。

受け入れて、共有する**ヴェルトツァイト**〔世界の時間〕のようなものは消え去り、それとともに、冒頭でほのめかしたような**ウムヴェルト**〔環境〕もまた解体する。要するにだいたいのところは、歴史の横糸、個人と社会が絡み合っている緻密な網の目の切除作用と定義できそうなものが生じている。この切除作用は、意味する図式としての歴史の外部に個人を位置づけ、ぼんやりとした、志向性のない領域に個人を委ねるのであって、そうした志向性は、まず宗教的に、次いでヘーゲル的なやり方で、歴史の網の目が、個人の生成＝意識をもっと広大な、もっと巧みに関連づけられる社会の意識と結びつけることによって築き上げられたものだったのだ。

日常の出来事〔食事、再生産、楽しみ、苦悩、誕生、死〕はこのような切除作用に侵害されることはないし、広い意味での文化的、社会的出来事に侵害されることもない。しかし、基準となるような歴史的図式〔網の目〕が奪われると、そうした出来事は直接性という条件を越えるわけにいかなくなり、今度は意味を獲得したり与えたりすることができなくなるのだ。意識に関して言えば、世界の中でかつ歴史の中で自らを意識として認識する能力を奪われたなら——この点にはいかなる価値判断を施してもならないが——、意識は無意識の中で、さまざまな原型の投影が象徴で表わされ、ひしめき合っているあの退行的な世界〔**太古の世界**〕の中で、道に迷う危険にさらされるのである。それゆえ原型は、意識の空間に現われてきて、共同体や個人の意識を支配するときには、その意識の空間を完全に、あるいはほぼ完全に占有することができる。

この意味で、ヘッセの小説の登場人物、ジンクレールは意識を支配されているのだが、ただ彼一人だけが支配されているわけではない。彼は人類の——少なくともその最も感じやすい部分の——代表なのであり、人類の心の奥底の苦悩を共有する存在なのである。

私の問題はあらゆる人間、あらゆる人生、あらゆる思考の問題なのだという考えが、突然に聖なる影のように私の心に侵入してきた。そして苦悩と敬意の感情が私を満たした。その時私は、私の最も内奥の人生、私の最も秘かな思考が、永遠の大河で偉大な考えを汲んでいるのだということを理解し、感じた。(27)

〈聖なる影〉（これはカインという原型と一致する）は、威圧的な人間のイメージと固く結びついている全体性と権力のイメージを、無意識から取り出すことによって、浮かび上がらせる。歴史の外部、意識の外部にある象徴的なイメージであって、これはルネ・ジラールが意図しているような意味で、(28)**統一性を再編成し、全体性を正当化し、復権させ、神聖化し**、また、**アウフブルフ**〔裂け目〕のような形、最初の状態で最初から再開する形をしている。そんなわけでカインは権力と力の原型としての姿なのであり、アブラクサスという謎めいたグノーシス的な人物像のように、肯定的なものと否定的なもの、地上と天国、悪魔のようなものと神的なものを一つにしながら、神話の超時間的な無窮の闇の中から出現してくる。別の言葉で言えば、カインは、ルドルフ・オットーが意図しているような意味で、(29)神的なものの**ミステーリウ**

ム・トレメンドゥム〔恐ろしい奥義〕を体現している。実際に、彼が隠された意味の中に流れているような生命の横溢を表わしているのだとすると――普通は言及するのを避けるそうした神のウィース・アブスコンディタ〔隠された力〕に関して、デーミアンは「人々は性生活について完全に口をつぐんでいるけれども、存在そのものが性生活に基づいているのだ」[30]と断言する――、自分の中に東洋の神々や異教の神々の顔を併せ持っていることからしても、カインは同時に〈死の支配者〉としても立ちはだかっているのである。

しかしウィース・アルケティピカ〔原型的な力〕が展開されるのは、人を殺すカインにおいてであり、それが彼を特異なものに、神的なもののしるし、神の刻印を持つ者にしているのである[31]。「そして彼の殺害について、君はまたそれが本当のことではないとも考えているのかい」、とジンクレールは思い切ってデーミアンに尋ねる。「もちろん本当のことだとも」、とデーミアンは答える。

強者が弱者を殺してしまったのだ。それが本当に彼の弟だったのかは、疑わしい。しかし結局、そんなことに何の重要性もない。すべての人間が兄弟なのだから。ということはつまり、一人の強者が一人の弱者を殺してしまったということだ。もしかするとそれは英雄的行為であったかもしれないし、そうではなかったかもしれない。しかしその他の者たち、弱者たちは今や恐怖でいっぱいになった。彼らは不平を言うようになった。ところが、「なぜあなた方は彼を殺さないのか」と尋ねられると、彼らはいつも「われわれは意気地なしだから」と答えるのではなくて、「われわれにはできない。彼は〝しるし〟を持っているのだから。神がそれを彼に刻み込んだのだから」と答えるのだ[32]。

カインによって犯されるアベルの殺害は、象徴的には、神的な権力（これは生と死を司る権力）のしるしなのであって、この場合には死を介して、それが互いに兄弟どうしであるすべての人間の前に示されるのである。死を与え、生命を再創造する権力の中に、原初の力が宿っている。強者たちと服従者たちを区別するものは、神に似ているというこの能力である（そしてこれがカインのしるしの起源である）。神的な権力はただ単に生命を与える能力から生じるのではなく、死を与える能力からも生じるのであって、それはジンクレールによって夢想され、描写される神話的な鳥のイメージを備えている。「その鳥は、巨大な卵から抜け出そうとするかのように、暗鬱な色の地球から、体半分だけ出現させて、青い空を背景に浮かび上がっていた(33)」。また、アブラクサスの神のほうに向かって高く飛ぶこの神話の鳥と同様に、カインの姿にもその権力を認めることができる。それこそが、過去の歴史の中に存在したすべてを超越して、異なっているものなのであり、シュペングラーの表現を繰り返せば、それこそが未来の皇帝を作り出す酵母なのだ。

この小説の終わりのほうのページでは、戦争――兄弟殺しの典型――についての言及の後に、デーミアンとまったく同様に負傷したジンクレールが、象徴的なキスを通じて、デーミアンからカインのしるしを受け取る。それは、刷新され、選択された新たな人類の内面的な象徴であって、全体性という神の息吹を内包している。

したがって、ヘッセの物語の見地からカインの神話を解釈すると、カインの神話の意味的要素がいくつか明らかになってくる。そうした意味的要素は、人間の原初の権力や全体性を再構築する原理として、この神話を参照させるのである。

さて今や、そうした要素は、一人の作家の自由な想像力の散発的、偶発的な結果なのか、それとも、この作家の自由な想像力はむしろ、他のいかなる手段によっても到達不可能なほど豊かで、深い無意識のレベルに到達させてくれる特権的な仲介者ではないのか、ということを検証するべき時である。それは原型的な力の場であるような一つのレベルなのであって、この作家――非宗教化する人類の偉大な司祭――のインスピレーションを介して、存在はしているけれども不透明な状態で、普段は集団的無意識の中に隠されているものが、そこにはっきりと現われてくる。つまるところ問題となるのは、カインとアベルの物語が、この物語から生じた道徳的、教訓的な伝統を越えて、最初の原型的な力、その噴出、その再生能力の神話的＝象徴的な媒体となりうるのかどうか、を自問することである。

まったく同様に適切で、神話的＝象徴的な多形性と両立しうる、他のさまざまな解釈の行程も、もちろん取り入れることができるだろう。しかしながら、われわれにとって時宜を得ていると思えたのは、文字《エクリチュール》が媒介となっているような神話の表現のほうへ再び研究を進めることであった。そんなわけで、探索を始めた方向に進み続けるために、われわれはもう一つの文学的典拠を選んだ。作家の創造力は別にしても、それは――ヘッセの典拠とまったく同様に――外的な介入を完全に免れた神話的素材を、直接に利用可能なものとするのにはとりわけ適している。それは、事情を十分に知った上で、詩的直観、およびその神話的光景を喚起する能力の、〈地震観測的な〉性格を受け入れなければならないということを意味する。そうした直観や能力は、現代人にとっては、トーマス・マンの言う〈過去の深い井戸〉[34]の中に集められている。

このような前提が正しいと認められた後で、われわれは象徴的な照応と神話的な示唆という観点からヘッセの作品と同じくらい豊かな、もう一つ別の作品を考慮に入れることにしよう。それはジョージ・バイロンの『カイン』[35]という題名の悲劇であって、〈謎〉という意味深長な副題を持っている。

確かに、一方の作品をもう一方の作品の模倣とすることによって、二つの作品を重ね合わせるのは許されることではない。歴史的な距離とインスピレーションの相違がそうすることを許さない。しかもそうしても神話的＝象徴的な解釈の展望においては、重要性はほんのわずかしかない。それよりも重要なのは**全体性**と**緊張感**であって、それがこの二つの作品を――明白にして、文句の付けようのない差異があるにもかかわらず――比較可能にしているのである。一方の作品、『デーミアン』は未知のものによる解体と恐怖の暗号である（この小説は第一次世界大戦末期に刊行されている）。もう一方の作品、『カイン』は「恐怖政治」とナポレオンの時代の後に続いた混沌と不安定の暗号である（この作品は一八二一年という日付が付いている）。そこにかかわっているのは、ヨーロッパの政治地理学を変え、個人と社会に対して深い影響も与えるような二つの出来事である。というのも、この二つの出来事は見事に定着していた確信と意義を揺るがしたからである。それぞれの事例において、消滅するのは、一つの歴史、一つの世界に所属しているという感情である。

それに、利益、商売、交易の支配として**描かれることがますます多くなっている**現在と比べても、また回顧的に不毛で、合理主義的であると判断が下されるそのすぐ前の過去――啓蒙の世紀――と比べても、バイロンの時代に、根本的な異邦人感覚が存在していることは議論の余地がない。ロマン主義――バイロン卿が有機的にそこに属しているけれども――と、遠い、幻想的な過去を再発見しようとするロマン主義の欲求を、そのとりとめのない感情のはけ口や解決策として提示することは間違いであろう。現在というものに対するロマン主義の不信は――表面的な、月並みなやり方を除いて――**アモル・テンポリス・アークティー**〔時が経過した愛〕によって表現されるのではなく、むしろ過去に位置づけられた原初的なものの回復によって表現されるのであり、その過去は確定された過去ではなく、優れて神話的な時間、すなわち果てしない再＝創造の時間のことである。完全に無意識的なやり方で、ロマン派の作家たちはそうした過去のほうに向かう。そしてその中で、彼らは現在を刷新するために、果てしない神話的な回帰によって着想を得ようとするのである。ノヴァーリスの『青い花』(36)はその意義深い一例である。青い花——深い内面的な再生の隠喩——の探求が、**太古の世界**を通して展開されるのだが、その**太古の世界**は、ヘッセにとってと同様に、死の象徴と再生の象徴が交互にやってくる継起において、**環境**の否定＝超克なのである。

ロマン主義の時代におなじみの再生と起源への回帰というテーマは、まもなく心理学研究や美学研究の方向へ向かい、主題の規範から外れて膨張してしまい、現実の小宇宙的／大宇宙的な反映として考察されるようになる。生活の否定——これはまさしくヘッセ自信がやがて暗示することである——として考察される現在に直面して、ロマン主義の感情は、やがてカール・シュミットが述べるような、美学的＝主観的な転換＝昇華に逃げ込む。それは一種の〈**スペル・パルテース**〔当事者の上の〕第三者(37)〉として提示される。その秩序を＝越えた領域の中で、人は基盤や正当化を見つけることができ、またそこから、謎めいた、神秘的なやり方で、すべてが生じてくる。したがってこの〈**当事者の上の**第三者〉を拠り所とすることは、マグマのように内在する象徴的宇宙に到達するための、特権的な手段である。しかしこの手段はまた、心理学研究という展望から考察した後に、現実を説明する基準として採用するならば、恐怖の源ともなりうる。

その一方で、ロマン主義を——まったく別の重大な方式によっているとはいえ、ヘッセの時代に生み出されたもののように——深く特徴づけているのは、歴史の横糸、前のほう〔一四三ページ〕で触れた網の目が、ますます希薄になってゆくということである。そのことが——一世紀後に引き裂かれ破棄されてしまうというような事態は今はないにもかかわらず——歴史の横糸に、一種の透明性、蛋白光を生じさせる。そのような透明性は、形成のための完全な両義性において、歴史の網の目の均質性がその時まで移行することを妨げていた、無意識の内容(38)が意識のレベルにまで浮上してくることを示しているのである。ロマン主義においては、そうした無意識の内容は、影のように、逆光の中にくっきりと浮かび上がる。それらは、言うならば、最も敏感な、最も影響されやすい主体たちの中に凝縮しているのであるが、ただしまだ、原型的な力として、無意識の内容を意識的なものにするあの全体的自律性を展開してはいない。その代わり、それは二十世紀に生じてくるのであって、『デーミアン』が十二分に、模範的にその証言をしているのだ。無意識の内容は暗示の状態にとどまっており、その出現は束の間である。そしてそれらはついには人間と重なり合う。ロマン主義の数多くの作品がその証拠であって、その中では、主体——問題となりうるのは社会集団のこともあるが——は、自分にとりつき、時として自分と同一化させる謎めいた力に支配〔魅了〕されるのである。

このような状況と雰囲気の中で、完全なる象徴の深みに包まれて、バイロンのテクストは展開される。一八二二年四月十日付のギズボーン宛ての手紙の中で、シェリーはバイロンの『カイン』を「黙示録の」ようなもの、「以前には人間に対して決して示されることのなかった啓示(39)」と説明することになる。恐るべき、悪魔的な啓示であって(40)、その登場人物たちは人間性をそのまま完全に表現している。男たち、女たち、そして霊魂である。

このような人間性は原初の時代、神的なものの世界、すでに述べた**太古の世界**に近い状態の中でも見出される。二人の主要人物、カインとアベルは確かに神に近い存在なのであって、その神は原初的、直接的な権力の顕現《エピファニー》によって彼らの前に現われるのである。しかしバイロンのカインは——ヘッセのカインよりも明らかに原型から離れ、象徴という点でより暗示的である——その疑わしい性格によって区別される。アベルに反して、カインは、最初の言葉から、人間的条件の偶然性を具現化しており、人生の意味について、権力について、死の悲劇についての彼の問いかけがそれを示している。死の悲劇とは宿命のことであり、人間は——神々しい自然そのものの性質を帯びることによって——それに向かってゆくことを自覚しているけれども、しかしまだその体験を味わってはいない。「確かに、私は生きている、しかしそれは死ぬためなのだ、それに生きているのに、生まれつきの、心をとらえるような、不愉快な、それなのに抑えることのできない生命の本能以外には、おぞましき死を私にもたらしうるものは何も私には見えないのだ」。果てしない生命の流れに加わることによって、カインは（彼の両親とは異なり）認識の樹よりも生命の樹を好むようになる。「なぜ」、と彼はアダムとイヴを批判しながら言った。「あなた方は生命の樹の実をもぎ取らなかったのですか(41)」。そうすることで、彼は間接性よりも直接性の優位をはっきりと示すのだが、さらに、比類のない認識の源であってしかも感覚と超感覚の完全な結合である人間の神的権力を、涸れることのない生命の流れの中に位置づけるのである。

同時に、人間がこのように神的なものに加わるということは、グノーシス派(42)が「旧約聖書」の神の善意を重視させる抵当でもある。「〃それが**主の**意志であった。そして**主は**善である〃。どのようにしてこの私がそれを知ることができるだろうか。彼が全能であるからには、彼はまた限りない善でなければならないのではないか？(43)」

「旧約聖書」の神による善意＝全能＝生活からの隔たりという方程式を受動的に受け入れる人々に対するカインの反抗は、ここではこの偽りの神（言葉のグノーシス派的な意味で）に対する彼の根本的な対立の**暗号**であり、グノーシス派的な意味では常に唯一の真の神である、ルシフェルと出会うための手段である。ヘッセのカインとの一致がここでピークに達するのである。

どちらの場合においても、因襲的な道徳や、文化的媒介や、権威を受動的に受け入れることを拒否することで、紛れもない神的なもののイメージとの出会いが——どことなくグノーシス主義の雰囲気が漂う中で——演じられる。ルシフェルのイメージは、人間の中に現前する神的なひらめきの象徴である。ルシフェルは神、人間なしに済ますわけにはいかないが、同時に、人間を奴隷として従わせることを欲するあの神の、もう一つの真実なのである。彼は輝かしい顔と対立する闇の顔であって、輝かしい顔のほうは、反対のものを逆転させるグノーシス派のような操作によって、逆に闇の中から真のイメージのように出現してくる。それは人間の敵、ヤルダバオトというアルコンの原型のイメージであって、彼は人間を〈虜に〉し、〈生命〉から遠ざけ、外的な形の奴隷としてとどめ、人間の実体と神的権力を否定する者なのである。〈生命〉の敵——ヤルダバオト——は、〈光〉の敵であり、ルシフェルが主張するように、「滅ぼすためだけに創造する」者である。(44)(45)(46)

カインは、暴君的で敵意のあるこの神に対して、敬意を示し服従することを拒否する。またそうすることで、有限性や死と引き換えに知を約束した者の欺瞞を拒否する。結局のところ、束の間の知以外のものは何も認めなかったのだ。(47)

常にカインの存在のしるしである死の**ライトファーデン**〔手引き〕が、ここに再び出現する。死は紛れもなく彼の刻印、恐ろしい反逆のしるしであって、その反逆はバイロンのロマン主義的感性によって色づけされているけれども、原初の対立を指し示すのであって、カインが生命の流れと受け取った刻印の神的権力という性質を帯びる限り、彼は自意識の所有に反するあらゆるものと衝突することになる。しかし彼の虚弱な意識は、神的権力を持つことは自分には禁じられていない、それがまさしく自分の最も内奥のしるしなのだ、という秘かな確信を持つことによってしか、そのような対立に立ち向かえない。状況が逆であるならば、彼は、自分を圧倒する有限性と、十分に所有できない知の重みに耐えられないだろう。したがってカインは、アダム以上に、人間に敵意を示す神に対して最初の反抗をする立役者なのである。また彼がそうするのは、人間が自意識に到達するときから、人間を自分と類似のものにするという神の性格を恐れるからである。カインが呪われるのは、それが理由であって、他のいかなる理由によるのでもない。

したがって、カインの反逆は、単に個人の優越性をロマン派的な主観主義に移せという要求だけを表わしてるのではない。それはまた圧倒するような、絶滅させるような存在（エロヒム＝ヤルダバオトといった破滅の神の存在）に対する人間の戦いも表わしている。その戦いの報酬は、人間にとっては、自分の中に神的権力を持つという確信なのであって、そういう意識——これは内在的な自意識のことである——が、この世界の隷属状態から、生命に直面する恐怖から、死の懸念から人間を解放する。カインの恐れは挑戦——権力の名にかけて、また権力をわがものとするために——に変わり、それは臆病なアベルが原型であるような人間たちの服従を糧としている不吉な神に向かって、投げつけられたのである。

しかしながら、その挑戦に勝利を収めるために、カインは不吉な神の権力を奪い取らなければならない。というのも人間は——本質的に、生命を与える〔生命を生む〕神的権力だけしか所有していないのであって——その力、死を与える権力を持っていないからである。不吉な神、エロヒム＝ヤルダバオトがまさしく、人間に神的性格を十分に自覚させたり、完全に生命の流れに加わるようにさせたくない以上、カインがその挑戦に勝利することができるのはただ、生命と死が絶えず入れ替わる中で、漲るような生命の流れのしるしであるものをわがものとするときに限られる。つまり人間が依然として剝奪されている権力、死を与える権力の行使である。それゆえに、アベル＝ヤルダバオトに対するカイン＝ルシフェルの挑戦が、死の名目で投げ放たれるのである。「打ちのめせ、暗雲のうちのその卑しむべきおべっか使い、お前の愚鈍な祈りのわけの分からない先触れを」、「お前の祭壇は、血の中で殺されるために牛乳で養われた子羊と子山羊の血で汚れている(48)」。

この戦い――これはカインとアベルの姿を通して象徴的に行なわれる――は、権力のための残忍な戦いであって、そこに賭けられているのは、生命の流れに加わることを自覚するようになった人間の神格化を賭した戦いである。それはまさしくヤルダバオトによって人間に禁じられているものである。アベルの死は人間の勝利を表わしている。それは、人間が死を与えることができ、人間の神性および神との類似を是認することができるという証拠である。実際に、カインは、死を憎みながらも（「この私は『死』という名前をこれほど深く忌み嫌っているのだ(49)」）、殺害し、そうすることで、神話的図式の中の原型的な役割を果たさなければならないのである。

しかしながら、アベルの死にはまたもう一つ別の目的がある。それは、人間の中で――カインにならって――あえてするべきではないことをすることによって、人間の神的性格を堅固なものにしたいと望む者と、また――アベルのように――恐怖の中で日々の奴隷状態を生き、超越的に秩序づけられている原理に服従することを好む――だから、神にかかわろうが、人間にかかわろうが、社会にかかわろうが、そんなことはどうでもよい――者とを明らかにするという目的である。アベルとカインの争いは、生と死の権力を所有する者の勝利を認め、その勝利を利用して、権力を握らない、あるいは握ろうとせずに、服従者の役割を受け入れる者を犠牲にする。カインの権力とは、絶えず一新される人間の権力のことであって、それは奴隷の上に立つ支配者の権力である。そして服従者の身分を受け入れる者、死に直面した生命のためにその挑戦を受け入れない者、したがって神的権力の不滅性に関与しない者、そういう者こそ奴隷なのである。

弟殺しによって象徴されるこの新たな権力（現世的であると同時に神的でもある）は、カインを茫然自失させる。カインにとってそれは孤独と隔絶の体験を表わすからである。孤独と隔絶は人間の上に立つ人間の権力、それ自体が常に孤独な彼の選択の本質的な特徴である。しかしそれはまた、他者たちに対する彼自身の存在という点で常に孤独に、隔絶されている人間存在に固有の条件でもある。

それゆえに、「主」によってその暗い顔の前に遣わされた天使が、カインの額に刻印を押すと、その刻印のおかげでカインは、エロヒム＝ヤルダバオト自身があえて問い直そうとすることもない神性を共有する。そしてその神性がカインを他のすべての人間たちの上に位置づける。「主が、あなたの神が、私の神が、カインが安心して進んでいけるようにするために、カインに神の刻印を押すようにと私に命じたのだ」、と天使は断言する。「もしもカインを殺すような者がいれば、彼の頭上には七倍も大きな報復が下されることになるだろう」(50)。

したがってバイロンの作品は、自分自身および自分と同類の者たちの支配者、神的性格を自覚している力強い人間のモデルを、原型的な世界の深みから浮かび上がらせることによって、喚起するのである。プロメーテウス的なカインよりも、間違いなく従順なアベルのほうに近い、不確かな、優柔不断な人間性に対抗して立つ一人の人間である。

もっともバイロンのインスピレーションによって明るみに出された問題は、ロマン主義の時代の感性と集団的無意識の中ではあまりにも強烈であったが、それはすでに――何年か前に、異なる結果を伴いながら――哲学に現われていた。事実、ヘーゲルは『精神現象学』の中で――異なるやり方ではあるが、バイロンにならって――「絶対者」の希薄化した知の中にもう一つ別の〈創設の物語〉を組み立てている。支配者＝奴隷という弁証法においては、死が自意識を再認する弁別的な最終要素として現われる。すなわち一つの弁証法的プロセスの中で、奴隷の自意識は人間＝自然というつながりから疎外された歴史を生み出すことを放棄するという事実が、人間にとっては、絶対者の出現と一致する歴史の中で、自意識の獲得を始める条件となるのである。これは、やがてヘーゲルが精神や文化のブルジョワ的権力と同一視するようになる絶対者＝自意識であり、またマルクスが疎外という概念と、その超克、つまり共産主義によって、打倒することになるものである。

だから次のように結論づけることができるだろう。歴史的＝政治的に緊張した特別な時期に刺激を受けたバイロンの詩的な**ウィース**〔力〕は、人間の全体的なモデルと、人間の上に立つ人間の新たなる支配を築く必要性を、無意識のうちに超越的な神話の領域と結びつけながら、理解し、かつ明らかにしているのだ、と。実際に、バイロンの手による人間は、カインと同一化するように――あらゆる種類の歴史的偶発性を越えて――原型的な支配と全体性を手に入れ、その一方で、新たな自信〈生命の神的性格を帯びているのだから〉と同時に、時代の不確かさが否定しているようにも思える、統一的、全体的支配力を行使する可能性を包み隠している。それにすでに指摘したように、神話的＝象徴的な知覚映像の中に**太古の世界**を再出現させるのは、すべての安心感とすべての確信を歴史的に消滅させることによってである。

この点に関して繰り返し言っておくべきことは、たった今明らかになったことが、すべて絶対にバイロンのテクストの対象ではないということである――とはいえどうしてそれ以外のことがありうるだろうか。この分析が明らかにしているのは、文学的インスピレーションが触れていないことであって、その解釈は、現在の状況では、聖書の物語の神話的図式、バイロンがその大筋をほとんど字句通りにたどっている図式を拠り所としている。ただ化学的試薬のような解釈だけが、その激しさ全体の中で、作者の知覚作用を通して現われてくる象徴の中身を明らかにしてくれる――バイロンの作品の注意深い読者だったゲーテが証明しているように[51]――のだが、しかしだからといってそうした象徴は、ほぼ一世紀後に、ヘッセのカインとともに生じることとは違って、直接知覚できるものではない。歴史的に引き裂かれた状態の中にその起源を求められるべきバイロンの物語は、したがって顔を覆い隠された人物像を喚起するものと見なすことができる。そしてそうした人物像は、ヘッセの傑作の中で、また人間中心主義的゠ブルジョワ的な歴史の時代に完全に覆いを取りのけられるのである[52]。

しかしながらここで強調するにふさわしいこと、この二つのテクストを引用し、分析したことを正当化するということは、まさしくこの種の考察を越えてゆくのである。実際に注意はむしろ、懸念すべき一致に向けられなければならない。つまり、歴史的には異なるけれども、同じような情勢（すでに言及した政治的、社会的な危機、モデルの消滅、伝統の意味と価値の喪失）が接近させる二つの時代に、カインの神話は、人間の全体的モデル、新たな支配、しかもこの上ない支配の再創設として提示されているということである。そこで問題になっているのは、伝統的に敬虔な心象や教訓的な文学の中に追いやられている神話である。カインはその中では神に対する不服従の原型になっており、彼が犯す殺人は、過ちゆえにエデンの園から追放された人間の罪を定着させている。しかしそれに劣らず意味深いのは、非宗教化というプロセスをたどる作用がより一層力強く示される時期に、バイロンやヘッセによって見直されたカインの神話が、再出現するということである[53]。

そこで今度はそうした関連についての分析を深めていかなければならない。

バイロンやヘッセが生きていた歴史的時代に（しかも第一次世界大戦後の何年かはなおのこと）、非宗教化のプロセスが決定的に加速し、権力の基盤としての聖なるものの重要性を弱めたのは明白である。カール・シュミットは、その中立化＝非政治化の理論で[54]、四番目の指示的中心（**ツェントラルゲビート**〔中心領域〕）——二十世紀に出現する技術＝経済センター——と、神の概念が完全に私的領域に限定される時代とが重なり合うことを指摘しながら、そのことを証明している。「神学的思考の長きにわたる数世紀の間に洗練された概念が、それ以降は私的関心事となり、その重要性を失っている」[55]。それと並行して、国家という構造の領域にも同じ結果が見られる。

十九世紀にまず君主が、次いで国家が中立的実体となる。そして**中立的権力**や**中立的国家**という自由主義的学説を通して、政治的神学の一章が終了する。その一章の中で中立化のプロセスが、これもまたその絶頂に到達したということを考えれば、この中立化のプロセスは古典的な方式、つまり政治的権力を見出したのである[56]。

非宗教化と政治的権力、すなわち非宗教化と支配力との間の緊密な関係について、カール・シュミットが企てるきめ細かな分析は、非宗教化と同時に、支配の正当性という概念の中に根本的な変化が生じることを示している。その変化は、非宗教化＝中立化のプロセスを一歩一歩たどってゆき、正当性という概念が合法性という概念に転換するとき[57]、すなわち基盤よりも機能のほうに優先権が与えられるときに頂点に達する。そこから、恣意的にその特徴を誇張しなくとも、非宗教化に向かってより一層緊迫した瞬間と、支配の正当性を揺るがす危機との間には、正確な一致があると結論することができる。そんなわけで、非宗教化のプロセスの最後の段階が展開されているがゆえに、二十世紀もまた、正当性の衰退が完了されるのを目の当たりにしているのである。

しかしながら非宗教化が完了することと、正当性の衰退が完了することとの一致は、われわれをバイロンの『カイン』とヘッセの『デーミアン』に立ち返らせる。一方は初頭にもう一方は終末にという違いはあるが、二つとも、非宗教化に向かう最も危機的な段階に位置づけられ、歴史の横糸が衰弱したことで、支配の危機とまったく同様に人間の危機を示す緊迫情勢に対する答えとなっている。人間のすべての確信を解体し、人間を不安定な状態に投げ込むがゆえに、支配の特徴である**オボエディエンティア**〔服従〕と**プローテークティオー**〔保護〕の関係が消滅するとすぐ、支配の正当性をもまた無に帰してしまうような一つの危機である。

したがって支配の正当性の危機は、**服従**と**保護**の関係を解体し、一つのカオス的状況、原初的な無秩序状態を喚起するのだが、そこでは人間は、しっかりとした基準を奪われるので、自分自身および自分の同胞である他の人間たちについての根本的な再検討に取りかかる。またそれだけではない。われわれは、バイロンとヘッセの作品の神話的＝象徴的な内容を解釈しながら、歴史の網の目が引き裂かれたことをほのめかした。ぼんやりとした、とにかく一見して謎めいているこの概念は、なにがしかの説明を必要としている。もっとよくこれを理解するためには、理論の範囲と展望を拡大して、われわれはこれを明白にしなければならない。

われわれが出発点としなければならないのは線的な歴史の概念であって、それは循環的な性格を持つ歴史の神話的概念、つまり永遠回帰の概念に取って代わるものである(58)。いつまでも後者の概念にかかわらずに、線的な歴史の概念について簡単に現状分析をすることにしよう。そのために、一つの隠喩を拠り所とする。つまり、線的な歴史の概念は、数多くの糸（大きなものであれ、小さなものであれ、ごく些細なものであれ、歴史的な事実）から成る織物のように理解され、それらの糸は互いに横糸の結びつきを保証する網の目で織られている。少しの間この隠喩を放棄し、大筋だけで満足するならば、その網の目とは――少なくともアウグスティヌスから宗教改革に至るまでの線的な歴史においては――紛れもなく歴史における聖なるものの内在性であると言うことができる。この聖なるものの内在性が、織物の等質性を保証し、意味を備え、しかも人間的な出来事すべてに意味を与えることのできる全体的なまとまりを作り上げている。非宗教化は、聖なるもの（換言すれば歴史の網の目）を疑問に付し、次いでその聖なるものを解体しながら、横糸を結ぶ役目を、網の目の全体にではなく、孤立した糸、糸の集まり、糸どうしの偶然の交差に委ねるのだから、これは織物の結びつきをゆるめるのである。

それゆえに糸の集まり、糸の交差、個別的に捉えられている糸の多様性――別の言葉で言えば、聖なるものの疑問視と解体から生まれたさまざまな概念装置――が、その網の目に取って代わり、それ以降結びつきをなくしていた歴史を組織する原理として現われてくる。概念的形態（目に見えるようになった糸、糸の集まり、あるいは横糸の交差）――哲学的、形而上学的、倫理学的、唯物論的形態であれ、他の形態であれ――の多様性を考えるだけで十分であって、これらは十六世紀、つまり非宗教化が生じる時から、歴史の意味として自らを構築しようと試み、ロマン主義やヘーゲル的な汎論理主義とともにその頂点に達する。聖なるものによって表わされる神の観念と、その観念の代わりになる概念的形態の多様性との間に、明白な価値の相違が存在するので、その結果として、歴史の網の目における等質性と意味の漸進的喪失が生じる。こうした等質性の喪失が発端となり、その結果として生じる絶えざる、抗いがたい損耗のために、文字通り引き裂かれてしまうのである――そしてここでわれわれはヘッセの時代に至る。そんな風にして歴史はばらばらのぼろ切れに、小さなモナドの集まり（さまざまな歴史的出来事）に細分化されるのだが、その一つ一つは、不安定性や、偶発性や、瞬間の偶然性の彼方にあるような意味作用の欠如が刻み込まれた存在だけしか要求しない。歴史は歴史のアレゴリーとなるのである。

しかしその歴史は、アウグスティヌスから始まる西洋の伝統においては、偉大なものであれ些細なものであれ、人間の行為により高い意味作用を与えている――聖なるもののイン・テンポラーリブス〔この世への〕現われとして――のに加えて、それはまた人間のプリンキピウム・インディヴィドゥアティオニス〔個体化の原理〕でもある。その歴史は、個人＝集団という関係を堅固にするもの、公的生活の規制をめざすもの、個人をその固有の存在の中で同一化させるもの、普遍的存在論と今この場所の存在論との間の媒介の役目を果たすものである。つまるところ歴史は、役割と所属を割り当てながら、社会的な安定と不安定とを調整しながら、服従と保護とを決定しながら、先行した人間、後続する人間、一人一人の人間の生活が繰り広げることに対して秩序と序列を与えるのである。

もしもこのような秩序が細分化されたり、引き裂かれたりするならば、人間はすべての保証を剝奪される。そしてその一方で、**ヴェルトビルト**〔世界像〕――これは**環境**として、人間の行為が演じられる舞台である――は、単なる**ビルト**〔映像〕、形と色を欠いた活人画のように出現することがますます多くなってくる。その時、人類の自己保存的な生まれつきの反射神経によるかのように、生命の原初のリズムと、人間の恐怖が時間と無意識の花崗岩でできた地下牢の中に注意深く封じ込めておいた戦い――これは合理主義にとっては、自然の闇の領域である――が再び出現する。

しかしながら、その原初のリズムは、聖なる世界を指し示し、人間存在の最初の、超歴史的な横糸を描くさまざまな原型によって示される。それらの原型は、歴史の網の目が引き裂かれると、あらゆる無意識の柵を乗り越え、現在の中に姿を現わし、それらを表現する神話的＝象徴的な形態に生命と明証性を与えるのである。**太古の世界**の**ミステーリウム・トレメンドゥム**〔恐ろしい神秘〕を一新しながら、また混乱と不安と恐怖を引き起こしながら、神話的な非時間性〔永遠性〕を時間性の中にこのように侵入させることによって、人間がまったく知ることのなかった一つの次元が生じてくるのだが、その次元に対して人間は、理解し、封じ込めるのに適切な手段を持っていない。人間はその次元にとらわれることと、未知の権力を体験することしかできない。そして同時に人間は、歴史の秩序の消滅によって歴史の中に引き起こされた、漠然とした不安という感覚を覚えるのである。

その点にこそ、バイロンの手になるカインの不安の原因がある。彼は、ヘッセのカインよりも先に、自分が神的な、原型的な現実に襲われ、捉えられたように感じる。しかも、その不安はまた、フェッレーロによるならば、臣下であろうと君主であろうと、人間が**スタトゥス・ナースケンティー**〔生まれてくる状態〕の権力に——秩序と正当性の図式全体の外部で——接触するときに、(59)すなわち、フェッレーロが示しているものを超えて、確信と秩序と正当性の欠如によって特徴づけられる歴史の網の目が引き裂かれる事態が生じるときに、人間を捉えるのである。

そして他にも名高い実例がいくつもある中で、フェッレーロがフランス革命とファシズムを引き合いに出すのは偶然ではない。これらはバイロンとヘッセがそれぞれ位置づけられている二つの歴史的な時期であり、また二つの〈大いなる恐怖〉の時代である。事実、歴史の網の目が引き裂かれる**スタトゥス**〔状態〕の中で、神話的な**太古の世界**が再出現するのを目にするこの二つの時期は、恐怖と権力によって（その再編成によって）特徴づけられる。しかもこれら二つは互いにつながっている。つまり、権力に対する恐怖は、権力が危機や無秩序や混乱の時代の中で刷新され、再編成されることから生じてくる。逆に言えば、権力は再編成されるときに、感知しうる形態を通して客体化〔対象化〕されるのであるが、その感知しうる形態こそが恐怖なのである。

この分析をもっと先に展開させる前に、恐怖と権力の概念を簡潔に思い起こしておけば役立つだろう。恐怖に関しては、少なくともわれわれがここで指し示している意味においては、パブロフ的な、刺激によって生まれる精神物理学的な反応のことではないし、大脳皮質の内部のプロセスでもないということを指摘しておいたほうがよい。それらの要素は、なるほど恐怖の心理学を明らかにすることができるが、しかし恐怖の最も内面的な成立過程を説明することはできない。恐怖とは、実際には、人間の心の深層部の**スタトゥス**〔状態〕なのであって、それはエリアーデが言うように——またこの点でわれわれは神話の分析者たちと完全に一致するのであるが——、聖なるもの、タブー、あるいは聖なるものの出現を前にして促進されるのである。恐怖とは、切断や、剝奪や[60]、知覚する個人の前に完全なものとして現われる未知のものの徴候である。したがって恐怖という言葉は還元されて、物にかかわることであれ、人にかかわることであれ、恐怖は物質的な原因には由来しないということになる。そんなわけで、恐怖に直接的なものや偶然性を超越する性格、すなわち存在論的な価値を付与しながら、ハイデガー的な意味で、恐怖を苦悩と定義することはより適切であると思われる。一方で、苦悩としての恐怖は、文明の神経症的な結果という[61]よりもむしろ——多くの人の考えに反して——、類型（人間）と原型（神的なもの）との間にある非時間的な違いの、衝撃的な知覚と定義されうる。存在を現存在の中で生きているものとして示すのは、**スタトゥス**〔状態〕なのである。そんなわけで、フェッレーロのような実証主義者でさえ、次のように言明しないわけにはいかない。「[……]この原初的な悪は恐怖であると思われる。恐怖とは生きている世界の魂である」[62]。そして恐怖と死とを関係づけながら、彼は次のように続ける。「人間は恐怖の最高値を感じ、かつ引き起こす存在である。これは、はるか昔から生命の奔流が流れ込む大いなる闇、すなわち死という観念、妄想、激しい恐怖を抱いている唯一の生きた存在なのである[63]」。

苦悩、実存的恐怖とは、死の恐怖、類型を原型から、秩序づけられる者を秩序づける者から分かつ、底知れぬ、暗黒のあの深淵である。というのも、死の存在論的な現実は、哲学的な**アルス・コンビナートリア**〔結合術〕による合理的な説明や、その詭弁による語呂合わせに還元できないし、同様に伝統的なさまざまな宗教の安心させるような、甘ったるい投影に還元できないからである。それはむしろ、人間が受け入れるのを拒否するような、有限性という条件の極限的な知覚である。というのも人間はそこで自分がもう戻ることができないような状態で全体から切り離されるからだ。そしてその結果生じる苦悩は、手の届かない全体性のノスタルジー、原型のノスタルジーと一緒に進行するだけに、そのぶん根源的である。しかしまさしくそのノスタルジーを通して、**コインキデンティア・オッポスィトールム**〔反対の一致〕の作用によるかのように、人間にとって、類型と原型、有限と無限との間の溝を埋める可能性が現われてくる。これは、実在と死とがもつれ合うように融合していて、原型の聖なる流れがその源を汲み出しているような、生命全体の絶えざる流出に加わるかのようにして死を受け入れることである。

しかしながら、死に直面した苦悩＝恐怖は、人間が権力によって作り出す関係の中に、その最も意味深い表現を見出す[64]。すばらしき合理主義者として、フェッレーロはこう主張している。「権力とは、人間が自分自身に対して作り上げる恐怖のこの上ない表現である[65]」。苦悩＝恐怖という関係は、不可知な、疑う余地なく原型的な領域を指し示している。その領域は死に還元できるのではなく、死ともつれ合うように結びついている。それが理由で、すべての創設の神話の中では、人間による神的全体性の獲得や回復が、常に死という体験を通して達成されるのである。問題となる体験は、存在論的な言語では、死の受容として表現されうる。それが**現存在**としての人間存在に最も適した方式であるからだ(66)。

権力はそんな風にして死の展望との関連で、神的性格を明示する。権力を手に入れようとする王道は、その形而上学的な形態においても、物理学的な形態においても、支配力としては、死によって示されるのである。それが現実的か、隠喩的か、象徴的かなどということはほとんど重要ではない。死という側面なしに、権力は近づくことも、理解することもできないのである。というのも、苦悩が消え、また苦悩とともに、神的な原型との差異＝分離の意識が消えるはずだからである。換言すれば、人間存在の有限性という意識と同時に、プロメテウス的な高揚が（死という体験の受容において）、差異を克服し、もはや原型と一体になるしかないという必要性のために、消え失せてしまうはずだからである。ここにおいて、バイロンやヘッセの物語が考察のための見事な手掛かりを示してくれる。

権力というものをもっと間近から検討してみよう。

時代の始まりよりこのかた、人間は、権力を奪い取るために、あるいは権力から逃れるために、権力について理解することに執着してきた。そのアプローチの幅は極めて広い。現代という、とりわけ聖なるものの解体を目撃した時代にあっては、権力を経済交流に、あるいは社会関係全体に位置づけたにせよ、心理的なある種の隠れた感情に、あるいは形式的な構造に位置づけたにせよ、その権力を理解するための鍵を所有したと思われている。すべての仮説が権力それ自体のために役立つイデオロギー以外の何ものでもない。どんな仮説も権力の理解には至っていない。すべての仮説が一つの側面だけしか把握せず、権力全体の認識はどの仮説にも欠けているのである。

この障害を乗り越えるためには、全体的な把握という試みをことごとくア・プリオリに放棄しなければならないし、また一か八かの試合を避けなければならない。それが理由で、ジューリオ・M・キオーディの主張を当然のこととして共有できるのであるが、彼は、権力の基本的な構造――すべての政治的システムの特徴――を分析した後で[67]、次のように断言している。「権力は目に見えず、存在論的に定義不可能なものである、それは形而上学的な〔観念的な〕ものである」[68]。「それは間接的に、その効果を通してしか把握することができない」[69]と、彼は明確に言い添えている。この道をたどってゆくと、権力を、一つの交錯した関係としてしかほのめかすことができない。どんな関係であれ、切り離されてしまったならば、それらすべての上にある権力を使いきることはできないのであって、権力の相対性と唯一性、恒久性と破壊不可能性は権力の絶対的性格に帰着するのである[70]。

そうした交錯した関係が、権力を定義不可能な、認識不可能なものとする。権力の特徴――ジューリオ・M・キオーディがなおも指摘しているような――はしたがって、把握不可能なものであるという事実の中に存する。「その言葉とその現実の実際的要因の区分から」はみ出して、権力は、ほのめかすようなやり方だけで、怪奇なオーラに包まれ、特別なものを否定して現われてくる[71]。しかし歴史の網の目が引き裂かれると、この隔たり、異質性、接近不可能性といった感覚――ほのめかすという性格や、特別なものに対するいびつな否定の対語――が、明らかになることも明らかにされることも不可能なものの発現に対して、苦悩＝恐怖に変わるのである。

実際に、ほのめかすようなものは出現することができない。もしも万が一そんなものが生じてくるならば、その結果として根本的な大変動が起こり、それに乗じて権力は、神の出現のように、自らを不安にさせるものとして、人間と人間の意識を占有するであろう。しかしながら、そのような直接的な出現――これは歴史の網の目が引き裂かれることによってしか可能ではない――は、類型と原型との間の無限の距離を消し去る。つまり、原初の出来事が、時間的に現在のことではないにもかかわらず、間近にあるもののように見えてくるのだ。象徴的なものが具体化するこの希薄化した雰囲気の中で、権力の神的性格に直面した苦悩が、人間を捉えるのである。

しかしながら、この場合に生と死の神的全体性のような権力に〈捉えられた〉者にとって、苦悩は〈情念を抱く〉ことである。エリアス・カネッティが言うように、「情念とは**権力**に対する情念である」[72]。ところで、〈捉えられる苦悩〉としての情念は、一つの関与を必要とする。問題となるのは〈……に対する情念を抱く〉ということである。それは全体性に対する情念であり、感じられる、痛感される、体験されるものという語源的な意味での**パトス**〔感情〕である。それは神的なものに対するパトス、分離と死の超克にたいするパトスである。まさしくカネッティが次のように主張することである。「来世のような状態が権力の中心的な状態である」。

死の超克に対するパトスと苦悩はしたがって、権力の神性の中で溶け合っていて――カインの姿はここではその典型であると指摘しておこう――、恒久性に対するパトスのようなものとして、恒久性が人間にとってはその神的権力の保存を最も見事に特徴づけるものであるということのうちに、つまり恒久性が神の選択であるということのうちに示される。

だから恒久性と来世は、権力の原型的、神的な領域に近いということと同じ意味である。それはまさしく、神の選択、すなわち権力を持っていない他の人間たちと比べた場合の違いということになる。権力に近い限りは違った存在であるという事実は、人間存在の最も高度な表現として示される。その点で、権力は神的なものなのである。しかしそれはまた、支配力の行使を完全に正当なものとする。

フェッレーロの著作には、死と支配力が権力の中にこのように根づいているという明快な意識が、最初から見られる。「権力は、武器と同様に、もともとは人間の二つの最大の恐怖、無政府状態と戦争に対する防衛手段である。権力は同時に、普遍的な恐怖と二つの人種の産物でもあり、その二つとは人間を主人と奴隷に区別するものである[73]」。

漠然とではあるけれども、フェッレーロはこうした基盤の原型的＝存在論的性格を把握している。そしてこの性格をその最初の本質にまで、すなわち命令するか、仕えるかを宿命づけられた——あるいは予定された——人間のプロトタイプ、カインとアベルの神話にまで引き戻す[74]。フェッレーロの考察では、カインとアベルは「二人の偉大な神話的人物」であり、人間全体がそこに自分自身の姿を認めるような、実存的、超歴史的な条件を象徴している。もう少し深く掘り下げていくならば、フェッレーロのこの「二人の神話的人物」は——彼らが現われるイデオロギー的＝意味論的な背景によらないとしたら——われわれが**太古の世界**の原型的形態と定義したものから、あまりかけ離れていない。フェッレーロの著作の中で、彼らは確かに象徴的な次元でパラダイム的な機能を持っているが、しかし彼らはまた、歴史を貫いて、現在において復活することのできる、原初的な、無意識の力とも一致する。いずれにせよ、明らかに——またバイロンやヘッセの物語との一致も確かであるが——フェッレーロにとってもやはり、カインとアベルは特別な誘発性と役割を持ち、かつそれらを発揮しているのである。彼らは「おぼろげな、難解な真実[を]、秘教的な言語活動で[75]」証言している。もっとも、権力の神的な出現はおぼろげで、難解なものでしかありえない。同様に、それを表現する象徴のシステムもまたおぼろげで、難解なものとなるだろう。

この曲がりくねってはいるが、不可欠な行程を経た後で、今度はカインとアベルの神話が指し示す原型、兄弟どうしの争いについての解釈を試みよう。ここで聖書のテクストがかかわってくるが、それは同じ主題に関するすべての物語のモデルと見なされうる。というのもそれは集団的無意識の中に最も定着しているからであり、また敵対する兄弟のテーマ[76]や、兄弟間の差異のテーマ[77]として、他の宗教的、神話的伝統[78]の中に充てられている物語とほとんど変わるところがないからである。

もっとはっきりさせ、もっと際立った分析路線をたどるために、われわれはドメーニカ・マッツが『横領者のコンプレックス』の中で述べた手掛かりを追う必要がある。精神分析理論の視点を採用しているこの論文で、ドメーニカ・マッツは不当性の原理を探求する。不当性の原理は、その象徴的な構造と夢幻妄想的な練り上げによって[79]、カインの弟殺しが鍵となるような、原初の〈横領者のコンプレックス〉を指し示す。この弟殺しはカインの苦悩に対する答えとして生じたものなのだが[80]、彼は、父親＝神によって象徴的に表現される、主なる神を通してアベルが選択されたことを納得しない。

カインと神的なもの（「旧約聖書」の父親にして主なる「神」）との関係、および弟アベルの恣意的な選択との関係こそが、敵対者の姿を初めて創り出し[81]、したがって、死の乱入を刻み込むのである。神によるアベルの選択はカインを非＝権力の領域に投げ出してしまい、二人の兄弟の均一性〔平等〕を悲痛な多様性〔相違〕へと変える。神による選択が苦悩と暴力に行き着き、その苦悩と暴力がアベルの死と権力圏へのカインの入場を引き起こすことになるのである。しかしその権力圏にはいつも、消すことのできない残滓、アベルの失われた権力の残滓という特徴が示されることになるだろう。一般的な権力と同様に、その失われた権力は死の苦悩を伴うのだが、すでに述べた通り、それが権力の原初的、反復的な構造なのである。その死の苦悩は、権力の保有者と権力に従う者とが共有するものであるが、しかし同時に、第一に挙げるべきカインのしるしを示す。「この最初の、根本的なつながりに基づいて、権力のいかなる保有者（広い意味での、あるいは特殊な意味での権力の所有者と理解されたい）も、弱められた――〝ワクチン〟

と同様に、フロイト的な概念の中に残り続けるからには――死の苦悩および／あるいは権力という形態の死の原型的なトラウマの反復から、したがって死を与える権力の保有者としての自分自身から、逃れることはできない(82)」。

そのことによって、ドメーニカ・マッツの考察は、グッリェルモ・フェッレーロの主張を補っている。そして彼の内在的な限界を越え、彼の主張に精神分析的な検証を付け加えている。しかし彼女は、それに加えて、人間が原初の状態から、新たな**ノモス**、新たな秩序の原理に基づく状態へと移行する現象学を提起している(83)。その移りゆく過程において、カインのしるしは彼の特権の刻印であり、権力への関与と支配の確立の象徴なのである。ところがそれはまた「他の者たちにあっては、彼の地位を奪うために彼を排除するという秘かな、両価性の欲求を刺激する(84)」ものでもある。換言すれば、彼は横領のコンプレックスと、フェッレーロが権力の不当性や欠如の状態と結びつけながら言及する大いなる恐怖の原因なのである。

ドメーニカ・マッツは、もう一つ別のレベルの理解に通じる決定的な点をぴたりと言い当てている。それはカインの神話と、秩序を築く象徴としての彼の身分の、構造化を促すような力である。その秩序の中では、支配力がその単純な無意識の行使によっては正当とされずに、権力に直接関与することの結果として生じてくる。このことは権力に関与するような自意識の獲得、したがって支配力を行使することの正当化を暗示している。

このような結論は、歴史の網の目が引き裂かれることを通して原型が再出現するという主張に確証を与えてくれる。実際に、〈横領者のコンプレックス〉は――原初の時代にあっても現代にあっても――混沌とした引き裂かれた状態から新しい意識的な秩序への移行に付随する苦悩を説明する。もう一度言えば、そのことこそが、バイロンの物語とヘッセの物語の中で実証されていることなのである。

しかしながらカインの神話は、ある統一体を単に象徴的に指示するだけの機能の彼方にまで達している。その統一体が、権力、人間、支配力を、精神的＝政治的な一種の病気で、解けないように結びつけているといってよいだろう。すなわち、隠れた、破壊できない**ウイルス**であって、これが歴史の〈静脈〉の中を循環していると思われるのだ。もっともドメーニカ・マッツが自分の論文でそれを公式に認めるのは――カインとアベルの神話をここで採用しているような原型的視点では読んでいないけれども――上から命令する、統合的、全体的な原理として父親＝神の姿を強調するときである。それはすなわち、全体性の優れた原型、権力の源であり、しかもジューリオ・M・キオーディが喚起する権力の構造とすべての点で似通っているもののことである。事実、ドメーニカ・マッツは、権力の究極目的がそれ自体の構造的再生であると考えて[85]、その遂行的、全体的、自律的特徴を強調している。その上、聖書のテクストがカインによるアベルの殺害以前に起きたことに対して課した沈黙のタブー――ドメーニカ・マッツがこれを父親の問題の抑圧の徴候と見なしているのは正当である[86]――とは、神的なものの全体性という言語に絶する存在のしるしに他ならない。

ドメーニカ・マッツが指し示すタブーはしたがって、神的な超越性の次元に属し、それゆえに口にされるわけにはいかない。それは**ミステーリウム・トレメンドゥム**〔恐ろしい神秘〕として予感されることしかできないのだ。

われわれは今度はこの**ミステーリウム・トレメンドゥム**の本質的な特徴を検討し、解釈して、カインと彼の犠牲のための行為を通して示される原型を、もっとよく理解することにしよう。

カインとアベルは、アダムとイヴの子供であるのだから、また神自身によって創られなかったのだから、最初の人間たちと見なさなければならない。そうすると彼らの生みの親は、当然のことながら――「創世

「記」の伝承が裏付けているように――、人類最初の生みの親ではない。それはむしろ、存在論的に特別な身分を持ち、神の領域（彼らは神によって土から創られた）と人間の領域とをつなぐ環を表わしている二人の人間である。「旧約聖書」の物語はそのようになっている。しかしながら、聖書の物語を支え、補完するヘブライの神話[88]は、他にもいくつもの内容を浮き上がらせている。その最も重要な内容の一つはカインについての概念にかかわるものであって、カインは実際にイヴによって産み落とされたのであるが、その父親は、アベルとは異なり、アダムではなく、サマエル Samael だとするのである[89]。蛇の形で、アダムよりも前に、イヴを所有し、彼女を妊娠させるのが、まさしくサマエルなのである[90]。

予想されるべきあらゆるフロイト的な読み方を越えて、どうして神話のこの変形が伝統的な物語以上に、カインは神の領域に近いという事実を強調しているのかを知るということは興味深い。それこそが父親＝蛇とイヴとの間の結びつきの意味であり、その結びつきによって蛇は全体的、冥界的な神を象徴化しているのである。グノーシス的な視点では（したがってバイロンのルシフェルや、ヘッセのアブラクサスとの一致は完璧なものと言えるだろうが）、この神は問題なく生きている真の神、エロヒム＝ヤルダバオトと対立する〈光〉と〈生命〉の源と見なされうるだろう[91]。

その場合に、蛇とイヴとの結びつきは、カインの姿に（人間の最初の生みの親としての）真のアダムの誕生を刻むことになるだろう。カインは、神的なもの（永遠の生命力の象徴、蛇）とこの世に委ねられた存在（イヴによって表わされる、女性というもの）との媒介という神の結果を具現化しているのであろう。その上、カインが神の血筋を引いているということは、並行して存在する神話の異文によっても確認される。その異文は、父親＝蛇のしわざとしてカインが生まれたとは述べていないけれども、カインの父親はアダムではなく、神自身、自分の神、「旧約聖書」のあの神であって、「私はヤハウェのおかげで一人の男を**得た！**」(92)とイヴに断言させることによって、カインの神的な性格を際立たせている。

われわれがその異文を押しのけるとしても、いずれにしても神の領域へのカインの関与──そのことによって彼は原型的な姿になる──は、（彼が知らない）神＝蛇との彼のつながりによって裏付けられるのであり、この神＝蛇は生命力と生物の世界を表現している。その上、象徴の伝統に照らしてみれば、**ウロボロス**の形をした蛇のイメージは、生命体の統一性や全体性、復元や再建のしるしを表わすのである。

それゆえにカインは、媒介の象徴であることに加えて、再建や、再生や、人間の息子にして神（父親＝蛇）の息子として、全体性を帯びた人間に帰ってゆく象徴でもあるのだ。したがってカインは両価性の性格によって特徴づけられている。彼は人間にして神であり、虚弱にして頑強、男性にして女性、支配者にして臣下なのである。しかしながら彼はそんな風に作られたことをまだ十分に意識していない。彼が知っているのはただ、自分が生まれたこの世界に、アベルとの兄弟関係に委ねられたということだけであって、アベルのほうは、アダムを通してエロヒムの息子であり、サマエルの息子ではない以上、認識の信奉者であって、生活の信奉者ではない。

カインが神の領域に関与している限り（彼は蛇の息子である）、彼はエロヒム（偽りの父親）によって表明される敵意の原因となる。エロヒムはカインが選ばれることを拒む。選択は、自然の秩序に従えば、長男という彼の身分からして当然カインに帰するべきものなのだが。(93)エロヒムはカインよりも臆病なアベル、神的なものとは無関係で、臣下にして奴隷以外の何ものでもない者のほうを好んだ。偽りの父親にしてこの世の支配者であるエロヒムのアベルに対する偏愛は、彼がアベルに対して抱く不安を表わしている。カインはこの地上の世界に近い存在である（彼は一人の女性から生まれた）が、しかしこの地上から発する神的な生命の流れに関与している（神＝蛇に基づく彼の血統）。そして彼がこの地上の世界に所属しているということ――カインが神に捧げるのは大地の産物だけである――は、彼の神的な性格を確固たるものとする。[94] 漠然と感じ取れるこの神的な性格ゆえに、カインは、「旧約聖書」の物語の一つの神話的異文が示しているように、いやいやながらエロヒムに従う。そのようにする義務を自分で認めないからというだけでなく、神のような性格を持っていると自覚しているからなのである。彼は傲慢にこう主張する。「律法も裁き手も存在しない[95]」。またもっと先では、アベルに向かって次のように言う。「未来の世界などというものはない、正義に対する報いもないし、悪事を行なう者たちに対する罰もない。この世は善意で創られたのではない。そしてこの世を治めるのも、同情などというものではない。そうではないとしたら、なぜお前の捧げ物が受け入れられて、私の捧げ物が拒絶されたのか？[96]」

神によって受け入れられたアベルの捧げ物と、神が拒絶するカインの捧げ物――犠牲に関するルネ・ジラールのテーマ体系はこの場合に極めて重要である[97]――は、カインが神的な領域に所属し、神の否定的性格に気づく、という結果をもたらす。アベルの死が決定されるのは、まさしくこの原初の瞬間である。しかも、アベルの死は、完全に象徴的なやり方で、カインが神への捧げ物を拒否するという事実の中に含まれている。それが理由で、ヘブライの神話では、今しがた引用したカインの言葉のすぐ後で、アベルの殺害が行われるのである。カインが示す犠牲の拒否は、いかなる点で彼がその父親と根本的に違っているかをカインに示しているのであって、この父親のほうは、自分が異質なものと感じている神的な性格に属することを完全に拒否する。犠牲の拒否によって強調される、エロヒム（偽りの神）とカインとの異質性は、カインとその父親との異質性や差異と重なり合っている。そのことによって、この父親はエロヒムと同一視される。エロヒム＝アベル（偽りの父親と偽りの弟）に対する犠牲の拒否は、もう一つ別の犠牲、アベルがその犠牲者となるような犠牲を要求するのである。

したがってアベルの犠牲は、カインが偽りの父親を象徴的に乗り越えたというしるしであって、乗り越えた結果、父親＝蛇を通して自分の神的な性格を完全に明かすのである。反抗であると同時に主張の行為でもある死を与えることで、カインは自分が神的な領域に所属していることを十分に意識する。そして原初における原型の全体性の中に復帰するのである。そんなわけで、ヘブライのいくつかの神話では、カインが、蛇にならってアベルに噛みつき、彼を殺したようだと語られている(98)。

この場合、カイン＝蛇という結びつきは、カインが神的な性質を帯びるようにして自意識を獲得したというしるし以外の何ものでもない。殺害するカインを通して、生命＝大地＝蛇が、最初の原理としてはっきり現われてくるのであり、その原理から権力がそっくりそのまま生じてくる。その結果、聖書の物語では、「旧約聖書」の神がカインを咎めるときに、大地はアベルの血を飲んだと述べ、それが理由で大地をタブー化しようとするのである。「今お前は呪われて、この肥沃な土地から追放されなければならない。この土地は口を開けて、お前の手からお前の弟の血を受け入れたのだから(99)」。

殺害＝犠牲を通して、カインは、最初の人間としての自分自身と、真の父親＝神との間に原初の契約を交わすのである。認めることによってではなく、人間＝カインが生活に関与することで承認されるような契約である。その契約を通して、人々は死の意味を完全に把握するが、この死というものは生に接ぎ木されれ、人間の条件の有限性と同時に人間に内在する神的な性格の証人となる。だから、死と生は永遠の生命の流れの中で重なり合っている。

存在するということが、生とこの世界に委ねられた人間存在の最も特殊な可能性として、死を受け入れることを意味するからには、カインにとって、死は、実際的で有限な自分の存在を存在論的に確認させるものである。しかし存在するということはまた、生や死を示している原型との無窮の神的な結びつきの中で、この世界と生の偶然性を超越して、死を与える可能性をも意味する。

死を至高の可能性として受け取るということは、最初の統一性の回復と再建を可能にするような神的なものの特徴である。それが原初の権力である。この可能性ゆえに、どうして死というものに触れただけで原初的なものが現れてくるのかということを啓示しつつ、カインの権力は純化される。だからこそ、国王権力の象徴の中では、恩寵としての王杖が死を与える剣と結びついているのである。同じように、権力を受け取るということは、象徴的な死を通過するということであるが、それは死ぬ者だけが死を与えられるからである。死を受け入れ、かつ死を与えられる者だけが、人間的存在や権力の神的な全体性に属している。その充足が、カインのしるし、呪いと孤立だけでなく、神的なものへの関与のしるしの刻印なのである。それが理由でエロヒムはカインを消滅させない——その上消滅させることは不可能であろう。というのもカインは、神性と結びついて、上から命令する世界にかかわっているからである。

神話的形態と、ヘブライ的〃グノーシス的〃キリスト教的な伝統の枠組みにおいて、カインが権力の超越性の原型を具現化しているのはまったく疑いない。生と死を与える権力と一致するがゆえに、原型的な神性を凝縮しているような権力であって、これは、ジューリオ・M・キオーディが認識論的な方法で際立たせた権力の形而上学的性格を、象徴的なやり方で明らかにし、立証している。

形而上学的性格、非時間性〔永遠性〕、神性は、同じ一つのメダルの多様な顔である。それと平行して、カインが、権力の原型として示し、裏付けるのは、権力の再建が原初の全体性への回復に他ならないということ、また逆に全体性への回復が、権力の破壊しがたい超越性の再建であるということである。

したがってこのようなものが、人間の実存的な充足の次元を、権力の原初的な次元に結びつける原型的結び目なのである。当然のことながら——これは繰り返し言っておくほうがよいのだが——、カインによって象徴化されている原型は、全体性への回復にかかわる生命の源である以上、同時に、死の原因でもある。その上、あらゆる原型の特性は、肯定的な意味においても否定的な意味においても、どんな価値的判断からも免れているということである。それは常に**コインキデンティア・オッポスィトールム**〔反対の一致〕なのである。それゆえ、フリオ・イエズィとカロリー・ケレニーが言うような意味で、神話の（また神話の基盤である原型の）肯定的・救済的な効果を、その犠牲的・致死的な性格から切り離すことはできない。カロリー・ケレニーは、**ウム**〔周囲の〕を**ウーア**〔原初の〕へと回復させることで、**ウーアヴェルト**〔太古の世界〕が**ウムヴェルト**〔環境、周囲の世界〕に重なり合うときに、**ウーアクラフト**〔原初の力〕が侵入してくることを示している。

　異なる形態で、歴史的織物のきめ細かな網の目との関連で、全体性と権力の原型を表現し、回復させているという点で、このような結論は、われわれがヘッセとバイロンの二つの神話的物語に施した解釈に信憑性を与える。どちらの場合にも、しかしバイロンにおいては特に、原型の表現は、歴史的空間全部を占めている原初的な全体性を再生し、回復させている。原初的な全体性は、原型を権力の超越性と一致させながら、またその名によって新たに開始される犠牲を要求しながら、その歴史的空間の中に現われてくるのである。

　犠牲的、象徴的＝儀式的な展望においてナチスがユダヤ人を殺害したとするフリオ・イエズィの解釈はしたがって、まったく妥当なものと見ることができる[100]。この犯罪は、死の宗教の名の下に遂行されたと思われるのだが、その死の宗教がバッハオーフェン的な葬式の象徴の再発見に基づいてドイツ国民の心を捉え[101]、反ユダヤ主義の流行にまで発展してしまったのであろう。イエズィが神話の〈技術化[102]〉という視点で――すなわち神話を人間化する正当な機能と比べると否定的な視点で[103]――読み取るものは、歴史の舞台の前面に舞い戻ってきて、いかなるイデオロギーも、いかなる合理主義的信条も規制することができないときの、原型の致命的・犠牲的出現に他ならないのである。一つの致命的かつ犠牲的出現――原型の原初的な全体性を回復させるための条件――であって、これが一九三〇年代に再生するゲルマン民族の権力、つまり、ヒットラーの権力の、新たな、原初的な構築を開始するように見えるのである。しかも、『デーミアン』の予言的＝象徴的な刊行〔一九一九年〕と、失敗に終わったミュンヘン一揆〔一九二三年〕はほんの三年しか隔っておらず、ミュンヘン一揆の指揮を取っていたのがヒットラーだったのだ。

ヘッセは確かに原型については触れなかった。彼はただ無意識的に、歴史の下に横たわる闇からそれが浮上してきて、人間たちの間に、社会の中にゆっくりと根づいてくるのを捉えただけだった。しかし原型的人物たちの生命は、カール・G・ユングが話題にする河床のようなものであって、何世紀もの間水がなかったのに、突然荒々しい水が溢れてきて、その水があらゆる堤防や障害物を倒壊させてしまうのである。それに直面して、歴史の柵はほんのわずかな抵抗さえできない。このイメージは、『フィレンツェの夜』の最初にある、ハインリッヒ・ハイネの予言的な言葉を連想させる。「霊を呼び起こすのはたやすいが、それらを自分たちの闇の中に送り返すのは難しい」(104)。

原註

（1） Lisa Bossi の仏訳による。

（2） H. Hesse, *Demian*, D. Riboni, B. Burn 仏訳, Paris, Stock, 1946, 1976, H. Hesse, *Romans et nouvelles*, Le Livre de poche, «La Pochothèque», 1999 に所収。この長編小説は一九一七年のものである。〔ヘルマン・ヘッセ、吉田正己訳、「デーミアン」、『筑摩世界文學大系62　ヘッセ』、筑摩書房、一九七二年〕

(3) O. Spengler, *Le Déclin de l'Occident*, M. Tazerout 仏訳, Paris, Gallimard, 1948.〔オスヴァルト・シュペングラー、村松正俊訳、『西洋の没落』、五月書房、二〇〇一年（第一巻）、二〇〇七年（第二巻）〕

(4) E. Jünger, *Jeux africains*, H. Thomas 仏訳, Paris, Gallimard, 1944. 一九三六年に書かれ、自伝的色合いの濃いこの小説は、二十世紀初頭のドイツのプチ＝ブルジョワ的雰囲気から逃れようとする若きユンガーの企てを物語っている。

(5) 二十世紀初頭のドイツの青年たちに与えたシュテファン・ゲオルゲと「ゲオルゲ・グループ」の影響は甚大である。実際にゲオルゲと**ゲオルギアネール** *Georgianer* が青年たちに提起するカタルシス〔浄化〕の理想においては、神話＝象徴、美学、政治が特異な言語活動の中で解け合っており、そこでは言葉と行為が唯一の、同じ再生力しか組み立てない。そこから引き出されるのは、英雄的な青春のエロスが人間を群衆の重圧（ブルジョワ社会の隠喩）から解放し、まったく新しい人間性を共有するまで人間を高めていくような、情動的であると同時に開放的なメッセージである。

(6) L. Klages, *Vom Kosmogonischen Eros*, Bonn, Bouvier, 1988.〔ルートヴィヒ・クラーゲス、田島正行訳、『宇宙生成的エロース』、うぶすな書院、二〇〇〇年〕

(7) ここではハンス・ファイヒンガーの次の作品を参照している。*Die Philosophie des als ob. System der theoretischen praktischen und religiosen Fiktionen der Menschheit auf Grund eines idealistischen Positivismus; mit einen Anhang über Kant und Nietzsche*, Aalen, Scientia, 1986. この著作では、虚構は思考と一心同体であって、思考の持続的な適応能力を表わしている。

(8) **バッハオーフェン＝ルネサンス**に関しては、G. Schiavoni, «Bachofen-Renaissance e cultura di destra», *Nuova Corrente*, XXVIII, 1981, p. 587–618 を参照。バッハオーフェンの作品の歴史と受容に関しては、それよりも新しい次のような論文を参照。F. Jesi, «I recessi infiniti del Mutterrecht», vol. I, p. 13-35, J.-J. Bachofen, *Il matriarcato* に所収、および G. Schiavoni, «Bachofen inattuale. Note in margine alla sua recensione», *op. cit.*, p. 37-47.

(9) H. Hesse, *Demian, op. cit.*, p. 509.

(10) *Ibid.*, p. 514.

(11) *Ibid.*

(12) F. Nietzsche, *Ainsi parlait Zarathoustra*, Paris, Aubier, 1946 を参照。
〔ニーチェ、氷上英廣訳、『ツァラトゥストラはこう言った』、岩波文庫、一九六七年（上）、一九七〇年（下）〕

(13) E. Bertram, *Nietzsche, Versuch einer Mythologie* を参照。

(14) J. Langbehen, *Rembrandt als Erziehr*, Leipzig, 1900 を参照。この作品は最初一八九〇年に刊行された。

(15) K. Vorländer, *Marx und Kant*, Vienne, 1904 を参照。史的唯物論をカント的倫理学の中に組み込むフォーアレンダーのこの作品は、ドイツの社会民主主義の立場を極めて明快に総括している。

(16) A. Rosemberg, *Origini della Repubblica di Weimar*, Florence によるイタリア語訳、1972, chap. 7, p. 213-256 を参照。

(17) G.-M. Chiodi, *Weimar allegoria di una repubblica*, Turin, Arca, 1979, p. 40 以降、特に p. 42 を参照。

(18) H. Hesse, *Demian, op. cit.*, p. 514.

(19) *Ibid.*, p. 514-515.

(20) 神々しさという概念に関しては、R. Otto, *Das Heilige: über das Irrationale in der Idee des gottlichen und sein Verhaltnis zum rationalem* を参照。
〔ルドルフ・オットー、山谷省吾訳、『聖なるもの』、岩波文庫、一九六八年〕

(21) 全体性、創造、再生という神の原型としての両性具有については、M. Eliade, *Traité d'histoire des religions*, Paris, Payot, 1964 を参照。

(22) H. Hesse, *Demian, op. cit.*, p. 527. この点に関しては、〈グノーシス派のヨハネのアポクリュフォン〉の冒頭と奇妙な類似を見出すことができる。「私は恐れ、地面に身を投げ出した。するとその時光の中に、私の前に立っている一人の子供が目に入った。ところが私が見つめると、彼は老人のような様子をしていた。しかし彼は（再び）形を変え、女性のようになった。私の前の、光の中には、多様な形を持つ統一体のようなものが存在していた。そのさまざまな形が交互に現われてくるのだった」（«Apocrifo di Giovanni», *La gnosi e il mondo. Raccolta di testi*

gnostici, L. Moraldi 監修、Turin, 1982, p. 4 に所収)。
(23) H. Hesse, *Demian, op. cit.*, p. 534.
(24) アブラクサスはグノーシス派のバシレイデスによって、三百六十五の神々を支配するオグドアスの偉大なるアルコーンに与えられた名前である。アブラクサスはペルシャやシリアの作家たちによって、神々の中の最古の神ではないにしても、最古の神々の一人と考えられている。アブラクサスのためにバシレイデスとその弟子たちがミトラ、すなわち太陽を褒めたたえていたと考える人々がいることで、その古さが裏付けられるだろう。それはまた、バシレイデスが彼に付与する神々の主という境遇によっても正当化されるだろう。彼の図像学的表象の中では、全体的な神性という性格が追加的に確認されている。アブラクサスは、雄鶏(これは太陽の鳥を表わしており、そういうものとして、上部の世界と関連づけられる)の頭を持つ怪物アンギペード(すなわち蛇、あるいは竜のようなもので、これがわれわれを外部の世界へ差し向ける)の形で表現された。そこからアブラクサスの両性具有的性格を推論するのはたやすいことで、これは偉大な神々のイメージの属性である。実際に、その外部的性格が女性的原理を示す一方で、太陽的性格は男性原理を示す。したがってアブラクサスは、しばしば**ウロボロス**(完全な円環性)の形で表現されることでも分かるように、全体性の図像として現われる。その上、蛇の形(まさしく**ウロボロス**)で表現される完全な全体性と円環性は、永遠の再生と開始の原理を示すものである。
(25) H. Hesse, *Demian, op. cit.*, p. 554.
(26) C. Schmitt, *Römischer Katholizismus und politiche Form* を参照。
〔カール・シュミット、長尾龍一訳、『政治神学再論』、福村出版、一九八〇年に所収〕
(27) H. Hesse, *Demian, op. cit.*, p. 534.
(28) René Girard, *La Violence et le sacré*, Paris, Grasset, 1972 を参照。
〔ルネ・ジラール、古田幸男訳、『暴力と聖なるもの』、法政大学出版局、一九八二年〕
(29) R. Otto, *Das Heilige*, *op. cit.* を参照。
(30) H. Hesse, *Demian, op. cit.*, p. 534.
(31) 「創世記」、四、一五。

(32) H. Hesse, *Demian, op. cit.*, p. 514.

(33) *Ibid.*, p. 552.

(34) トーマス・マンの有名な小説、*Joseph et ses frères*, Ph. Jaccottet 仏訳、Lausanne, Mermod, 1949 のプロローグの書き出しを参照。
〔トーマス・マン、高橋義孝・佐藤晃一・菊盛英夫訳、『トーマス・マン全集IV　ヨゼフとその兄弟たち1』、新潮社、一九七二年。菊盛英夫・高橋義孝訳、『トーマス・マン全集V　ヨゼフとその兄弟たち2』、新潮社、一九七二年〕

(35) Lord G. Byron, *Cain*, 1821, *The Poems and Dramas of Lord Byron*, New York, Thomas Y. Crowell & Company に所収。註に引用されているオリジナルのテクストは、この版からの引用である。

(36) Novalis, *Henri d'Ofterdingen, un roman*, Paris, Gallimard, 1997 を参照。
〔ノヴァーリス、青山隆夫訳、『青い花』、岩波文庫、一九八九年〕

(37) C. Schmitt, *Romantisme politique*, P. Linn 仏訳、Paris, Valois, 1928 を参照。
〔カール・シュミット、橋川文三訳、『政治的ロマン主義』、未來社、一九八二年〕

(38) 精神分析の言語で、社会的不安——（計画としての）歴史的な意味と展望が消滅すればするほど重大なものになってくる——は、個人的、あるいは集団的神経症という形で戻ってくる、と言うことができるだろう。そのような神経症が、真の分離現象を引き起こしかねないのである。

(39) P. B. Shelley, *Lettre à Gisborne du 10 avril 1822*, G. di Lorenzo, *Introduzione a Lord Byron, Caino*, Florence イタリア語訳、1949, p. 9 に所収。

(40) 英国の大法官（エルドン）は、バイロンの作品が「聖書」に対する紛れもない侮辱であると判断した（*ibid.*）.

(41) «I live, / But live to die: and, living, see nothing / To make death hateful, save an innate clinging, / A loathsome, and yet all invincible»; «And wherefore plucked ye not the tree of life?» (G. Byron, *Cain, op. cit.*, p. 656, 657).

(42) グノーシス派の宇宙論においては、人間の牢獄である世界は、下等な権力、アルコン〔執政官〕によって成された結果であって、「旧約聖書」の中では、このアルコンという名前で、神（イアオ、サバオト、アドナイ、エロヒム、エル・シャッダイ）を指し示す。これは悪魔的な権力を名指すのに役立っている。アルコンの長——あのデミウルゴス——は、キリスト教の正当教義に取り入れられたヘブライの伝統を逆にすることで、しばしば「旧約聖書」の神と同一視される（H. Jonas, *The Gnostic Religion*, *op. cit.* を参照）。

〔ハンス・ヨナス、秋山さと子・入江良平訳、『グノーシスの宗教』、人文書院、一九八六年〕

（43）«It was *his* will and *he* is good. How know I that? Because He is all-powerful, must all-good, too, follow?»（G. Byron, *Cain*, *op. cit.*, p. 656）.

（44）アルコンの原型ヤルダバオトについては、«Apocryphe de Jean», *op. cit.*, p. 14-15 を参照。

（45）グノーシス派の用語における「**生命**」は、〈この世界の上〉、〈光の世界〉、〈完璧な家〉を意味する（H. Jonas, *The Gnostic Religion*, *op. cit.*, p. 69-70 を参照）

（46）«He makes but to destroy»（G. Byron, *Cain*, *op. cit.*, p. 659）.

（47）「結局のところ、それはわれわれに死と引き換えに知を約束したのだった——しかしながらその代価に対してさえ、常に知であったのだ。だが人間は何を知っているのだろうか——」［«At least it *promised knowledge* at the *price* Of death—but *knowledge* still: but what *knows* man?»（*ibid.*, p. 668）］。

（48）«To cast down yon vile flatterer of the clouds, / The smoky harbinger of thy dull prayers—Thine altar, with its blood of lambs and kids, / Which fed on milk, to be destroyed in blood»（*ibid.*, p. 676）.

（49）«I who abhor The name of Death so deeply»（*ibid.*, p. 678）.

（50）«The Lord thy God And mine commandeth me to set his seal On Cain, so that he may go forth in safety. Who slayeth Cain, a sevenfold vengeance shall Be taken on his head»（*ibid.*, p. 679）.

（51）ゲーテは、一八二四年に『芸術と古代』の中に発表した論文の中で、バイロンの著作と向き合ったときの茫然自失と賛美を表明した後で、次のように主張している。「このドラマ全体が一人の『贖い主』のようなものによって踏破されている。したがって詩人は、その点でも他のすべての点でも、われわれの考え方、われわれの解釈に近づくことができたのだ」（W. Gœthe, «Caïn. A Mystery by Lord Byron», G. di Lorenzo, *Introduzione a Lord Byron*, *Caino*, *op. cit.*, p. 25）。

（52）人間中心主義的＝ブルジョワ的な歴史の時代の概念に関しては、Giulio M. Chiodi, *Orientamenti di filosofia politica*, Milan, Vangelista, 1974, p. 17-48 を参照。

（53）それは、非宗教化というプロセスをたどる審級とカインの神話との間に、因果関係を打ち立てなければならないということではない。ただし、非宗教化という現象によって解放された数多くの神話の形態の中でも、カインの神話に関する形態は最も活発で、最も意味深長であると主張することは可能である。

（54）C. Schmitt, *La Notion de politique*, Marie-Louise Steinhauser によるドイツ語からの仏訳、Paris, Flammarion, 1992, esp. p. 131-151 を参照。ヨーロッパの精神は宗教改革を出発点とし四つの段階の間に発展してきたのであるが、中立化＝非政治化というシュミット的な歴史は、それらの四つの段階の再編成である。つまり神学的、形而上学的、道徳的＝人道主義的、経済的段階のことである。これらの段階は、神という概念の漸進的中立化〔弱体化〕に平行するようにつきまとっている。したがってこれらを非宗教化という現象と関係づけなければならない。〔カール・シュミット、田中浩・原田武雄訳、「中性化と非政治化の時代」、『合法性と正当性』、未來社、一九八三年に所収〕

（55）*Ibid*., p. 143.

（56）*Ibid*., p. 143-144.

（57）C. Schmitt, «Légalite et légitimité», *La Notion de politique, op. cit*., p. 39-79 に所収。〔カール・シュミット、田中浩・原田武雄訳、「合法性と正当性」、『合法性と正当性』、未來社、一九八三年〕

（58）M. Eliade, *Le Mythe de l'éternel retour, archétypes et répétition*, Paris, Gallimard, 1949 を参照。〔ミルチャ・エリアーデ、堀一郎訳、『永遠回帰の神話――祖形と反復』、未來社、一九六三年〕

（59）G. Ferrero, *Pouvoir, les génies invisibles de la Cité*, Paris, Le Livre de poche, 1988, p. 33-37 を参照。

（60）M. Eliade, *Traité d'histoire des religions, op. cit*. を参照。

（61）M. Heidegger, *Être et Temps*, Paris, Gallimard, 1992, première partie, section I, chap. 6, paragraphes 39-40 を参照。〔マルティン・ハイデガー、原佑・渡辺二郎訳、「存在と時間」、『世界の名著62』、中央公論社、一九七一年〕

(62) G. Ferrero, *Pouvoir, les génies invisibles de la Cité, op. cit.*, p. 31-32.
(63) *Ibid.*, p. 32.
(64) 政治的次元に持ち込まれた象徴的視点における、苦悩としての恐怖のテーマに関しては、Giulio M. Chiodi, *La paura e il simbolico. Spunti di psicoteoretica politica* を参照。*La paura e la città. Atti del I simposio internazionale di Filosofia della politica*, Rome, Astra, 1984, vol. II, p. 239-258 に所収。
(65) G. Ferrero, *Pouvoir, les génies invisibles de la Cité, op. cit.*, p. 33-34.
(66) この点に関しては、**ゾルゲ**〔関心、懸念〕というハイデガーの概念を考察するだけで十分だろう（M. Heidegger, *Être et Temps, op. cit.*, première partie, section I, chap. 6, paragraphe 41 を参照）。
(67) Giulio M. Chiodi, *La menzogna del potere*, Milan, Giuffrè, 1979, p. 2 以降を参照。
(68) *Ibid.*, p. 6.
(69) *Ibid.*
(70) *Ibid.*, p. 8.
(71) *Ibid.*, p. 270.
(72) E. Canetti, *Masse et puissance*, R. Rovini 仏訳、Paris, Gallimard, 1986.
〔エリアス・カネッティ、岩田行一訳、『群衆と権力』（上・下）、法政大学出版局、一九七一年〕
(73) G. Ferrero, *Pouvoir, les génies invisibles de la Cité, op. cit.*, p. 35. フェッレーロによって権力の概念に与えられている経験的な意味と、ジューリオ・M・キオーディが与えている原型的な意味の違いを際立たせておかなければならない。
(74) G. Ferrero, *Pouvoir, les génies invisibles de la Cité, op. cit.*, p. 35-36 を参照。
(75) *Ibid.*
(76) *Ibid.*, p. 38.
(77) O. Rank, *Der Doppelgänger*, Leipzig-Vienne, 1914, p. 95-96を参照。この場合でさえ、敵対関係、つまり自己同一性を失うのではないかという恐怖が存在し、それはしばしば女性との関係において作用する。

〔オットー・ランク、有内嘉宏訳、『分身ドッペルゲンガー』、人文書院、一九八八年〕

（78）この点に関しては、O. Rank, *Le Mythe de la naissance du héros,* Paris, Payot, 2000 を参照。

（79）D. Mazzù, *Il complesso dell'usurpatore,* Milan, Giuffrè, 1986, p. 21以降を参照。Ｄ・マッツのこの著作の批判的評価に関しては、C. Bonvecchio, «Recensione a D. Mazzù, *Il complesso dell'usurpatore*», *Il politico,* LII, 1987, n. 1, p. 181 以降を参照。

（80）D. Mazzù, *Il complesso dell'usurpatore, op. cit.*, p. 29 以降を参照。

（81）友／敵という概念については、C. Schmitt, *La Notion de politique, op. cit.*, p. 84 以降を参照しなければならない。

（82）D. Mazzù, *Il complesso dell'usurpatore, op. cit.*, p. 31.

（83）*Ibid.*, p. 3.

（84）*Ibid.*, p. 35.

（85）*Ibid.*, p. 160.

（86）*Ibid.*, p. 42-43.

（87）「アダムの系図は次の通りである。神がアダムを創造した日、神は自分に似せて彼を創った。男と女として神は彼らを創り、彼らを祝福し、そして彼らが創造された日に、彼らに〝人間〟という名を与えた」（「創世記」、五、一―二）。

（88）R. Graves, R. Patai, *Les Mythes hébreux: le livre de la Genèse,* Jean-Paul Landais による英語からの仏訳、Paris, Fayard, 1987, p. 100 以降を参照。

（89）天使サマエルは**サタン**（敵対者）である。聖書の伝承の中で〈神の毒〉を意味するサマエルは、おそらくシリアの神、シェマル Shemal にまで遡る。サマエルは、**サタン**として、堕天使ルシフェル（ヘレル Helel）と同一視されている。別の人たちはさらに、ルシフェルの聖書的な姿をグノーシス的な〈デミウルゴス〉と重ね合わせている。

（90）R. Graves, R. Patai, *Les Mythes hébreux, op. cit.*, p. 100, 102 を参照。

（91）この観点からすると、グノーシス派の重要なテクストの中では、誘惑者（聖書の蛇、〈野獣〉と呼ばれる者）の

〈古典的な〉姿が、**アルキゲニトル**〔原親〕（ヤルダバオト）によって率いられるアルコンたちとの関連で、知恵を有する者によって表現されている。つまり彼は教師なのである（«Origine del mondo» を参照、*La gnosi e il mondo. Raccolta di testi gnostici*, *op. cit.*, p. 99-100 に所収）。この教師は、神的なものの次元では人間の全体性の図像、両性具有者である。なおもグノーシス派の学識によるならば、彼は、ソフィア〔知の神〕のほんのわずかな光の放射とその水面への投影から生み出された。彼は精神的なアダムである（*ibid.*, p. 94-95）。この教師の役目は「この世界でのグノーシス〔知識〕の始まり」を教えることであるが、「これは、それが理由で、またその起源そのものからして、世界に対する、神に対する敵対と見なされている、そして実際には一つの反抗の形と見なされている」（H. Jonas, *The Gnostic Religion*, *op. cit.*, p. 109）。

(92) 「創世記」、四、一。

(93) 聖書の物語を特徴づけている、長子相続権を剝奪された長男たちの系列が始まるのは、まさしくここである。

(94) もちろん他にもいくつかの解釈が可能であるし、受け入れることができる。例えば、アベルとカインの物語を、遊牧民族と定住民族の闘いの表現として読むような解釈である。他のいくつかの神話的異文もまた、この方向に向かっている（R. Graves, R. Patai, *Les Mythes hèbreux*, *op. cit.*, p. 108以降を参照）。

(95) *Ibid.*, p. 104.

(96) *Ibid.*, p. 104-105.

(97) R. Girard, *La Violence et le sacré*, *op. cit.* を参照。

(98) R. Graves, R. Patai, *Les Mythes hébreux*, *op. cit.*, p. 105 を参照。

(99) 「創世記」、四、一一。

(100) 刷新された人間主義の肯定的な要因としての〈自然の〉神話（つまり、イエズィの解釈をするならば、原型）という概念に関しては、F. Jesi, *Germania segreta*, Milan, 1967, p. 7 以降を参照。イエズィのほうは、Karoly Kerényi, «Dal mito genuino al mito tecnicizzato», *Atti del colloquio internazionale su Tecnica e casistica*, Rome, 1964, p. 153-168 を参照。

(101) F. Jesi, *La cultura di destra*, Milan, 1979, p. 50-66 を参照。

(102) *Ibid.*, p. 21 以降。

(103) 〈技術化された〉神話は、言葉の道具的な意味で、自発的にわき上がってくるのではなく、人間によって呼び起こされる神話の働きと一致する、とフリオ・イエズィは考える(*Germania segreta, op. cit.* を参照)。それはほとんど常に惨憺たる結果を引き起こすと思われる。イエズィは、結局のところ、「啓蒙思想」の路線に立っていて、神話それ自体の中に、否定的、暴力的、致命的な原初の要素があることを否定する。そうした要素は、逆に、〈技術化された〉神話の特徴であるという。

(104) H. Heine, *Nuits florentines*, *Poésie*, Paris, Société du Mercure de France, 1906 に所収。

〔原書の原註番号には明らかにミスと思われる箇所があったので、一部訂正を加えた〕

兄弟間の敵対関係　政治的衝突のパラダイム

ジューリオ・M・キオーディ

本論文で考察されることは、兄弟間の衝突が政治の最も重要な象徴的パラダイムの一つだということである。[1] このパラダイムは、キリスト教文明の中に強力に現存しているにもかかわらず、まさに無意識のうちに、もう一つ別のモデル、つまり、父親と息子の間の衝突のパラダイムに従うようないくつもの学説によって押しのけられてしまった、あるいは少なくとも価値をずっと下げられてしまった。兄弟間の衝突のパラダイムは、ヘブライの伝統の中に極めて強力な根を下ろしているのだが、父親＝息子の衝突のパラダイムは、ギリシャ神話の中に最もはっきりとした基準を見出しており、ギリシャ神話のほうはむしろ、全体として、兄弟間の衝突のパラダイムを受け入れることにためらいがある。この対照は、辛辣なやり方で、ヘブライ文明とギリシャ文明で正当化されている。この二つのパラダイムが、同一のパラダイムを分節したものと見なされうるとしても、その通りなのであって、系図のようなつながりをもつそのパラダイムについては、後で検討する機会があるだろう。いずれにせよ、この二つの伝統にまでわれわれは遡っていかなければならない。なぜならそれらがわれわれの文明の遠い根源となっているからである。しかしながら、エジプトの伝統に触れなければ、この基準は完全ではないし、信頼することもできないであろう。エジプトの伝統は他の二つよりも先行するのだし、ユダヤの伝統はとりわけエジプトの伝統から――ただそれだけからというわけではないが――直接に、強力に恩恵を受けているからである。

エジプトの伝統は確かに、父親＝息子の衝突という言葉で政治的対立の無意識的構造を理解するわれわれの習慣と無関係ではない。例えば、父親的温情主義《パテルナリスム》は何世紀もの間、政府の取るべき行動に着想を与え、正当化してきた概念の一つである。とりわけ絶対君主制は、君主を臣下たちの父親としながら、君主という父親の姿を中心に据えた家族的な構造を、政治的制度にまで拡大した。自然法にかかわる近代の学派がやがて戦うことになるこの概念は、いくつもの名高い理論を生じさせたのだが、それらの中には国王の神授権という定義も含まれている。しかし父性という概念の採用に反対し、大部分は自然法という学説から着想を得た、革新的な、自由主義的な、あるいは民主主義的な考えでさえも、父親＝息子という構造を支持して、国民や市民に、息子の立場を付与して父親的な権威から自由にならなければならないとしている。

広い意味での歴史法則中心主義を後ろ楯にする学説においては、同じ父親＝息子という構造の間接的な繰り返しが、より一層複雑である。ヘーゲルにおける精神の契機の連続に関する、多くの場合恣意的な、政治的な解釈を考えてみるだけでよい。それはマルクスにおいては一つの歴史観と表現され、ある社会階級からもう一つ別の社会階級への置き換えが、生み出すものを生み出されるものに取り替えることを連想させるような、一連の操作に従って行なわれるのである。例えば、ブルジョワ階級によって生み出されたプロレタリア階級は、ブルジョワ階級から権利を奪った後でこれを破壊し、ついには新しい社会と歴史の中で自らの地位を手に入れるようになる。

構造的には、これは父親の地位と戦い、その地位を手にする息子の立場と似たような立場である。しかしながら、象徴的な意味作用という視点からすれば、政治的、社会的な関係を解釈する図式としての、父親＝息子というパラダイムの優位性は、心理学的な、とりわけ精神分析的ないくつもの理論の普及によるものであり、そうした理論は、最初の、最も堅固な基準をジグムント・フロイトから汲み上げている。『トーテムとタブー』[2]で述べられている仮説とは無関係に、フロイト的な探求の固い核となっている父親との関係が、あらゆる種類の行動を、また特殊な場合では権力とともに確立され、象徴的に父親的権威の投影として把握される行動を説明できるようにしたのである。ギリシャ神話に基づいて構築されたエディプス・コンプレックスは、その最も有名な解読の鍵である。エディプス・コンプレックスを政治的に適用する企てに際しては、フロイトは、父親に反抗しつつ、社会組織の原初の核を作り上げたと思われる、息子のような最初の遊牧民族の存在を想像している[3]。このモデルは、政治的活用としては、あまり説得力のあるものではなかった。そしてほとんど一面的ともいえるようなやり方で外から張り付けられているかのように見える[4]。しかしこのモデルは、絶対君主制を支持し、国王を臣下たちの父親としていた、伝統による父親的温情主義《パテルナリスム》の理論を典拠とするならば、もっと受け入れられるようになる。このモデルは、絶対専制主義を引き継いだ自由民主主義の政府の場合でも、是認できるのである。なぜならば、自由民主主義政府は結局は父親的温情主義の図式を完全に受け入れたからである――ただしこうした政府は、父親的権威の象徴的な保有者たちに反抗する息子たちの役割を引き受けたのであった。父親の位置は空席のままにされることはなかった（例えば、国王の機能を廃止させた後で議会が定着することを参照せよ）。

構造の上で同じ路線に立って、現行の制度や慣習に対する対立的感情、あるいは反抗的感情さえも説明することができる。このパラダイムを練り上げて最も有名なものの一つとしたのは、フランクフルト学派である。実例として、その結果が『権威主義的人格』(5)にまとめられている、テオドール・ヴィーゼングルント・アドルノの指導で行なわれた研究、および、父親＝息子のモデルを直接に社会＝個人に適応させて、一般向けに書かれたテクスト、ヘルベルト・マルクーゼの『エロスと文明』(6)を取り上げることができる。広範囲な一般大衆の心を捉えたこのような業績は、社会的進化の弁証法的な解釈と結びつけて、父親殺しというフロイトのテーマを踏襲する。そこには、反抗することが避けられない横暴な父親のようなやり方で、メンバーたちに対して機能する社会組織を見ることができる。息子たちは、父親殺害の後で（すなわち支配力に対する政治的、社会的反乱が成功した後で）、自分たちの行為の結果として生じた罪悪感に心動かされ、自分たち自身の中に父親の姿を蘇らせ、父親の権威を再生する。父親＝息子の先祖返りのような衝突は繰り返され、永続するのである。

パラダイムという側面から見ると（当然のことながら、歴史的側面からではない）、父親＝息子の争いは、その最も確かな出自をギリシャ神話に見つけられる。それに反するものはユダヤの文化の中で確認されるのだが、そこでは数ある主要なテーマの中でも、兄弟間の争いが重要である。ギリシャの神々の系譜を支配している原初的な出来事は、父親＝息子の戦いである。父親のウーラノスや自分自身の息子たちに対する、クロノスの行動を考えてみるとよい。その息子たちを彼はついにはむさぼり食ってしまうのである。また自分の父親であるクロノスや、ウーラノスの息子たちである巨人族に対してゼウスが示した暴力を考えてみるとよい。

まず最初に次のような明白な事実を考慮に入れなければならない。息子であるということは、共通の親を持つ兄弟どうしであるということに相当する。後で見るように、兄弟どうしの争いのモデルには、時としてその場から外れてはいても、父親の姿が常に現前する。では母親の姿はどうだろうか。私の見解では、実際に男性と女性の姿の現前を認めなかったような文明はまったく存在しない。この点に関して、語源学はわれわれに、ギリシャ神話とユダヤ神学の間にある最も際立った区別の一つを明らかにしてくれるかもしれない。インド゠ヨーロッパ諸語においては、〈兄弟〉を意味する語は、同じ父親を持つ息子を示す語根を拠り所としている（*frater*, *brader*, *brüder*）。それとは逆に、〈兄弟〉を意味するギリシャ語の**アデルフォス** ***adelphos*** は、**デルフュス** ***delphus*** という語を含んでおり、これは子宮、あるいは母親の乳房を示す。したがってこの語は遠い母親的な起源を反映させており、それによれば母親を同じくする息子たちが兄弟なのであって、父親を同じくする息子たちが兄弟というわけではないのである。

兄弟間の衝突がギリシャ神話の中で緩和されるのは、その兄弟が母親を同じくする息子たちであるという事実によって説明されるだろう。そして母親というものは、和解させるような力となるのである。つまり、母親を同じくする息子たちは、暴力に訴えることなく、母親的な役割を引き受ける(7)。ところが逆に、父親はまるで行為のほうへ投影されるような、したがって衝突に向かって開かれるような権威を振りかざす。だから、父親を同じくする息子たちはその性質上、競争へと向かう傾向がある。しかし兄弟のうちの一方がもう一方を支配するのは、何によって成り立つのだろうか。同等の者に対して、上から命令する役割を引き受けるという事実によるのである。したがって支配は常に越権行為である。

人間主義的゠ブルジョワ的な歴史のアーチに沿って、父親゠息子のモデルの支配が、どのようにして兄弟間の争いのパラダイムを不明瞭にしたのかを確かめるのは簡単である。ここではその不明瞭になった理由については調査しない。共通の、超自然的な父親という観念を退けた非宗教化という現象によって、あるいは大地と象徴的に隔たりを持つ商人気質の発達によって、また世襲財産的な基盤に基づく家族の拡大によって、数多くの説明が提示されうる。ところで、今日、**政治的なもの**の最も深遠なカテゴリーを理解するためには、かつての兄弟間の争いのパラダイムのほうに、もう一度関心を示さなければならないのである。以前にキリスト教の政治神学において大流行したように、このパラダイムがまさに試されていると考えることができる。

私の中心的命題は、次のようなやり方で要約することができる。ある時ふと、政治的権力を有する者を捉えるに至る不安感は、彼に対して育まれる反＝エディプス的緊張（父親＝息子という関係）の中に決定的な説明を見出すことはできない。それよりもむしろ、兄弟のうちの一方がもう一方に対して感じるかもしれない緊張（兄弟間の関係と、同等の者どうしの関係）の中に見出せるのであって、それは一方がもう一方を自分よりも優遇されていると感じているのに、その優遇に対して納得のいく根拠が見つけられないようなときである。言いかえると、権力を有する者は、象徴的な次元では、父親ではなく、兄弟、すなわち正真正銘の一人の同胞であって、彼が父親となることもなく父親の地位を占めるのである。同一のものから出てきた片割れはもはや等しいものではない。だから無理解や不安、恨みや反抗までもが生じてくる。こうした緊張によってほのめかされるものが、**兄弟間の敵対関係**というパラダイムで説明されうるのである。

最古の古代文明から現代に至るまで、このような敵対関係について数多くの解釈を示すことのなかった文明や文化は存在しない。この上なく多彩な文学の数々が、このテーマに関して多くの作品を創り出してきた。人類学と心理学は、幅広い範囲の専門化された研究を生み出している。われわれが時代をもっぱら古代だけに限定して選んだその根本的な発想だけを示すことにしよう。その時代に、人間関係の最初の要求と形態が認められるようになり、根本的な象徴作用が練り上げられるからであり、またその時代に、このパラダイムの形成のための決定的な要因と構造が見られるからである。この視点からすると、研究を最も望ましい形で掘り下げてゆくには、比較神話学を拠り所としなければならない。しかしながら、われわれは、このパラダイムの基本的図式の境界を定めるだけでは満足できない。というのも、すでに述べたように、われわれの目標は、ひたすら理論的な、とりわけ精神分析理論的な性格を持っているからである。

エジプトの枠組み

われわれの文明の最も遠い根源にまで遡ってゆくとエジプト人たちに辿りつく。(8) 例えば、エジプトの形象でキリスト教に呼応しているものは数多く、そのことによって、ヘブライ文化とエジプト文化を示すいくつかの様相の間に緊密な依存関係が見られるのが理解できる。ヘブライ文化の多くの特徴は、実際に、エジプトの宗教によって支配された文化圏で暮らし、それらの宗教を自分たちの責任で継承したけれども、おそらくは部分的に追放されたために、ファラオの神聖な、中央集権的な姿と、ファラオにつながる儀式(宮廷の儀式と聖職者団体の儀式)から離れた遊牧民にとってふさわしいものの見方の結果として解釈することができるだろう。

宗教的概念という角度から見ると、ヘブライ文化は、ナイル川流域で発展したものが、より一層人間化されると同時に、より一層、精神性を与えられ、感覚的に磨き上げられた表現と見なされなければならないだろう。この類似がもっと明らかになるのは、われわれがユダヤ教＝キリスト教の教義神学の構築にまで遡っていくとき、とりわけ、人間的であると同時に神的な、一体化する人格、つまりイエス＝キリストという人格の提示にまで遡っていくときであって、このイエス＝キリストの神学的な顔は、ファラオの神学的な顔と多くの類似を示しているのである。(9) 皇帝という観念までもがそうなのであって、これは古代ローマに移植されて、中世が復活させたものであり、ローマやキリスト教の歴史編纂が欲したように[10]、アレクサンダー大王というモデルのみに引き戻されるべきではない。これはまた、ジュリアス・シーザー以後のローマ文化へと伝えられる、ファラオのモデルに関連づけられなければならない。シーザーの念頭に帝国という考えがひらめいたのは、おそらくエジプトに滞在している期間、クレオパトラと接触していたときのことだろう。そしてクレオパトラは、自分が最後の追随者《エピゴーネン》の一人であると感じてはいても、エジプト文明の華やかさを蘇らせようとしていたのである。

神的宇宙論に関する簡潔な下準備

兄弟間の衝突というテーマに入る前に、古代エジプトの神学を予備的に復元する必要がある。復元は確実に元のままというわけにはいかないが必要不可欠である。というのも、この神学が**表象する**ものにはさまざまな解釈が存在するからである。

最も確実な参考資料を見つけるためには、古代地中海の最古の源にまで遡り、空想的な仮説や伝説をかき分けて進まなければならない。何千年も、ほとんど完璧に謎に包まれたまま時代の流れの中に埋もれていたエジプト文明は、今日でもなお、発見すべき一つの世界としてとどまっている。

エジプト時代の深淵の中に飛び込むということは、神々や半゠神たちがひしめく深い森の中に浸るというのと同じことである。しかしその森は、紀元前三千年頃から聖職者団体が練り上げた膨大な神学的集大成 synthéses théologiques のおかげで、もう少し秩序だったものであったということが明らかになっている。しかも、それらの集大成には統合的な性格はまったく示されていないのに、秩序立っていたのである。そうした集大成は都市ごとに変わっていて、それぞれの都市が、支配的な自分の都市の神との関連で、全エジプトの最も重要で、最も共通な神々を序列化している。またそうした集大成は、宇宙を象徴する神々、大地、水、空、風、砂漠の神々や、あるいは最も多く繰り返される人間活動、ある種の芸術活動や、生物学的な人生の瞬間（誕生、病気、食物摂取など）の活動と混じり合った、数多くの地方の神々についても言及している。しかしながら、最も重要な聖職者団体の集大成は、兄弟間の争いにかかわるすべてのことに関して、かなり正確な概要を提示してくれる。エジプトの**神学的な**（神学的なとはまさしく当を得た言葉である）世界は、ギリシャ神話学に用いられるのと同じ文献解釈によって近づくことはできない（ギリシャ神話学のほうは、神学的なところはまったくない）、と強調するのは重要なことである。

事実、ギリシャ神話学は厳密な意味での神話学と見なされる。これは物語、出来事、状況から成り立っており、その主人公たちはすぐれて人間的な性癖と情念を持っている。反対にエジプトのパンテオンでは、神々が、人間の中でうごめく自然の力、宇宙の徴候、さらには人間性の衝動さえも具現化している。つまりこれらは内面化されうる人物像である。この膨大なパンテオンは、紛れもなく神学的な計画にのっとり、聖職者の集大成によって整理されたのである。ここには明らかに一神教への傾向を指摘することができるのであって、それがエジプトの宗教を、唯一性と多数性との間の特殊な一致システムにしているのである。(11) ヘリオポリス、メンフィス、ヘルモポリスの集大成が最も有名であるが、そうした主要な集大成はみな、他の神々に対する一人の神の優越性を際立たせ、その神を世界の創造主の顔としているほどである。したがって、一神教の観念と並んで、創造説の観念も指摘できるのだが、その役割は副次的であるとはとてもいえない。まず第一に、創造は一回限りで遂行される行為であって、それは繰り返されることはないからである。次いで、創造されたものは、自動的に永遠のものになるのではなく、自然の絶え間のない若返り作用による、恒常的な再生のおかげで永遠のものになるはずだからである。この再生は、すべての生物の中で、すべての生物のために活動している神の、生命の力の介入によって可能となる。したがってさまざまな角度から、エジプトの宗教を、神学的に取り扱われた一種の再生のアニミズムと定義することができる。

　このような一神教の、創造説的な、保守主義的＝再生的視点からすると、創造＝再生という周期を具現化する、生きた表現とは、ファラオである。それは人間共同体だけでなくエジプト世界を支配する超自然的な力すべての動機にして中心でもある。集団のすべての生命エネルギーと、集団の再生産を保証するすべての儀式が、ファラオという聖なる人物を取り巻いて回っているのである。彼は創造から再生へと向かうこの周期を体現している。死というものは生命の終わりを示すのではなくて、常に新たな生命周期の始まりを示す。エジプト人たちが葬儀に対して捧げた異常なほどの心遣い――その結果、この文明は死との関連だけで生活や仕事を考えていると言うこともできたろう――は、再生という原理の中にその説明を見出せるのである。

　神学の集大成は、重要な神々をそれぞれ三人の神々からなる三つのグループに、あるいは最初の一人の神をもとにして形成された四組のカップルにまとめていて、その全体は九柱神《エネアド》をなしている。われわれは例として、すでにピラミッド・テクスト〔葬礼文書〕で報告されている、ヘルモポリスの集大成を取り上げることにしよう。それはトト神――創意工夫に富み、文字を知っている存在――を、四組の偉大な基本的神々、ヌンとナウネト（原初の大洋）、フウとハウヘト（無限の空間）、ニアウとニアウト（天空と生命の息吹、あるいは風）、ククとカウケト（暗黒）を生み出したものと見ている。トト神自身の一種の顕現と理解される、これら八人の神々が、八人の神の都市（ヘルモポリス）の中に、やがて世界が出現するはずの最初の卵を創造したのである。

　それに反して、第三王朝のもとで練り上げられ、紀元前二十八世紀を通じて古代の正当性が託されると認められた、ヘリオポリスの集大成によれば、世界の起源はアトゥム・ラーにまで遡る。自己創造者である、このアトゥム・ラーは自慰行為をして世界を創り出し、九柱神の助けを借りて世界を維持した（第十八王朝のファラオ、アクエンアテンによるアトゥム・ラーの崇拝の再開は、アモン神の聖職者たちによって異端と見なされた）。

メンフィスの集大成はさらに一層磨き上げられている。九柱神の先頭に立って、ヌトの顕現の一つである女神セクメトと結びついた、プタハ神が君臨しているのだが、彼は、思考や言葉と同一視されうるような心や舌を通して世界を創り出したとか、世界に形を与えたとされている——これはロゴスの原型のようなものと見なすことができる。原初の八人の神々は彼の心に存在していて、プタハは**彼ら**を通して、世界と、「二つの土地」（上エジプトと下エジプト）を支配している、エジプトの二重の王国——この世の目に見える人生におけるホルスの王国と、死後の目に見えない人生におけるオシリスの王国——の秩序を作り上げたのである。

一神教に向かうという構想は、たとえその存在感がいくらかは目立ってきても、決して弱まることがない。その絶えざる宇宙の基準は太陽である。太陽は国王の象徴であり、太陽とファラオとのつながりは直接的なものである。国王の一生は太陽の一生と一致する。エジプトの神学を説明する神話や儀式は、常に世界の創造からホルスの即位に向かって繰り返される、それと同じ数だけの、同じ一つの行程の異なる挿話や道筋と見なされなければならないのであり、ホルスは典型的な国王の神にして、ファラオはそのホルスの化身なのである。

太陽＝ファラオという対比は、兄弟間のつながりというパラダイムへの波及効果から考慮すると、決定的なものである。重要なのは、あらゆるものの内部における、国王的な人物像による自己創造という考え方である。太陽はすでに決まっている創造行為の中で自己創造する。ファラオがすでに決まっている宇宙の中で自己創造するのとまったく同じである。自己創造とは、世界を再生しながら、人生の中で世界を維持する行為である。創造＝自己創造は、神学のさまざまな原典に共通する次のような主張の中で表現されている。「私がその存在に対して自己表示したときに、その存在が存在したのだ」。すべての自然物体の中で実現される、存在に対するこの自己表示は、太陽とともに、生命全体として行なわれ、したがってその規則的な出現と消失の動き、すなわちそれ自体の消滅から始まる連続的な再生の動きを含んでいる。砂漠の中の、自然の要素がほとんど暴力的ともいえるような鮮明さで迫ってくる大地では、そのようなイメージは、穏やかな風土におけるよりももっと多くの力を呈することができるのである。

さまざまな神学的集大成の中に繰り返し現われる、主要な神々の中でも、ヌトは天空の夜と星空を象徴している。朝になると、ヌトは太陽を生む。すると太陽は天空の旅を始め、やがて母親の胸に飲み込まれ、そこへ戻ってゆく。しかしながら帰ったときに、太陽はヌトを受胎させ、その結果ヌトは、翌朝再び太陽を生み出すのである。朝には若い息子であった太陽が、母親の胸から離れ、彼を象徴化するハヤブサのように高く飛び、次いで、成熟期に達すると、彼は父親となり、ヌトの新たな受胎によって、彼自身の再生を準備するのである（これは永遠性を生み出す若返りのプロセスである）。したがって、若返りつつ、彼は復活によって存続するのである。ヌトを通して、太陽は自己再生する。このプロセスの連続性が永遠を保証する。彼女の中では二つの要素がうごめいている。一つは**男性的な**要素である。というのも、その息子は父親となり、父親は息子となるからである。もう一つは、息子が父親となり、父親が息子となることを可能にするような、**女性的な**要素である。**カムーテフ**〈自分自身の母親の雄牛〉の意。というのもヌトは、イシスのように、雌牛の形で示されるから）という言葉は、その息子が母親のおかげで、無限に、自分自身を生み出すということを表現している。太陽によって象徴化される父親と息子の間の絶えざる循環が、ファラオの中で再現されるのであって、生命の昼と死の夜とが循環する中で父親であると同時に息子であるがゆえに、ファラオは自分自身の連続性ということになる。その動きは、ファラオと同時に、ハヤブサと太陽の姿をとる神によって要約される。アモン神によって認識される、ヘルモポリスの神学的集大成はこう述べている。アモン・ラーは「青い睡蓮、はじめての朝の子供＝太陽の揺籃期である[12]」。

われわれは、今描写したプロセスから推論することのできる永遠という概念と、エジプト文化の中に見られる永遠という概念の間には根源的な違いがあるということを強調しなければならない。ギリシャ人たちにおいては、永遠という観念は、創造されずに存在するがゆえに永遠のものである、物質と結びついている。創造という観念はギリシャ人たちにとっては異質なものだったので、彼らはまったく内在的な永遠性という観念を持ったのかもしれない。エジプト人たちにおいては、永遠という観念は、発生、死、再生の生命的、力動的な要素にかかわりながら、宇宙的な展望の中に位置を占めていて、超越性という観念が投影される中でしか[13]、また必然的に神聖な次元でしか意味を見出さないのであり、その次元をわれわれはまた神学的と形容したのである。古代エジプトの永遠性は自動的に与えられるものではなく、それを獲得するために行動しなければならないものなのである。

その永遠性のイメージによって、われわれは極めて重要な一つの概念を定義することが可能となる。つまり、実際に父親が息子であり、息子が父親である以上、父親と息子は同じでありながらかつ異なるということである。前兆のようにここに示されているのは、キリスト教神学の中心的原理の一つ、「三位一体」の原理、一人にしてかつ三人という神の概念、つまり「父親」、「息子」、および彼らを一つにする「聖霊」という、同じでありながらかつ異なる三つの人格の統一体としての神の概念である。福音書のいくつかの節を思い起こしてみよう。「お前は信じないのか／私が『父』の中にいて、『父』が私の中にいるということを。／私があなた方に述べている言葉は、私自身が述べているのではない。／私の中にいる『父』がその行為を果たしているのだ。／そのことを信じなさい！／私は『父』の中にいて、『父』は私の中にいるのだ」（「ヨハネによる福音書」、一四、一〇―一一）。あるいはまた、「みんなが一つとなるように。父よ、あなたが私の中にいて、私があなたの中にいる、そんなあなたのように、／彼らもまた私の中で一つとなるように、／あなたが私をおつかわしになったことを世の人々が信じられるようにするために」（同書、一七、二一）。エジプト文明もまたわれわれに極めて有名な三位一体の象徴、おそらくはわれわれに伝えられたものの中で最も古い象徴を残している。それは**ウジャト**、つまり〔ホルスの〕目であって、その球体は太陽のイメージ（父親）、そのまぶたはハヤブサのイメージ（息子）、その形はヒョウの姿に見られるイメージ（母親、あるいはまた天空、というのもヌトはしばしばヒョウの形で表現されるから）である[14]。

オシリスとセト

オシリスとセトの関係については、いくつものかなり異なる解釈が存在するが、すべての解釈が二人の兄弟の争いの描写に集中する[15]。したがって、セト（ギリシャ人たちはこれを不実な神テューポーンと同一視する）が砂漠の神であり、かつ戦争の神でもあるということと、最後にはオシリスを殺すに至るということを指摘するだけで十分である[16]。

セトはまた善なる神でもあって、月と知識の支配者である。しかし戦争、砂漠の乾燥、砂嵐と結びついている。したがって死をもたらす者という彼の否定的な特性のほうがよく知られている。他のすべてのエジプトの神々と同様に、セトの姿に割り当てることのできる意味も多様であり複雑であって、人生のさまざまな側面、とりわけ公的な、国王的な側面を覆いつくしている。
二人の兄弟間の戦いが最も関連づけられた解釈は、プルタルコスの『イシスとオシリス』の中に見られるが、これは多くの典拠を結びつけたものである。セトによる兄殺しの行為は、みんなから愛と尊敬を受けていた兄のオシリスに対して、嫉妬を感じたことによると説明されているようである。策略によって、兄の正確な寸法を測ることに成功したセトは、兄オシリスの背丈の豪華な棺を作り上げる。宴会のときに、この棺は体がぴったりと収まる人のものになる、とセトが告げる。オシリスがその棺の中に入り込むとすぐに、セトは、七十二人の陰謀家たちの助けを借りて、棺を鉛で封印し、それをナイル川に投げ捨てる（もう一つの伝承によれば、セトは、ノミに変身して、オシリスのサンダルの一つに隠れ、オシリスを刺すことによって毒殺したという）。しかし大河の水、大地を肥沃にし、大地の乾燥と戦うその同じ水が、体を復元する。セトはその死体を見つけ、それを解体し、その断片を領土全体に分散させる。そのようにして、オシリスは死後の支配者、死者の国の主権者、さらには再生の力、夜の太陽となる。彼の妹＝妻であるイシスは、兄の体のすべての断片を根気よく探し始め、ついにそれを復元することになる（葬儀という制度）。アヌビス神は、オシリスの体に防腐処置を施すと（ミイラ化の儀式）、彼を死者の国に導いてゆく。イシスに関して言えば、その羽で作り出した空気によって夫の死体を蘇らせた後、彼女は最後にもう一度夫と一つになる。[17]
故人の体とのこの最後の結びつきからやがてホルス、ハヤブサの神が生まれてくる。誕生と、太陽のような再生、すなわち故人が新たな生命を生むという図式の繰り返しは明白である。死者たちの神、オシリスはしかもまた、肥沃さと生殖の神とも見なされる。だから、ハヤブサ、ホルスは生命を得たオシリスに他ならない。オシリスが故人ホルスと見なされうるのと同様である。息子は父親であり、父親は息子なのである（『オシリスへの讃歌』における復活の祝いを参照）。

このような神の挿話という観点から考察すれば、ファラオとは父親と息子の化身に他ならない。ファラオに捧げられる葬儀全体が、ホルスのように目に見えるものとオシリスのように目に見えないものという、そのイメージの二重の性格を示している。故人となったファラオはホルスであり、そのホルスがオシリスとなる、そしてオシリスとして、彼は死者の世界の支配者となる。生きているファラオはオシリスであり、そのオシリスがホルスとして再び生まれる、そしてホルスとして、彼は生者の世界の支配者となる。故人であるファラオは新たなファラオの中に生き返り、その新たなファラオはまたも故人のファラオとなる。なぜならば両者ともに、自分たちの差異の中で自分たちを結びつける存在だからである(18)。

父親と息子を同一化するこの傾向に基づいて、女性たちによって世襲が行なわれるような原理――エジプトの伝統の中では極めて強い――が決定的なものとなりうるのであろう。したがってファラオがファラオとなれるのはどうやら、彼が父親の息子だからではなく、彼が、神と国王の血を運ぶ者、母親の息子だからである（兄弟間の衝突を自分の中で和解させるという観念を強調するような状況である）。あるいはまた、姉妹や娘との結婚を理由として、ファラオになれるようである。女性の系統の枠組みの中で、ファラオの統治権は後日明確になるということだろう。なぜならば、ホルスとして、彼はセトの妹の息子と見なされなければならなかったからである。セトを自分自身と同一化しつつ、あるいは彼を支配しつつ、ファラオは、多くの原始文化の中で確認され、広く普及している原理にしたがって、母方の伯父の上に自分の権力を広げるのである。

この物語の続きは、エジプト文化、つまり王政にして一神教の神権政治を支配する、単一性の原理を強化することになる。というのもホルスは、父親の復讐をして、兄を殺したセトによって表わされる強い脅威を和らげようとするからである。
指摘しなければならないのは、セト神の姿の全体として否定的な解釈――これはとりわけギリシャ的復元にまで遡るのだ、ということを繰り返しておこう――が、必ずしもエジプトの出典の中に反映を見出せないということである。エジプトの出典はこの神の中にファラオの神聖さを構成する裏側を見るのである。実際に、ファラオの呼称として、第十八王朝のパピルスの中には、〈ホルスとセト〉という呼称が現われてくる。この解釈によれば、ホルスとセトの争いにおいて、太陽神ラーはセトを優遇し、他の重要な神々はホルスの味方をしたということになっている。

古い時代の出典は、新しい出典よりもセトに対して好意的であるようだ。例えば、第二王朝のファラオの国王名、カーセケムイがわれわれに伝えられているが、これはホルスとセトの動物の象徴を上に戴いている。おそらくはいくつかの政治的な事件の影響を受けた合意的な結びつきなのだろうが、その事件は第三王朝でまたぶり返されることになる。すなわち、上エジプトと下エジプトの王位の結合、上エジプトの領土を支配するセトの信仰（オムボスで崇拝された）と、下エジプトの領土を支配するホルスの信仰（デルタの神）の結合によるエジプト全体の統一である。これらの結合の前に、衝突が生じてこの二つの領土を対立させたのであろうが、それがホルスとセトの戦いに歴史的根拠を与えているのだと思われる。

パラダイムについての考察

したがって兄弟間の争いは、エジプト世界全体の中心に君臨するファラオの姿を理解するための出発点になるということが即座に認められる。というのもファラオは自分の中に、神聖さと政治権力を併せ持っているからである。そのような争いが解決されるのは、不安定さ、あるいは復讐の連鎖を生み出しそうな、優柔不断なやり方によってではない。そうではなくて、ファラオという人間的かつ神的な姿によって体現されている、秩序の上に立つような状況によって解決されるのである。またそのような状況の中で、衝突の一つ一つが組み立て直される。しかしながら、衝突を組み立て直したとしてもそのこと自体《イプソー・ファクトー》では全体的な消滅を意味するのではない。衝突の潜在性という観念が、セトの物語の解釈によって立証される。つまり砂漠の支配者にして乾燥の象徴でもあるセトは、生と死の支配者にして肥沃さの象徴でもあるオシリスの復讐のために、ホルスによって去勢される――一方セトのほうは、ホルスの目をくりぬいて復讐をすることになる[19]。それでもやはりファラオが、ホルスの目に見える側面として、兄弟間の衝突を組み立て直し、秩序の上に立つような解決策を提示していることに変わりはない。実際に、ファラオの姿の中には、彼自身の父親と彼自身の息子だけではなく、直観的な推論によって、彼自身の弟をも感じ取ることができる。

　時間に関する知恵という角度から見ると、生命は未来から来るのではなく、過去から来るのである。生命はそれを再生するさまざまな力の中に錨を降ろしている。兄弟どうしの関係においても、父親と息子の関係においても、死は生命のため、統合のための源泉のように介入するのであって、破壊や廃止のように介入するのではない。そこから、再生や統合の完成としての、父親殺しではなく、兄弟殺しの意味が生じてくる。しかし次の点を取り違えないでほしい。われわれがここで廃止と再現というヘーゲル的な契機との類似を引き合いに出すのは、もちろんその構造の図式を考慮するためであって、弁証法を考慮するためではない。すなわち精神の瞬間を考慮するためであって、精神の発達を考慮するためではない。兄弟殺しの中に見出すものは、**アウフヘーベン**〔止揚する、廃止する〕の意味であって、**アウフヘーベン**の力学ではない（**アウフヘーベン**は**アウフヘーレン**〔終わる〕と何のかかわりもない）。

　ファラオの神学的な姿は、存在することもなく父親の位置を占める者のイメージでは、理解されない。

自分の中に父親を組み込めるがゆえに、ファラオは、自分自身の長として、正当なやり方でその位置を占めることのできる唯一の人物なのである。[20] セトの去勢は、公認されるべき単一性の正当な原理をあらかじめ決定し、保証するものである。したがって彼は以前のいかなる遺伝的系統の血も引いていない。以前の系統であれば、彼は、一人の兄弟から生じてくるような他のいくつもの系統と比較したり、同等になったりする次元に置かれるはずである。ファラオの神学的な姿は同等の存在を持つことはできない。というのも、その姿は、われわれが前のほうで簡潔に描写しているような、太陽のような神性と、神学的なシークエンスの中で考えられるからである。

彼の最も基本的な形態は、二人の敵対する主体（オシリスとセト）と、秩序の上の第三者（ファラオ）を演出しているのであるが、その形態の中で、われわれのパラダイムの要素だけにとどめるならば、ファラオの神学的な姿は、衝突を**スプラー・パルテース**〔当事者を越えた〕次元にまで引き戻すと言うことができる。なにしろ彼は、**生きている三位一体**（父親、息子、そして両者を結びつける者）として現われるからである。三位一体のイメージは、ヘブライの文化では、超越的な父親と一人の息子を生み出すために、分離されることになる。そしてその息子は、父親のイメージで、また父親との類似で創られる人間と重なってくる。したがってヘブライの伝統においては、要求や緊張といった人間の条件それ自体が、大きな一貫性を獲得することになる。力強い精神化作用に対して、一挙に、同じように極めて強力な内在性が呼応することになる。実際に、兄弟間の争いのヘブライ的なパラダイムが、活動の主体とするのは人間であって、神ではない。類推によって、ヘブライ文化における父親の超越的な立場——網羅的というわけにはいかないし、また本質にあまり触れているわけでもないが、土地を所有する父親によって象徴される（直接的な例では、族長）——が、オシリスとセトの戦いを絶えることなく開始させるのだ、と言ってよいのかもしれない。爾来、その戦いが人間の兄弟によって体現されるのである。

ファラオの神学的な姿との類似を少し誇張するならば、その一方で父親＝息子という統一体に再構成されたものが、キリスト教の神学の中に現われている、と言えるだろう。そこでは父親と息子が一つの顔の中で結びついている。つまり、イエス＝キリストの顔であって、これは人間的なものと神的なものが結びついているのと同じように、〈父親＝息子、自分自身の兄弟〉の顔と共通点を持っているといえよう。他にもいくつか重要なことを類推することができるだろう。なぜならば、エジプト的概念とキリスト教の概念の間には、とりわけ死と復活（天と地との連続性）のテーマについて、あるいは共同体とその中心に存在する神的＝人間的な人物との同一性(21)という観点で、類似点が豊富に存在するからである。しかしそれはここで取り上げているテーマからわれわれを遠ざけるものであろう。

ヘブライの枠組み

ヘブライの伝統では、兄弟間の戦いは、父親の好意を獲得するために兄弟を対立させる衝突の結果として現われる。そしてその衝突は兄が公認される形で終わり、兄に族長の権威が譲渡される。息子の欲求と嫉妬は父親に対しては――付随的にでなければ――示されない。それが示されるのは、父親のえこひいきを受けることができそうな、あるいはすでにえこひいきを受けた兄弟に対してである。兄弟殺しが弟によって犯されるエジプトの物語とは異なり、ヘブライのモデルでは、その張本人が兄のカインである、と強調することにはそれなりの意味がある。エジプトのモデルは安定性を助長し、ヘブライのモデルは不安定性を助長しているように思えるのである。換言すれば、一方には、規範の確かさや儀礼的な繰り返しを好む静力学があり、もう一方には、不確かさやあやふやな性格の不測の出来事、さらには逆転や改革の連続を優遇する、動力学があるということである。

父親の主権者としての決定や厳しい自然の掟を欠いて、公認を得なければならない息子を指名することが、兄弟間の争いの発端である。「聖書」の中では、選択の目安には絶対的な価値基準がないという風に示されることによって、選ばれる者の選択に関する曖昧さが暴露されている。その一方で、父親のえこひいきに関しては、正確な情報を見つけることができる。「なぜアベルは、私の弟にして私と同等の者なのに、私、カインよりもひいきされなければならないのか?」これがカインに絶えずつきまとう疑問である。「聖書」がこの争いから浮上させるものは、まず第一に、自分と同等の者、弟が自分に与えられるべき好意よりも大きな父親の好意を受けることができる、という認識によって駆り立てられた怨恨である。そして次に、もっと現実的、根本的な次元で、長子であるということの再認識、すなわち族長的な権威の特権を正当化するものである。そしてこれこそが間違いなく、ヘブライの伝統をたいへん象徴的にしている様相の一つである。というのも、長子であるということの特性の中には、集団に対して発揮される権威のカリスマ性が元来備わっているからである。

本来、ある息子に対する父親的なえこひいきというものによって、選択の正当性に関する曖昧さを取り除くことはできない。それどころか、時としてそのえこひいきが、争いの原因となる。これは明らかに、あらかじめ設定されるべき絶対的価値を持つ選択の目安が存在しない、ということによって説明がつく。長子という基準までもが、背かれることもありうる一つの規則と見なされなければならない。というのも、このテーマについて最も明白な聖書の物語によると、通常の長子相続の原理はまったく適用されていないからである。その上、「聖書」は全体として本来の兄に対してあまり寛容ではないように見える。父親のえこひいきが常に兄を犠牲にして示されるということを確かめるには、アベルとカイン、イサクとイシマエル、ヤコブとエサウ、あるいはまたヨセフ、次いでベニヤミンと他の兄弟たちの例を考えてみるだけでよい。モーゼでさえも、彼の兄、アロンと比べると、優位な立場で理解される。気に入られるのはむしろ、本来の兄ではない者たちであるように思われる。だからといってそこに、あらかじめ決められていて、しっかり正当化された原理が見つけられるというわけではないし、またそのえこひいきに対してはっきりした理由を与えるわけにもいかない。その真の理由は、常にどうでもよい理由や、その理由そのものの彼方にある。示唆的な仮説が一つあるが、たぶんこれを証明するのは難しいだろう。つまり、長男ではない者に対して繰り返し示される神のひいきは、かつてエジプト人たちがヘブライ人たちを支配していたことと関係づけられるのではなかろうか、というものである。換言すれば、エジプトの聖職者の特権階級やファラオに対する弟としての関係において、兄ではない者はユダヤの民全部を象徴的に示すようになり、一方エジプト人たちは、象徴的な次元で、兄の立場を占め占めるようになった、と考えられないだろうか。モーゼの姿はこの仮説に有利な手掛かりとなる。

しかしながら、ここでわれわれの興味を引くのは、同等の者どうしが衝突する状況であって、そうした状況は、明確な掟とか、文句なしの規則や原理に則った信仰に従うことを尊重しないときに存在する、ということが確かめられる。実際に、決断的な行為とか、信念や確信に満ちた行為とかは、最終的に、政治的権力のたった二つの正当な基盤である。

聖書のさまざまな実例の中でも、二つの実例は決定的なものである。というのもそれらは兄弟間の敵対関係について二つの根本的な類型論を示すからである。つまり、カインとアベルの物語によって表わされる流血の類型論と、エサウと、イサクの息子ヤコブとの関係で表わされる無血の類型論である。後者の実例はとりわけ、衝突が契約に基づく形態の表現であることを明らかにする。

流血のバージョン――カインとアベル

このバージョンは「創世記」(四、一―一六)の中で語られている。その最も注目すべき要素は次のようなものである。イヴは、人間から生まれた最初の人間、カインを産む(「私はヤハウェのおかげで一人の男を得た」)。次いで彼女はアベルを出産するが、彼はやがて羊を飼う者となり、一方カインは土地を耕す者となる。アベルが主なる神に最初に生まれた何匹かの家畜を捧げると、神はそれらを高く評価するが、カインの捧げ物に対してはそれほどの好意を示さない。カインの心は曇り、怒りに駆られる。もしも彼が正しい振る舞いをしているなら、彼は目を上げることができるだろうが、彼が悪しき振る舞いをしているなら、彼は悪の餌食となり、逆にその悪と戦い、その悪を支配しなければならない、とヤハウェが宣言すると、カインは完全に腹を立てる。野原に行って、カインはアベルを殺す。ヤハウェがカインに弟はどこにいるのかと尋ねると、カインは知らないと答え、自分は彼の番人ではないと付け加える。ヤハウェは彼に答えてこう言う。アベルの血が土の中から叫んでいて、土はカインを呪っている、それというのも彼の過ちで、土はアベルの血を飲み込んだからだ。そこで神はカインを断罪し放浪者の身分にして、彼の生命を守るような一つのしるしを彼に刻み込む。

ヤハウェの土地から離れて、放浪し、厳しく働かなければならないということ、自分がさまざまな危険にさらされているのを知るということ、自分には罪があると感じること、所属のための、もしかすると支配のための、またもしかすると希望のためのしるしを刻み込まれているということ、それらが普通の人間の条件なのだ。そういう状態の中に人間、すなわちカインの子孫は置かれているのである。

弟を殺した者が一つの町を創設し、その町にはエノクという最初の息子の名前が与えられる（「創世記」、四、一七）。そして彼の血筋を引くのが、異教徒の用語を借りてプロメテウス的と形容することのできる系譜である。つまり、職人、芸術家、建造者といった、一般に、人間的才能を代表するすべての者たちのことである。[22] 神が〈アベルの代わりに〉アダムとイヴに授けた三番目の息子、セッとの対比は、ここでは明らかである。「初めてヤハウェの名前に加護を祈った」のは（「創世記」、四、二六）、セツの第一子、エノスから始まるセツの子孫のほうなのである。エノスの血筋からは、大洪水以前からノアに至るまでの族長たちが生まれてくる（「創世記」、五）。カインの殺害行為との際立った相似が、彼の五番目の子孫、族長レメクにおいて見ることができる。二人の妻に向かって歌い上げる詩の中で、レメクは「聖書」の中に記載されている二番目の殺害について言及している。「私は受けた傷のために一人の男を殺した／打ち傷のために一人の子供を殺したのだ。／カインは七倍復讐されるが、レメクは七十七倍復讐されるのだ！」（「創世記」、四、二三―二四）。

流血のヴァージョン――そのパラダイムについての考察

カインとアベルは原初の兄弟である。カインはアベルを殺す。人間から生まれた最初の人間が兄弟殺しを犯すのである。そしてこの最初の兄弟殺しはまた最初の人間殺しでもある。われわれはその検証について思索をめぐらすつもりはない――すでにそのことを思索した偉大な作家たちがたくさんいる。この挿話についての次のようなさまざまな解釈に注目するつもりもない。アベルは羊飼いの、かつ／または遊牧民族の象徴であり、カインは農民の、かつ／または定住民族の象徴なのだろうか。アベルに対する神のえこひいきは、彼の捧げ物が〈命あるもの〉ということの文化的な意味に起因するのだろうか。カインは実存の苦悩の中にとらわれている、人間的条件の代表者と解釈されるべきなのだろうか――そんな風に詩的に主張するのが『カイン』におけるバイロン卿であるが、彼はそこで大部分は、かつての教父のような解釈に由来する道徳的視点を踏襲している。しかしこのような考察はまったくわれわれの観察の対象とはならない。人間的関係にかかわるこの暴力的な導入部は、さまざまな神学的解釈を提起したが、それらを検討することも同様にわれわれは無視する。原初の二人の兄弟間の挿話を、政治的関係のパラダイムに適用するためには、語られている出来事の構造それ自体だけをを考慮に入れるだけで十分である。というのも、われわれにとって重要なのは、解釈の図式を提示するその構造そのものだからである。

争いのモチーフにかかわる最初の重要点は、兄弟のうちの一人に対する神のえこひいき、すなわち弟に優先権を与える選択のことであって、その優先権が神の自由な選択として正当なものであるとしても、気に入られなかったほうにとっては不当なもの、あるいは少なくとも納得のいかないものとして存続する。間接的にではあるが、このえこひいきが巻き込む問題は、権威の譲渡がどのようにして、いかなる正当性のもとでなされるのかを知るということである（神の好意というものは単に人間の企てがうまくいった結果のしるしである、という考えを排除する必要はないにしても）[23]。

この領域において、最も肝心な意味は、カインの子孫としてのわれわれの位置から、時間を遡ることによって把握される。この観点からすると、カインの血統によって成し遂げられた成果と征服は、世界との平和に満ちた、われわれの中の無邪気な意識を破壊するという代価を払ってしか成し遂げられないのだ、と想像することができる。神自身も言うように、その後では必然的に仕事の道具や剣を拠り所とせざるをえない破壊である。それは、内面的な言葉で言うならば、われわれは自分の内なるアベルを殺したということである。そして次のように断言することが可能となる。神に選ばれた者である故人、アベルは「非〃

権力の空間の中に移行し、そこに［……］無限の否定の力、あるいは人を恐怖せしめる力［その強さはそれを生みだした力と同等であるが、そのしるしはそれを生み出した力とは反対である］を移し換える。それは原初の人々のアニミズム信仰的な精神構造においては舞い戻ってくる死者たちの力でもある。そしてカインは権力と同化しながら、それと正反対の空間の中に結びつけられる」(24)。アベルの死後、人間にとって納得できる唯一の先祖とはカインでなければならないはずである。その血統は、同類を暴力で抹殺したという〈抑圧された〉記憶の上に確立する。少し漠然とした、曖昧なやり方で、その血統は部分的にその同類に取って代わり、部分的に彼の空間を奪取する。それはすなわち、彼が不安定と懸念に、また人間の社会的存在および勝利の栄光の中の不完全なものに関係づけられるということである。人間とその血統との間の断絶、人間と神との間の断絶は、神の名前に加護を祈ることによってしか埋めることができない。だからセツが誕生する。というのもセツは信仰的に、また言うなれば並行的に神の名前を唱えることを経て、兄弟愛を確立するからである（しかし聖書の物語の中では、その兄弟愛はカインによって無視されている）。セツの系譜は視線を他のところに、地上よりもむしろ天のほうへ、活動的な生活や物質的な成果よりもむしろ瞑想のほうへそらす可能性を表現しているように思われる。これはカインの系譜と並行関係にある。つまりセツはアベルの代用なのである。したがって故人であるアベルの位置を占めるがゆえに、彼はカインと〈同等〉であり、カインのもう一つの顔、精神的なカインというべきものである。カインの行為がなかったなら、このような置き換えはありえたであろうか。

だからといってこの並行関係は敵意ある対立を意味するものではないし、二つの系譜の間の非両立性を意味するものでもない。われわれがそう推測することを可能にするような聖書の資料はまったくない。セツの中には、神と引き合わせ、神の恒常的存在を思い起こさせるような他者性、あるいは他者性と考えられるものがある。セツに委ねられているのは、ほとんど媒介としての機能だけであって、このセツがいなければ、カインの系譜の人間は原初の過ちのために、神とのつながりをことごとく拒否することや、あるいは神を人間の要求に見合うくらいにおとしめて神を弱体化することしかできないであろう。セツの誕生と、エノスとともに始まるその子孫は、完全な権威によって最初の起源を正当化する基準としての枠組みを完成させる。そしてその超越性、すなわち**第三者**に向かって開かれた側面を形成するのである。

ここで確認されるのは、エジプト人とヘブライ人の比較について、われわれが前のほうで述べたことである。オシリスの殺害とセトの去勢(25)は、自然的なものと超自然的なものを基盤とするファラオの単一的、統合的な姿を称えるような論理に属している。ところがこのような融合は、ヘブライの人物たちの形状には欠けている。

第二の決定的な点は神の存在の必要性、超越性の人格化である。この超越性は、聖書の物語から引き出すことのできるパラダイムにおいては、**内に含まれる第三者**を表わす。したがってセツの立場を無視するわけにはいかないのであって、彼は最も直接的にそれを呼び戻す者なのである。この内に含まれる第三者は、政治学的パラダイムの構造全体を支える効果的な要因である。

カインの反抗は父親に向けられたものではないし、父親の地位を手に入れようとするものでもない。まず第一に、二人の兄弟の自然の父親は、二人を対立させる衝突にはかかわりがない。争いの構造的な空間において、姿を現して、この事件を完全に原初的なものとしているのは、神である。神は超自然的な父親であって、創造する力である（服従や懲罰という角度から見なければ、父親＝息子の争いというパラダイムは、ここでは機能することができない）。この関係は完全に不平等である。なぜかと言えば、この永遠の、目に見えない父親は取り替えのきかないものであって、息子がその役割を奪おうと考えることなど不可能だからである（神のもう一つの顔、あるいは自己的誘惑と見なされる、ルシフェルのような超自然的存在だけがそうすることができるだろう）。争いのモチーフは神の好意に近づくということにかかわる。神は内に含まれる第三者であって、二人の敵対者の関係に意味を与える者なのである。神の存在がより高い次元の規則を形成すると、敵対者たちはその規則に準拠することができる。とはいえその規則は、それぞれ片方の、あるいは同時に両方の自由裁量に由来するものではない。当事者たちの間の合意の不十分さの確認は、兄弟間の衝突に関する聖書の第二のヴァージョンをもとにすると、もっとよい結論が導き出される。エサウとヤコブを対立させる衝突のことである。

無血のヴァージョン――エサウとヤコブ

エサウとヤコブの衝突は極めて複雑である。この衝突は大いなる双子のテーマの端緒となる。二人の兄弟の同等性は、前述のヴァージョンにおけると同様に、当然のことである。エサウが最初に母親の胎内から出てくる。続いてヤコブがエサウの踵をつかみながら出てくる（「創世記」、二五、二五―二六）。共有することも共有されることもかなわない、単一的な権威を維持する必要性が、出産の前に神の助言を聞きに来たリベカに、神が次のように答えることで強調される。お前の中には二人の子孫がいて、彼らは互いに戦うことになるだろう。強い方がもう一方を支配し、兄が弟となるだろう（「創世記」、二五、二三）。エサウは父親のお気に入りとなり、ヤコブは母親のお気に入りとなる。ヤコブは母親の系譜、伝統の中で、血筋を伝える系譜を支配することになる。エサウは、最初に生まれ、父親の好みでもあったので、長男の権利を与えられる。しかし物語の続きは、ヤコブに対する聖書のえこひいきをはっきりと示している。そしてヤコブは、天使との戦いの後、イスラエルの名前を手にし、それをユダヤ民族に伝えることになるのである（「創世記」、三二、二五—二九）。

カインとアベルの物語の逆転、およびそれとの類似が感じ取れる。したがって、アベルを失うことによって、アベルのほうにむしろ好意的な評価が向けられているように思えるのに対して、この双子の場合には、逆に、好意は相手を支配する方に向けられている。前者の場合は、長子権の前触れとなるように思えるえこひいきが弟に向けられるのだが、後者の場合、父親であるイサクは、そのえこひいきを、兄であるエサウに向けるのである。ただしエサウはその後でえこひいきされなくなる（ここでは父親が自然の父親であることを指摘しておこう）。弟殺しを思いついて、弟を破滅させるはずの者は、エサウである。ところが、最初に、兄に対して罠をしかけるのは、ヤコブのほうなのである。

カインとアベルの挿話と同様に、エサウとヤコブの挿話は、数多くの解釈、とりわけ社会秩序の特徴を描いているという解釈の対象になっている。毛深い男、あるいは赤毛の男エサウは、たいへん勇敢で、巧みな狩猟者である。したがって彼は自分の共同体が暮らすテントから離れたところにいる。一方、口のうまい男、あるいはペテン師で、質素で静かな男と紹介されているヤコブは、いつも野営地の、家族の中にいる（「創世記」、二五、二七）。われわれはその事実だけに注意を凝らすことにしよう。

エサウは、疲れて野から帰ってくると、レンズ豆のスープを自分のために料理しておいたヤコブに向かって、それをくれと頼む。ヤコブは承諾するが、ただしエサウが長子権を自分に譲るという条件をつける。空腹感にさいなまれているエサウは一瞬ためらう。そんな権利は自分にとってほとんど重要ではない。さし当たり、自分が欲しているのは食べることだ。そこでヤコブは、自分たちがたった今交わした契約を尊重することを、宣誓によって保証するようエサウに強制する（「創世記」、二五、二九—三四）。レンズ豆の料理の挿話は、父親の祝福の挿話の中に一つの結果を見ることができる。実際に、盲目となり、自分の最期が近づいたのを感じているイサクは、エサウに祝福を与える前に、自分のために獲物を狩りに行くよう彼に頼む。エサウが年老いた父親の望みをかなえるために離れるとすぐに、彼らの話を耳にしたリベカがヤコブを呼ぶ。そして二人は一緒に、ヤコブをエサウの代わりにして、イサクをだます決心をする。二匹の子ヤギを料理し、ヤコブにエサウの衣服を着せた後で、彼女は、エサウの毛深い皮膚をまねるために、ヤコブの手と腕を子ヤギの皮膚で覆う。イサクは息子が素早く獲物を手に入れたことに驚くが、そのペテン師〔ヤコブ〕は自分にはヤハウェの恵みがあったのだと彼に答える。イサクはエサウの声が分からなくなっているが、ヤコブの手に触って確かめると、疑念が消えてゆく。そこで料理を食べた後で、自分の権限を譲り渡しながら、彼に祝福を与える。本物のエサウは、獲物を持って父親の前に現われ、そのごまかしを発見すると、怒りを爆発させ、ヤコブの二重の陰謀、つまり長子権の強奪と、兄のために取っておかれるべき祝福の強奪を告発する。エサウはもう一度祝福をしてくれるように父親に頼む。しかしイサクは、すでにヤコブに譲り渡してしまったので、公認を繰り返すことを拒否する。その瞬間から、エサウは、弟、秩序を乱した者に対して憎しみを感じ始め、彼を殺そうと決心する。兄の怒りを避けるために、ヤコブはメソポタミアへと逃げてゆく。(26)

「創世記」(三二、四以降)には、二人の兄弟にかかわる第三の挿話が見られる。伯父のラバンに仕えて七年とどまった後に、ヤコブは妻たちや自分に従う者たちとともにパレスチナに戻ろうと決心する。エサウは四百人の男たちとともに彼を出迎えに行く。ヤコブは、服従の念と家畜を彼に差し出しながら、彼の足下にひれ伏す。エサウは、その仕草に感動し、家畜を受け取るのを断り、ヤコブを許し、彼を抱きしめる(「創世記」、三三、一―一六)。もっと先の方で、「聖書」がもう一度述べることによれば、この二人の兄弟は、同居するには家畜と使用人があまりにも豊かになりすぎたために、異なる土地に住むようになっている。エサウはセイル地方に根を下ろし、エドム人の系譜の族長となり、一方ヤコブは、イサクの土地、カナンに残ることになる。

無血のヴァージョン――そのパラダイムについての考察

兄弟間の争いのこの第二のヴァージョンは、嘘とごまかしで織りなされた訴訟のようなものとして示されており、根本的に交渉と、規範に対する尊重か非＝尊重かということを拠り所としている。力は、ここでは、不在というよりも、隠されている。力は、犠牲者を共犯的な当事者としながら、間接的に作用する。兄弟間の争いのもう一つ別のヴァージョンは、ヤコブの息子たち、すなわちヨセフとその兄弟たちを戦わせることになる（「創世記」、三七以降）。この第三の争いの横糸が展開させる新たな筋道は、さらに大きな複雑さをもたらすけれども、パラダイムの基本的な内容を変えることはない。

エサウとヤコブの挿話では、兄弟関係の構成はカインとアベルの挿話よりもはるかに洗練されている。この場合にもまた、解釈は数が多いのだが、それらはとりわけエサウの軽はずみの意味や、ヤコブの手管に対する非難の欠如を説明しようとする。また別の解釈は、もっと社会学的なもので、この双子の物語の中に、共同体組織の強い、突然の変化の現われを見ようとする。重要な要因は全部で三つ、つまり、交渉、規範、上からの権威である。

政治的パラダイムに関して、ヤコブとエサウの敵対関係がもたらす重要点は、**合意の**要素の出現であって、これは**規範**の存在と関連づけなければならない。この合意の要素は、存在しない現実の中で、同等の存在を想定させる交渉から始まることによって、虚構というものの形成的な性格を明らかにする。すべての基礎的な協定におけると同様に、このような交渉は現実を覆い隠す。すなわち、最も強い者の意志が最も弱い者に対して、最も抜け目のない者の意志が最も無邪気な者に対して押しつけられるのである。二人の契約者の間のやり取りには、経済的、功利主義的な中身はまったくない。したがってそのやり取りは、物質的な価値においてもまた意味作用においても、提供されるものが異質であるために、均衡を欠いているのである。元来が経済的なものであるレンズ豆の料理は、他の財産に代替することのできる財産である。しかしわれわれの見地からすると政治的次元を獲得している長子権は、逆に、代替えすることのできない、不可欠な、拘束的財産で、しかもとりわけ**スプラー・パルテース**〔当事者を越えた〕財産なのである。

聖書のこの挿話はこれ自体で、他のすべての構成要素を除外して、利益を考える契約者たちの調停だけに基づいた、政治的関係のパラダイムとして役立つであろう。社会契約という仮説によれば、合意は**内に含まれる第三者**という基盤の上に構造化されるであろう。聖書のテクストは、イサクによる祝福の挿話の中で、合意の効力という問題を繰り返すことになる。一方では、イサクによる祝福は契約に付け加えられて、その効力を高める（これが、正統的な**アウクトーリタース**〔保証〕の典型である、とわれわれは考えようとしている）のだが、もう一方では、その祝福が自立的に契約を組み立てるのである。さらに、レンズ豆の料理の挿話では、二人の意志の衝突よりも先んじているとさえ思われるような、規範の存在を無視するわけにはいかない。なぜ一つの契約なのだろうか。その契約を採用する手順はいかなる基盤に支えられているのだろうか。また何がその結果を拘束的にするのだろうか。二人の兄弟の間で取り決められた契約に効力を与えるのは何なのだろうか。ヤコブは、契約を確認し、確固たるものとするために、宣誓を要求するのだが、これは、違反することのできない規範や原則が前もって存在することを想像させる。自然法の学説の信奉者であれば、隠されてはいても、〈自然によって〔生まれつき〕〉義務づけられている原理の存在を探し出すこともできるだろう。つまり、**パクタ・スント・セルヴァンダ**〔契約は監視されている〕

という規範である。

しかし確認すべき重要なことは、直接的な暴力の代わりに、ごまかしが設定されているということである。神が自分よりもアベルのほうを好んでいるということを確認したときの、カインの攻撃的な反応は、本能によって支配されていて、そこには何か無骨なところがあった。ところがエサウとヤコブの挿話では、逆に、状況は似ているのに、本能は消え失せ、もっと洗練された、手管を基盤とするものを介入させている。この一歩前進は、本質を変えるのではなく、ただ手順を変えるだけなのである。直接的に行動する暴力という武器の代わりに、ごまかしと犠牲者の自己欺瞞という手段が設定され、それが間接的に作用するのである。もっぱら手順と形式だけの契約の規範に関して言えば、それは中身をまったく示すことなく、ごまかしを確固たるものとしている。

契約にかかわる規範に関して言えば、それは二人の兄弟の交渉の結果ではなく、戒律によって、あるいは慣習の権威によってあらかじめ定められたものとして現われる。同様に一つの規則の状況に即した成立過程の仮説を提示することもできるであろうが、その場合には規則は、きっかけによって示唆された戦術的＝修辞的な行動の自発的な結果ということになるであろう。前者の場合、すなわち規範があらかじめ決定されている場合には、内に含まれる第三者が、二人の契約者の意志とは無関係な要因として、構成的なやり方でその関係の中に位置を占める。後者の場合、すなわち状況に即した規則の場合には、規範はより強い方の恣意性だけを基盤とするということになるだろう。どちらの場合にも、長子権の所有を正当化する関係確立のためには、当事者たちの間に**単なる合意が明らかに不足している事態**が現われてくる。というのも、規範が合意の結果であるとしても、ある力、ある信仰の権威とか、ある伝統の遵守といった支えがなければ、一つの手順だけでは何ものも正当化することができないからである。その象徴的な資産は十分に強力なものではない。したがって父親の祝福もまた介入しなければならないのである。

兄の叙任に関する祝福の挿話は、一見したところ、契約の交替であるかのように見える、そして長子権に関してわれわれを疑念の中に投げ込む。叙任はどのようにして譲渡されるのだろうか。契約を通してだろうか、祝福を通してだろうか、あるいはその両方の手順を通してだろうか。実際に、テクストに基づくならば、イサクが二人の兄弟の間で取り交わされた契約を無視して、自分のお気に入りであるエサウに伝えようと準備するときから、叙任の効力を保証するためには父親の祝福だけで十分だったように思われる。その上、父親の祝福は極めて厳粛な行為であるので、繰り返すことはできないし、いったんその儀式が完了すると、その結果は消すことができない。それが理由で、イサクは、ヤコブとエサウのすり替えに気づいた後で、自分にはもはやその行為を取り消すこともできないし、エサウのためにそれを繰り返すことすらできないと宣言するのである。

共同体を前にしてではなく、また秩序の堅固さとの関連においてでもなく、契約はただ契約者たちの間でだけ効力を得たのだろうか（したがって、契約者たちがそれを尊重することを認めた場合に限り効力を発揮したのだろうか）と自問しても、ここでは、無益であろう。いずれにせよ、いったん叙任の駆け引きの原理を受け入れたならば、新たな協定の可能性や、資格所有者の絶え間ない変化に直面し、しかも共同体の堅固さを害するがゆえに、その権威ははかない、蒸発するような、偶発的なものになってしまうと考えることができる。そこで合意を、承認するのではなくして、強化するために、父親の祝福が介入するのである。

「創世記」はこの父親・族長の祝福を、叙任の決定的瞬間として示している。したがって、次のことを確認せざるをえない。兄弟間の争いは、父親的な条件が内に含まれる第三次元のように設定されるだけでなく、それが秩序の上の権威として直接に介入することを要求する、と。実際に、秩序の上の権威という機能が検証されるのは、イサクの意図はエサウの叙任を行なうことだったという、まったく理屈の通った推測によってである。もしもその叙任が、すでにヤコブに与えられている叙任に追加されたとしたら、彼の願望の結果は明らかに衝突を引き起こしたことであろう。同様に、ヤコブが父親をだますということがなくて、父親がエサウだけに祝福を与えたとしても、もっと微妙なやり方にはなるが、やはり対立状態を確認することができたであろう。後者の場合には、二つのタイプの認知の間で、対立は明らかにイデオロギー的なものになったはずである。一方は、契約に由来する、偽りの認知で、そこには内在的な不安定性からくるあらゆる危険が付いて回るだろう。もう一方は、族長の祝福に由来する本物の認知である。

しかしながら、イサクは二人の息子の間で交わされた契約の存在を知らなかった。それに、もしも彼がそれを知ったとしたら、彼はどのように振る舞ったか、ということなどわれわれには分からない。聖書のテクストを文字通りに取ることでよしとする場合、記憶にとどめておかなければならないのは、お気に入りの息子と入れ替えがあったのに、イサクの心には、一時的な、しかも軽い失望しか起こらないということ、および、ヤコブは父親の側からのいかなる処罰行為も、否認も受けないということである。ヤコブは去って流謫の身となるが、それは父親によって追い出されたのではなく、父親が死んだら弟を殺してやると宣言したエサウの怒りから逃れるようにと、母親によって駆り立てられたからである（「創世記」、二九、四二）。またイサクはヤコブが去るときに、もう一度彼を祝福する（「創世記」、二八、三）。パラダイムの図式では、内に含まれて、かつ秩序の上の第三者であるイサクは、終始一貫して、統一性や集団の連続性、すなわち集団を永続させる権威や、礎としての伝統を絶対的に保証するものであることが判明する。

パラダイムについての結論

ある人たちは政治というものをもっぱら垂直的な意味で、すなわちヒエラルキーとして考察する。別の人たちは政治をもっぱら水平的な意味で、すなわち同質のものどうし、あるいは異質なものどうしの均等な関係として考察する。両方とも、これら二つの立場は現実の一部を隠している。われわれの分析によるならば、明らかに父親＝息子のパラダイムは垂直方向と結びついており、一方、兄弟のパラダイムは垂直方向も水平方向も同じように表現している。実際に、兄弟のパラダイムは平等を実現させていて、そのテーマは兄弟および同類である。同時に、兄弟のパラダイムはヒエラルキーの差異をも考慮に入れる。というのも、兄弟関係は共通の先祖を拠り所とするからである（人が同等でありうるのは自分自身と比べるからではなく、何かあるものと比べるからである）。

要するに一般的な政治的関係の構造を組み立てているこの**二重の軸**について、何らかの説明を加えるためには、前のパラグラフで述べたいくつかの問題点を蒸し返さなければならない。それらを手短に掘り下げて、補完することにしよう。

政治的な角度から見れば、父親＝息子のパラダイムの中には強力なイデオロギー的痕跡を指摘することができるだろう。事実このパラダイムは父親を権力の保有者として見るように強いるのであり、したがってそれは、原初の政治的な平等性という状態をア・プリオリに除外することを前提としている。このパラダイムはまた、民主主義的な要求によって表現される平等主義の原理との際立った対照をも示している。つまり裏を返せば、原初の平等主義の廃止を想定しているのであって、平等主義はいわば、父親の地位の保有者によって見捨てられたようなものである（ここではわれわれは、歴史の流れの中で、民主的な自由主義を君主的な絶対主義と対立させた古典的な交代劇に直面している）。その下に隠されていて、政治的関係を説明する真の鍵となる、兄弟関係の構造を発見するならば、父親＝息子のモデルのイデオロギー的痕跡は消え失せる。

その時に課せられる疑問は次のようなものである。息子の役割を象徴的に演じている者に向かって秩序の上に立つようにして、父親の役割を象徴的に演じているのは誰なのか。父親のような人物は先天的に何を所有しているのか、彼を息子のような人物と区別するのは何なのか。息子のような人物もまた、自分の中に力を集中させ、異なった者、すぐれた者となる同等の存在ではないのか。彼は、実際には、一人の父親ではなく、一人の兄弟であるということにはならないのだろうか。兄弟間の争いのパラダイムが説明を提示しうるのは、まさしくこのような方向においてである。この兄弟間の争いのパラダイムは、父親＝息子の争いのパラダイムと現実的な対照を生じさせるのではなく、それを実質的に深めている。政治的な角度から見れば、兄弟間の争いのモデルは、政治的関係がもっと過激になった時期から採られているのだから、父親＝息子のモデルについての一つの説明をも提示しているのである。つまり、兄弟のパラダイムは、父親＝息子のパラダイムをも説明しているということなのだ。

原初の平等性を呼び戻すということがじかに示しているのは兄弟関係のモデルであって、これは**第三者**、父親の存在を必然的に含んでいる——いやしくも兄弟であるからには、それは必ず息子であるという単純な理由からである。これは争いに関して二つの原初的なモデルの間で矛盾することのない、時間を経た後の様相である。言うまでもなく、兄弟姉妹の原理は、訴訟に関わることであろうとなかろうと、常に第三者を含んでいるのであり、また秩序の上の基準と比べて初めて平等性について語ることができるのである。父親の顔がまさしく**スペル・オールディネム**〔秩序の上の〕**第三者**の顔を形成するのである。この原理はプラトンの『法律』の中で述べられているのだが、彼は兄弟間の友愛を個人指導する必要性を提起した後で、秩序の上の顔、つまり〈友愛の番人〉[27]という概念を磨き上げる。

自然法の理論にかかわる近代の学派は、すべての人間のこの原初的な平等性を拠り所としたが、その認識は単なるイデオロギー的な段階を越えてはいない。というのも自然の平等性は絶対的なものの中で考察されるからである。ところで、自然法にかかわる最も思慮深い理論家たちは、平等の概念が何かあるものとの関連でしか理解されえない、ということに気づいていた。実際に、二つ以上の項目、二人以上の個人は、概念的にこれらを包括している一つの**ゲヌス**〔種属〕、あるいは一つの**スペキエース**〔生物種〕の枠組みにおいてのみ平等と言われうる。したがって、自然法の支持者たちにとって、人間どうしの原初的な平等性は、自然との関連で、あるいは理性との関連で、ということはつまり、「啓蒙思想」が主張するように、法律との関連で設定されているのである。法律が自然や理性と一致するということは言うまでもない。だからわれわれは常に、秩序の上に立つ第三者との関連で定められた価値とともにあるわけである。トマス・ホッブズの政治哲学は、その最も明快な理論化をわれわれに示すものであって、そこには第三者を考慮した契約としての社会契約が構築されている。彼の後では、ジョン・ロックが、**スペル・パルテース**〔当事者の上の〕裁判機関を想定しながら、法的身分の中に含まれる第三者の原理を導入する。

すでに述べたような、精神療法的な角度から見るならば、父親＝息子という関係のパラダイムはしばしば、絶対君主制、独裁制、あるいはその特徴を強調しつつ、全体主義、さらにはもっと一般的に、民を主権者に服従させ、被支配者を支配者に服従させることを基盤とするあらゆる政治形態の、制度的な構造を象徴的に説明するための拠り所とされた。ただし、機械論的であろうと、生体論的であろうと、その絆が決定される意味合いはいかなるものであってもよかった。革命という観念――これは「啓蒙思想」の歴史主義や進歩主義から着想を得ている――を〔社会的次元で、あるいは政治的次元で〕練り上げたり、適用したりする理論はすべて、父親の監視から自由にならなければならない、息子のパラダイムを拠り所とする。政治的な子供は、政治的な父性に反抗するのである。「教会」から大いなる君主制に至るまで、父性というものは権威の最も高度な保有者の属性として認識されたのであり、それは同時に彼に責任を持たせるということも正当化している。父親的温情主義《パテルナリスム》という言葉に関して言えば、これはそれ以降、政治的語彙の中に正当な権利として現われるようになる。

このパラダイムによって、民主主義の政治形態も同様に説明することができるのだが、それは平等な者どうしの関係を考え出し、その結果として市民は権力の前に平等であるがゆえに政治的には兄弟のように見えてくる。また父親的権利のような、選んだものではなく前もって決定されている権威からの束縛を受けないがゆえに自由なものに見えてくる（〈自由、平等、友愛〉はフランス革命を起こした人々のスローガン、三つのキー・ワードである）。父親というものは人によって、神によって選ばれるのではなく、与えられるのである。だから、フランス語のこのスローガンの通俗的な解釈は、次のように結論せざるをえなくなる。政治的な父親から自由になった息子たち、この場合には民主政の市民たちは、父親＝息子のモデルにしたがって、彼ら自身の父親と見なされる、と。そうでなければ、彼らは孤児の集団を形成することになるだろう――しかも、それは父親殺しの集団ということになるだろう(28)。

さまざまな政治形態に関して、兄弟間の争いのパラダイムは、父親＝息子のパラダイムよりも深く問題を掘り下げている。しかも、一見したところでは、むしろ父親＝息子のパラダイムに似通っているように見える、専制君主のようなタイプの体制が問題となるときでさえもそうなのである。たとえそれが絶対君主、独裁者、圧制者であれ、あるいはあらゆる形態の反動であるとしても。したがって、権力によって生み出された不安（ドイツ語の**アングスト**〔不安〕という単語のフロイト的な意味において）、権力に対する反動、権威に対する服従および無関心は、平等性によって均等である状況から抜け出した一人、あるいは何人かに対する兄弟たちの態度として説明されるのである。兄弟間の争いのパラダイムをもとに分析される不安は、それを制御する方法を考慮すると、[29] さまざまな政治形態について次のような類型論として表わすことができる。

—絶対君主制においては、権力は、伝統的で儀式的な**周知の**規則を基盤としているのだが、そうした規則が主権者の行動を十分に予測可能なものとする。その絶対君主制においては、主権者を前にした臣下の（すなわち、あたかも父親であるかのように振る舞う兄を前にした弟の）不安は、**恐れ**と定義されうる。この場合、苦悩は退行によって昇華されうる。

—独裁政治、あるいは専制的政治形態においては、不安は、不規則に割り当てられる**主観的**、**自然的な恐怖**と定義されうる。というのも権力は、明確な行動原則をまったく持たず、予測不可能な態度を採用するからである。この場合、苦悩が昇華されることはありえず、それは抑圧されるだけである。

—全体主義の国家においては、まさに集団的恐怖が支配する。しかもそれは架空の敵、あるいは政府そのものを前にした**激しい恐怖**である。この場合には、不安は一様に拡散する、そして昇華されることはありえず、移し替えられ、いわば**外在化される**。

—最後に、民主主義国家においては、不安は拡散して、細分化される。というのも不安は、時間の中で引き延ばすような訴訟的メカニズムによってコントロールされるからである（異議のために保留される空間の存在と、多様な政治的集団による権力交替）。不安は、この場合には、自然的、状況的な**不満**のようなものに見えるかもしれない、またそのことで不安は合理化によって昇華されることが可能となる。退行、抑圧、移し替え、合理化によるこうした昇華の形態は、すべて精神的抑制の力学に属しているものであり、われわれのパラダイムの中で前提とされている。

そこで今度は、兄弟のパラダイムの構成と、このパラダイムの特徴である二つの軸の性質を、もっと近くから検討することにしよう。歴史の記憶が習慣的な象徴作用を構成する形式である場合を除くなら、神話や聖書の源は、もっぱら歴史の記憶の中だけから汲み出されるわけではない。神話の源や古代の物語はすでにそれらのパラダイム的な鍵を含んでいる。キリスト教の初期の年代に提示された解釈は、はるかに明白にこの方向へ進んでいるのである。この問題に関して、われわれはミラノのアンブロシウスの『カインとアベル』に触れた〔原註(24)〕のだが、これは東洋の神学に近い感性によって、二人の兄弟の物語の内面的な読み方を示している。その読み方と、聖イレナエウスの読み方を対比することもできるであろうが、こちらは外面的に表現され、アベルの殺害を次のようなものとして解釈している。「このことが意味するのは、その瞬間から、ある者たちは迫害され、抑圧され、殺されることになり、一方では、不信心者たちが正しい者たちを殺し、迫害するようになるということである」[30]。換言するならば、常に迫害する者たちと迫害される者たちが存在するようになるのだが、後者のほうは、アベルのように、その正義の境遇を誇りとするわけにはいかないということなのだ。なぜなら、その功績が彼らのもとに戻ってくることはないからである。

寓意的な解釈学によっている数多くの説明の中でも、われわれが想起しているのは聖アウグスティヌスの説明であり、これは神学的枠組みの中で、歴史と政治に兄弟間の争いのパラダイムを直接に適用している。カエサレアのエウセビオスによる『年代記』[31]から着想を得て、アウグスティヌスは二組の兄弟、カインとアベル、ロムルスとレムスを比較する。ロムルスとレムスは、エサウとヤコブのように、双子であって、一方は太陽を象徴し（ロムルス）、もう一方は月を象徴する（レムス）[32]。エサウとヤコブは人間の黎明期に、ロムルスとレムスはローマの黎明期に支配した、世界の支配者であって、註釈学者たちは彼らを政治的な**ウーア**〔原初〕の現われと見なしている。したがって聖なるテクストと伝説との間の並行関係ということになるのだが、その中では政治的な神話と、前提とされるべき史実性の**アウクトーリタース**〔保証〕が混じり合っている（アウグスティヌス自身は、史実性が空想力によって組み立てられた混ぜ物にすぎないとはっきり強調している）[33]。

ロムルスとレムスの伝説では、カイン＝アベルの挿話の殺害と、エサウ＝ヤコブの挿話の双子であるということが一つになって結びついている。カインもロムルスも都市の創設者であり、二人とも弟殺しである。地上の国と天の国を対比させる理論家、アウグスティヌスにとっては、一つの都市の創設と、暴力的な行為とを関連づけるのは極めて簡単なことである。ローマを建設するときに双子の弟を殺すロムルスの行為は、エノク、すなわち善なる者と正しい者の土地から分離された都市の創設者であるカインの中に、その象徴的な前例を見出すことができる。カインとロムルスの振る舞いを説明する要素は、嫉妬と弟殺しの魂である。それらの役割の逆転のことも同じように検討しなければならない。聖書の物語とは反対に、雌オオカミの乳によって育てられた双子の場合には、弟を殺す者は嫉妬深い人間ではなく、妬まれる人間である。アウグスティヌスにとってはこの犯罪――これは必然的なものである――が、地上の国の象徴、異教徒の国ローマを生み出したのである。この犯罪が長い鎖の最初の一つの環となり、その展開に伴ってこの「都市」の歴史全体が連ねられてゆく。歴史についての神学という角度から見ると、創設者のこの犯罪は善に勝る罪ということになる。われわれの場合には「国家」の創設と言うこともできるであろうが、都市の創設というものは、**レメディィウム・ペッカーティー**〔犯罪による救助策〕なのである。しかしながら、兄弟の衝突はその救助策の中で、政治的闘争、征服、反乱、戦争という形で続いてゆくのであって、ローマの歴史はその典型的な実例を示している。アウグスティヌスが、ユダヤ教＝キリスト教の出典をもとに研究し、兄弟間の衝突に出会ったということ、またそれを使ってローマ創設の伝説を説明した、ということは自然なことであった。彼は父親＝息子のパラダイムを拠り所とすることはできなかったが、これは彼の研究対象の異教徒的な性質に適するものではなかった(34)。

アウグスティヌスはとりわけ、原初の二組のカップルによる行動のモデルと、政治的な観点との間に緊密な関係を打ち立てること、また歴史の視点と同様に道徳的な神学の視点をもたらすことに貢献している。しかしながらアウグスティヌスは、縁続きであるかもしれない他の行動の次元と比べて考察されるべき、政治的次元の特殊性については考えることができなかった。

ドメーニカ・マッツの著作、『横領者のコンプレックス』は、私の知る限り、兄弟間の衝突を最も明快に権力関係のモデルと見なし、また同時にその象徴的な意味作用を浮き彫りにしている。精神分析理論のような分析を通して、この書物が練り上げている原理によれば、それぞれの政治的権力（その正体がいかなるものであれ）は、自らを形成するために、それ自体の正当性がひっくり返るような不確かさの上に築かれているという。正当化の必要性は、どんなタイプの政治的権力によっても強く感じ取られるものである。それは、権力を保有することが原初の平等主義の均衡を打ち破った横領行為に基づいているという、程度に差はあればぼんやりとした感覚から浮かび上がってくる。カインによって犯された弟殺しが象徴的に説明しているのは、まさしくこのことなのであり、カインは自分よりも優遇されていた弟を排除するが、しかし失われた均衡は再構築することができない。ひとたび歴史の中に導入された特権は、「この上なく反兄弟的なカテゴリー(35)」であって、それは構造的な空間を保持しているのである。その恩恵を享受する者は、横領者としての自分の〈コンプレックス〉を隠すと同時に、明らかにしている。この命題はヘーゲルやカール・シュミットによる古典的な理論化の直系に属するものであり、ドメーニカ・マッツが、すべての憲法制定議会によって要求される正当性への主張に一貫性がないということに関して、彼らを取り上げるのは、偶然のことではない。憲法に則って政治的秩序や制度を設立する者は、原初的な町の創設者たちと同様に、〈横領者〉となるのを避けるわけにはいかないのである。

現代におけるネオリベラリスムの動向の中では、第三者を排除し、政治的均衡を主体たちの合意のみに依存させようとする傾向が拡散している。歴史的な角度から考えられたこのようなイデオロギーは、本質的にキリスト教プロテスタントによる非宗教化のプロセスにまで遡る(36)。ひとたび超越性との関係が、個人と神そのものとの対峙に限定されたならば、神的なものは後方に移行し、非宗教化した個人の意識どうしの関係しか後に残らなくなる。しかし聖書の原典に従って原初的な関係のパラダイムを再構成するという視点から見ると、排除された第三者というネオリベラリスムの命題はむしろ部分的なものに見えるのである。つまり、この命題は、セツの誕生を許した神の意志をあまりにも闇の中に隠してしまっている。そしてセツの役割は断じてカインの役割と張り合うことではない。セツは第三次元というものの存在のしるしであって、彼に割り与えられた仲介者としての機能は、構造的な面において、エディプス的なモデルの中で作用している展望との類似を示すことに他ならない。というのも、このエディプス的なモデルは、父親＝息子の両極性に近づけられなければならないのに、第三次元の基準を奪われてはおらず、より完全なモデルの一種の残り滓のような要素を提示するからである。

エディプス神話の中にどちらかというと側面《アー・ラテレ》から現われるこの様相は、フーゴー・フォン・ホーフマンスタールの作品の中で強調されている(37)。テーベの国王、ライオスは息子のエディプス――彼はライオスが自分の父親であることを知らない——に殺されるのだが、その死後に、この町の住民たちは、人間をむさぼり食う謎の、御しがたい存在、スフィンクスによって脅かされ、自分たちとこの怪物との間に割って入る新たな国王を必要としている。したがって、一方には互いに平等である住民たちがおり、もう一方には通行人に謎をかける押さえがたい存在がいる。第三者に助けを求めることは義務的であるということが明らかになる。この義務を政治的に読み取るならば、この義務が示すのは、住民たち、すなわち平等な兄弟たちの集団が、自分たちだけで内的な調和に満ちた、安全な状態を維持できるのかどうか、住民たちだけでスフィンクスに立ち向かうことがないようにするために、第三者の権威が必要なのかどうかを知るという問題と結びついているということである。第一の問題に対する答えは否定的であり、第二の問題に対する答えは肯定的である[38]。スフィンクスは、テーベの住民たちだけでは解決することのできない謎である。その謎は、政治的関係が確立される二つの軸、つまり、競争の軸と、結合の軸の均衡を保つ点なのである。前者が後者を押し殺すほど優位を占めないようにするには、どのようにしたらよいのだろうか。衝突の軸を、秩序と内的平穏の軸で緩和するにはどのようにしたらよいのだろうか。

われわれが問題にした構造的な類似は、かなりはっきりしている。テーベの人たちが自分たちとスフィンクスの間に割って入る権威を必要としていることは、セツの系譜に割り当てられたヤハウェに対する祈りの役割と並行関係にあって、それは人間の系列（限定して言えばカインの系列）と神の権力との間に一種の媒介を打ち立てているのである。

結局のところ、理解吸収されなければならないのは、われわれが強調した点である。すなわち、政治的関係は構造的に二つの座標の上に構築されるということである。水平座標は同等の者（兄弟）どうしの関係を考慮に入れ、垂直座標（父親）によって補完されるのであるが、その垂直座標は優位性を反映させ、水平座標に動機と意味を与える。秩序の上の権威（秩序や統合の原理、イデオロギー、信仰、など）の認識によって表わされる垂直性が、今度は、従属するものの構造上の位置によって表わされる水平性を反映させるのである。二つの座標の一方を無視するような説明はすべて必然的に間違いであることが明らかになる。パラダイム的な二つのモデルのうち、兄弟間の争いのモデルのほうが完全であって、奥が深い。なぜならばそれは二つの座標を含んでいるのに対して、父親＝息子のモデルは水平座標を黙殺する傾向があるからである。表面的には、兄弟間の争いのモデルはもっぱら水平座標の上に構築されている。ところが実際には、すでに述べたように、どうして父親が兄弟の一人によって構造の中に占有された立場に他ならないのかを示すことによって、このモデルは父親＝息子のモデルをも組み込むことができるのである。この兄弟間の争いのパラダイムは、二つではなく、三つの項目に作用する。それは三角形で示されうるもので、その頂点の一つは秩序を越えた第三者と結びついている。それ自体としては、この第三の項目は決して衝突の主体ではない。ところがそれとは逆に、他の二つの項目はそれぞれ、衝突の主体となる。〈秩序の上の第三者〉という表現は、当然のことながら支配的、威圧的な第三番目のものを指し示すのではなくて、むしろ権威や調和の原動力である一つの次元を指し示すのである。

そうすると問題は、その第三者が現実には父親を示しうるものなのかどうかを知るということになるだろう。父親というものはまた、共有される原理の総体とか、イデオロギー的な権威によって象徴化されうる、ということを思い起こしてほしい。私はこの問題に対する答えは否定的であると考えている。何ものも、また誰一人として、〈現実の〉父親であると主張することはできない。この点に関しては、カール・シュミットの見解に同調しなければならないのだが[39]、彼によると、どんな政治的な秩序も「超越性に対して開かれた口」を必要とするのである。この角度から見ると、原初の兄弟殺しに関する聖書の挿話はおそらく、カインが超越性の存在を尊重しなかった、その象徴を認めなかった、秩序の上の第三者の不可侵性を尊重しなかった、ということをを示しているのであろう。要するに、彼はアベルの中に「犯してはならない具体的な規則」[40]を見なかったということなのであろう。いずれにせよ、この超越性に対して開かれた口とは、目に見えない一つの次元、**第三者**の空白の位置として考えるべきであって、これを、**シンボル**ム＝**レース**〔象徴＝物〕の物質的形態においても、精神的＝感情的な形態においても、**目に見えるもの**にしなければならない。したがって奪われた**象徴**を通して表わされるものにしなければならない。個人的には、秩序の上の権威の類型論は、結局のところ、われわれがすでに論じた三つの指示的な秩序にまで遡る、と私には思える。つまり、信仰や共有される原理の尊重、最も強い者による束縛、伝統や慣習への委託である。それに反して、政治の合理的な基盤については、完全に規制的な基準という形でなければ、論じることはできない。だから拒絶しなければならないものは、絶対的に、普遍的に正当で、目に見える、創設的な第三者が存在することを主張する極端な立場とか、政治的関係の創設において第三者が存在しないことを主張する対立的な立場とかである。この第三者を、その権威によって同等の者どうしの間に生じる対立を緩和する一つの構造的な空間と見なすことは正しいと思えるのである。

締めくくるにあたって、いくつかの重要点をまとめることにしよう。

1　秩序の上の次元は衝突に陥りやすくはないのだから、これは**パルス**〔部分、当事者〕ではなく、**スプラー・パルテース**〔部分、当事者を越えて〕いる。これは象徴としてのみ感知され、体験される。それが理由でわれわれは、一方では、カインとアベルの物語における神、あるいはエサウとヤコブの物語におけるイサクの**人格化された**、**明確な**立場を明らかにし、もう一方では、ファラオの神学的な姿の**統合された**立場を明らかにしたのである。

2　秩序の上の次元（第三者）は、その空間が敵対する**パルテース**〔複数の部分、当事者〕の一つによって占有されえないという意味で、征服されることはありえない。第三者の空間が侵略、あるいは占有されるたびごとに、秩序を越えた次元が他のところに移動して、**スペル・オールディネム・エト・パルテース**〔秩序と当事者の上の〕その立場を保持するのである。それに反して、秩序の上の次元が欠けてしまうと、完全に形の上だけの仮説のようなものとなり、政治的関係の不存在、すなわち絶対的な対立が予想される。

3　秩序の上の次元は政治的な合法性を表現している。それは、政治的な秩序がいかなるタイプのものであれ、当然の、道徳的、法的な主張をすべて排除する。政治的な正当化とは、次のような動機の一つ、あるいはすべてを受け入れた結果である。a　それが信じられているから。b　それが力で押しつけられたから。c　それが慣習と史実性によって伝えられているから。秩序の上の次元を排除するとしたら、今述べた三つの動機のうちの一つを、それとは特定することなく隠しているであろうイデオロギー的な見解に属するほかないのである。またそのように排除するとしたら、唯一正当であると見なされる選択がすべて恣意的なものであるということも明らかにされる。

4　秩序の上の次元（第三者）は、同等性を**保証するもの**である。というのもそれがすべての人たちの間に共通の基準を据えるからである。その基準の性質はさまざまである。

——その基準は、一つの「教会」の信徒たち、あるいは一つの神学的「国家」のメンバーを結びつけるような友愛を生み出すことによって、神聖な＝超越的なものとなりうる（われわれはこの場合には純粋な**政治的神学**の中で動き回ることになるだろう）。

—その基準は、政治的イデオロギー、あるいは政治的形而上学のように提示される、内在的原理、さまざまな立場や観念の総体となりうる。これは、**ユース・ナートゥーラーリス**〔自然法〕に関する近代学派の人間的本質という概念の場合であって、ここから現在の自然の平等性という概念が生じてくる。あるいは「啓蒙思想」にとって重要な理性という概念の場合であって、ここから理性的存在の平等の原理が生じてくる。しかし祖国、国家、社会階級の原理といった、他のいくつかの原理のことを考えることもできる。

—秩序の上の次元は、民主主義の枠組みの中の議会の場合のように、一つの、あるいはいくつもの**制度的な**構造の中に組み込まれることもありうる。

5

もしも最初の、あるいは自然な平等を想定するならば、兄弟間の争いのパラダイムは、兄弟の一方がもう一方よりも優位に立つ傾向があるという事実を明らかにする。しかしわれわれは、水平座標に垂直座標が付け加えられるということを理解した。そのことによって、どうして一つの秩序が、当事者どうしの単なる合意を基盤とすることができないのか、原理や秩序を越えた力なしに、どうして政治的連合が不可能なのかが理解可能となる。だから、秩序の上の権威という原理が排除されると、同等の者たちのうちのどちらか一方のための正当性の原理も、変わることのない均等な次元のための正当性の原理も存在しなくなる。その結果、当事者どうしの合意が正当化という形態を形成することはできなくなる。

〈兄弟〉という言葉の同義語であるかの如く、われわれは頻繁に〈同等 égaux〉という言葉を用いてきた。政治的文脈においては、〈平等 égalité〉はイデオロギー的な用語である。〈法はすべての人にとって同じものである〉が〈特権〉と対立するのとまったく同様に、平等は差異と対立する。一見すると、平等な状態に呼応するのは調和と平和共存であり、その一方で〈個人どうしの〉差異が衝突や闘争を生み出しているかのように思える。ところが実際には、兄弟間の争いのパラダイムによってその逆のことがはっきりと示されるのである。政治の領域において、秩序の上の第三者がかかわらないような平等の境位は、まさしく、第三次元の空間を占有するための競争や衝突を引き起こすのである。それに反して、はなから衝突状態と見なされるような、差異的状態は、調和や協力のための条件であることが明らかになる。

調和＝協力と競争＝衝突は、政治的関係の二つの軸〈垂直と水平〉の上で共存している。この二つの軸は、互いに交差し合い、互いに浸透し合う規模を表わしている。というのも、一方の軸によって示される動きは、もう一方によって表わされる動きがなければ、存在することができないからである。〈兄弟間の〉パラダイムと〈父親＝息子〉というパラダイムを読み解く二つの鍵によって、この概念は解明される。**〈兄弟間の〉パラダイムを読み解く鍵**。その水平軸においては、父親を同じくする息子たちでなければ、兄弟ではありえないという原理に従い、共通の父親、すなわち秩序の上の第三者を尊重することによって、衝突は鎮めることができる。ということはつまり、兄弟間の同等性を前面に押し出したパラダイムによれば、同等の者どうしが結局は自分たちを互いに異なったもの、ゆえに衝突の危機をはらんだものとして認識する以上、衝突は水平的次元で生じるけれども、**調和**は父親＝息子の関係〈垂直座標〉によって獲得されるのである。この場合われわれは、兄弟が父親から、すなわち異質な、秩序の上の第三者から見て**同等であるが**、逆に彼ら相互の関係においては兄弟は**異なるもの**と見なされなければならない、と言うことができる。

〈父親＝息子〉というパラダイムを読み解く鍵。この場合には、**調和**は異なる者どうし、すなわち父親と息子との間の同意、したがってある当事者による別の当事者への従属を受け入れることからしか生じてこない。それゆえ、前例と同様に、調和は垂直的次元において獲得されることになるが、一方で、**同等性**は、父親と息子との間の差異が還元できないものであるがゆえに、引き延ばされた形、すなわち時間的な連続の中で、息子が今度は自然の連鎖の中で（歴史主義的な時間性により）父親となるときにしか考えることができない。衝突に関しては、前例のパラダイムとは異なり、垂直的次元で弁証法のように展開されることになるのは明らかである。

終わりに、父親＝息子のパラダイムは**閉ざされた秩序**を打ち立てると述べておきたい。というのも、これは前もって設定されている、ほとんど機械的ともいえる線状性（父親＝息子の連続、およびこの人からあの人へという置換）を再現するからである。父親＝息子のパラダイムは通時的な時間の構造を表わしていて、競争的というよりもむしろ権利要求的な衝突関係を感じさせる。それに反して、兄弟のパラダイムは**開かれた秩序**を打ち立てるのだが、その秩序の中では、まさしく第三者の次元が、さまざまな決定の可能性とともに、超越性へ向かう開口部を保証する。兄弟のパラダイムは通時的、一方向的な時間性を表わすことはないが、創設的な共時態を認め、権利要求的というよりもむしろ競争的な、多様な形の衝突関係を表わす。とはいっても権利要求的な衝突の可能性を排除するわけでもない。

兄弟間の衝突のパラダイムにおいては、政治的権力の基本的構造がすべてそのまま古代エジプトの典拠の中で前もって示されている。暴力の要素は、ヘブライの最初の典拠（カインとアベルの関係）の中に見出される。一方、第二の典拠（エサウとヤコブの関係）の中に現われてくるのは、間接的な暴力、すなわちペテンとイデオロギーであって、これは抑圧のような形態の合理化、すなわち規則とか、法的規範の如きものなのである。

原註

（1）象徴的パラダイムという言葉によって、その本質が奥深くにある関係や条件を説明するような、一つの構造的図式と理解されなければならない。ユングのような立場に基づいて、再生的な、つまりは原型的な価値を強調することもできる。本書所収のクラウディオ・ボンヴェッキオのテクスト〔訳書一三五ページ〕を参照。
（2）Freud, *Totem et tabou*, S. Jankélévitch 仏訳, Paris, Payot, 1947.
〔ジグムント・フロイト、西田越郎訳、「トーテムとタブー」、『フロイト著作集3』、人文書院、一九六九年〕
（3）*Ibid.*
（4）ルネ・ジラールによる『トーテムとタブー』の批判的な読み方を参照。*Des choses cachées depuis la fondation du monde*, Paris, Grasset, 1978.
〔ルネ・ジラール、小池健男訳、『世の初めから隠されていること』、法政大学出版局、一九八四年〕
（5）Theodor W. Adorno, *The Authoritarian Personality*, New York, Harper and Row, 1950 を参照。
〔テオドール・ヴィーゼングルント・アドルノ、田中義久・矢沢修次郎訳、『権威主義的パーソナリティー』、青木書店、一九九八年〕
（6）Herbert Marcuse, *Éros et civilisation*, Paris, éd. de Minuit, 1963 を参照。
〔ヘルベルト・マルクーゼ、南博訳、『エロス的文明』、紀伊國屋書店、一九五八年〕
（7）しかしながら、母親を同じくする息子たちの争いの例もないわけではない。コロンブスによる大陸発見以前のメキシコの神話では、頰に鈴を付けた女神、コヨルシャウキが、母親のコアトリクエを殺そうとしたために、弟のウィツィポチトリによって体を八つ裂きにされる。とはいっても、この神話の中には、母親的な愛情に対する絶対的な尊重という要素が現前することを指摘しておこう。
（8）エジプト文化の全体的な姿に関しては、Silvio Curto, «L'antico Egitto», *Società e costume*, vol. IX, Turin, Utet, 1981 に所収、を参照。
（9）われわれがほのめかしたもっと古い概念に関する調査と、極めて重要な文学的テクスト——中でも『エジプト人シヌヘ』の物語は最も有名である——の数々を通して構築されているつながりは別として、エジプトの宗教とヘブライの宗教の間の神学的な連続性についての特殊な典拠に関しては、「詩篇」、「ソロモンの雅歌」を含めた聖書の数多くのシーンを、エジプトの詩的文書と比較しなければならないだろう。二つの民族の間の文明的連続性という命題は、研究者たちの間に多くの信奉者を得たが、彼らは十九世紀から、モーゼという人物の分析を通して、このモーゼが実際にはファラオの宮廷で育てられた一人のエジプト人であると考えるようになったのであって、これは聖書の伝承によっても確認される。一般的な観念を作り上げることと、そのための文献的な指示を引き出すのが目的であれば、次を参照せよ。H. Bonnet, *Reallexikon der ägyptischen Religionsgeschichte*, Leyde, 1952; Georg Ebers, *Ägypten und die Bücher Moses. Sachlicher Commentar zu den ägyptischen Quellen in Genesis und Exodus*, Leipzig, 1868; H. Engel, «Die Vorfahren Israels in Ägypten. Forschungsgeschichtlicher Überblick über die Darstellung seit Richard Lepsius», *Frankfurter Theologische Studien*, Francfort, 1979; D. Völter, *Ägypten und die Bibel. Urgeschichte Israels im Licht der ägyptischen Theologie*, Leyde, 1909, 4e éd.; D. Völter, *Jahwe und Moses im Licht ägyptischer Parallelen*, Leyde, 1919, 2e éd.; A. Scholz, *Die Ägyptologie und die Bücher Mosis*, Würzburg, 1878; H. Bardke, *Von Nildelta zum Sinai*, Berlin, 1968; Johannes Lehmann, *Moses. Der Mann aus Ägypten*, Hamburg, 1983. われわれの問題との関連であまり特殊な著作とはいえないにしても、次を参照するのは有益なことだろう。F. Portal, *Les Symboles des Égyptiens comparés à ceux des Hébreux*, Paris, Dondey-Dupré, 1840.
〔屋形禎亮訳、「シヌへの物語」、『筑摩世界文學大系1』、筑摩書房、一九七八年〕

(10) 本質的にローマを中心に据えることで着想を得ていた古代の歴史編纂は、エジプト女王の政治が地中海におけるローマの支配に極めて大きな危険をもたらすという理由で、クレオパトラの人物像の評判を落とすことに一役買った。

(11) Erik Hornung, *Les Dieux de l'Égypte. L'un et le multiple*, Paris, Flammarion,1999 を参照。エジプトの一神教については、とりわけ次を参照。Eberhard Otto, «Monotheistische Tendenzen in der ägyptischen Religion», *Die Welt des Orients*, 1955, p. 99 以降に所収。Étienne Drioton, «Le monothéisme de l'ancienne Égypte», *Cahiers d'histoire égyptienne*, I, 1, 1948 に所収。さらに次も参照。Jacques Vandier, *La Religion égyptienne*, Paris, Mana, 1949; William Christopher Hayes, *The Scepter of Egypt*, New York and Cambridge, Mass., 2 vol., 1953-1959. エジプトの神々全体

についての主要な典拠に関しては、とりわけ次を参照。Wolfgang L. Helck, Eberhard Otto, Wolfgang Westendorf 編集、*Lexikon der Aegyptologie*, 6 Bd., Wiesbaden, 1972–1986, Siegfried Morenz, *Ägyptische Religion*, Stuttgart, 1960; T. Hopfner, *Fontes historiae religionis aegyptiacae*, Bonn, 1922–1925; G. Roeder, *Die aegyptische Religion in Texten und Bildern*, 4 vol., Zurich-Munich, 1959; Sergio Donadoni, *La religione dell'Egitto antico*, Milan, 1955; Walter Wolf, *Le Monde des égyptiens*, Paris, Corréa, 1955. 一神教の研究には直接に結びついてはいないけれども、Jaroslav Cerny, *Ancient Egyptian religion*, Londres,1952 も挙げておこう。「新王国」以前の来世の生活にかかわるエジプトの信仰システムについては、次を参照。H. Kees, *Totenglauben und Jenseitsvorstellungen der alten Agypter*, Berlin, 1977. R. T. Rundle Clark, *Myth and Symbol in Ancient Egypt*, Thames & Hudson, Londres, 1959; Jean Leclant, *Le Temps des pyramides*, 1978; *L'Empire des Conquérants*, 1979; *L'Égypte du crépuscule*, Paris, Gallimard, 1980; K. Sethe, *Urgeschichte und älteste Religion der Ägypter*, Leipzig, 1930.

(12) ファラオの自己再生という観念は、庶民的な物語、『二人兄弟の物語』の対象になっており、これは新王国時代に遡る、古い神話的＝神学的な信仰を要約している。有益な解説が、H. Jacobson, *Die dogmatische Stellung des Königs in der Theologie der alten Ägypten*, Glückstadt, 1939 の中に見られる。Sergio Donadoni, *Testi religiosi egizi*, Turin, Utet, 1970 も参照。〔屋形禎亮訳、「二人兄弟の物語」、『筑摩世界文學大系1』、筑摩書房、一九七八年〕

(13) われわれの超越性という観念はギリシャの哲学的伝統にまで遡るということ、またそれはエジプトの神聖な性格には呼応していないということを明確にしておこう。

(14) 太陽の目について、とりわけその二重性については、K. Sethe, *Zur alttäglichen Sage vom Sonnenauge*, Leipzig, 1905; Hildesheim, 1964 を参照。

(15) われわれはここでは、第五王朝のもとで練り上げが完成された、ヘリオポリスの国王の神学的集大成を参照することにしよう。自分の起源を自分自身から引き出す、アトゥム・ラーは、シュー神の特徴のもとに行なう創造行為を自分の原理としているが、そのシュー神が、ゲブとヌト、つまり砂漠（あるいは大地）と天空を生み出すと、今度はゲブとヌトが、四人の神々を生む。二人は男神、二人は女神で、これら四人の神々が互いに結びついてカップルを作る。第一のカップルがオシリスとイシスであり、第二のカップルがセトとネフティスである。

(16) セトの姿については、次を参照。Erik Hornung, «Seth, Geschichte und Bedeutung eines ägyptischen Gottes», *Symbolon*, Cologne, Neue Folge, no 2, 1947, p. 49-63 に所収。H. Velde, «Seth God of Confusion. A Study of his Role in Egyptian Mythology and Religion», *Probleme der Ägyptologie*, vol. VI, Leyde, 1967.

(17) イシスとオシリスのこの最後の結合について、また伴侶が死んだ後のイシスの行動については、いくつもの解釈がある——そのうちのイシスの解釈の一つは、ハイタカの形を取って、大河の水の上に浮かんでいるオシリスの生命のない体の上にとまるというものである——が、彼女に関するどの解釈も、エジプトの信仰の多様な形にしたがって異なる意味作用の類型論を反映している。手短な、総合的な見解に関しては、Adolf Erman, *La Religion égyptienne*, Charles Vidal 仏訳、Paris, Fischbacher, 1907 を参照。

(18) フロイト的な言葉で考えるならば、オシリス＝ホルスという関係のエジプト的な構成は、根本的にエディプス的な状況を表現していると言える。しかしもしもそこに、父親が息子の中に再現する（父親は息子を生み、息子は自分の中に再び父親を生む）ということで表わされる、明らかにエディプス的な同型性を含めることができるならば、息子の中に〈父親的感覚〉を生み出すことで、罪悪感を呼び起こすというようなことはすべてそこから排除しなければならない。それはフロイトによると父親殺しから派生するものらしいが、しかしその父親はここで描かれているような神学的枠組みの中に現われうる概念ではない。その一方で、兄の殺害者、セトの人物像を仮説的に内面化することを考慮するとなると、分析はますます複雑なものになってしまうだろう。実際に、〈自分自身の兄〉という同一性を作り上げている側面からすると、オシリスの死に関して、ホルスの自己責任転嫁という事態を引き起こすこともありえるだろう。この分析行程をたどってゆくと、自分自身の兄である、ファラオの神学的な姿の中に、まさしくその同一性を移し換えることによって、父親の死に関する彼の責任は納得できるものとなるだろう。ヌトの中に太陽のように生まれることからすれば、ファラオにとって父親はまた兄でもあるからだ。またもう一つ別の角度から、もしもファラオをホルスとして考えるなら、セトは叔父ということになる。というのもセトは父親の弟であると同時に、母親の兄であり、したがって彼らと同等の者であり、かつ競争相手でもある。そうしてみるとセトは、弟としての彼の立場によって、ホルスの系統と平行的かつ交互的系統を表わしている（これがセトの去勢に関する多くの説明のうちの一つである）。

（19） John Gwyn Griffiths, *The Conflict of Horus and Seth. From Egyptian and Classical Sources. A study in Ancient Mythology*, Liverpool, 1960 を参照。またプルタルコスの *l'Isis et Osiris*, Paris, éd. Tredaniel, 1990 も参照。ホルスとセトの関係については、いくつかの解釈が互いに一致しないということがよくあるのだが、それらの解釈の中には民話から生まれた、生き生きとした解釈がある。最も色彩に富む解釈の一つは、第二十王朝のパピルスに保存されたものである。J. Spiegel, *Die Erzählung vom Streite des Horus und Seth, in pap. Beatty I als Literaturwerk*, Glückstadt, 1937 および *Romans et contes égyptienne*, Lefebvre 監修、Paris, 1949 を参照。〔プルタルコス、柳沼重剛訳、『エジプト神イシスとオシリスの伝説について』、岩波文庫、一九九六年〕

（20） H. Jacobson, *Die dogmatische stellung des Königs in der Theologie des alten Ägyptens*, Glückstadt, 1939 を参照。

（21） ファラオの人間的＝神的な性格とファラオの基盤についての解明に関しては、次を参照。S. Morenz, *Gott und Mensch im alten Ägypten*, Leipzig, 1964; Georges Posener, *De la divinité du pharaon*, Paris, 1960; H. Frankfort, *Kingship and the Gods*, Chicago, 1948.

（22） エノクという町の創設者であるカインがおそらくは、土地をさまようように断罪されたカインの伝統とは異なる伝統に属している、ということを指摘するのは、たぶん有益なことである。同音異義の事例もまたかかわっているのかもしれない。この問題については、J. Gabriel, «Die Kainitengenealogie», *Biblica*, XL, 1959, p. 409-427 を参照。

（23） このテーマはドメーニカ・マッツの鋭い洞察力によって論じられている。*Il complesso dell'usurpatore*, Milan, Giuffrè, 1986, p. 27 以降。

（24） Domenica Mazzù, *Il complesso dell'susrpatore, op. cit.*, p. 30. カインの権力獲得についての内面的な解読はキリスト教の最初の世紀、とりわけアレクサンドリア学派、その中でもオリゲネスにまで遡る。しかしながら、ここでぜひとも引き合いに出さなければならないものは、聖アンブロシウスの解釈である。「教会」の西洋の「教父たち」の中でも、彼はおそらく東洋の神学に最も近い者たちのうちの一人である。というのも彼は二人の兄弟の物語を節度をもって深刻に要約しているからである。いかなる言葉で彼がカインとアベルのことを話題にしているかは、次に見られる通りである。「したがって、二人の兄弟の名前の下には、互いに戦い、互いに対立する二つの党派（**ドゥアエ・セクタエ**）が存在する。一方は、すべてを支配力に付与するように、また自分の思考、自分の感情、自分のすべての行動を引き起こしたものに付与するように、すべてを自分自身の精神に付与する。これはすなわち、すべての思いつきを人間の精神に付与するということである。もう一方は、世界の創造者、デミウルゴスであるかの如き神にすべてをまかせ、その父親的、家長的な支配にすべてのことを従わせる。前者はカインによって示され、後者はアベルによって示されるのである」（聖アンブロシウス、«De Caïn et Abel», I, 1, 4, PL［古代ローマの教父学］、XIV, 317 B. アンブロシウスは、G. Berdy による *La Cité de Dieu* の序文からの引用、*Œuvres de saint Augustin*, Paris, Desclée de Brouwer, vol. 33, p. 63 に所収）。

（25）ここでは、エジプトのセト Seth とユダヤのセツ Seth との間の構造的同型性に関する調査は無視することにする。彼らが関与する出来事の中心的な顔つきに側面《アー・ラテレ》からかかわることだからである。それに、この同型性が人物たちの同一性にかかわっているということはないはずである。

（26）極めて新しい解釈によれば、ヤコブの名前、*Ya'aqob*（〈神によって庇護された〉）は、エサウの言葉のしゃれによって、〈躓かせる、地位を奪う〉を意味する動詞 *aqab* と関係づけられている（「創世記」、二七、三六）。

（27）Platon, *Lois*, 628 a, *Œuvres complètes*, Paris, Les Belles Lettres, 1944 を参照。〔プラトン、森進一・池田美恵・加来彰俊訳、「法律」、『プラトン全集13』、岩波書店、一九七六年〕

（28）自分自身の主権を要求する市民は、精神分析理論的な構造に関しては、自分自身の父親にして息子でもあるようなファラオの姿に近い。彼は他の主権者たちと調和しながら、主権者として自分自身を確立する。もしくは、集団的な主権、すなわち民衆を確立するのだが、この民衆はそれ以降、彼以外の父親を持たなくなるのである。

（29）Giulio M. Chiodi, «La paura e il simbolico. Spunti di psicoteoretica politica», *La paura e la città*, D. Pasini 監修、Rome, Astra, 1984 を参照。

（30）聖イレナエウス、*Démonstration de la prédication apostolique*, Léon Marie Froidevaux 仏訳、Paris, éd. du Cerf, 1959, c 17.

（31）このテーマが持ち込まれている、聖アウグスティヌス、*La Cité de Dieu*, XV, 4 を参照。XV, 5 では、殺害は政治的野心によって動機づけられており、聖書の兄弟殺しとロムルスの兄弟殺しの間にある類似を明らかにしている。同様に *La Cité de Dieu* の中の次の箇所も参照せよ。I, 34; III, 6; III, 12, 13; XIV, 3; XVIII, 21; XXII, 61.〔アウグスティヌス、服部英次郎・藤本雄三訳、『神の国』（全五巻）、岩波文庫、㈠・㈡（一九八二年）、㈢（一九八三年）、㈣（一九八六年）、㈤（一九九一年）〕

(32) ロムルス＝太陽、レムス＝月という類推については、Elémire Zolla, «Politica archetipale», *Archetipi*, Venise, Marsilio, 1990, p. 81 以降を参照。

(33) 聖アウグスティヌス、*La Cité de Dieu*, II, 14, 2.

(34) カイン＝アベル／ロムルス＝レムスという並行関係が考察されている、アウグスティヌスの政治的観念に関する最新の総合的な例証の中では、Marco Revelli, *cicerone, Sant'Agostino, San Tommaso*, Turin, Giappichelli, 1989 を挙げておこう。

(35) Domenica Mazzù, *Il complesso dell'usurpatore*, *op. cit.*, p. 28.

(36) カトリックの教義とプロテスタントの教義との間の収束および分岐に関しては、膨大な数の文献が存在する。しかし、この二つの宗派の公式記録にかかわるテクストの中でも、一八三二年に刊行された次の著作が今日でもなお断固たる古典として存在し続けていることを指摘しておこう。Adam Johann Möhler, *Symbolik I und II oder Darstellung der Dogmatischen und Protestanten nach ihren öffentlichen Bekenntnisschriften*（一九五八年にケルンでJ・ヘグナーにより再版）。この著作はここでは、公的な文書を通して二つの宗派を比較提示している最初の例の一つとして挙げている。政治的、制度的な非宗教化のそれぞれの形態について、何らかの仮説を述べるためには欠かすわけにはいかない通り道である。

(37) Hugo von Hoffmannsthal, *Œdipe et le Sphinx*, *op. cit.*

(38) この意味では、René Girard, *La Violence et le sacré*, Paris, Grasset, 1972, p. 102-129 を参照。〔ルネ・ジラール、古田幸男訳、『暴力と聖なるもの』、法政大学出版局、一九八二年〕

(39) Carl Schmitt, *La Notion de politique*, Paris, Flammarion, 1992 を参照。〔カール・シュミット、田中浩・原田武雄訳、『政治的なものの概念』、未來社、一九七〇年〕

(40) Domenica Mazzù, *Il complesso dell'usurpatore, op. cit.*, p. 32.

ライバル意識とミメーシス
内部の未知なる者

ロベルト・エスコバル

ところであなたは何なのですか［……］。あなたは城から来たのではないし、村から来たのでもない、あなたは何ものでもないんです。それでも不幸なことに、あなたは何かではあるんですよ、絶えず邪魔者扱いされる余計な未知なる者、いつも私たちに面倒をもたらし［……］、その腹づもりが誰にも分からないような人［……］。(1)

フランツ・カフカ、『城』

一つの影

大いなる敵はもはや敵ではない。一九八九年およびソ連の崩壊の後、われわれの世界は、長い間安定の拠り所としてきた、堅固な二元的対立関係を失った。(2) しかしながら、古い妄想の中で信じることが終わるというのは、もはや妄想を信じないということではない。**他者**についてのわれわれの認識――および政治的次元についてのわれわれの認識――を形づくった一九五〇年代の恐怖は、その後、もっと陰影に富み、一義的なやり方では把握しがたい、他のいくつもの不安と入れ替わった。**敵**というもの――これはそれ自体としては未知なる者のことである――の政治的＝パラノイア的〔妄想的〕なカテゴリーの後を、**未知なる者**――これはそれ自体としては敵のことである――のカテゴリーが表面的に引き継いだのである。

　大いなる敵は、われわれの得た体験からすると、常にわれわれから遠くに、われわれから分離されていた（またそのことによって安心もできた）。ところが今日、その敵が突然に消え去って、世界は小さくなった。世界を読み解くことがもはや二元的対立関係によって**妨げられる**ことがない現在、われわれは幸せな楽天主義を誇示したい気持ちになる。時間と空間、**われわれの**すべてと**他者たち**のすべてを引き離していた古い壁が、崩壊し、破棄されたかのようである。そして、未知なる者との**対決**が、かつての**分離**の位置を占めたかのように思える。今後は――楽天主義が示唆しているのだが――、われわれはみなあまりにも近しい存在なので、敵を持ち、敵となることはできなくなる(3)。しかし塹壕の兵士たちもまた、あの無、あの非＝空間、人の土地、衝撃と醜悪の場所によって分離されて、近しい存在ではなかったのだろうか(4)。

　それまで隠されていたもの、四十年間世界を支配した敵対関係によって意味を奪われていたものを自覚することで、われわれの幻想は消え去る。**その未知なる者たちは**――それがまさしく何であるかわれわれにははっきり見える――**今ここにいる**。彼らは第三世界から、あるいは第四世界から、第一世界の中心部にまでやって来た、白人の帝国を包囲する新たな蛮族である。

　何十万、何百万という数で、そうした他者はわれわれと混じり合い、われわれ**の中に**溶け込んでいる。彼らは**内部の未知なる者**となっていて、なるほど異なってはいるが、同時に常により似通った、常により近しい存在なのである(5)。そうした未知なる者たちをはっきりと、確実に追放するために、十分に堅固で、揺るぎない妄想の防衛手段をわれわれはまだ自由に扱えない。彼らを分類できないという事実に、われわれはまごつく。では、どうしなければならないのだろうか。彼らを送り返すべきだろうか。彼らを組み込むべきだろうか。彼ら自身で変わるように任せておくべきだろうか。

この内部の未知なる者という個人的、かつ集団的な体験は、われわれ自身に関する多くの事柄を暴露するのかもしれない。もしかするとこの未知なる者とは、一つの影、われわれの影ではないだろうか。未知なる者とは一つの徴候であるとさえ言われるに至っているのだ(6)。

秩序の問題

未知なる者と敵とは、われわれの最も内奥の恐怖に根づいた、古くからの同義語である。またその根強さは恐るべきもので、集団はその根強さを、たいへん暗示的な——けがらわしい、汚い、危険な——言葉と結びつける。するとそれらの言葉自体が、同じ数だけの撤回できない評価となってしまうのである。そうした言葉が意識的に指し示し、非難するのは、他者性と多様性である。未知なる者はわれわれとは異なる、一人の他者である。彼は汚染されていて、しかも汚染する。彼はきちんと秩序立てられているわれわれの世界にとっての脅威である(7)。

未知なる者／敵は何よりもまず罪人である。彼はわれわれを憎み、われわれの死を企てる。だからわれわれのほうとしても、彼を憎み、彼の死を望まなければならない(8)。人がわれわれに次のように警告しても、無駄なことである。「[……]われわれには、われわれが苦痛を与えた相手を憎むという習慣がある。これは周知の事柄なのだ(9)」。われわれは彼の攻撃から身を守り(10)、彼の邪な憎しみに対するお返しとして、われわれ

われわれ自身であること、われわれに**属する**ことをやめるのでもないかぎり、われわれの正当な憎しみを彼に向け続ける。[11] 別の態度をとって、われわれ自身であること、われわれに**属する**こと、集団として存在することを放棄するとしたら、理屈に合わないであろう。したがって、憎しみや恐怖にもとづく団結力に支えられて、われわれは一つの戦う共同体として集合しているのであり、[12] 政治的秩序の中で互いに認識し合っているのである。

いかに逆説的に見えようとも、そのような意味で、未知なる者／敵はわれわれにとって必要不可欠となりうる。その無秩序がわれわれの秩序の中で自らを確認させ、その非＝人間性がわれわれの人間性の中で自らを確認させ、その奇怪さがわれわれの正常さの中で自らを確認させてくれる。まさに彼と対峙することで、われわれは自分自身を意識するのである。[13] その意識がわれわれの中であまりにも弱い自我を強化したり、弱い自我に取って代わるということさえ生じる。[14] 未知なる者はわれわれにとって鏡の役目を果たす。つまり彼の中に、われわれは自分の逆転したイメージを見出すのである。

この体験、つまり多様性〔相違〕の決定的瞬間とはいかなるものなのだろうか。恐怖や衝突、つまり未知なる者／敵とわれわれを分離させる距離の深い原因とは何なのだろうか。またわれわれが彼らを恐れ、憎み、殺すのは、〈彼ら〉が〈われわれ〉とは別のものであるという**理由から**なのだろうか。それとも、ルネ・ジラール——政治的秩序の創設を説明するために、一つの理論、さらには一つのシステムさえも練り上げようと試みた偉大な現実主義者＝悲観主義者の中で最も現代的な人物——が示唆するように、差異は衝突の始まり〔原因〕というよりも、むしろ衝突の結果ではないのだろうか。[15] 彼はこう書いている。「競争相手とは一緒に走る人であり、ライバルとは、同じ水が流れている川の両岸で対称的な位置を占めている、沿岸の住民どうしである」。[16]

ジグムント・フロイトは、〈小さな差異のナルシズム〉と名づけているものに関して、すでに次のようにほのめかしていた。**類似**と**近似**が集団どうしの衝突と憎しみの基盤をなしており、これらはまた内部の未知なる者という特殊な場合にも適用される[17]、と。

結婚の絆で結びついた二つの家族、隣り合う二つの町、縁続きの二つの民族の間に、愛と反感という両価性の感情が流れていることはよくある、とフロイトは、『集団心理学』に書いている[18]。反ユダヤ主義、すなわち、われわれの見解によれば、最も伝統的な内部の敵に対する憎しみが、そのことによって説明される。われわれ自身に対する愛、というよりも自己主張へと駆り立てるナルシズムが、未知なる者を前にして掻き乱されるのだが、それはまるで、われわれの発展の路線からほんのわずかに離れることによって、暗黙のうちに、再検討や修正を促す結果がもたらされるかのような動きなのである。このような現象の理由は曖昧なままである。とりわけ最も理解しがたいのは、〈これほど大きな感性〉が、根本的な差異に関して示されるのではなく、逆に、共通点の集合体の内部の小さな隔たりに対して示されるということである。

もっと後に――『文明における不安』を書くときに[19]――、フロイトは小さな差異のナルシズムという概念を越えることになる。彼によると、この概念では、その現象を納得いくように説明できないからである。その現象は、一つの共同体の中で抑圧されて、爆発的、破壊的になりうる個人の欲動が、隣接する、類似の共同体に向かって外へと流れ出す、という理論に照らして、もっとよく解明されるはずなのだ。攻撃的な性癖を都合よく、比較的無害に充足させるという間接的な方法で、共同体のメンバーたちの合意を容易にするようなメカニズムである。

ところが一方では、その都合の良さも、ナルシズムとまったく同じで、納得のいく説明というよりは言葉による一時しのぎのようなものと思える。フロイト自身は、『モーゼと一神教[20]』ではっきりと反ユダヤ主義を指し示しながら次のように述べるときには、確信しているように見える。「根源的な差異よりも小さな差異のほうが、一般大衆の不寛容の標的になる、ということを目にするのは何とも奇妙である」。このまといつくような**奇妙さ**によって、問題が解決されるにはほど遠い、ということをわれわれは理解するのである。

類似と衝突

フロイト以前に、一九〇三年から一九〇四年にかけて、ゲオルク・ジンメルはすでに、小さな差異、および小さな差異による社会的憎悪の可能性に関心を抱いていた[21]。結合——集団、社会、さらにまた個人どうしの関係——が、戦いのほうへ向かう否定的な衝動**とは裏腹に**、協力のほうへ向かう肯定的な衝動に従って構築されるような、世論の分析に際してそのような関心を抱いたのであった。

完全に調和した、求心的な結合は、経験的にも歴史的にも実現不可能である、と彼は主張している。変化を完全に剝奪された、そうした聖人のような社会は、〈真の生命的なプロセス〉が形成されるのを許さないであろう。しかも、一つの関係の中の、否定的な要素と肯定的な要素の区別は、関係そのものの複雑さについての、われわれの経験に基づいた《ア・ポステリオリ》解釈の結果でしかない。その統一性を即座に理解することができないからこそ、われわれはそれを複数の、多様な要素[22]、肯定的である〈引力〉と否定的である〈反発力〉の結果として復元する。

しかし、その〈共通の観念〉はうわべだけのものだ、とジンメルは述べている。結合はすべて、二人の個人に限られる場合でさえ、二つの〈相互作用のカテゴリー〉、両方ともに〈完全に肯定的な〉ものである協力と戦いという作用の結果なのである。一方、いわゆる反発力と想定される否定性がわれわれにとっては、個人どうしの関係の中でしばしば明らかなものに見えるとしても、それは集団的関係のまとまりの中では常に必ずしも効果を発揮するとは限らない。個人のレベルでは不吉で、崩壊をもたらしうるようなものが、集団のレベルでは逆に、公然と反対方向に作用することがありうるのである[23]。

したがって、個人の間に、あるいは集団の間に、協力的な衝動と、対立的、闘争的な衝動の出会いから生じる結合などまったく存在しない——たとえそれらすべて（出会い、衝動、闘争）がわれわれの解釈の結果でしかないとしても。当然そこから二つの結果が現われる。

何よりもまず、些細な対照的、敵対的な形態、すなわち任意の（あるいは表面的には任意の）遠心的な動きが現前しなければ、結合のさ中に協力は存在しない。たとえそれが〈潜在的〉でしかないとしても。大都会の中でわれわれが日常的に体験する敵意は、そうした潜在性の一例である。他者に対して、ほとんど根拠のない、嫌悪や不寛容といった自然発生的なある種の傾向によって、都会の人々は毎日、非人間的、無個性的な巨大な一般大衆との接触から身を守っている、とジンメルは指摘している。だからといって、共同体にとっては紛れもなく破壊的なものとなるような〈実際の敵対関係〉にそのまま陥ってしまうわけではない。

その反面、一般的に言って、一つの統一的な、つまりは協力的な形態を拠り所としなければ、いかなる闘争も可能とはならない。ところで、ある関係の内部の対立は、その統一性を破壊するほどに増大することもありうる。対立は最初から絶対的、根本的なものであって、その結果結びつきの存在そのものを排除するに至ることもあるのだ。実際に、〈悪党やごろつきと、その犠牲者たちとの間に〉、人殺しとその犠牲者との間に結びつきは存在しない。しかし敵意が——戦争、スポーツ競技、開発するものと開発されるものとの関係といった形で——収まってくると、暗黙の規範、何らかの統一的形態を確立することが必要になってくる。**いつまでも**そのままであることを欲し、**いつまでも**同じ相互作用的な関係の中にとどまりたいと欲する競争者どうしは、(24)〈自分たちの対立を築いてゆくための基盤とするような共通の要素〉を持たなければ、あるいは見つけなければならないのである。

この二つの可能性のうち、一方は、協力の中に敵対関係との結託を認めることができるということであり、もう一方は、敵対関係が協力を引き起こすということである。われわれのテーマに関して特別な意味を提示するのは、まさしく前者のほうである。つまり小さな差異と敵意、言いかえれば類似と近似が浮かび上がらせる衝突のほうである。〈共通の所属、一つの統一体に基づいた暴力を生み出す敵意〉に直面してたまたま起こりうる衝突のほうが、一般に、〈当事者たちの間に以前の結びつき、あるいは今の結びつきがまったく〉存在しない場合よりも、〈一層情念的、かつ根本的な〉ものである。これが実証されるのは、隣接する国家どうしの相互的な憎悪の場合であって、とりわけ習慣や文化が似通っているならば、なおのこと確認しやすいのである。同じ領土に共存している民族や、親族関係にとっても事情は同じである。(25)

そうすると、平等性の基盤に立って衝突が悪化する〈社会学的感性〉はどこから生じるのだろうか。人間というものは、差異によって特徴づけられる存在である、とジンメルは指摘している。差異がことのほか際立っていると、個人の〈全体性〉は、もう一人別の個人の全体性と〈結びつかない〉傾向がある。両者の間には、はっきりとした境界、分離、防衛ライン、中立地帯のようなものが存在する。その対照を回避するために、われわれは、自分と他者とを引き離している距離そのものによって、つまりその他者性を鮮明にすることによって始動した一連の操作、メカニズムを用いることになる。全体の中で、個人を特徴づけ、切り離している**大きな**差異があると、各個人は〈節度をもって自分自身の個性を示す〉。したがって各個人の**小さな**差異は、全体的なものにも、暴力的なものにもなることはない。ところが類似性と親近性が強いときには、その逆のことが確認されるのである。その時にはもはや境界、分離、中立性が存在せず、防衛ももはや存在しない。一般的に平等な——区別のない——状況においては、ほんのわずかの不協和音も巨大なものに見え、悲劇的な外観を帯びるのである。

〈取るに足りないこと〉からそのような悲劇を引き起こすものは何なのだろうか。他者との距離をはっきり自覚することによって、われわれがまさしく身を守るような事態になったとき、何に対して抵抗すればよいのだろうか。しかもまた、〈制御することができずに〉、衝突を引き起こすものは、その**差異**なのだろうか。区別はまさしく衝突を予防するための一般的な図式であるという仮説を出さなければならないのだろうか。その場合には、**小さな**差異は衝突の原因とはならないであろう。小さな差異はせいぜいのところ、防衛と予防——すなわち差異を基盤とする個人の区別や特徴づけ——が十分に促進されていないということを明らかにしながら、単なる指標になるくらいであろう。そうしてみると、**制御されない**、**中立化されない**〔**無力化されない**〕類似性、親近性、平等性が、悲劇を引き起こす原因なのだろうか。換言するならば、原因は（その差異がいかに小さく切りつめられたものであれ）差異それ自体の中に宿っているのではなく、逆にその関係にとっては、距離を置いたり、中立化することを可能ならしめる差異が剝奪された危険な状態にある、という事実の中に宿っているようである。**区別のない**情念は、「人間の全体性を、ある当事者、ある瞬間の興奮と混同してしまう」と、ジンメルは書いている。

欲望の欲望

われわれはここで大いに、ルネ・ジラールのような分析手段を拠り所としてみたいという気持ちに駆られる。現にジンメル自身が嫉妬の叙述に割り当てている一つの挿入節——彼の論証様式の重要な要素——で、間接的にこの意味で発言しているのである(26)。

嫉妬は何よりもまず個人にかかわる一つの現象のように現われる、とその挿入節で述べているにもかかわらず、それとは反対のことを口にしながら、彼はその挿入節を次のように締めくくる。「嫉妬は〔……〕おそらくは、統一体が基盤となって構築される敵対関係が、主観的にその最も根本的な形態を見出す社会学的現象なのである(27)」。ジンメルが嫉妬という言葉で意味するのは、AがBを欲し(Bはいわばその欲望を認識している)、かつCがBに向かって同じ要求を抱いているときの、**AとBとの間の**統一的・対立的関係だけである。しかしながら、その挿入節よりも前のページで、彼は同じ欲望によって一方が他方と結ばれ、いわば類似している、**AとCとの間の**関係を検討したばかりだったのだ。**その関係**こそが、平等を基盤とする対立の悪化という事態を、最も明らかにするものなのである。

嫉妬深い人は羨望する人と多くの共通点がある、とジンメルは指摘している。いずれの場合にも、問題にされるのは、「現実にであれ象徴的にであれ、第三者によってわれわれが獲得したり保持したりするのを妨げられる価値」である。獲得することにかかわるならば羨望と表現され、保持することにかかわるならば嫉妬と表現される。嫉妬深い人は、ある所有物について正当な要求を持っていたり、持っていると考えたりする。彼は法にかなっていて、法にかなっていると主張する。羨望する人は、逆に、「人が自分に拒んでいるものは望ましいものなのか［……］と自問する」。羨望する人とその渇望は、他者がその対象を所有しているの**のだから**彼に対してそれは拒絶される、という事実に無関心である。あるいは逆に、他者がそれを放棄すれば彼がそれを獲得できるという事実に無関心である。他者の栄光がわれわれの栄光を見えなくしてしまうときに、われわれは、他者の栄光に嫉妬する。逆に、たとえ誰かの栄光がわれわれの栄光を制限しなくても、われわれは誰かの栄光を羨望することがある。唯一重要なのは、その他者が恵まれているのに、われわれのほうは恵まれていないという事実だけである。

ジンメルはさらに論を進めてゆく。自分自身では決して望まなかったのに、誰かの栄光を羨望するということがある。ここには一つの新しい要素が作用するということがよく分かる。それとももしかすると、ジンメルが羨望に与えている定義を参照するならば、一つの要素が足りないのだろうか。少なくとも最初に欠けているもの、それは**あるなにがしかの**対象を手に入れようとする欲望である。この場合に、羨望は、何よりもまず他者がそれを**持っているから**という理由で、他者のほうへ向けられる。次いでその後では単に他者が持っている**ものに**だけ向けられるのである。

嫉妬と羨望の奥深いメカニズムを解明することのできる重要なポイントが捉えられるのは、まさしくその点だと思われる。実際に、ジンメルは両者の〈中間に〉、第三の現象をかいま見る。それはつまり、悔しさである。彼にとって、悔しさとは、「ある対象がその主体にとって特別に欲しいものというわけではなく、単に他者がそれを所有しているからという理由だけで、ある対象を羨望する欲望である」。したがって何でもよいある対象への欲望は、悔しさの偶発的な要素でしかない。「客観的な目的性を備えた要素」は、「それ自体としてはまったく人の興味を引かない素材」である。それが重要性を帯びる理由はただ一つ、その素材が「〔それ自体の周りに〕個人的関係を結集する」ようにするからである。「われわれの興味を引く問題に関して、嫉妬の影響力が現われてくる」ような「一般的な下地」とは、かくの如きものである、と彼は結論づけている。

要約しよう。AはBを欲する、**なぜなら**CがBを欲するからである。AとCとの間で、（Bを所有したいと思う）欲望は、統一的であると同時に対立的でもある**個人的関係**を結集させる（というのも、正確に言って、統一なしに永続する対立は存在しないからである）。ジンメルによって述べられている主張を思い起こすことにしよう。嫉妬の分析が拠り所としなければならないのは、まさしくその〈一般的な下地〉である。しかしながら、すでに述べた通り、自分にとって興味があるのはAとBとの関係を分析することであって、AとCとの関係ではない、とジンメルは言明している。Cが統一を危うくすればするほどそれに応じるように、AとBとの間で、対立が激化する。というよりもむしろ、AがBを愛していて、BはAが自分との関係を確立したいと熱望していることを知っている。ところがその熱望と関係はCの欲望のせいで危うくなる。するとその時AとBとの間に衝突が起こり、その激しさは関係の深さによって左右される、あるいは左右されるようになる。

ジンメルはこの挿入節を拠り所としなければ、以上のような結論に至ることはできなかったであろう、ということを指摘しておこう。この挿入節は、最初の主張の純然たる反復のように現われてくるからである。彼が明らかにする〈一般的な下地〉は、AとCとの関係についてほんのわずかなことしかわれわれに語らない。当然のことながら、逆に、AとB、**欲望する**二人の主体の間の関係においては、彼はわれわれに小さな差異を前にして、あるいは十分なだけの区別が**欠如**しているがゆえに生じてくる対比を理解可能にする鍵〔手掛かり〕をかいま見せてくれたのであろう、と考えることができる。

欲望がその関係の核心であって、それはAとBとが出会う場所でもある。ジンメルは次に、ある対象への欲望そのものが、その対象を所有する権利を持つという主体の確信を創り出す、と指摘する。[28] しかし彼はまた、**その対象への**欲望は単なる偶然の中身でしかない、とも述べている。まさしく**欲望**そのものではないとしたら、その関係の基盤には何が残されるのだろうか。Aの欲望はCの欲望を欲する（同じ対象を欲する）。それゆえに、〈客体的な目的性を備えた［偶然の］中身〉を排除するならば、次のように言わなければならないであろう。Aの欲望はCの欲望を欲する、Aの欲望はCの欲望に重ねられる、Aの欲望はCの欲望と同一である、それは二人して共同で持っているもののことである。また次のように言うことも可能であろう。AはCの位置を占めないということに我慢がならない、Cではないということに我慢がならない。これはAとCが互いに出会う場所、憎しみと敵意が生まれる場所ということではないだろうか。

当然のことながら、ジンメルはそのようなことを言ってはいない。ジンメルは、ルネ・ジラールがミメーシス的欲望と呼ぶものに近づいていくけれども、この問題のもっと直接的な、おそらくはもっと意味の浅い様相、つまりAとBの関係のほうに専念するほうを好んで、このミメーシス的欲望からは遠ざかってゆく。その上、AとBの関係について述べてはいても、それは彼がほのめかす嫉妬の例を解説するものではない。古代のヘブライの律法は、重婚を許可しているが、二人の姉妹を妻とすることは禁じている。その結婚は「嫉妬の問題を生み出しやすいであろう」から、と彼は書いている。これは間違いなくAとCの関係の事例であって、AとBの関係の事例ではない。ところで、この場合に、嫉妬はいかなる理由でことのほか生じやすいというのだろうか。二人を区別するものがわずかであるがゆえに、偶然的な対象であるBを巡って、AとCとが、欲望の中で互いに〈ぶつかり合う〉という危険を冒すからなのだろうか。二人が危険なほどに似通っていて、無差別の情念による暴力に危険なほどにさらされているからなのだろうか。

ジンメルの目から見れば、類似や近似の場合における衝突の激化は、集団の内部である当事者が相手方に対して育む社会的憎悪と完全に似通った様相を示すのであって、これは集団の存在そのものにとっての危険となる。(29) 共同体――この統一体を基盤に対立は激化する――とは、ここでは「共通の特性を持つ存在にして、かつ**唯一の**共通の社会的状況への**所属**(30)」ということである。憎悪は、特定の個人とその固有の特性にかかわる、個人的な動機には左右されない。人は一般に危険を推測するがゆえに、相手方――および相手方の各メンバー――を憎む。対立が始まる起源には、もちろん、物質的、偶発的な動機があるか、あったのだ。しかしながら、われわれに「集団の敵をそれ自体として憎む」ようにしむける、「社会学的動機」が支配している。この動機は、ジンメルが『社会学』の別の章で行なっている空間概念の分析に照らしてみれば明らかなものになる。(31) 集団の中で彼らが共有する空間と**境目**(32)が、個人どうしを互いに近づけ、彼らを「類似のもの」とするのである。すべての人間にとって、また各人にとって、空間と境目――物質的な意味ではなくて、社会学的な意味で理解される(33)（象徴的と言うことができるであろう）――が、集団、およびその世界の現実と意味とを創り出すのである、それどころか、空間と境目こそは、集団、およびその世界の現実と意味**である**のだ。境目は集団にとっては、絵の額縁のように機能するのであって、「これはその内側では、それ自体の規範にしか従わないような一つの世界が見られることを表明している」。一つの社会には「はっきりと意識された線で区切られる実存的空間」があるという事実が、「その社会を内的なまとまりをも備えた社会として特徴づけているのであり、その逆もまた同様なのである。つまり、相互行為の統一性、各要素とそれ以外のすべての要素との機能的関係は、一つの枠組みを課すような境目の中に、その空間的表現を見出す」。

それに、空間という概念と切り離せない境目という概念は、われわれを**もう一つ別の**境目、**もう一つ別の**空間に立ち返らせる。[34] 個人どうしの相互関係の中で、**境界**が隔たり――これは同時に近接でもある――を設定するのとまったく同様に、[35] 集団と集団との間で、境目は均衡のための位置を決定する――あるいは、均衡のための位置によって決定される。境目は「統一的関係の空間的表現」であり、相互行為全体の空間的表現なのである。一つの集団は別の集団を修正し、模倣しながら、その集団に働きかけ、その集団に反発する。また逆にその集団から修正され模倣される。境目（均衡のための線）は、一種の中立地帯を刻み込み、「防衛と攻撃の未分化状態、［……］この二つが潜在的で、勃発可能性があったりなかったりする緊張状態」を示している。

この相互性、攻撃と防衛とを分離している**中立線**の上で常に一新されている、この一時的な状態が、集団の内部にさまざまな変化を引き起こす。各集団の個人たちが相互作用を及ぼしあうと、その作用が空間や境目の社会学的な意味を生み出すのであり、またそうした個人たちが、修正を引き起こし、修正を被るのである。「二つの個性の共存、あるいは複数の個性の集まりが、それぞれに内的な結びつき、各要素の相互的な依存関係、中心と各要素との間の力学的関係をもたらす［……］」。すなわち、集団の内部で集団として別の集団に対する作用と反作用において、各要素＝個人は、すべての要素＝個人による〈相互的な依存関係〉の中に巻き込まれる――これが前のほうで、枠組み＝境目の内側の、〈各要素とそれ以外のすべての要素との機能的関係〉として示したものであった。そのようにして、彼ら一人一人にとって、彼ら全員にとって、所属や、共有空間という意識の〈内的な結びつき〉、強化が成されることになり、その空間の**中心**(36)、その場（ジンメルによれば社会学的な場、われわれによれば政治的＝象徴的な場）(37)の中心との〈力学的関係〉の中から、各個人にとって、全員にとっての**意味**が生じてくる。ジンメルは次のように締めくくる。「まさしくそんな風にして、二つの［領域、集団］間に、空間において境目が象徴するものが確立される、すなわち、権力と権利が当然別の領域にまでは及ばないという意識によって、その権力と権利はそれ自体の領域で明確な規範を完成させるのである」。

したがって共同体、集団内部の個人たちの統一体は、相互的な強化、内部へ向けての共同閉鎖、中心への共同回帰を遂行する。他の集団や、**他者**の集団との絶えざる対決は、そうした衝撃的な（かつ一時的な）結びつきの保証なのである。この基盤の上に――ジンメルの見解に従うならば――囲いの内側で、その囲いの堅固さを脅かす、あるいは脅かすかもしれない者への憎悪によって引き起こされた暴力が構築される。当事者の憎悪は、その憎悪を育む相互性の中で、相手方に反射した憎悪とぶつかる。それぞれの反乱分子は、〈敵の〉反乱分子が集団の堅固さに危害を加えるのだ、**背く**のだと非難する。そのいらだちは「たいていの場合、当事者たちの立場や直接的利益が立証しうる程度を越えて大きくなる［……］」。換言するならば、憎悪は、集団が被る危険――その危険が現実的なものであろうと、想像的なものであろうと――が立証する以上に大きくなり、**均衡がとれなくなる**。

したがってここでは、A＝B関係で表わされる事例を前にしているのである。AはBがCとともに自分をだましているのではないかと疑う。結果としてAはBを憎むことになるが、その力となるのはまさに長きに渡って自分たちを一つに結びつけていたものなのである。AとBの違いが浮き彫りになり、所属が同じであるということを背景に、その違いが際立ってくる。しかしながら、まさしくその憎悪から発した均衡の欠如、例外的なそのいらだちこそがやはり、別の可能性に向かってわれわれを取り組ませるのである。

つまり、二人の当事者の間に、A＝Cタイプの関係が存在しうる。一人の当事者（A）は、ある内的な、あるいは外的な集団（C）に与する相手方（B）の裏切り行為を本当に**非難する**のだろうか。それとも、当事者（A）は、自分が欲しがっている対象（B）を相手方が欲していると想像するがゆえに、相手方を**羨望する**のだろうか。さらに、AはCの欲望（によって欲望を募らされた対象B）を欲するのだと言うことはできないだろうか。然りと肯定する答えは、その欲望が明白になったことをほのめかすものである。Aというぼんやりとした、夜間の当事者の中で、その〈闇〉の中で、Aが予測すらしていないもの、決して認識することもないであろうようなものを割り出すことができたということである。

小さな裏切り者

集団というものは深い**迫害意識**によって支配されている、とカネッティは書いている[38]。彼にとっては、集団の存在そのものが、他者の悪意、つまりと公然と、あるいはこっそりと集団を破壊しようとあらかじめ構想する他者の意図と結びついているように見える。だから外部からの敵は、集団をもっと強力な、結びつきの強い、構造化されたものとするような、対決や、猜疑的言及や、否定的支持を集団に供給する。〈内部からの攻撃〉は、裏切り行為から生じる攻撃（あるいは集団が裏切り行為と想定する攻撃）よりもはるかに危険である。集団はこの攻撃を不道徳と見なす。それは、〈明確な、はっきりとした根本的確信〉や、強化され拡大されてうまく表現される意志と矛盾する。

そのような迫害意識は、いかなる土地に生まれ、発達するのだろうか。集団の中では、個人たちは完全に集団のほうに（中心のほうに）向けられていて、〈利他的〉である。しかしながら、各人は自分の中に小さな裏切り者を抱え込んでいて、その裏切り者はごく平穏に食べ、飲み、愛し、生きることを欲する、とカネッティは警告している。ジンメルが言っているように、外部からやって来る敵との対決は、われわれ一人一人、われわれすべての中に、相互的な補強、内部に向けての共同閉鎖、中心への共同回帰を引き起こす。それでもやはり、〈地下蔵では〉――われわれの闇の部分、暗がりでは――〈エゴイズム〉、自我が出歩いていて、集団の利益に反するように感じる意識が永続していることに変わりはない。その空間、共通の境目には、一つの欲望、自らを認めることのない、裏切りの欲望が存続しているのであって、これは前で述べたように、ごく平穏に食べ、飲み、愛し、生きる欲望のことである。したがって各人およびすべての人間の目はまさしく、各人およびすべての人間の顔つきの中に、小さな裏切り者があたりを窺っている、ということを示す徴候を捉えるように駆り立てられるのである。われわれに他者の地下蔵の存在を予測させるのは、まさしく自分自身の〈地下蔵〉の認識である。したがってそこに迫害意識、心理学、嫌疑という行動様式が生まれる土壌がある。

人はとりわけ（ただしもっぱらというわけではない）新参者、集団の中に**入る**者たち、集団に加わる者たちに嫌疑をかける。これらは――相変わらずジンメルによるならば[39]――、われわれの内部に移行して、その中立線、境目を越える未知なる者である。彼らはとりわけ猜疑的な迫害意識を引き起こす。彼らはわれわれにとっては何よりも、ことごとく内部の敵のように見えるのである[40]。

ではその時に、内部の敵に対して人が非難するものは、まさしく裏切ろうとするその欲望、〈エゴイズム〉の地下蔵に逃げ込もうとするその欲望――そしてわれわれの欲望――なのだと考えないようにするには、どのようにしたらよいのだろうか。各人は自分の中に、無言の、打ち明けることができない、小さな裏切り者を抱え込んでいる。その小さな裏切り者が、他者の小さな裏切り者を**羨望する**のだろうか。他ならぬ彼が、**悔しさ**を感じるのだろうか。もしもそうであるならば、われわれは次のような**Ａ＝Ｃ**の図式を確認することができるであろう。ＡはＣの欲望を欲する、ＡはＣに取って代わることを望む、ＡはＣでありたいと思う。もしもそうであるならば、われわれはこの場合にもやはり、集団にとっての現実的な危険と、裏切ったと見なされる者に対する当事者の憎悪との間には、均衡の欠如があると説明することができるであろう。欲望の**対象**とは、他者に反して**即座に**、**鏡像の**ように、つまり正確に言えばミメーシスによって主体を位置づける、衝突の偶発的な契機にすぎないのであろう。

内部の敵——その妄想、すなわちわれわれが懸念するイメージ——とは、もしかすると一つの影、われわれの影、われわれの闇の部分、つまり集団の引力や求心力から逃れるためにわれわれが避難する地下蔵でうごめいているものの徴候なのかもしれない。ジュリア・クリステヴァはわれわれと未知なる者との関係について、他者と生きるということはわれわれを、**他者であるかあるいは他者ではないか**という可能性の前に位置づける、と書いている。(41)ここで賭けられているのは、寛容や受容という単純な問題ではなく、それよりもはるかに重要な事柄である。**われわれという存在**、われわれの所属、その所属へのわれわれの同一化を問い直す深淵、一つの深淵にかかわっているのである。

ジュリア・クリステヴァが書いているように、われわれは未知なる者の中に、他者となる、〈**その代わりとなる**〉**可能性**をかいま見る。この目もくらむような幻影の中で、われわれは自分自身から遠ざかる。強化された、〈規範的な〉自分の**伝記的幻想**からわれわれは遠ざかるのだ、と言うことができるだろう。もはや一義的な所属も、一義的な同一性も、すでに線引きされているような個人的歴史も存在しない。そこにあるのは大いなる誘惑、人には言えない大いなる欲望である。われわれの中にいる小さな裏切り者は、境目によって限定されない権利、互いの重圧や集団の閉鎖性から自由になる権利を要求する。われわれが他者の中に想像するものは、背徳的な自由、誘惑的な自由というものではないだろうか。(42) それなのに、狂人とか嘘つきと見なされず、未知なる者の、かつ未知なる者に対する憎悪で死にもせずに、どうしてわれわれは自分自身と向き合って〈大河゠小説〉となりうるのだろうか。

居留外国人《メテック》

彼、未知なる者は結びつきを危険にさらす。**彼**こそは、背徳者である。**彼**、こいつは裏切り者なのだ。われわれは彼に向かって、猜疑的な憎悪の形を取って自分の羨望の原因となった欲望を押しつける。カフカの測量技師のように、われわれは彼を、〈たくさんの厄介ごと〉をもたらす者、何を考えているか分からない者として見る。この猜疑的な〈防衛〉は、ついにはその未知なる者が**一人の者**であるということを否定するに至る。つまり、彼は〈何ものでもない〉のだ。せいぜいのところ〈何かあるもの〉でありえても、断じて一人の人間ではないのだ。(43) 一般的に、彼は例えば、**ユダヤ人**のように、あるいは**黒人**とか、**金で買えるもの**のように呼称され、レッテルを貼られて、決して**この人間**と呼称されることはない。未知なる者に対する社会的憎悪の中にも、内部の敵に対するのと同じような現象が観察される。一方の当事者が相手方を非人間化し、相手方は個々の人間で成り立っている、と考えることを許さないのである。

内部の未知なる者という表現は、内部の敵という表現の上に透写される。(44) 一方と他方とが集団の中に、同時に集団の外に存在する。ジンメルは次のように書いている。もしも移民というものが、空間の社会学的、象徴的な目印、境目からの分離ということであるならば、またもしもその反対命題がそうした目印に定着することであるならば、内部の未知なる者とは「いわば確定している二つのものの統一体」であろう。

当然のことながら、ここでわれわれの関心を引いている未知なる者とは、根本的な意味での〈未知なる者〉ではない。シリウスの住民とかギリシャの**バルバロス**とかは、根本的な意味での〈未知なる者〉である。すなわちその個人たちと結びつく可能性は、真の共通の要素に基づいてさえ、まったく考えられないのである。ところで、その場合に使われる言葉は関係ではなくて、むしろ無＝関係であろう。なぜならそこにはわれわれの羨望も、悔しさも、憎悪の猜疑的な投影も放つことができないからである。

そのような羨望も、悔しさも、**クセノス**〔よそ者〕、〈ある日やって来て、その翌日には出発する放浪者〉に対してはまったく不可能であって、彼はわれわれの空間と彼の境目に固定点をまったく持たない。**クセノス**を伴うことによって、相互性、つまり用語の完全な意味での関係が存在する。完全に敵対する相互性（彼はわれわれの敵となりうる）であるにせよ、もっと含みのある、不信感にすっぽりと覆われた相互性（ゼウス・クセニオス〔歓待するゼウス〕やアテナ・クセニア〔歓待するアテナ〕の庇護のもとに達成される、儀式的、規範的な歓待の義務）であるにせよ、そうなのである。後者の場合、クセノスは部分的にはジンメルの放浪者に似ている。つまり根なし草で、ある日やって来て、その翌日には出発する者である。浮浪者からニーチェの**ヴァンデラー**〔旅人、放浪者〕に至るまで、われわれは彼を旅人＝放浪者と呼ぶこともできるだろう。旅人＝放浪者における絆の欠如、および集団に対する明らかなる、公然たる彼の無＝所属は、われわれを当惑させるかもしれない。彼の中には、伝記的幻想や所属の規範性から逃れる機会を最大限にかいま見ることができるだろう。彼の伝記はわれわれにとって自由で幸福な大河＝小説のように見えるかもしれない、そしてまさしくそれが理由で、ジュリア・クリステヴァが書いているように、われわれは彼を愛し、彼を羨望し、彼を憎むかもしれないのである。しかし原則として、われわれの中に隠れている小さな裏切り者を呼び起こすのは、そうした放浪者ではない。というのもその小さな裏切り者は、

[46] [47]

まさしく小さいからである。彼はごく平穏に食べ、飲み、愛し、生きることを欲する。彼の視野にあるのは、**他の所**、境目を越えることではない(48)。彼はもっと地味で、現実主義者である。彼の願望は、古い境界の内部にある、いわば日常的な欲求に基づいている。

逆に、**メトイコス**〔居留外国人〕は、紛れもなく内部の未知なる者であって、これは集団のメンバーたちと〈積極的な〉関係を維持し、ある意味では、法律的、経済的、道徳的な次元で彼らによって認められている。ところで、とりわけ社会的憎悪を浴びせられるのは、ゲットーに所属する、ゲットー**の中の**ユダヤ人ではない。ゲットーは擬似的＝民族を創り出したのであって、それは族内婚と力による隔離が理由で発展した、とロジェ・バスティドは書いている(49)。ゲットーはまた、キリスト教の文化においては伝統的な、一つの民族に対する敵対的なイメージもかき立てたのであるが、その民族はキリストを磔にしたと非難され、しかも、中世の階級的な組織とは無関係だったのである。しかしながらゲットーに所属する、ゲットーの中のユダヤ人は、居留外国人《メテック》よりもむしろ**クセノス**――他者、敵――に近いのだ、と付け加えることにしよう。実際にはゲットーの**廃止**こそが、今日われわれが知っているような反ユダヤ主義の誕生を表明しているのである。

奴隷制度の廃止によって社会のただ中に移動する自由を与えられたときに、「黒人たち」にもほとんど同じようなことが起きた、とバスティドは言葉を続けている(50)。彼らが可能な限りの隙間を通って「白人たち」の集団の中に入り込むことができるようになったとき、白人たちは、道徳的偏見という精神的障壁を増やして身を守った。奴隷――一種の地球外生物、バルバロス――に対する温情主義的偏見は、その時にもっと暴力的で、憎悪に満ちた偏見、**ネーグル**〔黒人〕に対する人種的偏見に取って代わったのだ(51)。

外部／内部

集団の中に入り込むこと、隙間を通ってそこに侵入すること、ある何らかの承認（法律的、道徳的、あるいは社会的な庇護）に基づいてそうすることは、一人の未知なる者を居留外国人《メテック》とするプロセスである。そんな風にして、内部の未知なる者は〈ある日やって来て、その翌日もとどまり〉、**中立線**、集団の境目を越える。彼は敵のようにその境目を否定しないし、客のようにそれを避けるということもしない。そのように越えることによって、彼は集団の中に統合され、その空間を共有する。かくしてその集団が創り出す社会学的＝象徴的な結びつき（共同体）を実現する。とはいえ、そのように越えるということは**ただ単に**統合を意味するのではない。それでもやはり中立線は破られてしまったのだ。結びつきや共同体の向こうにまで中立線を越えてゆくと、まさしくその結びつきや共同体が原因となって、もっと暴力的な、敵対感情を生み出すのである。未知なる者が内部のものになると、われわれと彼ら、内部と外部、近いものと遠いものとの間に存在しているはっきりとした、安心させる区別を覆してしまうのである。これは居留外国人がわれわれの日常の体験の中に導入する躓きというものである[52]。

ジンメルに従って、われわれは、一方で、居留外国人は社会学的＝象徴的な次元に定住するが、もう一方で、「居留外国人は互いに行き来する関係の欠如を完全に乗り越えられたわけではない」と言うことができる。すなわち彼は外国人の身分から自由になってはいないのだ。この空間への彼の定着は異常なものである。「彼はあらかじめそこに所属しているのではない」、しかも、「彼はそこからは生じてこない、生じてくるはずのない性質をいくつもそこに持ち込む」、そして**その痕跡がいくつも残る**のだ。それゆえに彼は同時に、近くて遠い者、内部にいてしかも外部にいる者ということになる。これは「集団の一つの分子」であって、他のすべての分子と同様に集団に所属し、彼らと同様に、集団の〈組織的な〉一分子となるのだが、ただし集団とは対照を成す。つまり彼は集団に〈対峙して〉位置し、**客体化される**。

したがって彼は集団とその構成員たちからは、参加することが少なく、自由が多い者と見なされる。その自由には「危険なさまざまな潜在性が［……］含まれている」。実際に、彼は十分に**遠く離れて**いるので、われわれどうしであったなら見ようとはしないものを、彼の中に見てしまう。つまり裏切ったり、集団の〈利他主義〉のためにかかってくる代償から逃れたり、ごく平穏に食べ、飲み、愛し、生きるために、われわれの地下蔵に引きこもったりする誘惑である。しかしながら、彼はまた同様に**近くに**いる。十分に近くにいるので、彼は羨望されるということもあり得るし、〈推測された〉彼の欲望を人が欲するということもありうる。また正確に言うならば、彼の／われわれの欲望が躓きという観点から目に見えるもの、欲望をそそるものとなるのは、まさしくその近接が原因なのである。

内部の未知なる者は**十分に**近くにいるので、社会的憎悪という形をとって、われわれは彼にわれわれの悪意の影を投射するのだし、彼にわれわれの打ち明けられない欲望の重荷を押しつけるのだ、と付け加えておこう。かくして彼は二重の怪物のような存在となる。(53) われわれの中にある深淵の敷き写し、(54) われわれのイメージを反映させる血まみれの鏡であって、ホフマン流に言えば、**彼の**振る舞い方はわれわれをいらつかせるのである。まさにわれわれは彼を〈彼自身の場所に(55)〉戻さなければならないだろう、象徴的な境目、彼が破った中立線の向こうに〈道徳的に、実存的に〉押し返さなければならないだろう。われわれはそれほど多くの危険を冒すことなく、そうすることができる。彼が**十分に**遠く離れていれば、われわれの中で、彼に復讐しようとする者などいなくなるのである。

居留外国人《メテック》は登録される。われわれは彼における一般的な性格を見分けることを学ぶ（あるいはそういうものであると考える）。鼻の形、皮膚の色、口調、匂い、手を動かしたり、服を着たり、見つめたりする特別な仕草。これらの特徴によって、彼がわれわれの領域に、はっきり区分されたわれわれの内部に根づいているけれども、われわれとは対照的であるという事実が立証される。居留外国人は**この**人間ではなく、一人の**ユダヤ人**、あるいは一人の**ネーグル**〔黒人〕、あるいは**金で買えるもの**というような存在である。つまり、そういう存在に、偶然的で、代替しうる存在に具現化される一つのカテゴリーなのであって、顔は持たずにいくつかの特徴を備えている。[56] このような〈特殊な構成の参加〉を、ジンメルは客体性と呼ぶ。根づいていると同時に根こそぎにされており、近い存在でありながらまた遠い存在でもある、内部の未知なる者は、客体のように、また客体として、われわれに提示される。彼はわれわれの動揺、恐怖、憎悪を受けとめることができるのだ。彼は人目を引かずに通り抜けるわけにはいかない。常に〈目に見える〉存在であって、ちょうどわれわれの傍らに、あるいはわれわれの下や、われわれの上にいる誰か（カフカなら、何かと言う）のようなものである。[57] 彼の身元を割り出し、認識し、分類するのはたやすい。われわれの悪意を彼に押しつけることによって、われわれは何の危険も冒さない。ここで一つの名称が与えられることになるが、それはおそらくは人間的な、あまりにも人間的な**制度**、つまり、贖罪の山羊というものである。

ルネ・ジラールの観点からすると、贖罪の山羊とは秩序の原理のことである。[58] 原初的で、極めて現実的なベッルム・オムニウム・コントラー・オムネース〔万人の万人に対する戦い〕――ミメーシス的欲望、リーダー、あるいはモデルとして選ばれた個人を模倣し、彼のようになりたい、彼でありたいと思う各人の欲望から発した衝突によって引き起こされる――は、群《オルド》の危機をたった一人の個人に方向転換させ、押しつけることによって乗り越えられるのである。(59) 彼の死は、ルネ・ジラールが的確にモデル゠障害物と呼んでいるものの消滅を示す。そしてそんな風にして集団的な、無差別な衝突を一時的に終結させ、ミメーシス的な危機を解決できるようにするのである。無限に繰り返されるこの現実的な行為がついには儀式的な形で、犠牲という制度の形で定着する。この基盤の上に、われわれ人間の境遇、われわれの文化、われわれの制度全体が築かれてきたし、今も築かれている。

集団的暴力を押しつけられる犠牲者は、無秩序と暴力の象徴的罪人であるが、しかし群《オルド》は彼を現実の罪人として見る。彼の死の後で全体に広がる鎮静化は、その有罪性を示し、立証する。この観点からすると、犠牲者は不吉なものである。その上、彼の死は平和をもたらす。この意味では、犠牲者は吉なるもの、神的な、国王的なものでもある。この両価性《アンビヴァランス》――犠牲者は殺されるに値するが、また同時に崇められるに値する――は、かつては自然発生的であったその犠牲のメカニズムが、人為的、文化的、儀式的になるまで、殺害の繰り返しによって強化される。爾来、犠牲者はもはやミメーシス的な危機を解決するためではなく、その危機を予防するために生贄として捧げられる。その一方で、犠牲の儀式゠制度の周りに、最初の社会的、政治的な規則が作り上げられる。

この段階で、犠牲者は徐々に置き換えられてゆく。ただしもはや群《オルド》のメンバーによって置き換えられるのではなく、外部から来た誰かによって、あるいは動物によって置き換えられるのである。犠牲者の身代わりの中に宿っている〈賢明さ〉は、集団のメンバーの殺害が引き金となりそうな、復讐の危険を遠ざけることである。実際に復讐は新たなミメーシス的な危機を引き起こしかねないので、儀式の生贄がまさしくそれを予防しようとするのだ。もっとも、贖罪の山羊として機能するために、身代わりの犠牲者は、置き換えられるべき犠牲者と混じり合い、モデル＝障害物を反映させなければならない。[60] 生贄として捧げられる犠牲者と、その犠牲者に置き換えられるべき他の人間存在との間に、外見的なつながりが存在しなければならないのである。[61] もしも犠牲者があまりにも〈近くに〉いるならば、彼の死がミメーシス的な暴力の〈引き金〉[62]となる危険がある。もしも犠牲者があまりにも〈遠くに〉いるならば、それとは逆の危険がある。つまり、犠牲者はその同じ暴力を解除するために、それを自分自身に引き寄せるかもしれないのである。[63]

一つの例を取り上げることにしよう。[64] 生贄の儀式を実践している上＝ナイル地方の二つの民族、ヌエル族とディンカ族は、人間社会と平行して、同じように構造化された牛の社会が存在すると考えている。この生き写しのような共同体によって、彼らはそこに効果的な身代わりとなる犠牲者を見つけることができるのである。つまり、近くて同時に遠く、似通っていてかつ異なり、内部にいてかつ外部にいるものである。アテネでも、同じような、とはいえもっと血なまぐさいものが機能していた。つまり、**ファルマコス**〔下賤の輩、生贄〕である。「[……]この都市は都市の出費で［幾人かの不幸な人たちを］養っていた。時折、特に大災害の時期に、犠牲として捧げるためであった」。そんな風にして、必要な場合には、つまり不幸がこの都市に襲いかかってきた場合、あるいは襲いかかってきそうな場合には——伝染病、食糧不足、敵の侵略、あるいは内部の紛争——、共同体が自由に使える**ファルマコス**がいつでも存在していた。[65] したがって、一方には、〔共同体と〕平行する動物社会が存在し、もう一方には、平行する人間社会が、あるいは少なくとも集団に属する、集団の中の犠牲者の身代わりとなる目的で〈飼育される〉人間たちが存在したのだ。ルネ・ジラールにとっては、ヌエル族、ディンカ族に関してであれ、ギリシャ人に関してであれ、目的は明らかである。犠牲の効力を保存しながら、復讐の危機を和らげることが問題なのである(66)。

順応した生贄

近くて同時に遠く、似通っていてかつ異なり、内部にいてかつ外部にいる、という身代わりの犠牲者の特徴は、中立線、われわれの空間を定めている境目を越えた未知なる者の特徴と同じである。集団の中にいる居留外国人《メテック》の象徴的な役割を、ルネ・ジラールが犠牲という制度の事例で浮き彫りにしたいくつかの要素を手掛かりにして、読み直すことができるだろうか。しかしわれわれは次の点をよく理解しておかなければならない。ここで問題になるのは、ルネ・ジラールの観点を、象徴的なもの、神話的なものから、人間化のプロセスや人間の制度の基盤に至るまで、宗教から法律に至るまでを説明できるような、総括的なシステムとして一挙に受け入れるということではない。問題になるのはむしろ、神話的＝象徴的な世界について分析することのできる仮説の一つと見なされているこの視点(67)によって、われわれは、内部の未知なる者による個人的、集団的体験の無秩序の中に、はたして秩序を見出すことができるのかどうか確かめるということである。実際に、犠牲的生贄における根本的な特徴の存在、つまりアウトサイダーのような状態で、内部と同時に外部に属し、近くにかつ遠くにいるという事実と、儀式的プロセスを結びつけるルネ・ジラールの再構築は、その秩序を見出すことに貢献できると思われる。そうした特徴は、確かに、ルネ・ジラールが**犠牲の準備**(68)と呼ぶものにおいて、集団によって〈望まれて〉いるし、集団によって人為的に〈築き上げられて〉いる。もしもその選ばれた者があまりにも内部にいるならば――神聖な国王の場合のように——犠牲の準備は、彼を未知なる者にしよう、彼を遠ざけるようにしようという儀式で成り立つ〈例えば、彼に近親相姦をするように仕向ける〉。逆に、もしも彼があまりにも外部にいるならば、儀式は彼を組み込み、集団に接近させようとするだろう。

ディンカ族と彼らの動物の生贄の場合、平行する牛の社会から選び出した獣は、すぐに犠牲として捧げられるのではない。その獣はずっと以前に選択され、他の獣たちから遠ざけられる。「それは人間の住居に近い特別な場所に住まわされる。［……］共同体に近い存在とするための神への祈りが唱えられ、その獣はより一層緊密に共同体に組み込まれる」。これらすべての措置は、「人間と獣との同一化」を強化し、両者の間の距離を縮めることを目的とする。すると、犠牲の生贄は**順応された**生贄となり、「彼らの恨みに値する対象」と化すことで、集団のメンバーたちの「相互的敵意を自分のほうへ磁石のように引き寄せることができる」のである。

かなり異質な生贄を共同体に近づけるための犠牲の準備に関して、チュピナムバ族の慣習である人食い《カニバリスム》の事例はより一層啓示的である。部族どうしがいつでも互いに戦争状態にある、ブラジル北西部の民族、チュピナムバ族は、戦闘の最中に殺した敵を「即座に」その場で食うという習慣を持っている。ルネ・ジラールは、その共同体の外では、法律も儀式もない、とはっきり述べている。「無差別の暴力が全面的に支配しているのだ」。敵というものは根本的な他者、**クセノス**であって、集団のまとまり、そのメンバーたちの「相互依存」にとっては異質なものである——ジンメル風に言うならば——共同体の象徴的な中心との「力関係」にとって異質なものなのである。ただし敵が生きたまま村に連れてこられたときだけは、チュピナムバ族の人食い《カニバリスム》が儀式的になり、したがってそれに伴う厳格な規則が尊重され始める。

部族の〈空間〉の中に入ることによって、所属の境目を定めている中立線を強制的に越えることによって、敵は生贄にふさわしくなる。〈外部から〉やって来て、彼らは、自らの死が内部のミメーシス的危機の起爆剤の代わりとなることもなく、殺されることもありうる。もっとも、彼らには犠牲の類型学のもう一つの側面が欠けている。つまり、彼らは**すぐに**利用するには共同体にとってあまりにも異質なものでありすぎるということである。彼らが犠牲の生贄となるには、中立線――外部の無秩序／神聖さと、内部の秩序／慣習との間の境目――が、象徴的にであれ（ジンメルならば、社会学的にと言うことであろう）、越えられる必要がある。したがって生贄はその役割のために準備されなければならない。彼を〈内部の〉被造物としなければならない、が、だからといって彼から〈外部の〉被造物としての特性を取り上げてもならないのである。

このような準備は、何か月もの間、また時によると何年もの間、その敵に、集団の日常生活と同じ――**平行する**と言うほうがよいかもしれない――、普通の生活をさせることで成り立つ。彼はその日常生活に参加し、部族から妻をめとり、子供を持ち、彼らを育て上げることができる。その未来の犠牲者が「未来の生贄を捧げる者たちと結んでいる絆は、［……］生贄を捧げる者どうしが互いに結び合っている絆と**ほとんど**同じである」[70]。次いで、彼の死が定められた日の少し前に、人々は儀式として彼に逃亡するよう仕向ける。その後で、彼を罰するために、人々は彼を鎖でつなぎ、彼から食べ物を剝奪する。そんな風にして彼が盗んだり、暴力をふるわなければならないように強いるのである。要するに、人々は彼に「違反するよう運命づける」のである。

この慣習は捕虜を完全に同化させるのが目的ではなく、彼を**二重の存在**、両義的な性質の醜悪な溜まり場に変換させることを目的としているが、それは犠牲という体験が、犯罪者であると同時に救い主と見なされる犠牲者の中に最初からかいま見えるからだと思われる[71]。彼はまったく特殊な次元に位置づけられる。

この人物は言葉の真の意味で人間ではなく、原初的な生贄の典型である。彼は**固有に存在する**のではなく、**代わりとなって**、一つの役割を果たすのである。この役割の中で、犠牲としての、あるいは〈ジンメルが言うように〉〈客体化された〉生贄は、復讐という危険なものを社会に生じさせないようにして、類型学的に社会から暴力を取り除くように**順応されている**、ということが、すべての人の目に〈見える〉のである(72)。

したがって生贄の準備は儀式的な駆け引きで成り立っており、それによって未来の犠牲者は**外部**から**内部**へ移行するのである。そうしてもたらされる効果は、〈ある日やって来て、その翌日もとどまる〉未知なる者が境目（中立線）を越える結果と似ている。前者の場合も後者の場合も、その結果は生贄の類型学的な特徴に要約される。居留外国人《メテック》や内部の未知なる者は、中立線を越えたからには——換言すれば、集団のメンバーとして受け入れられ、ある意味で認められたからには——、実際には生贄の準備をすでに果たしているのである。その点に——また中立線を現実に越えた後の、その点だけに、——典型的な犠牲の生贄から見た特殊性が存するのであって、人為的、儀式的なプロセスの結果として存するのではない。その他のことに関しては、彼は生贄の役割に完全に順応しているかのように見える。

光と影

居留外国人《メテック》は実際的な犠牲の生贄、すでに順応していて、すぐに利用可能な生贄なのだろうか。彼は確かにその特徴を持っている。彼はアウトサイダーとしての、差異の徴候を身に備えている。鼻の形、皮膚の色、口調、匂い、手を動かしたり、服を着たり、見つめたりする仕草。集団とともに、仕事や、友情や、親戚関係さえも結びながら、彼はほとんど普通と言えるような生活を送っている。彼はディンカ族やヌエル族の牛、あるいはチュピナムバ族の捕虜と同じように、一種の平行する社会の中で生きている。

彼らとまったく同様に、居留外国人は両義的な存在と見なされる。彼に敬服しかつ彼を嫌悪することが可能である。最も身近な例は、反ユダヤ主義による紋切り型の例であり、それによると、ユダヤ人はその知性と巧みさによって集団のメンバーたちよりも**優れている**が、同時に社会的に有害で、人間的に道徳的に**劣っている**という。(73) ユダヤ人は危険な、情け容赦のない敵であるが、それでも彼らをナンキンムシのように踏みつぶすのは可能で、たやすい、という確信の中にも同じ両価性《アンビヴァランス》を指摘することができる。(74) 第三世界〔発展途上国〕・第四世界〔第三世界の最貧困国〕の居留外国人に対する西洋人の日常的な態度――連帯と非難、好意と不寛容が混じり合っているこの特殊な、周知の態度――は、生贄の両価性のメカニズムを再現している。

生贄の儀式は、寛容さを育むことによって、あるいは少なくとも〈司法の超越性(75)〉によって抑制される限り、最後には、われわれと一緒に**かつ**われわれの中に混じることがますます多くなっているあの**他者たち**の解釈の――また象徴的、現実的な追放の――メカニズムとなりうるのだろうか。伝統的な二つの次元がもはや存在しない今、政治的次元における集団的認識は、ついに生贄の儀式を通過することができるのだろうか。

追放の誘惑と同化の企ての間にある境界線でどちらを取るのか決めかねているわれわれは、まさしく、それらを内部にしてかつ外部、近くてかつ遠く、根づいていてかつ根こぎにされているものとして認識する。同化へと向かう一歩一歩は、追放、すなわち生贄としての解釈へと向かう一歩でもある。それが内部の未知なる者に対するジレンマなのである。(76) 彼を保護し、承認するそれぞれの法律、彼をより近い、類似のものにするそれぞれの措置が、同様に彼を〈危険なほど〉より一層内部のものに、同時にまた所属空間の外と内にあって、より一層生贄の役割に順応したものにする。

保護されず、権利を剝奪された未知なる者は〈危険〉は少ないが、またそのぶん生贄としてもふさわしくない。彼の階級的上下関係がもはや支配する集団の温情主義的な管理に委ねられず、逆に、政治的に、法律的に保証されるようになると、その時に彼は一つの脅威として知覚される。かくして彼の他者性が一般に呼び起こした警戒心は、公然たる偏見へ、はっきりとした人種的憎悪へと変わる。またその憎悪は、とりわけ危機の時代には、〈操作され、導かれ、制度化される〉[77]ことも**ありうる**。このような現象に対してどんな意味を与えたらよいのだろうか。ミシェル・フーコーが一つの意味をわれわれに示唆している。

一九七六年に、フーコーは〈生物学的なものの国家管理〉の分析によって、コレージュ・ド・フランスの講義課程[78]を終えるのだが、その分析は、十九世紀以降、西洋の権力は**生物学的権力** *biopouvoir* になったという事実を拠り所としている。古典的な理論においては、生殺与奪の権利は君主の基本的な属性の一つであった、とフーコーははっきり述べている。しかしその生殺与奪の権利は、理論的な次元では、逆説的な異常性をも示している。つまり権力に対して、主体は権利の主体ではなく、生者でも死者でもない。実際に、生と死に関して、主体はただ単に中立的なだけであって、彼が生きるか死ぬかの権利を持つのは、もっぱら君主のおかげなのである。生と死は君主の意志のみによって権利となる。この理論的な逆説に、第二の逆説が加えられ、その理論的な逆説を実践する。そのような権利は必然的に均衡を欠いていて、非対称的である。つまりそれは死ぬように**させ**、かつ生きるが**ままにしておく**権利だという。それは常に**死の側から**しか行使されない。

やはり同じくフーコーによるならば、十七・十八世紀にすでに進行していたプロセスを経て、十九世紀に、この権利——というよりもむしろこの権力——が形を変える。それは取って替えられるのではなくて、いわば逆のものによって浸透され、貫通される。つまりそれは、生きるようにさせ、かつ死ぬがままにしておく権力、すなわち生き方や生活の〈方法〉について干渉し、事件、危険、欠陥を制御しながら、生命を延ばすために介入する権力となる。死は、権力の中心的要因から、境界的なものや末端的なものに転ずるのである。死は権力の支配から離れ、一般的、総体的、統計的な場合を除いて、権力が作用しえないものとなる。権力は死すべき運命のほうに向かって進んだのであって、もはや死というものに向かっては進まない。死は死を剝奪されたもののほうに移動したのであって、死を剝奪されたものからはもはや剝奪することはない。権力は**生物学的権力**となったのである。つまり、それはもはや死のほうへ行使されるのではなく、生のほうへ行使されるのである。

このプロセスの意味をよく把握するには、フーコーの観点から、死を基盤とする権力が生物学的権力によって**横断される**しかない、ということを思い出さなければならない。逆転したイメージとして、死を基盤とする権力が、生物学的権力によって置き換えられることはありえない。実際に、ミシェル・フーコーによれば、権力によって殺す権利と殺人の機能は行使され続けているという——そして、彼にとって、権力はそれらを行使せずにはいられないように思えるのである。ただし、それらはこれからは生物学的なものの国家管理と調和させて行使されるのである。生命を強化するという目的の権力はまた、〈生物学的な**連続体**〉を砕き、壊すことで、**死を要求する**こともできる——それは市民たちに死ぬことと殺すことを納得させることができる。そうするためには、人間という種が連続体ではないという確信、優れた民族と劣った民族が存在するという確信に支えられなければならない。そうしたさまざまな民族と直面すると、その時に生物学的権力は再び、死ぬように**させる**か、または生きるが**ままにしておく**権力となる。そのようなやり方で、人種差別は国家のメカニズムの内部に加えられたのである。人種差別は生物学的権力を行使する国家によって**創り出された**のではないけれども、それは死を押しつけるという目的を国家から受け取るのだ。

ルネ・ジラール流の言葉を使えば、死の**追放**と言うこともできるであろう。死の超克ではなく、死の移動である。生物学的なもの——その連続体の区切り目の後ではそう見なすことができるもの——のただ中では、権力による〈殺人の機能〉はもはや行使されないのであって、行使されるのはその外部においてである。そんな風にして生贄として捧げられるものは、言葉の十全な意味における敵対者ではないし、敵ではない。それはむしろ住民に対しての、住民にとっての、外的あるいは内的な危険なのである。危険を除去することは、生命への侮辱として知覚されるのではなく、逆に、生命の強化として知覚される。そして除去するとは、直接的な死ばかりではなく、間接的な死をも意味しなければならない。言い換えると、ある者たちを死の危険にさらしたり、死の危険を増加させたり、あるいはもっと簡単に政治的な死、追放、排斥を引き起こすということである。

フーコーのこの見解は、検証されるに値する、破局的、根本的な哲学＝政治の展望の中に組み込まれている。居留外国人、白人の帝国の境目でひしめく新たな蛮族に関して、ますます意味深長なものになってくるこのテーマに彼が没頭することによって、われわれの中には当然ともいえる懸念が生じてくるほかないのである。暴力を生贄によって内部の未知なる者のほうへ追放することは、フーコーのような分析から発展したやり方で、展開することができる。つまり、死の危険にさらし、死の危険を増幅させ、政治的な死を宣言し、追放し、拒絶するということである。さまざまな事柄が、すでに存在している。しかも、まず最初に法律による保護や居留外国人の承認がないという理由で生じていながら、それらの事柄は、その後ではそうした保護やそうした承認そのもの、さらにはそんな風にして作動した生贄のメカニズムゆえに続行されるのである。

危険が潜伏しているのは、まさしくここである。われわれの明るい、光の部分は、内部の未知なる者がわれわれと同等の者、われわれの兄弟となることを受け入れる。しかしわれわれの闇の部分、われわれの内なる影は、それらの兄弟の中に――まさしくそれが兄弟だからこそ――同じ数だけの醜悪な分身、われわれ自身の鏡に映った、血まみれのイメージを見るのである。この矛盾は避けることができない。楽天主義はわれわれに、それらの影の破壊性を規制し、拘束するためには――教育、情報、さまざまな政治的、法律的介入によって[79]――光を強くするだけで十分である、と吹き込む。しかし、その矛盾がまさしくこれからさき数十年の特徴となりうるとはっきり認めるほうが、より現実主義的であろう――そして最終的にはより倫理的であろう――と思われる。これからはおそらく大いなる敵が、一つの闘争的共同体の中で、対比することによって、自分自身が何者なのかをわれわれが認識するように仕向けることはなくなるのだろう。われわれはきっと準＝人間的な平行する社会を意のままにして、そこから自分の所属にとって都合のよい確証を引き出すようになるのだ。

われわれの居留外国人たちは将来、アテネにおけるファルマコスのレプリカ〔生き写し〕――毒にしてしかも解毒剤[80]、われわれの障害に対する生贄的な救済手段[81]――となるのだろうか。五十年以上も前に、プリーモ・レーヴィは以下のように書いた。「多くの個人、多くの民族が、大なり小なり意識的に、〝よそ者はみな敵だ〟ということを記憶に留めるようになるかもしれない。せいぜいのところ、今はその確信がわれわれの奥に隠れた膿のように埋もれているだけである。その確信は、それに対する思考のシステムと一致することなく、偶然に、脈絡のない状態でしか現われてこない。しかし、それが生じてくると、暗黙の教義が三段論法の根源的前提となると、その時にこそ、鎖の先に、われわれは『ラーガー〔収容所〕』を見出すのだ[82]」。

原註

（1） F. Kafka, *Das Schloss*, B. Lortholary, 仏訳, *Le Château*, Paris, Flammarion, 1984, p. 76. L. Grinberg, R. Grinberg, *Psicoànalisis de la migraciòn y del esilio*, 仏訳, Psychanalyse du migrant et de l'exilé, éd. Cesura, 1987 を参照。〔フランツ・カフカ、原田義人訳、「城」、『筑摩世界文學大系65』、筑摩書房、一九七二年〕

（2） この論文は、ベルリンの壁の崩壊の直後、一九九一年に遡る。取り扱われたテーマはその後、次の著作の中で展開された。R. Escobar, *Metamorfosi della paura*, Bologne, Mulino, 1997.

（3） この楽天主義とその反証に関しては、ロジェ・バスティドがすでに一九七〇年に、自分の考えを述べていた。彼の著作、*Le Prochain et le lointain*, Paris, L'Harmattan, 2000, p. 9-12 の序文に所収。

（4） R. Escobar, «Il campanile di Marcellinara. Ipotesi sull'obbedianza», *Cenobio*, n° 4, oct.-déc. 1990, p. 353-370 を参照。

（5） G. Simmel, *L'excursus sur l'étranger*（これについてはまた後で触れることにする）。自分の本の中で、ジンメルは「ある日やって来て、その翌日に立ち去る」人のように理解されるのではなく、「ある日やって来て、その翌日も居残っている」人のように理解される未知なる者に取り組んでいる（G. Simmel, 仏訳, *Sociologie, études sur les formes de la socialisation*, Paris, PUF, 1999, p. 663）。このような未知なる者に対して、ジュリア・クリステヴァが最近一冊の本を捧げた。*Étrangers à nous-mêmes*, Paris, Gallimard, «Folio Essais», n° 156, 1991.〔ジュリア・クリステヴァ、池田和子訳、『外国人　我らの内なるもの』、法政大学出版局、一九九〇年〕

（6） J. Kristeva, *op. cit.* 参照。

（7） M. Douglas の古典的な著作、*Purity and Danger, An analysis of Pollution and Taboo*; A. Guérin 仏訳、*De la souillure, essai sur les notions de pollution et de tabou*, Paris, F. Maspero, 1971 を参照。

〔メアリー・ダグラス、塚本利明訳、『汚穢と禁忌』、思潮社、一九七二年〕

(8) A. Raymond, *Paix et guerre entre les nations*, Paris, Calmann-Lévy, 1992 を参照。

(9) G. Simmel, *Sociologie, op. cit.*, p. 275.

(10) N. Bobbio, *Il problema della guerra e le vie della pace*, Bologne, Il Mulino, 1984, p. 11.「周知のように、戦争のためのこの上ない**ユースタ・カウサ**〈正しい理由〉とは、[……]他者の攻撃からの防衛ということである[……]。そしてこれはまた、公的な声明の中で、防衛のための戦争として示されないような戦争など存在しない、という理由にもなりうる」。

(11) E. Canetti, *Masse und Macht*, 仏訳 *Masse et puissance*, Paris, Gallimard, 1986.（敵が）他者に向けたことは、それ自体に戻ってゆく。したがって、最初に始めたのはいつでも敵なのだ。たとえ敵が最初にそれを表明しなかったとしても、敵はずっとそれを計画してきたのだ。また敵がそれを計画しなかったとしても、少なくとも敵はそのことを考えてきたのだ。それに敵が以前にそのことを考えなかったとしても、敵はきっとそのことを考えたことだろう。〈最初の死〉に対する〈責任〉についても、E・カネッティを参照。
〔エリアス・カネッティ、岩田行一訳、『群衆と権力』（上・下）、法政大学出版局、一九七一年〕

(12) Eibl-Eibesfeldt, *Liebe und Haas. Zur Naturgeschichte elementarer Verhaltensweisen*, Müünchen, R. Piper & Co. Verlag, 1970 を参照。

(13) **ホモー・サピエーンス**とは「説明を見つけることのできるほ乳類」と定義することができる、とバリントン・ムーア・Jr.は指摘している。「[自分自身の〝宿命〟、すなわち自分自身の苦悩の]その説明を探し求めながら、集団は敵との関連によって自らを定義する。したがって、外部の敵は、集団の自己定義のための構成要素であって、その自己定義は、自らの苦悩の原因であるような男や女に関する、自らの説明を通じて獲得したものである」(Barrington Moore Jr., *Injustice. The Social Bases of Obedience and Revolt*, New York, M. E. Sharpe, 1978)。

(14) A. Heller, *A mindennapi èlet*, Budapest, Akadéniaikiado, 1966.

(15) R. Girard, *Des choses cachées depuis la fondation du monde*, Paris, Grasset, 1978, p. 19-20 参照。「われわれはとりわけ衝突における結果、一方の側の勝利ともう一方の側の敗北、すなわち戦いから浮かび上がってくる差異に目を向けるけれども、伝統的、原初的な社会は、そのプロセスの相互性、すなわち敵対者たちの相互的模倣を強調している。そうした社会を際立たせているのは、まさしく競争者どうしの類似、目的や操作の同一性、仕草の対称性、などといったものなのだ」。

(16)〔ルネ・ジラール、小池健男訳、『世の初めから隠されていること』、法政大学出版局、一九八四年〕

(17) 接近と衝突に関しては、E. Canetti, *op. cit.* を参照。

この小さな差異のナルシズムへの最初の暗示の一つは、完全に最初というわけではないが、*Beiträge zur Psychologie des Liebenslebens III, Das Tabu der Virginität*（1917）に見られる。〔ジグムント・フロイト、高橋義孝訳、「『愛情生活の心理学』への諸寄与　処女性のタブー」、『フロイト著作集10』、人文書院、一九八三年〕

(18) S. Freud, 仏訳, *Psychogie collective et analyse du moi*, Paris, Payot, 1962 を参照。〔ジグムント・フロイト、小此木啓吾訳、「集団心理学と自我の分析」、『フロイト著作集6』、人文書院、一九七〇年〕

(19) S. Freud, 仏訳, *Malaise dans la civilisation*, Paris, Payot, 1962 を参照。〔ジグムント・フロイト、浜川祥枝訳、「文化への不満」、『フロイト著作集3』、人文書院、一九六九年〕

(20) S. Freud, 仏訳, *L'Homme Moïse et la religion monothéiste*, Paris, Gallimard, «Folio», n° 219, 1993 を参照。〔ジグムント・フロイト、森川俊夫訳、「人間モーセと一神教」、『フロイト著作集11』、人文書院、一九八四年〕

(21) G. Simmel, «Le conflit», *Sociologie*, *op. cit.* を参照。G・ジョルダーノがこの *Sociologie* を紹介しながら書いているように（p. 29）、この «Le conflit» という章はすでに一九〇三—一九〇四年に *The American Journal of Sociology* に、英訳されて発表されている。

(22)「[……] さまざまな要素どうしの関係は、たいていの場合完全に統一的である。しかしその統一性はわれわれの理解を超えていて [……]、それをただいくつもの結合エネルギーが合わさった行為として表わすしかない。[……] 確かに、複雑な感情、並び立つさまざまな欲動、競合する対立感情としてわれわれが思い描かなければならないものの多くは、それ自体が完全に統一的である。しかしその統一性の図式は、それらを復元しようとする理性には大幅に欠けている。したがって理性はそれを多様な要素の合わさった結果として再構築せざるをえないのだ」(*ibid.*, p. 271)。

(23) ジンメルは、〈一つの経済的な統一体〉の内部における個人どうしの競争の例を挙げている。個人のレベルでは二元論的、否定的に見えるものが、統一体のレベルでは〈完全に肯定的な役割を演じる〉(*ibid.*, p. 267–268)。

(24) G. Simmel, «Domination et subordination», *Sociologie, op. cit.*, p. 161, 270–275 を参照。

(25) G. Simmel, «Le conflit», *Sociologie, op. cit.*, p. 265 以降、p. 289 以降を参照。

(26) *Ibid.*, p. 294 以降。

(27) *Ibid.*, p. 297.

(28) 「[……]所有するという単なる事実は、すでに所有する権利に相当する、と一般に考えられているのと同様に、所有したいと思う欲望という前段階もまた、結局はそうする権利となるのである。〝要求する revendiquer〟——単なる欲望、あるいは権利に基づく欲望を表わす——という言葉の二重の意味は、自らの力ですでに権利を自由に使える意志が、これまた同様に自ら進んで権利の力を意志に与える、ということを示す」(*ibid.*, p. 296)。

(29) *Ibid.*, p. 293 以降。

(30) *Ibid.*, p. 288.

(31) G. Simmel, «L'espace et les organisations spatiales de la société», *Sociologie, op. cit.*, p. 599–655 を参照。

(32) *Ibid.*, p. 605 以降。

(33) 人間どうしの相互関係における**境界**と同様に、一つの集団とその空間を限定するような境目は、「社会学的な結果を伴う空間的な事実ではなく、空間的な形態を帯びた社会学的事実である」(*ibid.*, p. 607)。

(34) *Ibid.*, p. 606.

(35) *Ibid.*, p. 624 以降。«Le conflit», *Sociologie, op. cit.*, p. 265 も参照。

(36) 単に場とか、物とか、物質的な構造を指示しているだけであるとはいえ、『社会学』の同じ章の中で、ジンメルはそのような中心のことを問題にしている。*op. cit.*, p. 607, 613 以降。

(37) 象徴的な中心という概念については、R. Escobar, *Il campanile di Marcellinara, op. cit.* を参照。

(38) E. Canetti, *Masse et puissance, op. cit.* を参照。

(39) G. Simmel, «L'excursus sur l'étranger», *Sociologie, op. cit.*, 特に p. 663 以降を参照。

(40) 群衆によって感じ取られるこのような迫害が、その後で結びつきの強化に至る――各人が自分の中に存在する敵から〈身を守る〉ように導かれるのと同様に――と、ハンナ・アーレントは『革命について』（仏訳、*Essai sur la révolution*, Paris, Gallimard, 1985）で主張した。〔ハンナ・アレント、志水速雄訳、『革命について』、ちくま学芸文庫、一九九五年〕

(41) J. Kristeva, *Étrangers à nous-mêmes, op. cit.*

(42) 集団が内部の未知なる者の中に想像する、この〈危険な〉自由については、やはりジンメルの、«L'excursus sur l'etranger», *Sociologie, op. cit.* を参照。

(43) L. Grinberg et R. Grinberg, *Psychanalyse de l'émigration et de l'exil, op. cit.* を参照。

(44) G. Simmel, «L'excursus sur l'étranger», *op. cit.*, p. 663 以降を参照。**バルバロス、クセノス、メトイコス**〔外国移住者〕という概念については、J. Kristeva, *Étrangers à nous-mêmes, op. cit.* を参照せよ。

(45) *Ibid.*

(46) **クセノス**と**ホスティス**〔誰でも〕について、および両者の意味論的な両価性《アンビヴァランス》――未知なる者＝敵と、それゆえに、未知なる者＝客人（**ホスペース**）――については、E. Benveniste, *Le Vocabulaire des institutions indo-européennes*, I, «Économie, parenté, société» を参照。

(47) J. Kristeva, *op. cit.*

(48) この点に関しては、E. O. Wilson を参照せよ――*Sociobiology. The New Synthesis*（仏訳、*Sociobiologie*, Monaco, éd. du Rocher, 1987）。

(49) R. Bastide, *op. cit.*, p. 37 以降を参照。

(50) *Ibid.*, p. 44 以降。

(51) 当然、人種差別と反ユダヤ主義が急増するからには、経済的、社会的な危機が必要である、とバスティドは警告する（*ibid.*, p. 38）。それに、この現象は常に、経済的、生産的な動機と結びついているし（p. 55 以降）、社会における、競争的な——隣接的なとか、類似的な、とわれわれは言い表すことにしよう——問題と結びついている（p. 24）。第一次世界大戦中に前線に送られた「白人たち」の代わりとなるために、アメリカ合衆国の北部において黒人労働力が増加したが、それは「南部」の伝統的な人種差別と似通った人種差別が生まれたことを示している。

（52）近い／遠いという日常的空間の概念、およびその境界に関しては、A. Heller, *op. cit.* も参照（ヘッレルは明らかにG・ジンメルの『社会学』を参照している）。

（53）二重の怪物のような存在については、R. Girard, *op. cit.*, 特にp. 206以降を参照。

（54）バスティドは一九五〇年代の終りに次のように書いている。「北アメリカでは、人種隔離は『白人たち』の防衛反応であって、彼らは自分たち自身の〃文化〃を、〃本能的、肉体的、肉欲的な生活のほうへ退行している〃と見なされる『黒人たち』の〃自然〃と対比させることを思いついたのだ。しかし、そんな風にして、ピューリタンの白人は、『アルテル〔もう一方の者〕』から身を守り、〔……〕自分自身から、自分の中にある深淵からの呼びかけから身を守る。『黒人』拒否は、『白人』による自分自身との戦いの客体化とか外在化なのである」（R. Bastide, *op. cit.*, p. 121以降、p. 137以降）。

（55）*Ibid.*, p. 44.

（56）反ユダヤ主義の事例における〈常同行動〉については、第二次世界大戦後にアメリカ合衆国で行なわれた古典的な研究、*The Authoritarian Personality* の特に第三巻第四部 *Antisémitisme, ethnocentrisme et personalité autoritaire* にテオドール・W・アドルノが書いたことを参照。〔テオドール・W・アドルノ、田中義久・矢沢修次郎・小林修一訳、『権威主義的パーソナリティ』、青木書店、一九八〇年〕

（57）ジンメルは次のように警告している（*op. cit.*, p. 663以降）。時として、未知なる者の、さらには内部の者の客体性が、彼をわれわれよりもすぐれた者、「少数の先入観によって状況を」識別することができる者と見なすように仕向けることがある。中世におけるイタリアのあの古い都市の事例がそうであって、それらの都市で人々が自分たちの裁き手として選んだのは「外国人であった。それというのも、生粋の市民たちは誰でも、家族や党派の利益になるようなえこひいきを免れてはいなかったからだ」（«Domination et subordination», *Sociologie, op. cit.*, p. 161 以降も参照）。

(58) R・ジラールの作品において、私が引用するのは、『暴力と聖なるもの』の中で、とりわけ内部の未知なる者の分析に役立つような何節かに付随する箇所である。私が設定した課題を越えて独特の展開がなされてゆく。ルネ・ジラールの仮説についての注意深い体系化と問題設定に関しては、L. Alfieri, «Dal conflitto dei doppi alla trascendenza giudiziaria. Il problema politico e giuridico in René Girard», *Cenobio*, nº 4, oct-déc. 1990, p. 312-336 を参照されたい。

〔ルネ・ジラール、古田幸男訳『暴力と聖なるもの』、法政大学出版局、一九八二年〕

(59) すなわち、リーダーのようになりたい、**彼でありたい**と思う各人の欲望によって引き起こされる、あるいは――もう一つ別の可能な解釈によれば――、他のみんなのようになりたい、**他のみんなと同じ者でありたい**と思う各人の欲望によって引き起こされる、集団的暴力ということである。後者の場合、犠牲者、つまり贖罪の山羊は、アウトサイダーのような個人、弱者であって、衝突とは無関係でありながら、全体の暴力を自分自身に引き寄せてしまう者のことである。逆に、前者の場合、贖罪の山羊――および、各人の、全員のミメーシス的欲望のモデル＝障害物――とは、実際にはそのリーダーのことである。L. Alfieri, *op. cit.*, 特に p. 323 以降を参照。

(60) R・ジラールは、犠牲者が身代わりのものであるようなモデルは、完全なモデル＝障害物ではなくて、「奇怪な分身の体験によって変形された」モデルであるとはっきり述べている。すなわち、身代わりの犠牲者は、集団が本来の犠牲者の中に見ていると思っている〈両義的な存在〉にできる限り似ていなければならない。R. Girard, *La Violence et le sacré, op. cit.*, p. 407 を参照。

(61) *Ibid.*

(62) *Ibid.*

(63) 犠牲者と犠牲を捧げる祭司との間の類似は、フロイト主義者、ウジェーヌ・アンリケによるならば、儀式の生贄の効果という点で極めて重要である。ただし彼は、〈兄弟〉間に生じる暴力に関して、ルネ・ジラールの仮説を共有してはいない。彼の書くところによれば、群《オルド》の族長の暴力はもっと根源的な暴力であって、それは「どんな文化や、象徴的システムの」形成をも妨げ、「唯一可能な関係として、力の関係」を設立するのだという。そのような暴力を反発的な暴力と対比させながら、子供たちは「陰謀の中で、犯罪とともに息子としての自分を形成してゆく。彼らは父親――神聖な、理想化された人物――を創り出すのだ」。それと一緒に、彼らは最初の共同体、最初の法律的な規則を創り出す（中でもとりわけそのために貢献するのが、フロイト的なリビドーの欲動である）。それから身代わりの犠牲者に向かって――と、アンリケは言葉を続けている――兄弟は「暴力を方向転換させる」ことになる、するとその暴力は、父親による神聖化の後で、「彼らを互いに鼓舞する」のである。しかしながら、そのような方向転換が可能なのは、犠牲を捧げる祭司と似通った犠牲者に対する場合だけであって、彼らは自分たちの投影の「逃げ場」となることができる。E. Enriquez, *De la horde à l'État. Essai de psychanalyse du lien social,* Paris, Gallimard, 1983 を参照。

(64) R. Girard, *La Violence et le sacré, op. cit.*, p. 12-13 を参照。

(65) *Ibid.*, p. 20. ルネ・ジラールは**ファルマコス**の慣習とエディプス神話との間にある類似を注記している（*ibid.*, p. 148 を参照）。

(66) 例えば、*ibid.*, p. 18 以降を参照。

(67) アルフィエーリは次のように書いている。「ルネ・ジラールの主張が明らかに偏っているということは、あまり重要ではない。[……] この見地からすると、その主張は、先行した主張の数々よりも良くもないし、悪くもない。それよりもむしろ理解しなければならないのは、神話的な素材の中で、その主張が何を解明できるのか、何をもっと知覚可能なものとするのか、ということである。神話は暴力について（もまた）語っている。そして神話がしばしば暴力について語るのは、象徴的な秩序の再建としてであって、そんな風にして暴力に一つの機能を与えるのである。その機能は、われわれの時代からあまりかけ離れていない時代でも、あるいは現代でさえも確認することができる。したがって起源にまで遡る機能、原初の機能が問題になっている。ルネ・ジラールが主張するように、その機能がすべての神話を説明するわけではないが、しかしそんなことは問題ではない。問題は、どのようにしたら暴力を説明することができるのかを知るということなのだ」（*Dal conflitto dei doppi alla trascendenza giudiziaria, op. cit.*, p. 318）。

(68) René Girard, *La Violence et le sacré*, *op. cit.*, p. 405 以降を参照。

(69) *Ibid.*, p. 408 以降。

(70) 強調は筆者による。

(71) 自分の仮説の中では、生贄が初期の、創設的な暴力にまで、直接に辿り着くことがないので、アンリケはこの両価性《アンビヴァランス》を説明することができないのだが、その彼がいずれにしても生贄を、ただしこれからは〈二分割して〉、復帰させなければならないということは意味深長である。生贄は──『群《オルド》から国家まで』の中では次のように読むことができる──二つの異なる、交互的なやり方で、犠牲を捧げる祭司に似ているということがありうる。生贄は、アステカ民族におけるように、犠牲を捧げる祭司（共同体を象徴する）よりも立派で、神に近い人間であるか、それともナチス・ドイツにおけるように、犠牲を捧げる祭司によって、醜さと憎悪のあらゆる痕跡を刻み込まれた、悪魔に近い人間かである。

(72) ルネ・ジラールは、部族の中で女性は、「ある程度までは捕虜の立場を共有することができ、それを受け入れるかもしれない」唯一の人格である、と注記している。「[……] もしも女性がその役割をあまりにも真剣に取るならば、彼女は正式の手続きを踏まずに処刑される。その夫婦にもしも子供がいるならば、彼らも同様に処刑される」（*op. cit.*, p. 414）。

(73) J.-P. Sartre, *Réflexions sur la question juive*, Paris, Gallimard, 1954 を参照。時として、このような両価性《アンビヴァランス》は二つのタイプのユダヤ人、良きユダヤ人と悪しきユダヤ人という人種差別的な〈気まぐれ〉を生み出す。Th. Adorno, *op. cit.*, p. 185 以降を参照。
〔ジャン゠ポール・サルトル、安堂信也訳、『ユダヤ人』、岩波新書、一九五六年〕

(74) このような特殊な事例の両価性についての説明は、お金の価値の喪失、すなわちインフレーションという現象についての群衆的体験と関連づけて、カネッティによって示されている（*Masse et puissance*, *op. cit.* を参照）。

(75) ミメーシス的な衝突を回避する、司法の超越性、すなわち政治的権力や〈司法のシステム〉だけが保持する復讐の占有権については、R. Girard, *op. cit.*, p. 28 以降を参照。L. Alfieri, *op. cit.*, p. 329 以降も参照。

(76) R・バスティドは一九五七年に、黒人についての〈アメリカのジレンマ〉と似通った、ヨーロッパの植民地のジレンマについて書いている。一方では、西洋の民主主義文化は、移民たちの権利の認識と保護を法体系にまで押し進める。ところがもう一方では、まさにその法体系が、移民たちと白人社会の最下層の人々との間に、競争――われわれなら近接と表現するであろう――を増加させる。そしてそうすることによって、根本的な偏見を増幅させるに至った。R. Bastide を参照。*La Violence et le sacré*, *op. cit.*, p. 48 以降。

（77） *Ibid.*

（78） M. Foucault, «Il faut défendre la société», *De la guerre des races au racisme d'État*, Collège de France の講義 1975-1976 を参照。
〔ミシェル・フーコー、石田英敬・小野正嗣訳、「社会は防衛しなければならない　コレージュ・ド・フランス講義　一九七五―七六年度」、『ミシェル・フーコー講義集成VI』、筑摩書房、二〇〇七年〕

（79） 憎悪と人種的偏見の軽減に関するこれらすべての無効性に関しては、R. Bastide, *op. cit.*, p. 49 以降を参照。「それゆえわれわれは、支配されている集団が、教育、教養、生活水準、文化的な同化によって支配している集団と同等になるにつれて、不都合な偏見は消えてゆくという考え方は、どこか楽観的ではないかと思う――**というのも、まさしく偏見の機能とは、そうした同等化を妨げることだからだ**」（強調は筆者）。

（80） R. Girard, *La Violence et le sacré*, *op. cit.* 参照。

（81） この追放とか迫害といった観点について、またもっと一般的にはこの観点を可能にする想像世界の拡散について、私は引き続き次の著作を献じた。*Il silenzio dei persecutori, ovvero il Coraggio di Shahrazàd*, Bologne, Il Mulino, 2001.

（82） P. Levi, *Se questo è un uomo*, Turin, Einaudi, 1974, p. 7; Martine Schruoffeneger 仏訳、*Si c'est un homme*, Paris, Julliard, 1987.
〔プリーモ・レーヴィ、竹山博英訳、『アウシュビッツは終わらない』、朝日新聞社、朝日選書、一九八〇年〕

過ちの樹

聖書における暴力の啓示

ジュゼッペ・フォルナーリ

手を取りながら、彼はその盲人を村の外へ連れて行った。盲人の両目に唾をつけ、盲人に両手を押し当てた後で、彼は「何か見えますか」と尋ねた。すると一方の男は、見え始めていたので、こう答えた。「人々が見えます。まるで歩いている樹木のようです」

「マルコによる福音書」、八、二三―二四

この論考の目的は、神学的思考を背景にして、聖書のテクストの中に自然と人間の起源に関する極めて深い意識が存在することを示すことにある。ヘブライ文化やキリスト教の歴史に沿ってすでに数多くの研究が集成されているけれども、その神学的思考の中には、今日でもまだ数々の疑問点や疑念が残っている。とりわけ、変化するわれわれ人類の起源について、現代科学が獲得したものに照らし合わせてみると、疑問点や疑念は残っているのである。私は、ルネ・ジラールの人類学的な理論がそれらの問題についての論争を再開させ、聖書解釈のための技術的な装置や、敬虔さに満ちた起源的解釈だけに限定され取り残されるかもしれないようなテクストに、再び完全な価値を与えると確信している(1)。キリスト教の伝統が原罪と呼んでいるものについてここで展開している分析は、さまざまな点で問題となる神学上の含意に触れているとしても、専門的に神学上の審理となることを望むものではない。(2)私の目的を考えれば、「教会」の主張全体をあらかじめ想定するだけで私にとっては十分であると思われる。そして、正統な精神には背くかもしれないような文字通りの新たな提言によって、それらの主張を硬直化させることもないし、その認識内容を貧弱にしかねない論争の視点に身を置くこともないと思われる。(3)私の見解では、人類学的な分析は、原罪に関して最良の伝統が主張してきたことの正当性と一貫性を理解する手助けとなるのである。たとえ人類学的な分析が奇抜で、挑発的なものに見えようとも、このアプローチは、新たな形で、律法と理性との間の両立可能性、相互的補完、相互的支えを再提示している。

手始めに、われわれの出発点となる「創世記」のテクストについて、極めて当然のことながら文献学的な指示は控え目にして、いくつかの正確な事実を見ておくことにしよう。聖書のテクストの形成に関して一九七〇年代までに最も普及した理論によれば、堕落の物語は「創世記」という書物の最も古い部分に属するらしい。ヤハウェ資料の伝承に当てられている部分であって、大多数の研究家たちにとって、それはだいたい紀元前十世紀にまで遡るという。しかしながら最近の批評は、ヤハウェ資料の起源の古さや存在そのものをも検討している。(4)現在の動向はそこに、もっと後に編纂されて再編成された一連の物語群を見る傾向がある。したがって私が〈ヤハウェ資料〉という言葉を使うのはただ、世界創造の始まりに関して聖職者による編纂とははっきり異なるテクストの部分を示す場合だけである。聖職者による原典のほうは、歴史的に一層確かであって、紀元前五世紀の後半に位置づけられる。その上、ヤハウェ資料の編纂においては、使われている物語の素材の古さに人類学的な意識が添えられ、実際にはそれほど遠くはない時代を想起させるように思える。いずれにせよ、「創世記」のテクストは、人間の起源についての物語に関しては、ユダヤやパレスチナの世界だけでなく、もっと近い文明、また特にメソポタミアの文化領域からも取り出した素材やテーマを自由に用いているのである。(5)

われわれの論証のために最も興味ある「創世記」のシークェンスを取り急ぎ検討すれば、「新約聖書」のいくつかのシーンとテーマに順次アプローチすることができるだろう。樹木という人類学的、宗教的な象徴、その隠された意味が人を驚かさずにはおかない象徴が、われわれを導く糸〔指針〕となるだろう。マルコの「福音書」の中でベッサイダの盲人が言うように、またシェイクスピアのマクベスが苦い経験をして発見するように、**歩いている**樹木が存在するのだ。

堕落とエデンからの追放

「創世記」の中で示される「創造」の最初の物語《レシ》は、聖職者の伝承による物語である。人間はそこでは神によって、神の〈イメージ〉で、神と〈類似〉させて創られる（「創世記」、一、二六）。これは、テクストが大いに強調している表現であって、「堕落」を正確に理解するための重要な意味を帯びている。聖職者が編纂したものは神の計画という点を強調する。つまり、神と構造的な類似、本質的な相似を示す創造物に、生命を与えるということなのだ。したがってその創造物は、神的なものと人間的なものとの間の同一性を浮かび上がらせると思われる。なるほどこれはヘブライの世界では考えもつかないことなのだが、しかしキリスト教の教えはこれを確固たるものにしたと思えるのである。

「創造」の第二の物語はヤハウェ資料の伝承によるものである。神は〈粘土〉で人間を形作り、その鼻の中に生命の息を吹き込む。最初のヴァージョンよりも単純で、古風なこの第二のヴァージョンは、新たな創造物の弱さとはかなさとを際立たせているように見える。しかしながら、これら二つの説明の間に、まったく矛盾はない。聖職者のヴァージョンは神の壮大な計画を想起させ、ヤハウェ資料のヴァージョンはその導入部の具体的な、謙虚な性格を想起させ、来るべき展開の悲劇的な外観を萌芽的に含んでいる。(6)

人間を創り、彼をエデンの園――その至福の場所というイメージは、神の計画の側面と射程距離とをよく表わしている――に入れた後で、神は人間に、園の真ん中の、生命の樹の横に植えてある、善と悪を知る樹の実を食べることを禁じる。その動機は有無を言わせぬものである。「[……]というのも、それを食べると、お前はきっと死ぬであろうから」(「創世記」、二、一七)。次いで、神は人間に一人の伴侶を与えるが、一匹の蛇がその伴侶に向かって次のように言って、禁じられた実を食べるよう説き伏せる。「[……]あなた方は死ぬことはないだろう！　しかし、それを食べると、あなた方の目が開け、あなた方は神のように、善と悪とを知る者となることを、神は知っている」(「創世記」、三、四―五)。そこで、女は、「[……]その樹が食べるのにおいしく、目には魅力的である」と思えたので(「創世記」、三、六)、蛇の言うことに従う。彼女は一つの実を取って、それを食べる。すぐ後で、彼女は男を説得して同じことをさせる。「すると二人とも目が開け、自分たちが裸であることを知った。彼らはイチジクの葉をつなぎ合わせ、自分たちの腰巻きとした」(「創世記」、三、七)。男と女は「たった一つの肉体」であるように創られ、裸でいることが恥ずかしくはなかった(「創世記」、二、二四―二五)のに、今や彼らの肉欲が目覚め、彼らは自分たちの裸を隠す必要性を感じるようになっている。(7) 取り返しのつかない混乱が生じてしまった。その恥じらいによって、神はそれらの事件を文字通り遡及的に調査したがために、男と女の過ちをつきとめることができるのである。三人の主役たちの罪がひとたび明らかになると、神は厳粛に彼らを断罪する。神は蛇に劫罰を下す、そして男と女のために皮の衣を作った後で、生命の樹の実を食べることを禁じながら、彼らをエデンの園から追い出す。それ以来、生命の樹は近寄ることのできない神の救済の象徴のようなものに見えてくる。最初の状態から失墜した男と女は、仕事、苦痛、そして死を知ることになる。最後に、エデンの園の入り口の前に、神がケルビムを置くと、そのケルビムは「きらめく剣の炎」（「創世記」、三、二四）によって、生命の樹に至る道の番をすることになる。

　かつては字義通りに理解されたこの話は、近代の合理主義によって拒絶された。この堕落の物語は、指摘するのも興味深い、完全な批判の対象になっている。というのも、堕落は男というものの一般的解釈のモデルそのものとなるからである。近代の文化は原罪を信じない。合理主義者たちはアダムとイヴの話を擁護できないものと見なして、ずっと以前に清算してしまった。ところが一方では、多くの信者たちがこの話を、いかなる再検討も認めないような信仰上の与件として受け入れている。二つのどちらの場合においても重要なことは、聖書のこのテクストを合理的に擁護できないということである。しかしわれわれ自身がこれを擁護したい者たちであるとしたら、どうだろうか。聖書のテクストが、われわれの批判や擁護を受ける対象とは別のものであるとしたら、どうだろうか。「聖書」には根本的な戦略が必要である。われわれは「聖書」を端から端まで信頼して、その「聖書」の中で神は啓示によって自らを知らしめるのだという考えを受け入れるのか。それともまた、「聖書」はずっと沈黙したままであるか。そのどちらかである。原罪を物語るテクストにもこの基準を適用することにしよう。

　この物語《レシ》は、われわれ自身についての決定的な真実を明らかにしてくれる、深い、一貫した象徴的なまとまりとして解釈されなければならない。すでに、最初の二人の人間存在を指し示す極めて一般的な名前が、彼らに普遍的な意味作用を与えている。つまり、人類の未来の歴史における男女一人一人がその名前の中に凝縮されているのである。最初の人間はアダム Adam と呼ばれるが、これはヘブライ語の**アダマ**

adamah に由来するもので、このヘブライ語は彼が形成された土を示し、〈人間、人類〉を意味する。テクストをずっと先まで進んでいったところでやっと、この集合的な言葉は最初の人間の固有名詞となるのである。同様に、女もまず最初は総称的なやり方で指し示される。アダムが彼女をイヴ（〈生命〉）と呼ぶのは、堕落の後でしかない。それゆえにこの二人の人物像と彼らの行為のそれぞれは、人間の条件と歴史の、原型的な、要するに予言的なイメージである。したがって、原罪とは二人の神話的な祖先によって犯され、不可解なやり方で彼らの子孫に伝達される過ちではない。そうではなくて、人間そのものが自らの起源を、すなわち**人間としての人間**という、人間にとって不可分の構造上の要素を引き出す過ちなのである。原罪とは、神から引き離され、自らの救済を保証するために自らの助けに頼らざるをえなくなった存在としての、人間に固有の刻印である。

この最初の過ち（善と悪の認識、これ自体は神だけの属性である）は、人間が自力で、理解し、受け取ることのできない絶対的な知というべきものであろう。原罪は確かに人間を善から遠ざけるが、しかし原罪は同時に、過ちを犯した者にとっては絶対に予見できないその善との新しい関係の中に人間を位置づける。実際に、原罪は人間を無力で混乱するような、しかし現実的な探求の中に引きずり込むけれども、神は、それが善であると判断するときには、介入してその探求を満足させてくれるようになる。「創世記」のテクストはこの点に関してはとりわけ明快である。その樹は知恵を授け、神は次のような指摘をする。「ほら人間はわれわれの一人と同じようになり、善と悪を知るようになった」（「創世記」、三、二二）。これはまた承認でもあるような確認である。〈知恵〉、すなわち善と悪の認識が、最初は人間と神との間の差異を示す。ところで、肯定的な発展をもたらす可能性のある過ちを犯しながら、人間はその差異と力学的な関係を創り出す。善と悪の認識は、神の超越性と同時に、人間とその超越性との関係をも表わしているのである。善と悪の認識は、人間が〈墜ちる〉ことによってしか実現することのできない衝撃的な**飛躍**を成している。それはキリスト教の伝統において極めて存在感のある、**フェーリークス・クルパ**〔幸福な過ち〕のテーマである。それによって、エデンの園の中心に置かれている二本の樹が何を象徴しているのか、もっとよく理解できるようになる。生命の樹は神の超越性を表わしており、人間は起源からしてその超越性のために作られている。一方、善と悪を認識する樹は、人間が歴史的にその超越性を理解することができるようにする、歪曲されたやり方を表わしている。生命の樹は、人類が盲目的な、無力なやり方で向かってゆく至高の限界であるが、転落ゆえに人類には禁じられているものである。この二本の樹はそれぞれがもう一方の分身である。しかも、この二つは、エデンの園の中心に置かれているということで強調されているように、それぞれがもう一方の解釈となる。これらは、〈生命の樹においては〉超越的な愛の対象として、〈善と悪を認識する樹においては〉魅力と恐怖の両価性の対象として見なされる神を表わしているのである。

明らかに、かつてはこの一節が文字通りに受け止められたのである。それ以外にはありえなかった。しかしテクストの字句通りの、明白な意味作用だけを採り上げるということは、テクストをひどく貧弱にしてしまうのと同じであって、合理主義や科学的進歩がテクストに対して唱えた反論を考慮するならば、これははるかに重大な結果を招いてしまうような貧弱さなのである。したがって、すべての正しい「聖書」の解釈が、文字だけではなくテクストの精神をも検討することを要求するような、註釈の原理を適用しなければならない。それはすなわち、霊感を考慮に入れるということであって、それは、メッセージが磨き上げられ、伝達されてきた歴史的偶発性の中で枯渇することはないのである。二人の創始者によるエデンの園の生活が原罪よりも**先行している**というのは、**年代学的な**意味においてではなく——なぜなら歴史的時間はまだ始まってはいないから——、先に位置づけられるものは神から生じるがゆえによりよいものである、という**神学的な**意味においてであると理解することは、「堕落」のテクストの深いメッセージと緊密に結びついている(8)。神学的な意味は、「創造」を支配する神の計画を表現している。テクストの中で何よりも大事なことは、人間がかつては神との幸福な親密さの中で生きたということではなく、人間は愛によって神と一体になるために神によって創られたということなのである。実際に、族長たちの時代に応じた、歴史的な時間の算定が始まるのは、原罪の後でしかなく、それは人間の死という新たな条件によって区切られることになる。神の計画の中で人間がどのようなものであったかということと、起源以来の人間の振る舞いの比較は、最も不調和な対照の中で、未来の意味作用の中で明らかになり始める。人類にかかわる神の計画の存在は、神が蛇に向かって発する呪いの言葉の末尾によってはっきり示されている。

私はお前と女との間に、
お前の系統と女の系統との間に敵意を据え付けよう。
それはお前の頭を踏みつぶし、
お前はその踵を傷つけるであろう（「創世記」、三、一五）

この一節の解釈が論争の種になるとしても、この一節の一般的な意味は異議をもたらすことはない。つまり、一つの力が蛇、および蛇が具現化しているもの、生命力と対立することになるのである。というのも、女とはそのすぐ後で次のように述べられる生命力だからである。「〔……〕苦しみの中でお前は息子たちを産み出すのだ」（「創世記」、三、一六）。原罪と神の糾弾の後にやっと、アダムは女にイヴ（〈生命〉）という名前を与える。なぜなら彼女は「すべての命ある者の母親」だからである（「創世記」、三、二〇）——ヘブライの文化においては、人や物の名前が、最も正しいその性質、本質そのものを表現しなければならないと知れば、この名前の選択は、なお一層含みのあるものとなる。女が原因で、生命の樹によって象徴される生命が秘かに現前し続けている。呪いの言葉と思われていたものは、実際には一つの約束である。女と男は、蛇のように呪われた存在ではない。テクストが述べていることは、彼らにとって避けることのできない条件なのである。[9] つまり彼らは死の中に転落し、生命を待つべく強いられているということである。

堕落〔**転落**〕は、人間がその弱さの中で、神の超越性を理解することのできる唯一のやり方である。弱められ、悪化されたその超越性は、神の愛の痕跡を保持している。ただし、逆転され、歪められた、奇怪な形で保持しているのである。最初の人間たちは、剝奪、放棄、意識に侵入してくる過ちの重圧といった針の痛みによってしか神の愛に気づくことができなかった、と言うことができるかもしれない。「すると彼ら二人の目が開いて、彼らは自分たちが裸であることを知った」（「創世記」、三、七）。原罪とは、この世の中に裸で打ち捨てられた状態が、過失のようなもの、〈深淵のように〉善を剝奪されたものとして示される、〈深淵のような〉契機のことである。

人間特有のものに歪められた超越性は、あの**欲望**によって示されている。聖書のテクストを用いて、われわれは今や、人間が〈落ちた〉その深淵を探査することができる。女が禁断の樹の実を食べるのは、彼女がそれらを欲するからである。また彼女はそれらの実そのものを欲するのではなく、発言者、蛇がそれらを欲しいものと思わせたために欲するのである。聖書のテクストは欲望というものの共通概念に反駁するのだが、その概念によると、欲望は欲しいと思う対象から形成される。しかし実際には、人間の欲望は、ある対象に向かうために一つの**モデル**を必要とし、彼にそれを欲しいと思うように示し、またそれが理由で**模倣される**一人の**仲介者**を必要とする。蛇と出会う前に、女はいかなる誘惑をも感じていなかったし、禁じられた実を欲してもいなかった。蛇の言うことを聞いた後で初めて、彼女は「その樹が食べるのにおいしく、目には魅力的であると思えた」のである。したがって、最初のアプローチによって、われわれは原罪を模倣から生まれる欲望と定義することができる。つまりミメーシス的欲望、簡単なメカニズムなのだが、その結果は——これから見るように——致命的となる(10)。

聖書の物語《レシ》は、これまたまったく明白なやり方で、神自らが簡単な後戻り捜査に奔走するメカニズムの構造を明らかにしており、出来事はその捜査によって関連づけられている。蛇が女にとってのモデルの役割を務めると、今度は女が男にとってのモデルの役割を務めたのだ。そこで問題になっているのは、伝播するのが極めて速い連鎖的なプロセスである——そのことは語りにおける事件の急速な連続によって強調されている——またそのプロセスは、無慈悲に増大しつつ、限りなく続けられる。われわれの目の前にあるのは単なる出来事ではなく、一つの生成様式なのであって、それは同じメカニズムの二重の繰り返しの中に、潜在的、指数的な多様性の要素を含んでいるのだが、その点についてはまた後で触れることにしよう(11)。

そこで、原罪がミメーシス的欲望と一致するのかどうかを知ることが問題となる。もしも一致するならば、そして確かにその欲望が人間の中心的な力であるならば、それは、人間の本性が取り返しがつかないほどに腐敗し、消すことができないように悪を刻み込まれている、ということを意味するであろう。ところが、聖書のテクストが伝えるメッセージはそんなことではない。聖職者の物語の前提となる説明によって、その人類学的な射程が今や明らかになっている。つまり、神の〈イメージ〉で、神に〈類似〉させて人間を創造するということは、人間の欲望が善であり、人間の価値が大きなものであるということを示している。[12] そしてこれはルネ・ジラールが展開しなかった一つの側面である。神のイメージと類似は、模倣という間接的な方法によってしか、また神のイメージと類似が人間に纏わせる強烈な形、ミメーシス的欲望という形を取ってしか、実現されえないのである。そのようにして、この欲望は絶えず生理学的、心理学的な様式のようなものに見え続け、人間に命を与え、自己同一性を獲得させる存在論的な力という形を帯びる。[13] しかしながら、歴史的に見ると、欲望の力は危険の源になっている。というのも欲望というのは、欲望自体に委ねられると、制御することのできないエネルギーとなるからである。欲望は潜在的に善の中にも悪の中にも無限性を閉じ込めている。だから粘土をこねて創られた人間が、悪を自分の体に塗り込むことから始めるのは避けることができなかったのである。しかしその悪も潜在的な、驚くべき善の萌芽を含んでいる。私はこう考えるのだ。善と悪を認識する樹の象徴体系と、その隠された、鏡像のようなイメージである生命の樹の象徴体系は、この二つの側面を表わしているのだ、と。

「堕落」の物語がどんなタイプの欲望にかかわっているのかということと、この物語が閉じ込めている潜在性をもっとよく理解するために、われわれはその構造を要約することにしよう。したがってわれわれは、無限に繰り返すことができ、そのたびごとに、三角形のタイプの関係を作り上げる連鎖的なプロセスを前にしているのだが、それは次のものによって形成される。

1　モデル、あるいは仲介者（最初は蛇で、その次は女）。
2　そのモデルを模倣する者（最初は女で、その次は男）。
3　そのモデルを通して、欲しいものとなる対象（禁じられた実）。

蛇は、この場合に、堕落するミメーシス的欲望の象徴であり、貪欲に、他の者たちが所有するものや、他の者たちの境遇を欲するように仕向ける模倣の象徴、一言で言うならば、他の者たちを羨望するように仕向ける者である。蛇は卑屈な〔はい回る〕、飽くことを知らない欲望の隠喩なのであって、視線を注いだもの、つまり他者の存在を手に入れるためには、どんな罠でも張り巡らすことができる状態にある。このモチーフのために、テクストは蛇を「野のすべての動物たちの中で最も狡猾なもの」と定義している（「創世記」、三、一）。この野生動物のイメージには、ある程度まで、危険と残酷さというはっきりとした含意があるのだが、しかし他の動物たちにはそれに相当するような含意はない。聖書のテクストは極めて簡単に、人間とこの動物との間に連続性を打ち立てているのだが、それは同時に、何にもまして不連続性でもあるのだ。「聖書」によれば、人間の意識そのもの（「彼ら二人の目が開いた」）、すなわち人間を他の動物たちから区別するものは、他の者たちを模倣し、他の者たちが持っているものを欲する衝動から生まれてくる。実際に、競争心を通してのみ、人間の知性は発達することができるのである。人間の行動は根本的にミメーシス的であって、模倣——いかに見事なものであれ——を通して獲得される人間の意識は、創造物としての過ちと結びつけられ、またそれによって形成されている。ここでは、ある種のキリスト教的理想主義が作り上げているものとは反対に、人類が所有する認識手段の特徴となっている歴史性と創造物という性格を単純化したり、深刻化したりしないように気をつけなければならない。原罪はまた人間の中にある最も高尚なものをも含んでいるということを把握しなければ、原罪を理解することは不可能である。こう指摘しても、認識的、倫理的側面は少しも消えていかない。消えていくのではなく、その正しい価値が与えられるのである。そして、結局のところ聖書の展望の過激主義とはいつまでたっても折り合うことのない機械的思考からこの認識的、倫理的側面を解放することになる。その過激主義が提示するはっきりとした切れ目、一つの区切りは、歴史**の中の**一つの出来事ではなく、そこから歴史が生まれてくる源であるような出来事、つまり時間の中の存在としての人間存在の超越論的要因である。人間の知性と意識は一つの**飛躍**から、眩暈を起こすような、同時に恐ろしい状態の変化から生まれた。神学的な観点だけでなく人類学的な観点から見て、この飛躍の恐ろしい側面は、正確には何によって成り立っているのだろうか。テクストはこの疑問に対して、はっきりとした不愉快な答えを出してくる。樹はその実によって見分けられる。そして今やこの実とは「堕落」の実であって、それが歴史的な、立証可能な事実として表現されるのである。

兄弟殺しの起源

「創世記」の物語の続きはわれわれに、女と男の最初の行為の直接的な結果を示す(14)。アダムとイヴの長男はカインであって(15)、彼は土地を耕す者となる。弟はアベルで、彼は羊飼いとなる。カインは弟を妬ましく思う。その理由は、神が自分の捧げ物よりもアベルの捧げ物のほうを喜んだからである。ヘブライの観念においては、カインが長男であるという事実が大きな重要性を帯びている。もしも聖書のテクストの目的が小さな教訓話を語ることであるならば、神のお気に入り、アベルが長男であるほうが本当らしく見えるだろう。事実は逆で、長男のほうは他者、両親の過失の**直接的な継承者**なのである。原罪の結果が正確で、直接的なのは明らかである。アベルに向けられるえこひいきにカインがいらだちを覚えるとき、神はカインに対して両親に起こったことを再演、誇張するような言い回しで話しかける。「〔……〕罪は門口で待ち構えてはいないだろうか。身を潜めた野獣がお前を渇望しても、お前はそれを支配しなければならないのだ」(「創世記」、四、七)。蛇でミメーシス的欲望を実現させ羨望を引き起こしたのと同じプロセスによって、罪はここでは、カインの家の門口で〈身を潜めている〉存在の中に強力に実現されている。それがカインの中に〈渇望〉を生み出すのだが、その渇望はカイン自身がそれと知らずに創り出したものであって、しかもそれはあまりにも強くなると、それを感じる者を完全に捉えてしまう。カインの長男、すべての人間の長男とは、内部に身を潜める、まさしくこのような悪魔的存在である。カインはそれ以来神の呼びかけに耳を貸そうとせず、自らの渇望のとりことなる。

しかしながらカインは弟のアベルに言った。「外へ行こう」。そして、彼らが野原のまっただ中に来ると、カインは弟のアベルに飛びかかって、彼を殺した(16)(「創世記」、四、八)。

最初の人殺しは最初の罪と同じくらいの速さで遂行される。同じような三角形の図式が、この場合には流血の結末を伴って繰り返される。モデルとそのモデルをまねる者とが同じものを欲するがゆえに、敵対関係が噴き出すのだが、その関係の中でモデルは、憎悪し、打ち倒さなければならないような敵となる(17)。実際の目的はモデルのようになることであって、結局は単に道具のようなものでしかないある対象を所有することではないのだから、唯一の解決策はライバルの完全なる抹殺、その殺害である(18)。人間は模倣によって学び、自己を構築するのであるが、暴力は、その模倣の変質である。彼をその同類たちのライバルとする手段は、彼の存在を可能にする手段と同じである。人間が暴力的になる理由は、構造的なもので、目には見えない。欲望に絶対的に賭けられているものが、そこから派生する暴力の絶対的、破壊的な性格を説明する。蛇は女に次のように言ったのだった。「[……]あなたは神々のようになるでしょう」。欲望の最終的目標は、神のようになること、換言すれば、超越的な優位状態に到達することである――まさしくその超越性を与えられたモデルは、欲望の最も強度な段階において、神の属性に包まれることをめざすのである。カインがアベルを殺すのは、神が弟の捧げもののほうを喜んだからである。しかし、イレネ・ド・リヨンが見事に理解したように、カインの嫉妬は神がアベルをひいきしたことの結果ではなくて、それはカインの渇望によって引き起こされたものである。(19) ここでは、原罪によって歪んでしまったまさにその超越性が作用しているのであって、神自身は、蛇を通して、人間のライバル的なモデルとなってしまったのだ。カインの両親の行為が明らかとなる。つまり、神のために用意された特権、至高の認識を表わす実を食べることで、アダムとイヴは神の地位を手に入れたい、神を殺したいと思うのである。樹の実を通して、紛れもない行為としての人食い《カニバリスム》によって、彼らが食べたいと欲するのは、じつに自分たちの創造主なのである。同じようにして、カインも、ライバルとして神格化された自分の弟を殺すが、弟の捧げものを神は気に入っているのだから、ある意味では神自身をも殺すことになる。つまり、アベルが捧げていた生贄が、アベル自身を捧げる生贄、さらには、神自身を捧げる生贄となる。

　したがって聖書の物語は、ほんのわずかな行だけで、人間の暴力をさらけ出している。それは蛇がエデンの園に隠れているのとちょうど同じように、われわれ一人一人が自分自身の内部に隠し持っている兄弟殺しの暴力である。隠すということは、欲望を実現させたり欲望を暴力に変質させたりするための本質的な方法である。自分という存在の基盤に存在するがゆえに、人間にはそうした欲望が見えない。アダムとイヴにとって、悪に目を開かせるということはまた、悪の起源にかかわっている、もう一つ別の形の盲目状態に陥るということである。別の言葉で言うならば、自らを実現するために、悪は悪自身に対して、また真の善に対して盲目であり続けることを必要とするのである。最初の二人の人間の前に現われてきたような善と悪とは、隠蔽と偽装である。だから、人間の悪にとっては、覆い隠し、見えないようにする必要性が生じてくる。裸であることを恥ずかしく思ったアダムとイヴがするように、また弟をだまして（〈外へ行こう〉）カインがするように。弟に対する罪は、ごまかしと背信という形を取り、その後に殺害のための手が振りかざされる。**背信＝振りかざされる手**という連続の中に、人間の歴史全体が要約されている。

したがってライバル関係へと悪化したミメーシス的欲望の極端な結末は、背信と死でしかありえない。人間的欲望の無垢性に関する理論はどれもあらかじめ破綻を来している。近代のイデオロギーは、「聖書」の裁き手であったと思っているけれども、この場合には、「聖書」によって裁かれているのである。最初の殺害が行なわれた直後に、神は新たな捜査を進める。

ヤハウェはカインに言った。「お前の弟のアベルはどこにいるのか」。カインは答えた。「私は知りません。私は弟の番人でしょうか」。ヤハウェは言葉を続けた。「お前は何をしたのか。お前の弟の血が土地の中から私に向かって叫んでいるのを聞きなさい。今や、お前は呪われて、この肥沃な土地から追放されなければならない。この土地はお前の手からお前の弟の血を受け取るために口を開いたのだ。たとえお前が土地を耕しても、この土地はもはやお前に実りをもたらすことはないだろう。お前は大地を歩き回る放浪者となるのだ」（「創世記」、四、九―一二）。

この一節は読者の感情を昂らせずにはおかない。人殺しの発生論的プロセスがここでは隠されている。答えの横柄さによって、カインは、自動的に隠される暴力の隠蔽を長びかせようとしているようであるが、しかし言葉の最も強い意味での啓示が、彼を過ちに釘付けにする。呪いの言葉と化しながら、犠牲者の血が土の中から叫んでいる。彼にとってはその土地が居心地の悪い、不毛なものとなるような、まさに呪いの言葉である。神がすでにその判決の中でアダムに対して次のように予言していたことが、今実現されている。

お前のせいでこの土地は呪われなければならない!
毎日毎日一生涯
大いに苦しんでお前は土地から生活の糧を引き出すのだ。
土地はお前のためにイバラとアザミを生み出してくれるだろう
だからお前は野の草を食べるのだ。
お前の顔に汗をかいて
お前はパンを食べよ
再びこの土地に帰るときまで、
お前はそこから取り出されたのだから。
お前は土なのだから
再び土に帰るのだ(「創世記」、三、一七―一九)。

この呪いの言葉は復讐に属するものではない。これは人間の存在条件をはっきりと表明しており、そこでは悪の存在が生活の疲労のように連綿と続いている。不毛な土地とは、暴力的な欲望に支配される世界、原罪がパンの味まで苦くするような人間世界のイメージである。野生植物の自然のイメージは、「堕落」の樹の象徴的な意味作用を強化するように思われる。またそのイメージが極めて雄弁になるのは、人間が過ちの後で生きるよう運命づけられた、心理的、社会的な環境に差し向けられる場合である。呪いの言葉は、人間がそこから取り出され、また再び戻ってゆく大地のヤハウェ的なイメージとともに始まり、そのイメージとともに終わる。人間が地面に戻ってゆくように強いられる理由は、まさしくそここそが、彼によって無に帰する同類たちが落ちてゆくところだからである。カイン、土地を耕す者の産物を神は評価しないのだが、彼は弟の無垢の血を大地に注ぐ〈人間＝土地〉である。アベルの血で汚れ、それを貪欲に飲み込む大地は、アダムが形づくられた大地そのものである。(20) 弟の血を象徴的にかつ物質的に飲み込むのは、大地でこねて作られ、善と悪の認識による飛躍へと突き進んでゆく人間である。テクストが人食い《カニバリスム》の実践を象徴的に指し示しているということは、私には極めて確かなものに見えるし、また聖書の表現の具体的な性格と完全に一致していると思える。ここでは、隠喩が現実に加えられているのではない。現実のほうが、**最初の**現実として隠喩を生み出しているのである。恐ろしい運命がはっきり見えてこようとしている。つまり、人類を待ち受けている汗と血である。まずアダムを打ちのめし、次いでカインに襲いかかる神の判決は何よりも、人間の歴史全体に染み込むことになる暴力の、破壊的結果を描いている。そして今、神が蛇に向かって発する呪いの言葉が明らかになる。

お前はそんなことをした以上、
すべての家畜と
すべての野生動物の間で呪われる。
お前は腹這いになって歩き、土を食べなければならない
一生涯毎日毎日（「創世記」、三、一四）。

蛇はただ単に呪われるのではない。彼は〈呪いという行為の〉、他の動物たちにはできない残忍な行為の張本人となる。蛇はどこからこの力を引き出すのだろうか。話しかけて、人間を下のほう、腹のほうへ引き寄せるものを育むことによってそうするのであり、やがてこの動物は這って進まなければならなくなり、また人間の欲望はその腹から絶えず引き出されるようになる。欲望に支配されて、人間は腹這いになって歩くようになる。這って進むように強いられて、動物は土を食べることになるが、土とは、暴力と同時にその結果である死の舞台でもある、土地のことである。それは、蛇がその中で移動するよう強いられる一つの周期の、始まりにしてかつ終わりである。土を食べる腹、腹を食べる大地。「お前は土なのだから／再び土に帰るのだ」。この言葉に対して、人間＝土地、人間＝大地であるカインは次のように叫ぶ。

私の苦しみはあまりにも重くて背負いきれません。ほら。あなたは今日私を肥沃な土地から追い出しました。私はあなたの前から遠く身を隠さなければなりません。そして地上をさまよう放浪者となるのです。しかし、最初に私を見つけた者が私を殺すことでしょう（「創世記」、四、一三―一四）。

人間が**墜ちた**闇は全体的なものに見え、過ちや悪の否定的な意味作用を指し示している。なぜカインは最初に見つけた者によって殺される可能性があるのだろうか。なぜならば、最初の人殺しに関して誰もが彼に復讐することができるからである。この復讐は他者の暴力に返される同じ暴力であって、その無限の増殖を保証する、暴力の模倣なのである。そのために神はこう付け加える。「もしも誰かがカインを殺すならば、その者は七倍復讐されるであろう」（「創世記」、四、一五）。数字の七は、模倣される暴力の増加を表わしているが、これはまた世界を創造するために神が費やした時間をも暗示している。つまり〈七〉は、次第に損なわれてゆき、変動を被る、神の行為の反復のようなものと見ることもできる。神がカインに付す刻印は、その後の暴力の拡大から彼を守るためのものである。神は、カインが殺されるのを禁じると定める、するとそのように禁じられたことで、彼は子孫を確保し、文明を発展させることができるようになるのである。それをテクストの続きは次のように示している。「彼は都市の創設者となった」(「創世記」、四、一七)、そしてカインはその都市を、自分の最初の子供と同じ名前、エノクとした。したがって象徴的な次元では、人間によって建てられた都市は、カインの〈子供たち〉ということになる。またそうすると、都市の建設は原初の暴力の禁止に基づいているということになる。しかしこの禁止事項は背かれるべき運命にある。というのも、悪の根はまさしく禁止事項を守らなければならないはずの者の内部に、また彼の子孫たちの内部に存在するからである。物語の他のシーンと同様に、神の言葉は、脅迫的になる前に、描写的な領域にとどまる。もしもアベル殺害の復讐が行なわれるならば、その復讐は人殺しを増加させるであろう――そしてまさにそれが生じてくる。何節か後で、アダムから七世代後の子孫、レメクは次のように叫ぶ。

私は受けた傷のために一人の男を殺した
打ち傷のために一人の子供を殺したのだ。
カインは七倍復讐されるが、
レメクは七十七倍復讐されるのだ!(「創世記」、四、二三―二四)。

レメクの言葉はおそらく大変古い戦争の歌に由来する。そして編者は、現代の民族学者であれば誰もがうらやむような正確さで、これらの言葉を、野蛮な暴力を一挙に明らかにする文脈の中に挿入したのである[21]。それ以降、悪は指数関数的に増え、復讐の果てしない連鎖とともに繰り返され、続けられてゆく。七という数字の重複が追加的な説明をもたらすことはない。レメクの歌は、世代の増加と一致しているはずの、人殺しという暴力の増加をかいま見せてくれるのである。暴力のこのような分枝は、ますます強まる文化の多様化を伴う。テクストが述べているように、羊飼いの仕事に運命づけられた遊牧民、キタラ〔古代の弦楽器〕や笛の演奏者、銅や鉄を加工する鍛冶屋は、レメクの息子たちである。それ以降大いに多様化するこうした文化的、社会的な専門化に、カインに代表される農地的、都会的な文明を付け加えるならば、象徴的な次元において、われわれはそこに、人間的な文明の完全な眺望を手にしたということになる[22]。

しかしテクストは——一方で「最初に私を見つけた者が私を殺すことでしょう」とカインが言っているのに——復讐する用意のある多くの人間たちの存在を、なぜ、あらかじめ想定しているのだろうか[23]。そのことで矛盾を来しかねないのに。これは表明されるとすぐに、われわれは原始的な、一貫性のないテクストを問題にしているのだとか、最もうまくいったとしても、その解釈は文献学に属する物語を問題にしているのだ、と結論せざるをえなくなるような疑問の一つである。しかしこうした外見的な矛盾が存在する理由を、われわれはテクストの中に探してみよう。

伝染するような、三角形の同じ図式を二重に繰り返すことによって、多数性のはっきりとした象徴が示される、ということをわれわれは見てきた。この三角形は大規模に繰り返されているのかもしれない。最初の男と最初の女の代わりに、人間の集団を想像するだけで十分である。何千年も前に遡るテクストの中に、是が非でも現代的な人類学的概念を探し当てようと思わなくても、はるか昔の時代には人間が**共同体**の中で生きていた、ということを今日われわれは知っている。人間の最初の統一体は個人ではなく、**集団**

である。しかしながら聖書のテクストは、われわれをその共同体に委ねるということもしない。というのも原初のカップルは、われわれが今まで述べてきたことにしたがって、今度は時間においてではなく空間において、**多数性の象徴**として解釈されうるからである。アダムとイヴは、未来の子孫としてだけでなく、集団としても見なされる人類全体の象徴なのである。そうしてみると、善と悪を認識する樹の前で展開される場面は極めて劇的である。なぜなら、多数性の象徴としてのカップルの代わりに、一つの集団全体を想像することができるからである。そしてその集団の中で、敵対関係にまで行き着く模倣のメカニズムが、導火線の火薬のように伝わってゆく。ルネ・ジラールは、キリストの受難に至るまで、「聖書」全体を駆け巡っている暴力の啓示に基づいて、集団的暴力のプロセスを研究しているが、われわれはすでにそのプロセスの中に入っているのである。

敵対関係によって盲目的になり、嫉妬の発作でアベルを殺すカインのイメージと直面しているようなメンバーたちを含む、一つの集団全体の表象を獲得するためには、「創世記」のテクストがいくつもの局面に分割しているものを、たった一つの瞬間に集中させるだけで十分である。それは、当然のことながら、集団の直接的な破壊をもたらすかもしれない。そこで唯一の頼みの綱は、集団的暴力を集団のメンバーの中の一人に集中させることである。一般化した一つの模倣のメカニズムを機能させながら、より虚弱な、あるいは他の者たちと異なる個人、アベルのような人物、一人の生贄を、完全に消滅させなければならない。もしもわれわれがその状況を思い描くことができるならば、われわれは、どのようにしてそのたった一人の個人が、共同体を覆すような危機の唯一の〈元凶〉となるのか、殺害という完全な消滅手段によって排除しなければならない唯一の罪人となるのかを把握することができるだろう。殺されたその生贄は、共同体の外へ排除される、外部の領域のほうへ引き戻される。集団の存続を脅かすすべてのもの、古代の文化において〈神聖さ〉[24]によって識別されるすべてのものは、その外部の領域からやって来るように見えるからである。**私刑**《リンチ》という自発的暴力を用いて、共同体は一時的に調和を回復し、断片と化した犠牲者の周りで再統一される、だからもっと昔の段階においては、犠牲者はむさぼり食われていたと推測することができるのである。その必要性はあまりにも切迫しているので、ときどき繰り返されなければならない。これが最初の儀式、**生贄の儀式**となる。直接的に行なわれて、少しずつ変わっていった生贄の儀式は、人間による再編成一つ一つの基盤となる、創設という出来事の繰り返しなのである。検閲された形で、時間とともに常により一層の変貌を遂げながら、神話はわれわれにその血塗られた基盤を語っている。神話とは、生贄の儀式を可能なものにする集団的盲目性の、言語的、象徴的表現でしかない。

　このメカニズムが極めて現実的であるということは、人間の歴史と行動のみならず、われわれ自身の直観でも確かめられる。われわれにそう感じる傾向があるからには、実際にわれわれが感じる何かが問題になっているのだ。またそのメカニズムが、われわれの起源に関する何かを直接にわれわれに啓示しているのだとしたらどうだろうか。この驚くべき状態の変化、暴力の危機から秩序の回復へという移行を、進化の極めて原始的な段階、人間がまだ人間ではなく、聡明で攻撃的なサルであった段階で想像してみることにしよう。われわれにとっては、どうしてある一定の瞬間に、人間化しつつあったそのサルたちが生贄の中に彼らの最初の**神**を見たのか、難なく理解することができるだろう。われわれにとっては、その最初の目の眩むような瞬間に、**人間と文化の起源そのもの**を難なく発見することができるだろう。これこそが、人間の起源に関するルネ・ジラールの仮説なのであって、その仮説は、単純ではあるが、人間についての統合的観点を獲得しつつ、意識の誕生を因果関係を示すような表現で思い描かせてくれるのである。ところで、掘り下げて検証しなければならないその理論は、「創世記」のテクストの中に含まれていることがらを、現代的な言葉づかいで展開・解明しているだけなのだ。現代科学の発見は、人間存在の誕生に関する聖書のテクストを否定するだけではなく、その上、先例のないようなやり方で聖書のテクストに語らせているような気がする。その中には、われわれ自身の展望を規定するような、人間に関する最初の知が示されていると思われるのだが。

聖書の象徴の豊かさは、まだ汲み尽くされるにはほど遠い。生贄のメカニズムが完全に作用するためには、その生贄が、最初の段階では集団のすべての悪の張本人と見なされ、第二の段階では救済の神と見なされなければならない。生贄は、間近に迫った、集団の内部の危機として理解される間は、共同体の暴力を自分に引き寄せる。ところが一方で、その平和をもたらすような効果は、その生贄が殺されるとき、すなわち集団から排除されるときからしか顕著にならない。生贄が集団にとっての善と悪の唯一の源泉として理解されるような、この集団的な二重の転移がなければ、人々はその生贄の周りに、敵対関係の爆発をそらして、阻止するような一体性を創り出すことはできないだろう。ところで、われわれがこの理論を「堕落」の物語の象徴体系と結びつけるならば、驚くべき偶然の一致が明らかになる。この二つの転移は、極めて正確なやり方で、例のあの樹の善と悪とに一致しているのである。つまり、人間が認識することに成功した唯一の善と唯一の悪であって、人間はその樹の実を食べたのである。それは人間が思い描くことに成功した、原初的な、屈折した超越性である。というよりもその超越性を通して善と悪とが思い描けるようになったのである。**しかしこのことは、エデンの園の中央に置かれている樹そのものが、集団の中央に置かれている生贄を表わしているのだということを意味している。**他の文化の神話の中にもこれと似通った変身の物語が存在していることを考えるならば、**この**樹と生贄との象徴的な同一化は、あまり奇妙には思われない。ディオニュソスの樹への変身（**樹木状態**《ダンドリッド》）が存在するギリシャでは、とりわけそうである。

そこではイチジクの樹はディオニュソスの植物的な化身なのだが、その葉がまさに原罪の後でアダムとイヴを包み隠すのに役立っている。さらに東地中海においても同様に、イチジクの樹はディオニュソスに似た他の神々の化身である。もう一つ一致するものがある。しばしば八つ裂きの儀式と結びつけられる神々のことである。『金枝篇』で、フレイザーは次のことを示している。神話の中で語られている数多くの樹への変身は、生贄が樹に吊されて拷問にかけられ、次いで殺されたり、また最も酷い場合には、解体されたりした体刑にまで遡るのだ、と。(25) 擬人化的象徴としての樹が「旧約聖書」の多くのシーンにはっきり存在していることを考えるならば、「創世記」の中で用いられている神話起源の素材の解釈に関する私の仮説は、無謀とはいえないだろう。聖書の作者たちは、近接する異教の宗教によって実践されている樹木崇拝を自分たちはよく知っている、と何度も繰り返し示しているが、それらはまさしく生贄の起源を持っていたのである。(26)

まさしく異教の歴史と象徴を注意深く、点検して用いることから、聖書の展望の統一性が現われてくる。異教の神話と信仰においては、象徴が原初の暴力を変貌させ、その暴力を惑わし、覆い隠してしまう。ところが「聖書」では逆に、同じ象徴がそれらの真の性質をはっきりさせるために用いられる。聖書のテクストの伝統的なイメージは、生贄、および人間が生まれるもととなった二重の転移の、単純な、驚くべき規定のようなものをわれわれに明らかにする。つまり、生贄に対する暴力の転移と、生贄の神格化という転移であって、この生贄は最初は殺さなければならない敵と見なされ、次いで崇めなければならない神と見なされるのである。

「女にはその樹が食べるとおいしいものに見えた」という文は、それ以降、具体的な性格において、恐るべき意味作用を持ったということは明らかである。これは生贄＝神ということである。ここでむさぼり食われるのは、神の逆転されたイメージなのである。**最初の〈実〉とは生贄として捧げられたものの血の混じった切れはしであって、集団のメンバー一人一人がそれをむさぼり食っていたのである。**集団の中心に置かれた樹のこの二重の転移から、その樹がもたらす実のこの分割から、共同体の文化的な差異のすべてが、すなわち象徴的で、残酷なくらい肥沃な新しい実が出現してきたのだと思われる。生贄によって可能になった文化的、社会的な空間は、人間たちが暴力から身を守るために、自分たち自身の力で練り上げることのできる唯一の方式を具現化している。すべての禁止事項はこの出来事から生まれてくるのだが、共同体はそれらを通して、制御することのできない暴力の反復をくい止めるのである。人類学的な意味ではこの樹は、集団がその周囲にあって救いの得られるタブーの源泉であり、またそのタブーの厳しさは、暴力がどの程度まで現実的で、近接しているかの目安を示している。生贄の儀式の定期的な反復だけが、タブーを生きた状態に保つことができるのである。善と悪の樹とは父祖伝来の出来事なのではない。これは人類の歴史に添えられている生贄、われわれがその血筋を引いている真の系統樹なのである。

文化の起源には、確かに悪の根そのものが存在するが、しかし暴力に対する歯止めを探そうとする現実的な、ぼんやりとした探求もまた存在する。この探求が物語るのがイメージの最初のきらめきや神との類似なのであって、歴史的、宗教的な歩みの中で、人類は絶えずそれらに向かって行こうとするであろう。私の見解では、それが理由で、文化的な差異についての最初のはっきりとした象徴、この場合には皮の衣類が神自身によって創り出されるのである。この皮の衣類は、裸であることを恥じたアダムとイヴが体を隠すために作ったイチジクの葉の腰巻きが発達したものである。その衣類は人間の文化の二重の様相、つまり原罪を覆い隠すという様相と、暴力に対抗するのに必要な防護という様相を表わしている。この二重性はすでにエデンの園の中央に置かれた二本の樹のモチーフとともに出現している、と私には思えるのだが、そのエデンの園において、聖書のテクストは聖なるものの二つの側面を象徴化している。一つはその**人類学的な**側面で、これは暴力から身を守る必要性という低次元の認識を含んでいるが、ただしもう一つ別の暴力に訴えることによってのみそうすることができる。もう一つは**超越的な**様相であって、ルネ・ジラールが実際に探求していないけれども、これは神の無限の愛と一致する(27)。これらすべての要素がたった一つのイメージに集中しているように私には思われる。生贄＝樹の禁断の実を摘み、神を殺し、そのようにして神の品位は落とすけれども、しかしそれでも必要不可欠な関係を神とともに打ち立てている、われわれの祖先たちのイメージである。

人類の神話はすべて文化という視点の起源を語っており、それらの神話は、暴力の性質を変貌させながら、その文化に属しているが、「聖書」はその神話装置を分解するのである。聖書の編纂によって実現されている収穫と神話的素材の整理は、神話を内部から非神話化する新解釈のための大作業を示している。神話の偽りの外見の下で行なうこの作業は、少なくとも理屈としては、人類最初の反神話的テクストの生産作業と定義されうるであろう。原罪とはひとつの**歴史的な**出来事なのである(28)。信じられないような、しかし毎回執拗なまでに設定されている族長たちの年齢を計算するならば、そこからわれわれを隔てている距離を、正確に測定することができる。一つの起源が存在するのだが、それは歴史的な、したがって現実的な起源なのである。つまり、人間の〈基盤〉とは、その原初の過ちのことなのだ。

十字架の樹

キリストのメッセージは、「創世記」のテクストの中に含まれた内容の成就として、人類の歴史の決定的な瞬間として現われる。「福音書Évangile」（ギリシャ語の**エウアンゲリオン** *euangelion*、〈よい知らせ〉に由来する）とは、神がその息子であるイエスという人格の中に降臨することの幸福なるお告げであって、イエスのおかげで人間はみな原罪から自由になることができるのである。実際に、神だけが原初の過ちの悪循環から人間を救い出すことができるのであって、人間だけの力ではそこから自由になることは不可能である。唯一神だけが、自らとその創造物との間に、聖職者による原典が「創造」の物語の冒頭で述べているような類似関係を確立することができるのである。[29] これがまさしく聖アウグスティヌスの分析であり、彼の目から見ると人間は、根本的に罪の中に陥っているので、神の恩寵によってしか救われない。[30] 神の息子、イエスは、したがって原罪を脱して理解されなければならなかったのである。人類学的分析は、神学的伝統の中に新たな意味作用を発見させる。〔聖母マリアの〕「**無原罪の御宿り**」の教義（マリアは、アダムとイヴ以来のすべての人間の中で、原罪から守られた唯一の女性である）、受肉の秘義を準備する神学的原理は、「創世記」の人類学と矛盾することのない一つの全体を形成する。この教義は、しばしば考えられてきたようなピューリタン的な性欲の弾劾や、古代的なタブーとは何の関係もない。[31] 逆に、「無原罪の御宿り」は、あらゆる過失を免れているがゆえにあらゆるタブーを免れているものが何であるかを規定する。それは、肉体が神の超越的な愛と直接的な関係を持つときの、肉体の無垢性を表わしているのであり、原罪以前のアダムとイヴの状態の完璧な実現なのである。その一方で、人間の性欲はミメーシス的欲望と暴力の主要な伝達手段の一つであって、古代の私刑《リンチ》はしばしば犠牲者の性器を切り刻むことから始まったほどである。男根的象徴として理解される蛇は、現代の汎性欲中心主義によって蛇に与えられている意味作用よりも、はるかに根本的な意味作用を持っている。[32]「無原罪の御宿り」は魔法的なところ、神話的なところがあまりにも少ない観念なので、人間の暴力の歴史全体を規定し、それを乗り越えている。

その深い意味作用において、「聖母」のイメージ、蛇を踏みつぶそうとしている〈第二のイヴ〉は、紛れもなく蛇に対して発せられる呪いを実現している。それは、暴力的欲望の原初の過ちに対抗して戦う人生について、人類がかつて描いたものの中で、最も高尚なイメージである。このイメージの中に何百万年という人間の歴史が集約されているのであり、家族の慣例的な保護だけが、ミメーシス的敵対関係によって、若い世代の成長にとって不可欠な保護が消え失せることを防いでいたのである（ただし常にそうであるとは限らなかったが）。現代の合理主義者たちが軽んじている「無原罪の御宿り」は、人類をその暴力から救い出すことができたのだし、さらになお、これからも救い出すことができるだろう。しかし、待ち望まれていた人、人間のために原罪から自由になる可能性を持ってきた人の行為を、簡単に見てみることにしよう。

イエスの愛は犠牲者たちのほうへまっすぐに向かってゆく。彼らはそんな風にして、生贄の文化が埋もれさせた太古の忘却の中から解放される。「私が欲するのは慈悲であって、生贄ではない」（「マタイ」、九、一三）。イエスが予言者たちの言葉を繰り返している次のような主張は、「旧約聖書」によって手ほどきされた原初的な暴力の告発をしているのである。人間の共同体の基盤そのものが暴かれようとしている。

私の口はたとえ話を語るのだ、
世の初めから隠されていることを叫ぶであろう（「マタイ」、一三、三五）。

キリストが立ち向かおうとしている力はあまりにも強いので、自分の声を聞かせるために、彼は、暴力と緊密な関係にある、人間的思考と言語活動から借りたたとえ話や物語を用いて、自分の考えを述べなければならなくなる。(33) 常により一層隠された、より巧妙な形を取ろうとするがゆえに、非＝暴力に仮装している人間たちの暴力に向かって、今や反対のプロセスが対峙するのであり、そこでは暴力は、その言葉そのものとともに内部から暴き出される。イエスの教えが実現しているのは、「創世記」ですでに神の言葉の特徴となっていたもの、つまり**描写**のみによる人間の暴力の暴露である。「旧約聖書」が文化の生贄的象徴を拠り所としてその暴力の本質を内部から示すのと同様に、キリストの言葉は、人間の基盤にある暴力それ自体が描かれるように、その暴力に名が与えられるようにするのである。キリストの言葉は鏡となり、その前では何かの振りをすることなど不可能である。〈**世の初めから**〉隠されている出来事、弟を野原に引っぱっていき、彼に対して殺害の手を振りかざすカインのペテン、怪物に変形させ、次いで神に変貌させた後で生贄を殺し、かかわっているのは自分たちの兄弟の一人なのだということを見ようとしない人間たちの盲目性、これらすべてが**叫ばれて**、明るみに出される。それが理由で、イエスはあんなにも激しく律法学者やパリサイ人の偽善、あらゆる偽りの義人たちの偽善を告発するのである。

あなた方、偽善者である律法学者とパリサイ人に不幸あれ、あなた方は予言者たちの墓を建て、正しい人たちの墓碑を飾りたてて、こう言うのだ。「もしもわれわれが先祖の時代に生きていたならば、われわれは彼らに加わって、予言者たちの血を流すことはしなかっただろう」。ところがそんな風にしてあなた方は自分たちの意に反して、あなた方が予言者たちを殺害した者たちの息子であることを証明しているのだ！　何ともはや！　あなた方も先祖がなした悪の升を満たすがよい！　蛇よ！　まむしの如き連中よ！　どうして地獄《ゲヘナ》の刑罰から逃れられることができようか。だからこそ、こうして私はあなた方のほうへ予言者、賢者、律法学者たちを遣わすのだが、あなた方はそのうちのある者たちを殺し、十字架にかけ、ある者たちを教会堂で鞭打ち、町から町へと追放するであろう。その結果、正しい人アベルの血から、聖所と祭壇の間であなた方が殺したバラキアの息子ザカリアの血に至るまで、大地に散らされた正しい人たちのすべての血の報いがあなた方に降りかかって来るであろう。私はあなた方に言っておく、それはすべてこの今の世代に降りかかってくるのだ、と（「マタイ」、二三、二九—三六）。

このテクストで告発されているのは、偽善、原罪を伝えるメカニズムそのものである。漠然とした殺人のこのメカニズムに従う者は、常に自分を悪人たちに対して自己弁護する正しい人と見なす。しかし正しい人というのはここではただ、予言者たち、つまり血を流すように仕向けた暴力の告発者たち、正しいと偽る者たちの犠牲者だけであって、偽りの者たちの唯一の肩書きといえば、それは全員が一致して迫害する群衆に属するということだけなのである。暴力そのものに委ねられた人間の文化は、このような盲目性と傲慢さのプロセスの反復に他ならず、またそれは常により一層巧妙な、洗練された形で、新たな世代へと伝達されていく偽善に他ならないのである。人間の文化は死と転落の文化として現われるのであり、その典型である生者の墓、〈白く塗った墓〔偽善者〕〉（「マタイ」、二三、二七）は、同類たちによって犠牲にされた生贄たちに墓碑を建てる。〈白く塗った墓〉とは、隠されて、繰り返される殺害の隠喩である。偽善は、美化しながら、また社会的外見、裁いて殺すという外見で覆い隠しながら、原罪隠しをいつまでも継承してゆく。ギリシャ悲劇において、**ヒュポクリテース**〔語源的には〈判断に委ねる〉、**ヒュポ゠クリネイン**に由来する〕とは、コロス〔合唱隊〕の判断に従いながら返答する仮面をつけた俳優のことだった(34)。したがって、「福音書」の偽善者は、他の者たちが自分に期待しているものをたいへん綿密に作り上げて、彼らの中に好意的なイメージを引き起こしている。「全てにおいて彼らは他の人間たちから注目されるように振る舞うのである」（「マタイ」、二三、五）。集団とは彼らの紛れもない仮面であって、彼らは集団の道化役者なのである。順応主義の中で、偽善者はすでに、文字通り芝居のような表現的次元で、集団的判断を実現しており、そこから私刑《リンチ》が生じてくる。またその表現は、それを生みだした現実の繰り返し、常に刷新される外見の下での犠牲の繰り返しをもたらす。原罪は変幻自在である、これは変化と変装の原理そのものなのである。律法学者やパリサイ人たちは、正しい人たちが処刑されてきたということを知らないわけはないのだ。しかし彼らは、自分たちの先祖の立場だったら、自分たちはそんな暴力に加担はしなかったろうと主張する。そしてまさにそれこそが、原初の暴力の勝利を保証する彼らの無実の宣言になっている。「そんな風にしてあなた方は自分たちの意に反して、あなた方が予言者たちを殺害した者たちの息子であることを証明しているのだ」。「マタイ」のこの一節は、原罪の世襲的伝達の原理、蛇の誘惑のメカニズムをありのままに捉えており、律法学者やパリサイ人たちこそはその最も確かな、最も狡猾な転生であることが明らかになっている。「蛇よ！　まむしの如き連中よ！」イエスは、エルサレムの南部の涸れ谷、地獄《ゲヘナ》行きだぞと彼らを脅かすのであるが、そこ〔ゲヘナ〕ではモロク神のために人間の生贄が実施されていた[35]。しかし彼の呼びかけは、古代的神聖さによる暴力的神々の様式で懲罰を喚起しているのではない。イエスは、偽善者たち自身が投げ込まれる羽目になる、生贄の暴力について語っているのである。

　暴力がこのように永続する直接的な影響は、偽善者たちの仮面を剝がすためにイエスが遣わす人たちが、殺害されることであろう。暴露された蛇は、必死に自分を弁護しようとする。そして〈世の初めから隠されている〉すべての犠牲者たちの血——〈正しいアベル〉の血を始めとして——が、この世代に再び降り注ぐことになるだろう。そして暴力を前にして目を閉ざしているこの世代は、その継承者、共犯者、第一の張本人となった。イエスの教えは、神話的な彼方の世界に投影されてはいない。それはまた神話についてのいかなる易しい解釈も提示していない。イエスの教えは人間をその存在の中心にまで導くのであり、人間を人間自身に釘づけにするのである。人間に関する最後の、かつ最初の認識の解明は、「福音書」の中で、人類学が終末論になるという結果を生み出す。多くの批評が「福音書」の終末論的な何節かを間違って解釈したのは、人間の隠された本性をこのように啓示することで成り立っていた、破壊的な爆薬を見つけられなかったためなのである。キリストの言葉が予言していることは、復讐の神の到来ではなくて、世の初めの権力――サタン[36]（告発者）と称される――と、生贄たちを弁護する者、「慰め主」（「聖霊」）の力との間の決定的な対決である。神の愛は、世の人々を自分自身の裁き手となるようしむけるだろう。だから「〔……〕この世の王〔悪魔〕は糾弾されるのである」（「ヨハネ」、一六、一一）。すなわち彼はすでに打破されて、糾弾されている。他の者たちを裁きながら、裁かれることを避けることができると考えている者たち、偽善者たちの状況そのものは、その判決を逃れることのできない〔神の〕裁きとなる。

イエスは、原罪が変質した、模倣的暴力と群集的欺瞞の増加に対する救済策を示している。それはつまり、「息子」である彼を通して、彼が目に見えるもの、理解できるものとした「父親」の愛の模倣である。爾来、「堕落」の悪しき模倣を逆転させて、神のイメージと神との類似が完全に明らかになる。「父親」の忠実なる模倣者、イエスを通して、神から生じた人を赦す愛が、悪しき欲望と暴力の連鎖、集団的メカニズムの悪魔的魅惑を最初に断ち切る。神に由来する赦しの愛によって、人間的条件を全面的に受け入れる人間、神の息子である人間が、それらに取って代わる。カインとその子孫が糾弾されていた復讐の論理を、一つの生命の法則が廃止するのである。

その時ペテロが前に進み出て、彼に言った。「主よ、兄弟が私に対してなす罪を、私は何回赦さなければならないのでしょうか？　七回まででしょうか？」イエスは彼に答えた。「私はお前に七回までとは言いません。七回の七十倍までと言いましょう」（「マタイ」、一八、二一―二二）。

カインの行為によって口火を切られた復讐を七回赦すということだけでは十分ではないし、レメクの七十七でも十分ではない。〈七回の七十倍〉という表現によって、人間の罪が無限であるように、無限の数を意味しなければならない。すべての人間と同様に、ペテロは一つの規則、一つの防衛手段、一つの法則を探しているのだが、それもまた犠牲的、暴力的なものなのである。彼が受け取る答えは決定的である。イエスの命令は、すべての赦しの愛の源泉そのものである「聖霊」の無限の愛に、人間たちを直面させる。

その時、サタンのさまざまな力は、永遠にそれらの力を追い払うが如き赦しの愛の、同じように強い力を受け入れることができないので、這い寄って、殺すという蛇のいつものやり方でイエスを襲うために一致団結する。つまりサタンの力は裏切ることから始まり、次いで生贄に捧げるのである。人間たちがイエスに押しつける刑は、最も原初的な死、共同体によって決定される死である。ピラトが集団の決定に任せると、選ばれた刑は最も不名誉なもの、奴隷、〔政治犯ではなく〕普通犯、政治的扇動者に用意されていた十字架刑である。しかし今回は、十字架にかけられる犠牲者は、欲望によって生み出される敵対関係を免れているがゆえに、完全に無実であって、その無実が人間たちの恐怖と残忍さを倍加させている。キリストは弟子の一人に裏切られ、他のすべての弟子たちから見捨てられ、数日前には彼を歓呼で迎えていた民衆によって嘲弄される。彼は兵士たちによって虐待され、愚弄され、十字架の上に釘づけにされて、すさまじい苦痛の中で死んでいく。その一方で、通行人たちは彼の教えを笑いものにする。しかしながら、一見したところ挫折と見なされうるその死は、まばゆい勝利に変わることになる。キリストのメッセージと行動は、原罪の蛇が現われてこざるをえなくしたのだ。最後の息を引き取るまで、イエスは暴力を完全に欠いた態度を保持する。彼は最後まで、何世代も通して悪の反復を引き起こしている暴力的模倣を拒絶することができるだろう。その時に落ちるのは、死刑執行人たちの仮面である。そして最終的に勝利するのは、この犠牲者の愛である。キリストは蘇り、十字架はその勝利の象徴となる。

聖パウロの神学では、イエスはパウロの過ちを贖ってくれる新たなアダムである。[37] 中世とルネサンスのキリスト磔刑図では、イエスが十字架にかけられた丘の名前、ゴルゴタ（アラム語で〈頭蓋骨〉、ラテン語では**カルワーリオエ・ロクス**、〈頭蓋骨の場所〉と訳される）が理由で、十字架の下にしばしばアダムの頭蓋骨が描かれる。キリスト教の象徴体系では、十字架の樹は善と悪の認識の樹、あるいは生命の樹に由来するのであり、これ以上に明らかにすることのできないほどの象徴が重なり合っている。[38] しかしながら、十字架の象徴と原罪の象徴との間に、どのような関係――「神」の「息子」を偶然に迎えたという関係以外に――を打ち立てることができるだろうか。もっと注意深い人類学的分析を行なうならば、十字架の象徴の中に、偶然的なものは何もないということが証明されるだろう。

集団による生贄の破壊が可能となるのは、生贄がどこもかしこもしっかりしている場合だけである。その典型的な場面は、エウリピデスの『バッコスの信女』の中に詳細に描かれている。テーバイの女たちは、ディオニュソスに取りつかれて、地面から〈多数の手〉で、ペンテウスが隠れていた樹を引き抜く。そして彼を捉え、ばらばらにしてしまう。[39] 両側から彼の手足を引っぱり、バッコスの信女たちが不幸なペンテウスを押さえつける最終的な位置は、十字架刑に処せられた者の位置、四つ裂きの刑で樹に吊り下げられた犠牲者の位置とまったく同じである。十字架は、象徴的な次元では、人間の文化の基盤となるような、生贄に対する私刑《リンチ》を再現している。**したがって十字架は生贄そのものである。**十字架は原初の過ちの象徴、善と悪の認識の樹であって、それがキリストの手の中で、神の超越性の象徴、生命と完全な愛の樹、「三位一体」の樹となる。またそれが人間たちの間に引き起こす欲望と敵対関係は、その堕落した、悪魔的な変形である。善と悪の認識の樹の隣にある生命の樹は、生贄＝十字架が聖書のテクストの中心的な啓示であるのとまったく同様に、聖書のテクストの最初の**フィグーラ・クリスティー**〔キリストの姿〕である。そしてそれは、「ヨハネの黙示録」が締めくくられる（二二、二）メシア信仰のエルサレムの「生命の樹」に永遠に生きたまま戻ってくるのである。「ヨハネによる福音書」（一五、一）で、イエスは「私は真のブドウの樹である」と言っている。イスラエルのブドウの樹、これはまた、その時から意味作用が逆転したディオニュソス的変容のブドウの樹でもあって、われわれはそのブドウの樹の若枝であらねばならないのだ。そのほんの少し前にイエスは、われわれをその行程の中に導いた二つの樹の象徴的な環を開き、そして閉じるためであると言ってもいいくらいに、次のように言ったのだった。「私は［……］『生命』である」（「ヨハネ」、一四、六）。禁断の実を食べた最初の人間たちの行為の後に、「聖体の秘跡」が続く。イエスの**現実の**肉と血は、原罪の喚起であり、かつ逆転的な繰り返しである。「聖体」は人間の共同体に対して、**イエス、すなわち犠牲者の視点に**身を置くように仕向ける。自由に受け入れたその犠牲が原初の過ちを消すのである。二つの樹は、今度はもはやエデンの園の中央ではなく、人間の歴史の中央で、われわれの存在と意識の中心で一つに結びつけられる。

原註

（1） 原罪のテーマはミメーシス理論の領域では、ルネ・ジラール自身を始めとして、さまざまな著作家たちによって取り上げられている。しかしながらルネ・ジラールは、このテーマのために一つの研究を特別に割り当てたということはない。心理学に関してはジャン＝ミシェル・ウゴルリアン、神学に関してはジェームズ・アリソン、聖書解釈に関してはジェームズ・ウィリアムズとボブ・ハマートン＝ケリーの名前を指摘しておくことにしよう。総括するような人類学的解釈は欠けているので、本論文はそれを具現化する最初の見本となることを欲している。ここで素描されている解釈はすでに次の文献の中で先取りされている。G. Fornari, «Towards a Biblical Anthropology of Violence», *COV&R:The Bulletin of the Colloquium on Violence and Religion*, 14（1998）, p. 6–7; *Fra Dioniso e Cristo. La sapienza sacrificale greca e la civiltà occidentale*, Bologne, Pitagora, 2001, p. 269–271. 私の解釈には、現在に至るまで、専門家たちの側からのあからさまな反発はまったくない。

（2） 主として自由の問題に関して（原註（8）および（9）を参照）。

（3） エンツォ・ビアンキが次の著作の中で述べている、「天地創造」と原罪の解釈に関する批評を、われわれも部分的に共有している。*Adamo, dove sei?* Bose, Qiqajon, 1994（*Adam, où es-tu? Traité de théologie spirituelle, Genèse 1–11*, éd. du Cerf, Paris, 1998）. ただしわれわれは、伝統というものはより一層関与することによって解釈されなければならないと考えている。ビアンキのように入念に固められた批評は、伝統と対立するのではなく、伝統の中の最も正統な意味を浮かび上がらせることに貢献するのである。

（4） Jean-Louis Ska が見事にまとめ上げた著作、*Introduzione alla lettura del Pentateuco. Chiavi per l'interpretazione dei primi cinque libri della Bibbia*, Bologne, Edizioni Dehoniane, 2002, p. 145–185 を参照。

（5） E. Testa, *Genesi. Introduzione-Storia primitiva*, Rome, 1969 を参照せよ。また A. Heidel, *The Babylonian Genesis: The Story of Creation*, Chicago-Londres, University of Chicago Press, 1963, p. 82 以降も参照。

（6） これら二つの物語《レシ》の間の差異については、J. L. Ska, *Introduzione alla lettura del Pentateuco*, *op. cit.*, p. 68–70 を参照。二つの物語の補完性は、E. Bianchi, *Adamo*, *op. cit.*, p. 90-91 で強調されている。

（7） ヘブライ語のテクストでは、言葉遊びが、蛇に添えられる形容語、**ハルム** *harum*〈狡猾な〉を、**ヘルム** *herum*〈裸の〉に結びつけている。

（8） この区別は、E. Bianchi, *Adamo*, *op. cit.* の中で利用されている。ただし、これは歴史の中で決定されるような唯一の起源の、事実的な性格を指示しているということを強調しなければならない。この区別を考慮しなかったために、ジェイムズ・アリソンは、別の面では巧みなその分析の中で、創り出される現実の非＝決定論の問題と、歴史的、文化的なプロセスからしか生じてこない自由選択の問題を取り違えるに至ったのである（J. Alison, *The Joy of Being Wrong: Original Sin Through Easter Eyes*, New York, Crossroad, 1998, p. 254）。次の註も参照。

（9）〈避けることができない〉というのは、最終的結果という点から見た場合に、原罪は、その主要目的が非決定論的でそれ自体では不十分な現実から出発する人間の、自由の実現というもっと高次元な必要性を有している、という意味においてである。

（10）ミメーシス的欲望については、とりわけ R. Girard, *Des choses cachées depuis la fondation du monde*, Paris, Grasset, 1978, chap. 3, «Psychologie interdividuelle», p. 307 以降を参照。
〔ルネ・ジラール、小池健男訳、『世の初めから隠されていること』、法政大学出版局、一九八四年〕

（11）ルネ・ジラールが指摘するように（*Shakespeare. Les feux de l'envie*, B. Vincent 仏訳、Paris, Grasset, 1993, p. 521-522）、反復的な連鎖が始まる瞬間というのはほとんど重要ではない。この女と男の責任は完全に同じなのである。
〔ルネ・ジラール、小林昌夫・田口孝夫訳、『羨望の炎　シェイクスピアと欲望の劇場』、法政大学出版局、一九九九年〕

（12）このテクストのミメーシス的意味作用に対する正しい直観は、次の著作の中に見て取れる。J.-M. Oughourlian, *Un mime nommé désir. Hystérie, transe, possession, exorcisme*, Paris, Grasset & Fasquelle, 1982, chap. 1.

（13）これは「創世記」、一、二六―二七をもとにしてオリゲネスが展開する、人間を神のイメージに関与させる教義にぴたりと一致する（この教義については、H. Crouzel, *Origène*, Paris, Lethellieux, 1985, p. 130-137 を参照）。

（14）この部分に関しては、R. Girard, *Des choses cachées depuis la fondation du monde*, *op. cit.*, p. 168 以降、および *Je vois Satan tomber comme l'éclair*, Paris, Grasset & Fasquelle, 1999, chap. 7 を参照。

（15）「創世記」は**カイン**（*qayîn*）という名前を、動詞**カナ** ***qanah***（〈獲得する、所有する〉）と関連づけている。そのようにしてこの人物の罪における欲望の役割を際立たせているのである。しかしながら、いくつかのセム語族の言語では、**カイン**の意味は〈鍛冶屋〉であって、この意味作用においては武器を指し示しているのは明らかである（E. Testa, *Genesi*, *op. cit.*, p. 331 を参照）。

（16） カインが弟に向かって言う言葉が、マソラ学者によるテクスト〔子音字だけで表記されたヘブライ語の旧約聖書に、母音記号や註が施されたテクスト〕では消失している、ということを指摘しなければならない。ところが、その言葉はギリシャ語の「七十人訳旧約聖書」では保持されたのである。

（17） ラビの伝承においては、カインとアベルが時には双子と見なされたこともある（E. Testa, *Genesi*, *op. cit.*, p. 332）し、またライバルどうしと見なされたこともある。このことが極めて明白に、カインの観点を補完している。というのも、アベルのほうは兄に対して敵対感情をまったく持っていないからである。

（18） **アベル** *Abel* という名前は、〈息〉を意味するヘブライ語に由来するらしい。そしてこの言葉は「詩篇」、一四四、四、および「ヨブ記」、七、一六にも見られる（E. Testa, *Genesi*, *op. cit.*, p. 332）。

（19） ミメーシスによる説明を備えていないので、ビアンキはイレネの直観の深さを理解せず、他の多くの者たちとともにそれを排除している（*Adamo*, *op. cit.*, p. 216）。

（20） メソポタミアの多くの神話においては、人間は粘土と混ぜ合わされた血や神の生贄の残り物から生じてくる（次を参照。E. Testa, *Genesi*, *op. cit.*, p. 62; A. Heidel, *The Babylonian Genesis*, *op. cit.*, p. 68–70）。

（21） E. Testa, *Genesi*, *op. cit.*, p. 346–347.

（22） 「聖書」は今まさに創設の問題を語っている、ということを把握していないので、ビアンキは文明と結びついた悪の問題を、理由があって自分がテクストから排除する善悪二元論的な見解と混同している（*Adamo*, *op. cit.*, p. 60–61）。

（23） この詳細な点についての重要性は、J. Alison, *The Joy of Being Wrong*, *op. cit.*, p. 248–249 でも同様に指摘された。

（24） René Girard, *La Violence et le sacré*, Paris, Grasset, 1972.
〔ルネ・ジラール、古田幸男訳、『暴力と聖なるもの』、法政大学出版局、一九八二年〕。

（25） J. G. Frazer, *The Golden Bough: A Study in Magic and Religion*, New York, Macmillan, 1951, p. 403 以降（*Le Rameau d'or, étude sur la magie et la religion*, R. Stiebel, J. Toutain 仏訳、Paris, Schleicher, 1903–1908）。G. Fornari,

Fra Dioniso e Cristo, op. cit., chap. 12, p. 251 以降も参照。

〔ジェームズ・ジョージ・フレーザー、永橋卓介訳、『金枝篇』（全五冊）、岩波文庫、一九五一―一九五二年〕

（26）樹の異教的崇拝は「エレミヤ書」、一七、一―三に描写されている。樹の擬人化的象徴体系については、「エゼキエル書」、第三十一章、「ダニエル書」、第四章などで、罰せられる偶像崇拝の象徴としての樹を引き合いに出すことができる。Frazer, *Folklore in the Old Testament: Studies in Comparative Religion, Legend and Law*, New York, Avenel, 1988, p. 322 以降も参照。

（27）この点についてのわれわれの批評に関しては、次を参照。G. Fornari, *Fra Dioniso e Cristo, op. cit*., p. 22–23, 163–166, 402–413; «Les marionnettes de Platon. L'anthropologie de l'éducation dans la philosophie grecque et la société contemporaine», *La Spirale mimétique. Dix-huit leçons sur René Girard*（M. S. Barberi 監修、Paris, Desclée de Brouwer, 2001, p. 164–165）.

（28）堕落の物語は、神と向かい合う人間の無知の結果を示し、「創世記」、一、一一を含んだ、もっと豊かな歴史的シークェンスの中に組み込まれているはずだとするビアンキの一般的命題に、われわれは同意する。

（29）この意味では、ジェイムズ・アリソンが、原罪の解釈はキリストが中心的であらねばならないと強調するのは理にかなっている。

（30）聖アウグスティヌスに関しては、本書所収〔八九ページ〕のマリーア・ステッラ・バルベーリの論文も参照。

（31）実際に、マリアの処女性は「無原罪の御宿り」とは厳密に区別されるのだが、ただし、これら二つは後者の意味作用の中で関連づけられる。もしもこれら二つの教義が一体となっているならば、マリアは処女であるがゆえに原罪から免れているのではないか、という推測も正当化されるであろう。極めて微妙な神学的区別と思えるものが、言葉の最も豊かな意味において、原初の知の表明であることが明らかとなる。イエスの純潔という概念の意味作用に関しては、René Girard, *Des choses cachées depuis la fondation du monde, op. cit*., p. 243 以降を参照。

（32）イチジクの樹もまた、その実の形、さらにその葉の形において、性的象徴である。

（33）たとえ話の使用について、またもっと先で述べられることについては、René Girard, *Le Bouc émissaire*, Paris, Grasset, 1982, p. 274 以降を参照。

〔ルネ・ジラール、織田年和・富永茂樹訳、『身代りの山羊』、法政大学出版局、一九八五年〕
(34) このテーマについては、G. Fornari, *Fra Dioniso e Cristo*, *op. cit.*, p. 179-180 を参照。
(35) F. Zorell, *Lexicon graecum novi testamenti*, Rome, 1990. この語の下を見よ。
(36) サタンと「聖霊」については、René Girard, *Le Bouc émissaire*, *op. cit.*, p. 286 以降、p. 305 以降を参照。
(37) 「コリント人への第一の手紙」、一五、四四―五〇。「ローマ人への手紙」、五、一二以降。René Girard, *Des choses cachées depuis la fondation du monde*, *op. cit.*, p. 254 以降を参照。
(38) J. Brosse, *Mythologie des arbres*, Paris, Plon, 1989, chap. 9 を参照。
(39) Euripide, *Les Bacchantes*, Paris, Les Belles Lettres, 1961, v. 1109 以降。
〔エウリピデス、松平千秋訳、「バッコスの信女」、『ギリシア悲劇IV』、ちくま文庫、一九八六年〕

政治の自己＝免疫的な隠喩

ドメーニカ・マッツ

君はまたも投石機の石だ／私と同じ年頃の男よ。飛行機の機体の中で、／翼のある悪魔たち、死の子午線、／――私は君を見たのだ――火の二輪馬車の中に、絞首台、／拷問の車刑。私は君を見た。君だった。／君の精密科学は大量虐殺を確信していた、／いかなる愛も、キリストもなく。君は殺したのだ、またも、あいかわらず、君の先祖たちのように／君の目にま新しい動物たちを。そしてその血は、／兄が弟に向かって「野原へ行こう」と言った／あの日を孕ませる。冷たく、しつこく、／君の中に、君の真昼に溶け込んだ谺。忘れてくれ、おお息子たちよ、上昇してくる／血まみれの雲を、忘れてくれ、先祖たちを、／彼らの墓、遺骸となっているものたちを。暗黒の鳥たちよ、風よ、心に覆いをかけてくれ。(1)

サルヴァトーレ・クァジーモド

すべての創設の神話において、汎婚的、汎破壊的な未分化状態は、差異の確立――暴力的である――によって途切れる。それらの神話を通して伝えられている象徴的なメッセージとは、いかなるものだろうか。ルネ・ジラールによれば、暴力を通してその未分化状態を乗り越えるということが、人間関係のシステムとしての構造を最初から特徴づけているのだという。この論考の目的は、その理論と、万人の万人に対する未分化の暴力を乗り越えたものと見なされる近代国家の誕生とを比較検討することである。そのために私は政治が存在する根拠を友＝敵という区別の上に置いているカール・シュミットの基準を参照する。

私は、地球全体の出来事が、人間的暴力の中立化の可能性をことごとく汲み尽くしたという仮説を持ち出すことにしよう。一九六〇年代に、精神分析学者、フランコ・フォルナーリの核戦争に関する理論は、〈友＝敵〉というカテゴリーがなくなるのをすでに予想していた。フォルナーリによれば、戦争は他者に対する憎しみの結果ではなくて、愛の対象や、これを象徴的に置き換えた国家を救う、という避けることのできない必要性の結果である。それゆえに彼は、個人が殺さざるをえなくなる愛の対象を死から救い出そうとする幻想を抱いている。しかし、戦争が〈核兵器による〉ものとなったときから、戦争は敵と同様に愛の対象も等しく死の中へ引きずり込むのであり、したがって補償や救済といった手段であることをやめるのである。それがもたらす結果は、戦争にけりをつけるのではなく、国家を衰弱状況に、個人をみんな〈勝手に逃げろ〉(2)という状態に突き落とす。核＝後の戦争が際立たせるのは――あらゆる**論理的な**説明に反した――**神話的なもの**であって、国家がその当事者となることはますます少なくなる。またそこでは合理主義者の図式、国家の原理そのものが重要な役割を演じることもますます少なくなる。このタイプの戦争では、未分化状態の危険に反対する主張に確かな同一性を探そうとしても、見つけられないのである。

政治の自己＝免疫的な隠喩

生物学者は、自分自身に固有のものを維持し、自分自身とは異質なものを攻撃しながら、有機体の存続を保証する免疫システムによって占められた機能を描写するために、しばしば政治的＝軍事的なタイプの隠喩――攻撃、防衛、抗原**キラー** *killer*――を拠り所とする。これと同じタイプの隠喩が、カール・シュミットの政治的モデルを、社会的有機体〔社会組織〕の免疫システムとして描写するために用いられる。実際に、シュミットの理論においては、政治はいわば独特の、排他的な免疫能力を持っている。つまり、**セルフ**〔自分自身〕と**ノット・セルフ**〔それ自身ではないもの〕（友と敵）を区別し、攻撃を加えることのできる抗体を生み出し、異質な細胞を破壊する（戦争）能力である。

そこで問題になっているのは、明らかにイデオロギー的な隠喩である。というのも、この隠喩は生きた有機体の構成の基本的プロセスを、友＝敵という相互主観的な図式の中に移し替えているからである。しかしながら、この隠喩は、同じ生き残りの戦いという背景の上に、政治の古典的な二つのパラダイム、調和のパラダイム（友好）と不調和のパラダイム（敵意）を投影するという利点を示して、それら二つともに正当化するのである。このことを理解するためには、友好＝敵意という二項式の政治的な意味から人類学的な意味を分離するだけで十分である。

人類学的な意味において、生き残りの戦いとは、ホッブズによって**ベッルム・オムニウム・コントラー・オムネース**〔万人の万人に対する戦い〕と描写された、未分化な自然状態から抜け出す必要性を指し示している。政治的に書き換えた場合には逆に、この戦いは、互いに敵対する集団どうし、完全な現実的敵対関係の最終結果、つまり肉体的な死を引き受ける用意のできた集団どうしが対立することを予見する。これが、われわれが知っているような戦争である。この戦争では、生命を賭けることは、平和と明確に区別されて、万人の万人に対する戦争の救済手段となる唯一の方法である。(3) この戦争は個人たちからなる群衆を戦争状態に、つまりラテン語の**ポプラーティオー**〔略奪、荒廃〕に変える。これは**ポプルス**〔民衆〕、すなわち秩序の原理に従い、族長の存在を前提とする共同体の中にやって来て、通りがかりにすべてを破壊する群衆のことである。(4) 同じ一つの組織の中では、たった一人の族長の息子たちとして、すべての人間が兄弟である。ではその族長は誰の兄弟だろうか。もう一人別の族長の兄弟である。それらの族長たちの間に、兄弟どうしの戦いの未分化状態が再び出現するのである。

ホッブズ――ルソー、カント、ヘーゲルがその後に続く――は、国家関係の不安定と予知不可能性に関してははっきりしていて、次のように書いている。「というのも、共和国と共和国との間の状態は自然状態、すなわち戦争や敵対関係の状態だからである。そしてそれらの共和国が時に戦いをやめるのは、ただ一息つくためでしかない。だからその合間は真の平和ではない。何となれば敵どうしが互いににらみ合い、傲岸不遜に、相手の顔や行動を観察し、相手方の弱点やもくろみほどには条約を信用しないからである」(5)。

したがって市民の秩序は分化する必要性から生まれてくるのであり、それは社会領域を二つの方向に分割することによって実施される。つまり内部と外部、自分自身と他者、所属とよそ者という身分である。一方には、私を生かしているがゆえに、私が生かさなければならないもの――国家、愛の対象――がある。ところがもう一方には、それが私を殺すかもしれないという理由で、私が殺さなければならないもの――敵――がいる。われわれはこの分割の確証を、免疫的管轄システムの構成に関する生物学的隠喩の中に見出す。実際に、生命組織においては、最初の区別のない状態の後で、組織に固有に属する細胞の認識が生じるのであり、組織はそれらの細胞を決定的なやり方で認証することで、異質な細胞に向けられる破壊から守るのである。やっとその時から、免疫機能が作用し始め、その免疫機能のおかげで組織の生命が可能となる。この認識プロセス――ここには悲劇的なものがある――の中に、政治の自己＝免疫的な隠喩という観点から極めて意味深い出来事が介入してくる。免疫システムによって生み出された抗体が、異質な細胞を破壊するのである。しかし組織の細胞に直面すると、それらの抗体は、そんな風にして自らが属する組織の存続を保証しつつ、自己破壊することになる。免疫的管轄のメカニズムが立証するのもまた、組織は、**それ自体**の前で死ぬ用意ができており、**他者**の前で殺す用意ができている要素を自由に使える場合にだけ生きることができるということである(6)。

自己破壊の次元は、所属空間にかかわり、異質物破壊の次元は、よそ者の空間にかかわるものであるが、両者の次元の関係は、政治的モデルに避けがたい抑圧的＝パラノイア的〔妄想的〕な特徴を与える。〈政治〉やその〈本質〉のはっきりとした定義を提示しようとして、シュミットは次のように書いている。「政治的な行為や動機を要約することのできる、政治の特殊な区別とは、友と敵との識別である[……]」。友と敵とのこの区別の意味は、結合や分裂、連合や分離の極度の段階を表わすということである(7)」。このような定義は、生や死との関係を全面的に受け入れるのだが、それらは合理主義的思考が、政治的次元とは異なる**プリウス**〔それ以前のもの〕であり、**ポステリウス**〔それ以後のもの〕であるとして排除していたものだった。

では敵とは誰のことだろうか。「敵はたまたま他者、異質な者であるにすぎないのであって、彼の本質を定義するためには、彼という存在そのものにおいて、またとりわけ強烈なある観点から見て、彼がその他者という、異質な存在であるだけで十分なのである」[8]。敵とは**イニミークス**（私的な敵）ではなく、「政治的に組織された統一体」[9]によって示される**ホスティス**（公的な敵）のことである。国家は、**ユース・ベルリー**〔戦争の権利〕を通して、民衆を形成する個人たちに、彼らが喜んで死んだり殺したりすることを要求する「巨大な権利」を持っている。[10]まさに「人間の肉体的な生命を意のままにするこの権力」の中で、共同体は「政治的なもの」[11]として真に自己同一化するのである。

この〈巨大な権力〉は規範的な価値をまったく所有していない。それが持つ価値は単に実存的なものでしかない。「それは合理的な究極目的ではないし、いかに正しいものであれ、規範でもない、いかに模範的なものであれ、計画でもない、いかに立派なものであれ、社会的理想でもない、正当性でも平等性でもないのであって、それらの名において人間存在が互いに殺し合うことを正当化することはできない。なんとなれば、もしも人間の生命のこうした肉体的な抹殺が始まるときに、自分自身の存在形態を維持しようとする生命の必然性が、その形態のまったく同じ生命の否定と対峙して存在しないとしたら、それを正当化できるようなものなど他に何もないからである。もしもここで意図しているような言葉の存在論的な意味で実際に敵が存在するならば、敵から身を守り、必要とあらば肉体的な力を用いて、敵と戦うということは理にかなっている、ただしもっぱら政治的にということで理にかなっているのである」[12]。

したがって、戦争とは「その固有の様式によって人間たちの思考と行為を支配し、そんな風にして特に政治的行動を規定する、この不測の現実」[13]のことなのである。正常な国家の役割は「何よりもまずその国家および領土の内部に完全な平和回復を実現することである」[14]。シュミットは、国家が存在する条件として「国家の平和回復のために必要な義務」という言葉をはっきり口にしている。[15]

実際に、ここで提示している隠喩においては、敵意は確かに政治の前提のようなものと思えるのであるが、しかし敵意はまたその産物のようなものとも思える。内部の空間を平和にする必要性に直面すると、また生物学的プロセスで生じることとは違って、敵を直接に打破することができない場合に、政治戦略は個人的な攻撃性の力学を修正しようと務める。個人的な攻撃性は、個人から切り離され、個人を越えた実体、国家の手の中に委ねられるのである。すると国家は、その個人的な攻撃性を**ノット・セルフ**〔自分自身ではないもの〕であるかの如く扱い、それを所属する国家から別の国家のほうへ向ける。この図式の中では、敵とは、もはや個人として私を否定する者ではなく、私を生かしている実体を否定する者である。シュミットの言葉づかいにおいては、敵とは公的な敵のことであって、私的な敵ではない。その敵は個人によって**決定される**のではなく、集団の存続と個人の存続を保証するという機能を持つ個人を越えた実体によって**決定される**のである。

　敵を識別し、**ユース・ベルリー**〔戦争の権利〕を通してその抹殺を企てることで、国家はその免疫的管轄の機能を遂行する。するとその機能は、ここで採り上げたようなモデルに対して、**コーギトー・エルゴー・スム**〔我考えるゆえに我あり〕を表現するのである。

友＝敵の軍事戦略から〈愛《フィリ》＝恐怖《フォビ》〉の感情的図式まで

　敵を公的に明確化することで、政治に特有の一連の結果が定まるのであり、それらの結果は、生物学的次元と政治的次元との間に存在する構造上の差異を際立たせる。

　生命組織においては、敵とは、客観的な反応を生み出す直接的な明証性であって、組織はそのプロセスの中で、自らを生存のほうへ向かわせる内的な規則を見つけようとする。逆に、国家の論理においては、所属＝よそ者という区別の基準は自然のものではなく、因襲的なもの、したがって〈ホッブズ的な意味において〉人為的なものである。それは内部にあっては個人どうしがもっぱら兄弟でしかなく、外部にあっては敵でしかないということを主張する一つの虚構によって生み出される。この虚構の中で、個人たちは自分たちが生の欲求と死の欲求、愛の欲求と憎しみの欲求によって駆り立てられているという事実を——自分自身をも含めて——隠している。そこから生じる政治的形成は、政治的次元で有効な単なる慣例と、個人的次元で有効な、生命的ではあるにしても脆弱な嘘、幻想との間で中断されたままである。ところで、国家が結合空間と分離空間を定めることができるとしても、また誰が友で誰が敵かを決めることができるとしても、それでも国家は愛や憎しみの衝動に基づいて行動する[16]ことはできないのであって、愛が公的な敵のほうに、憎しみが兄弟のほうに向かってゆく可能性はある。敵意のような私的な感情の公的な解釈は、公式化のプロセスに還元することができない。それはただ、私自身の救済を他者の破壊と結びつける、パラノイア〈妄想症〉のタイプの感情を磨き上げることによってしか得ることができない。つまり、**私は私を殺そうとする敵を殺さなければならない、**それどころか、**私が殺すならば、私は生きてゆけるのだ**[17]。

　このような装置が政治に対してほとんど自動的ともいえる機能を保証している。それは生命組織にも似た機能であって、政治的合理性を感情領域に強制的に結びつけるのであるが、この感情領域自体は〈愛＝恐怖《フィリ＝フォビ》〉[18]の感情的図式に集約されるべきなのである。この象徴的装置の表象的効果は、各個人の感情的、私的な構造によって決定され、国家の形式的、公的な構造によって実行される。決定することと実行することという二つの構造は、個人の救済という**集団的戦略**を鼓舞する、目的の一致という原理によって結びつけられている。しかしこの原理は、**最も根源的な個人的戦略**、個人に対して自分自身と自分の母親の救済を保証できるようにしたという戦略によって鼓舞されているのだ。

フランコ・フォルナーリが正しく指摘しているように、これら二つの戦略には決定的な隔たりがある。迫害的局面を乗り越えた後で、自分自身の救済は母親の救済如何《いかん》にかかっているということに気づいたときに、個人はその成長の歴史の中で救済の**個人的戦略**のありようを身をもって知ったのである。ところが逆に**集団的戦略**においては、個人は、所属という原初的欲求、自分と母親とを結びつけていた、愛され保護されたいという欲求に駆られて集団の中に入る。そうしながら、個人はありのままの生命的現実から、人為的な次元、国家へと位置をずらす。しかし国家は自立した地位を持ってはおらず、その生命と糧とを個人から汲み上げる。個人が古くからある自然の関係と、そうした人為的な構造との間に象徴的な絆を創り出すと、その象徴的な絆は、母親に属する最初の生命的機能のすべての特徴を国家に与えるのである。その絆によって、救済者であった国家が致死的なものに変わるときでさえ、なぜ個人たちは国家にしがみついたままでいるのか、ということの説明がつく。なぜならば、ずっと揺るぎなく存在するものとは、母親への信頼なのであって、国家への信頼ではないからだ[19]。

しかしながら、国家と母親との間には、救済の戦略を実現不可能にする重大な差異がある。母親＝子供という関係の中では、このつながりの内的攻撃性が、二重の修復的な意味で練り上げられる。つまり、母親の崇敬が子供に、今度は彼が実際に修復的行動を開始するように仕向けるのであり、その修復的行動によって彼は、自分の攻撃性が自分自身に属するものとして受け入れ、**エクストレーマ・ラティオー**〔最終的判断〕として、自分を生かしてくれる母親を破壊しないようにその攻撃性を自分自身に向けるようになる[20]。反対に、政治的力学においては、個人たちは自分たちの攻撃性を国家の手に預けるのだが、それは個人を救済する下地があらかじめ与えられている、したがって個人によって愛の対象のように練り上げられている集団的実体に攻撃性を預けるようなものである。なるほど問題となるのはまったく抽象的な所作なのではあるが、しかしこの所作は、感情的なプロセス〔暴力、罪悪、修復〔贖い〕〕の回路から攻撃性を切り離すという現実的な効果を持っており、そのプロセスの外に出た攻撃性は、抽象的に否定されて、**アブ＝ソルータ**〔絶対的なもの、……から＝解き放たれたものの意〕となる[21]。

国家というものは、実際には単なる策略であって、攻撃性を抑えたり、形成したりする母親的な能力を欠いているのに、愛の対象のように体験される。国家にできることはただ、やはり同じように超＝個人的なもう一つ別の実体に攻撃性を方向転換させることである。するともう一つの実体は公的な敵と化すので、その敵によって滅ぼされないようにするために、それと戦い、それを完全に滅ぼしてしまわなければならない。だから国家は、救わなければならないはずの生命の犠牲を個人たちに要求することができるのである。ここにある逆説は、もう一つ別の逆説によって生み出されたものなのだ。つまり、好意と敵意のように、自然的、私的な感情によって管理するように定められた、人為的、公的な実体ということである。

政治についての理論化を行なった後、何年もたってから、〈狭い独房〉の戸惑うような広がりの中で、「結局のところ私はどのような人を自分の敵として認識すればよいのだろうか」、という質問に対して、カール・シュミットは次のように答える。「明らかに、私を危うくする可能性のある者に限られる。彼を敵として認識することで、私は、彼が私を危うくすることができるのだということを認めるのだ[22]」。あるいはまた、「現実に私を危うくすることができる者とは誰のことだろうか。私自身だけである。あるいは私の兄弟だけである[23]」。これは結局、敵意を広めるメカニズムに基づいた政治的モデルの危機を認めるということに等しい。「他者は私の兄弟のように現われ、兄弟は私の敵のように現われる[24]」、とシュミットは書いている。

シュミットが『拘留からの救済』の中で示しているのは、パラノイア的〔妄想的〕な骨組みである。個人は、外部に向かって投影された攻撃性を自分のものとして認識し、それを自分のものだとまで主張する。そうした再獲得において、救済のための攻撃性は破壊する攻撃性と同一のものになる。

救済するときでさえ、暴力は破壊する。自分自身の暴力によって引き起こされた破壊を認識するということは、罪悪性の中で自分を構築するということ、したがって、自分自身の修復能力について自問するということである。暴力、罪悪、修復というこの三つの契機は、切り離すことができない状態で、個人的敵意の政治的管理によって中断された主観的回路を回復させるのだが、その個人的敵意はひとたび国家の手に預けたなら、個人自身ではもはや認識することができないものなのだ。

最後の頃のシュミットの論証は次のようなものである。もしも本当に極端な敵意が政治の本質を成すというのであれば、個人的に、主観的に、その公的かつ集団的な必要性の責任を受け入れなければならない。実際に、救済は暴力の抽象的な否定の中にあるのではなく、それに反応する、すなわち個人的にそれを抑えて、主観的にその罪が自分にあることを認める可能性の中にある(25)。しかしながら、個人たちが絶えず自分の救済をもっぱらこの国家というものにだけ依存させ続ける限り、主観的な責任の回路が再構築されることはありえない。その国家を、彼らは現実——たとえ破壊的なものであるとしても——と、虚構——たとえ救済的なものであるとしても——との間の隔たりを忘れて、彼ら自身が自らを救うために築き上げたのである。

幻想と現実——国家の全能性と破壊能力

黒色火薬の発見は戦争の技術と社会的、政治的関係全体を変えた、としてその功績を認めていたヘーゲルは、『歴史哲学講義』の中で、次のような指摘をすることで、結論を出している。「[……]黒色火薬[……]この手段だけで、より大きな勇気、個人的な情熱を含まない勇気が生じてくる可能性があった。なぜならば、火器を使うことによって、人々は特別に選んだ人物に向かってではなく、対象一般に向かって、抽象的な敵に向かって、撃つことができるからである」(26)。

『精神哲学』の中では、彼は、自分を生かしているものの存続を保証するために死を与える、この個人責任解除のプロセスをさらに一層明確に展開している。「それ[『全体』]に対してそのこと[絶対的否定性であるということ]が認められるのは、まさしく戦争においてである。これは普遍的なものに対する犯罪であって、その目的は、全体の破壊をめざす敵と対峙して、全体を保存することである。まさにこの外在化は、抽象的な、すなわち個性を剝奪された形を持たなければならない。つまり、その死は、[個人が]単独で敵対者を見据え、直接的な憎悪の中でその敵を殺す格闘による戦いによって受け入れられ、与えられるのではなく、冷酷に、当てもなく与えられ、受け入れられるのである」(27)。あるいは、テクストに添えられている註に書かれているように、「火薬の煙から発した、非個性的なやり方で(28)」その死は与えられ、受け入れられるのである。

一時期を画した黒色火薬の発見の例は、われわれにもう一つ別の発見について検討するように仕向ける。それは間近からわれわれにかかわってくるもの、つまり原子爆弾である。異質な、敵の力のようにわれわれの前に立ちはだかっている原子爆弾は、われわれを嘲弄し、挑発する。われわれはそれをわれわれ自身の投影と認めることができないのだが、その力はそんなわれわれの無能力と直接に比例するのである(29)。

現実は、われわれの存続を保証するために、現実的破壊能力を備えた実体のない全能性、国家に対して、死を与えるというわれわれの力をわれわれが譲り渡したということである。しかし国家は、死を持ち出すことなく、敵を持ち出すことなく、われわれの生命を救うような力は持ってはいない。原子力の時代は、ヘーゲルの時代の黒色火薬のように、救済の戦略を再び変化させたのである。内部的には連結、外部的には分離することで、常により巨大になってゆく空間を形成しながら、改善と〈改悪〉活動が繰り広げられたのであるが、その執念が結局は世界を、左右対称的な機能を備えた二つの部分に分割した。そして内部的に善と思われているものが、外部的には悪と見なされるのである。

最小限の項目に減少させた代数的操作の終わりに、結局友と敵とは互いに対峙し合うのである。もはや抽象的なものではない敵が、ヘーゲルが遠ざけておいた火薬の煙の中から現われてきて、正面から再び舞台の前面を占拠する。そして兄弟の輪郭と重なり合うような起源的輪郭を再び引き受ける。文明や文化の実現を破棄するようなことが、具体的、実験的な脅威という形で、われわれに次のように告げている。〈理論的仮説〉と定義しながら、政治思想家たちが悪魔祓いをしたがってきたその自然状態が、われわれのすぐそばにきているのだ、と。実際に、理論的仮説は時間の外に位置づけられ、したがって空間の中に位置決定されることはありえない。しかしながら、その理論的仮説の中には、われわれが生きること、死ぬことの謎と、救済の希望が隠されている。われわれは破棄のプロセスが実行に移されるよりも早く行動しなければならないのだ。だからといって眩暈にとらわれるがままになってはいけない。救済策がすべてを破壊するプロセスに飲み込まれないようにするために、われわれは迅速に、しかし明敏に行動しなければならない。致命的な記憶喪失によって、われわれはその救済策がすでにわれわれの中にあるということを忘れてしまうのだが、各人は自分自身の母親からその救済策を受け取ったのであって、母親はわれわれが生命を獲得することができるように、われわれが死を獲得することを受け入れたのである。その救済策がわれわれに述べることは、人は死ぬことができる状態になければ生きられないということであり、また死を遠ざけるために人を殺すようにわれわれを駆り立てるものは、致命的な幻想であるということである。

この点に関して、フォルナーリが提起している制度と法律の起源についての母親的な解読は、興味深い。「フロイトはわれわれに次のことを教えてくれた。最初の愛の対象との奥深い対立が基盤となって、ある日、捕食性動物、人間が、自分の獲物を神に変えることを決定するような不思議な変化が生じたのだ、と。〝無感覚性と獰猛さに満ちた野獣〟で成り立っていた原初の群《オルド》においては、律法によるしきたりが称えられた。敵である動物は、聖なる動物、トーテムとなるのだが、このトーテムは生と死を授けるものであって、タブーの遵守や違反を理由に、子供を生まれさせ人間を死なせるようにするものであった。するとその日から、人間たちは殺すことをやめた。［……］私が思うに、他のどんな動物も決して自分の獲物を救いの実体に、**自分自身の**生と死の決定を委ねられるような実体に変えることなどできないだろう。ところがすべての動物の中で最も獰猛で、また最も勇敢なもの、人間は、この目的に到達することができたと思われるのだ。それは、獲物を神に変えるならば、また敵の意のままに自らを委ねるならば、神となったその獲物が、自分を殺した者を殺して復讐するかもしれない、などと恐れることはなかったからなのだ。だから、絶大なる勇気から発した行為によって、獲物（敵）を救うということは、救われるということを意味したのだ」(30)。

律法の母親的、救世主的な性格は、以上のような根源的な変化に由来しており、それは、カインの後で、兄弟殺しの連鎖をくい止め、社会的な絆が確立するのを可能にする。「律法（神と同様に、対立する者たちとの一致から生まれた）は、〝殺す者は、死ぬ〟と述べている。そして死なせることによって、律法は殺さないようにするのである」(31)。原子力の展望も、民間的な制度の礎である律法と同じように決然と、われわれに警告している。今からは現実に、殺す者は、死ぬのだ、と。そしてこの警告は、律法――神の戒律であれ、人間の法律であれ――の形式的な命令から発せられるのではなくて、救わなければならない友と滅ぼさなければならない敵の区別と堅固に結びついた政治的モデルがめざす一種の自己免疫的な逸脱から発せられるのである。これからは、機能性にかかわらず、政治的区別の虚構的性格について熟考すること、そして政治的に他者というものを表わす当事者と接触して、われわれが一緒に救われるようにすることが必要になってくる。というのもそうしないと、採用する手段がいかなるものであれ、われわれは一緒に滅ぶことになるからである。

責任の回路――暴力＝罪悪＝修復

再び個人に戻るということは、責任の主観的回路、つまり暴力＝罪悪＝修復〔贖い〕の再編成を考慮しなければならないということである。いかなる理由でこの回帰は、実行するのが極めて困難に、さらにはユートピア的に見えるのだろうか。たぶんそれは、絶対的な兵器の創造が、〈全能性の夢〉の実現のように体験されたからであって、これは迫害と抑圧の不安によって生み出された想像上の危険を阻むことを目的としたのである。ところが、防衛手段の存在それ自体が、この想像上の脅威に取って代わって、現実的な危険となってしまった。だから、その戦略によって国家が導かれてきたような絶対的な無力を、もはや隠すべきではないのだ。

しかしながら、国家の無力を暴くということは、歴史的な動き全体の中に単発的に現われてくる、迫害者の力学の実際的な危険とは合致しない。つまり、救済者としての国家の幻想から、国家がわれわれを滅ぼさないようにするために、滅ぼさなければならない国家の幻想へと移行する危険のことである。戦略的な視点は、訂正されて、外部から個人の内部のほうへ向けられなければならないのであり、そこでは、動いてはいないにしても、最も根源的な救済のモデルが存続している。それはどのようにして救いを得ればよいのかを示唆している母親的なモデルである。そのモデルは、人間が自分の恐怖を払うために国家に託す全能性の妄想的性格を暴露しながら、救済の問題を国家に委任しようとすることが一つの幻想であるということを示しているのである。

にもかかわらず、その全能性を現実のものであるかのように、また捉えたり、与えたりすることができるかのように、さらにはそれを所有する人々が無敵に、不死になる護符であるかのように——したがってそれを所有するためならば、滅ぼし、滅ぼされる値打ちがあるということになるだろうが——考えるのだが、そういったことはすべて思考の過ちではなくて、心と精神を縛り、全体性という約束によって抗えないほどに心と精神を駆り立て、魅惑する真の魔法である。実際に、全能性とは一つの全体的な対象のことである——それゆえにわれわれはその全能性を想像することが好きなのだ——、したがって、それを所有する者はすべてであり、すべてを持ち、すべてが可能となる。したがって、それを所有しない者は、何ものでもなく、何ものも持たず、何も可能ではない。それはあまりにも魅惑的なので、子供時代の無邪気な、慰めてくれるような投影や、保護され、救われるという絶対的な欲求をそこに再発見することは困難である。もしも個人が、全体性の中に、すべてのものとその逆のものとが見出されるということを認識しながら、その全能性の中に自分のかつての無力さを感じ取るならば、たとえ限定されているとしても、彼はそこに修復のための、具体的な自分の潜在能力を探り当てることもできる。逆の場合には、彼は——また彼とともに他の者たちも——今まで彼をだましてきた全能性の夢にのめり込んでしまうだろう。

人間の妄想で育まれ、幻想の現実的効果によって成長し増殖してきた国家が、個人による潜在能力のその再獲得のプロセスに抵抗するということははっきりしている。実際に、指図をする者は、指図に従う者が自分だけ生き残る保証を得るなどという考えを甘んじて受け入れるわけがない。さらにこう付け加えよう――これはなお一層信じられないことなのだが――指図に従う者さえもが、たった一人だけで生き延びることはできないという不安によって、絶望的に自分自身の妄想にしがみついているのだ、と。[32]

その上、イデオロギー的な機能装置によって支えられた強制的な装置は、魂のないメカニズムであって、生と死についてはもはや何も知らず、それが回転をやめるのは、自己破壊する場合だけであろう。[33] しかしながら、もはや個人の生き残りを保証することができなくなるときから、この装置はすでに死んでいる。救うことができるどころか、その国家は救われることを必要とする。われわれの個人的な暴力がわれわれ自身を滅ぼすことがないようにするために、他ならぬわれわれが国家を創り出したのだということ、そして誰かがその〈巨大な力〉を引き受けなければならなかったのだということを、われわれが今心に留め置くならば、われわれはたぶんこう結論づけられるはずなのだ。国家をその真の、根源的な存在理由に再統合しながら、何としてもそれを救わなければならない、と。

政治の根本的問題は未分化状態にかかわっている。近代国家が生まれるもとになった契約による秩序は、友は同時に敵ではありえないとする、矛盾のない合理的な原則に基づいて差異を再編成する。しかし、私的な感情による政治的公式化、すなわち好意と敵意は、結局は兄弟と敵との間の区別を不可能にしている未分化状態を、**解いて**はいない。

概念的な操作では未分化状態の結び目はほどけない、その結び目は、ゴルディオスの結び目が断ち切られたときほどの決断力によって切断されることは不可能なのである。所属関係と部外者という関係の明快な定義に到達し、破壊的未分化状態を乗り越えるために、個人は、兄弟間の戦いを不可避のものとする自分の攻撃性を認め、それを放棄しなければならない。しかも、個人を生かすその実体を破壊しないようにしなければならないのであって、個人は、武装を解除し、まさしくそのことで自分自身の全体性を失いながら、自分が救われたり、消滅したりする全体の一部となるために、自分自身の全体性をその実体に委ねるべきなのである。

たとえその実体が操作的次元で大いなる個人的、集団的発展を遂げる——汎婚的、汎破壊的な原初の関係の無秩序における、合理的な秩序の原理の主張——としても、その実体が放棄のパラダイムに結びつけられている限り、個人の救済論的な戦略は、感情的次元では、回復できない喪失《ペルト》、紛れもない喪《ドゥイユ》の悲しみを示すのであって、政治形態がその内部で影響力を持とうと欲するならば、そうした喪失や喪の悲しみを引き受けなければならない。喪失を我慢すること、喪失を悲しむこと、そして断念すること、だからといってその傷を否定しないこと、これが政治的次元の一つの重要な概念と関係のある態度である。つまり寛容という態度である。

寛容という概念に内在する、最初の生物学的な隠喩は、この場合にもやはり強い象徴的な意味作用を備えている。実際に、ある種の状況において、生命組織は、それ自身の内部に他者を受け入れ、統合するという能力を増大させるために、つまり**セルフ**〔自分自身〕の中に**ノット・セルフ**〔自分自身ではないもの〕を迎えるために、自分自身の防衛を弱めるという条件でしか救われない。これと同じプロセスが政治的次元でも確かめられるのである。（ラテン語**トルロー**〔上げる、引き受ける〕の継続的な形、**トレロー**〔耐える〕の）語源的な派生において、**トレランス**〔寛容〕という言葉は、取り上げて、保存しなければならないものに対する、能動的な忍耐という観念を含んでいる。ヘーゲルの**アウフヘーブング**〔止揚〕という仲介的な力を想起させるような複雑な操作である。しかし人は何を耐えなければならないのだろうか。誰が、そして何を耐えるのだろうか。善と悪の中で、生の欲求と死の欲求の中で、自分を認識しながら、まず自分自身が耐えることから始めなければならない。「死とは［……］最も恐るべきものである」と、ヘーゲルは『精神現象学』の「序文」で書いている。「そして死んだものをしっかりと掌握するということは、最も大きな力を要することである」[34]。「死を担い、死そのものの中で自らを支える生」[35]は生などというものではない。死の中に自分を維持し、自分という存在の内部に死を維持するということは、死を否定しながら死を遠ざけようとしないことを意味するのである。

政治は自らの二元性——ケンタウルス神話の中にパラダイム的に現われている——を認識しなければならない。あるいは生と死とをまったく同時に与える自らの力を認識しなければならない。ところで、その認識が可能となるためには、その二元性の記憶が保存されていたり、回復されたりしなければならない。生物学的次元でも、同じように寛容が問題にされるのだが、それは特殊な条件の下で——例えば、胎児や新生児の生命の進行において——すでに抗原と接触しているある組織の中に抗原を入り込ませても、免疫学的反応が起きないような場合である。したがって**寛容**という言葉は、生命のまったく初期の段階で個人によって所有されている何かあるものを認識する能力を示している。認識の最初のプロセス以前の記憶のようなものである[36]。生物学的隠喩は人間に対して、死と生とを認識できるようにするためには、それらを受け入れて〔それらに耐えて〕、自分自身の起源を自分の中に維持しなければならない、と告げているのである。寛容は記憶を必要とする。そして記憶は寛容を必要とする。それは、今のわれわれ以上のものになろうとする能力と同じである。より以上のもの（**マギス** *magis*）になるということ、より大きなものになるということの意味は、より小さな自分の存在を含み持つこと、その存在を否認せずに——すなわち抽象的にそれを否定せずに——、保存的、修復的な意味でそれを乗り越えることなのだ。他者たち、ということはつまり兄弟のように（**タム・クアム** *tam quam*）なることはできないのだ。人は自分自身より以上のもの（**マギス・クアム** *magis quam*）に、すなわち自分自身より大きなものになることはできないのだから、また他者たちの破壊を通してではなく、他者たちの救済を通して自分自身の救済に至ったのだから。

そんな風に理解される寛容は、一方では所属もう一方ではよそ者という慣例的な区別のプロセスの彼方を見つめることで、個人にその起源を取り戻すように駆り立てる。分野横断的な視点に立ってそうするのであるが、その視点は今日の政治論争における中心的課題の一つに触れている。つまり異質な者、とりわけ**ディアボロン**、絶対的な差異を表わす者に対する防衛である。[37]

現代という時代は、悪夢のような脅威として理解されていた三十年にわたる他者に対する防衛の恐るべき象徴、ベルリンの壁を崩壊させた。壁の崩壊の後、人々は、イデオロギーの危機を点検するために、横断性という言葉を使い始めた。実際に、一九八九年十一月にぐらついたのは、イデオロギーというよりもむしろその全体主義的概念のほうであって、その概念は想像力というセメントで組み立てられているがゆえに、取り壊すのがはるかに困難な壁の中に個人や集団を閉じ込めているのである。確かに、イデオロギー的な全体主義は、自分以外の世界を認めず、文字通りの**画一化**――ここでは**ユニフォルム**〔軍隊、軍服、制服〕から生じるものという軍事的な意味で捉えるべき言葉――のプロセスを実現するのであって、その唯一の目的は、絶えざる懸念の源、他者の存在を捕らえ、服従させ、抹消することである。したがってこれは紛れもない**軍事化**のプロセスである。すなわちパラノイア的〔妄想的〕な形成であって、これはある集団の個人が、別の集団のイデオロギーの部分を受け入れないようにして、その社会集団を危険にさらすような離脱、背信と判断されないようにするのである。[38]

分野横断的な方向を強化するどころか、相変わらず友＝敵による〈軍事的な〉区別の基準を再編成する方向へより一層向かっているように思える最近の事件に反して、われわれが力説するに値すると考えているのは、汎婚的、汎破壊的な危険を分野横断的に乗り越えることの中には救済論的な側面が含まれているということである。

前のほうで言及した横断性の危機は、実際には、他者の現実に向かって開示することによる発展的危機という肯定的側面を指し示す。この危機を通して、融通のきかないやり方で一方向だけを見るのではなく、また個人が自分という存在の獲得した部分として感じ取れるものを失う危険も冒さずに、自分自身の同一性を構築するという要求が表現されるのである。この危機は、その獲得した部分に対しては距離を置かせる。しかも離脱の方向にではなく、形成の方向に向かい、排他的ではなく、包み込むようなタイプの、より複雑な同一性を再編成できるようにするのである。

しかしながら、このタイプの横断性は、ある種の普遍性に準拠しないとしたら、無差別の、日和見主義的な進化論と混同される――自己欺瞞や意図的なごまかしによって――危険を呈する。その普遍性が、経験論の攻撃からこの横断性を保護しつつ、定義された通りの横断性を熱望するすべての経験の確かな条件としてこれを認知するからである。ここに浮かび上がってくるのは、カントの**ア・プリオリ**に近い概念であり、これは、確かな現実のこちら側にとどまりながら、単なる理想を越えたところに身を置くということであろう。理想が問題になるとしたら、これは自己実現することができないだろう。その一方で、理想が実際に存在するとしたら、理想には理想性という必要不可欠な性格はもはやないであろう。

ところで、横断性という言葉でわれわれが意味するのは、むしろ社会的、政治的な行為を生み出す次元のことである。現実の視点からでは見ることのできないその次元は、理性の次元では現実のものであって、そこから生じる実際的な効果、物質的な力によって生み出されるのと同じくらい強烈な効果によって把握することができる。その実際的な効果は理想と現実とを〈一緒にする〉。それゆえ横断性は象徴の力を持っているのである。イデオロギーの軍事的構造という危機は、イデオロギーの象徴的再編成によって解決することができる。そしてまさにその再編成から出発して、国家という観念に形を与えていかなければならないのである。

象徴的な原理のみが、社会的に特殊なその普遍性となることができるのであって、それはあるイデオロギーと別のイデオロギー、ある国と別の国、ある宗教と別の宗教、したがってある個人と別の個人との間に立ちはだかる慣例的な境目を横断的に断ち切ることができる(39)。この原理は実際に、分離以前の統一的形態を明るみに引き戻す唯一の原理なのである。

境目の交差線上で、**ベッルム・オムニウム・コントラー・オムネース**〔万人の万人に対する戦い〕を巻き起こし、政治にその意味を与える兄弟間の暴力の、断固たる核はその後どうなったのだろうか。存続しているのはどちらだろうか、戦いだろうか、それとも兄弟だろうか。

戦いが消え去るかもしれないと想像することはばか正直なことであるが、兄弟が存在しなくなるはずだと考えることもやはり悪魔的なことである。しかしさらに一層不条理なこと——ばか正直であると同時に悪魔的でもあるがゆえに——は、個人がより善なるものになりうると想像することであろう。なにしろ、人は殺すときでさえ、(例えば自分の祖国を守るという理由で)自分が善であると感じることができるのだ。だから必要なことは、より善なるものになることではなくて、場合によっては、自分を悪と認め、修復〔贖い〕という観点から救済を考えることなのだ。自分の破壊能力の消滅に期待することができないとしたら、人間は、是が非でも、自分の修復能力を信じなければならないだろう——たとえそれが人間に育むことの許される最後の幻想なのだとしても。

原註

（1） «Sei ancora quello della pietra e della fionda,/ uomo del mio tempo. Eri nella carlinga,/ con le ali maligne le meridiane di morte,/ - t'ho visto - dentro il carro di fuoco, alle forche,/ alle ruote di tortura. T'ho visto: eri tu,/ con la scienza esatta persuasa allo sterminio,/ senza amore, senza Cristo. Hai ucciso ancora,/ come sempre, come uccisero i padri, come uccisero/ gli animali che ti videro per la prima volta./ E questo sangue odora come nel giorno/ quando il fratello disse all'altro fratello:/ «Andiamo nei campi». E quell'eco fredda, tenace,/ è giunta fino a te, dentro la tua giornata./ Dimenticate, o figli, le nuvole di sangue/ salite dalla terra, dimenticate i padri:/ Le loro cuore.» (S. Quasimodo, «Homme de mon temps», *Poèmes,* Michel Costagutto 仏訳、Éditions Unes, 2000).

（2） クラウディオ・リゼは、個人に向かう国家のリビドーの衰退がいかにして、最初の愛の対象の特徴を民族《エトニー》に受け入れさせるのかを際立たせている。民族《エトニー》とは、生物学的な意味での人種《ラース》として理解されるのではなく、起源的な文化、言語、国籍、宗教として、要するに、さまざまな要素を象徴的に融合するために、育まれるべき同一化誘発性のるつぼとして理解される（C. Risé, *Psicanalisi della guerra. Individui culture e nazioni in cerca di identità,* Côme, Red Edizioni, 1997, p. 104–114 参照）。

（3） C. Schmitt, *La Notion de politique*（1927）, Paris, Flammarion, 1992, p. 70–71 参照。
〔カール・シュミット、田中浩・原田武雄訳、『政治的なものの概念』、未來社、一九七〇年〕

（4） 〈群衆〉の人類学的＝政治的概念のもっと詳しい見解に関しては、E・カネッティによって分析された多様な意味を参照せよ。*Masse et puissance*, Paris, Gallimard, 1966, 特に p. 11–94.
〔エリアス・カネッティ、岩田行一訳、『群衆と権力』（上・下）、法政大学出版局、一九七一年〕。

（5） Th. Hobbes, *Le Citoyen*, Paris, Flammarion, 1982, p. 231–232.

（6） F. Fornari, *Simbolo e codice*, Milan, Feltrinelli, 1976, p. 207–210 を参照。

（7） C. Schmitt, *La Notion de politique, op. cit*., p. 64.

（8） *Ibid*., p. 64–65.

（9） *Ibid*., p. 68, p. 84 も参照。

(10) *Ibid*., p. p. 84.

(11) *Ibid*., p. 88.

(12) *Ibid*., p. 90.

(13) *Ibid*., p. 72.

(14) *Ibid*., p. 85.

(15) *Ibid*., p. 86.

(16) いわゆる〈情動の規範化〉によって提起された諸問題の複雑さに関しては、F. Fornari, *Simbolo e codice*, *op. cit*., p. 136 を参照。

(17) F. Fornari, *Psicoanalisi della guerra atomica*, Milan, Comunità, 1964, p. 20–21 を参照。

(18) 友＝敵という関係の特別な事例においては、敵の最初の出現の図式を参照することができるが、それはメラニー・クラインよって練り上げられた子供の想像力に関する心理学的モデルの中に現われている。この現象は、子供が八か月の頃に、異質な顔を前にすると、しばしば〈異質なものによる迫害的苦痛〉として知られる独特の防衛的態度で反応するという事実を明らかにしている。この感情的反応の激しさは、分析では、単純で総括的なよそ者という性格によって十分に証明されているとは思えない。子供は異質な存在によって引き受けられた意味作用に対して自分の防衛を始動させる、と想像しなければならない。その異質なものとは原則的に自分の〝母親〟では〝ない〟者のことである。その異質なものによる迫害的苦痛は、次のことをあらかじめ想定した場合にだけ理解することができる。他者は分裂病的、善悪二元論的な図式の中に組み込まれているということ、またその他者は、母親ではない限り、母親ではないすべてのものであるような人として見られるということ。つまり、それは母親の**他者**、母親という存在の紛れもない実存的否定である。母親が愛というものであれば、他者は憎しみというものである。母親が保護というものであれば、他者は危険というものである。ゆえに、母親が好意というものであれば、他者は敵意というものである。したがって、異質なものは、たとえ彼が具体的な攻撃的な意志を示さなかったとしても、一人の敵となる。すなわち、そうであるものに基づいてではなく、そうではないものに基づいて、現存に基づいてではなく、不在に基づいて、敵となるのである。異質なものそれ自体が子供の前に現われるのではなく、彼は不在の母親を表象している。さらに言うならば、彼は子供に対して母親のいない世界、彼を生かしているものが剝奪された生活、したがっていつも死という記号の下に位置づけられている生活を告げているのである。よそ者という体験は、錯綜したやり方でわれわれを生かしている愛の対象の喪失という意味作用の周りに連結されながら、異質な者を敵に変える象徴的機能が根づいた土壌に穴を穿つのである（M. Klein, *La Psychanalyse des enfants*, Paris, PUF, 2001 を参照）。〔メラニー・クライン、衣笠隆幸訳、『メラニー・クライン著作集2　児童の精神分析』、誠信書房、一九九七年〕

（19）F. Fornari, *Psicoanalisi della guerra atomica*, *op. cit.*, p. 130 以降を参照。フォルナーリは次のように書いている。「母親の地位を奪いながら、国家は個人たちに対して、断固とした実在論的機能に加え、所属集団との同一化を通して、不死性につながる権力という完全に非現実的な幻想を創り出すのである」（*ibid.*, p. 130）。

（20）ソクラテスは、自分を養い、育て、生かしてくれた法律を侵害するような行動を取るよりは、むしろ死ぬことを選んでいるのだが、このソクラテスの例は、自分自身の攻撃性を行使することの**抑圧的な**放棄をパラダイム的に示している。『ゴルギアス』（四六九c）の中で、プラトンははっきりと次のように書いている。「もしも不正を犯すか、不正を被るか、どちらかが必要であるとするならば、私〔ソクラテス〕は不正を犯すことよりも、むしろ不正を被るほうを選ぶだろう」。フォルナーリは、ソクラテスの**抑圧的な**行動と、日本のカミカゼ兵士のパラノイア的〔妄想的〕とも言うべき行動との間に、根本的な差異を設定している。「ソクラテスは自己犠牲を通して愛の対象（法律、真実）の存在を主張し、自分自身がその愛の対象を裏切る（破壊する）ことがないようにしている。それとは逆に日本の兵士は、天皇を滅するという自分自身の欲望を他者たちの中で否定するために、カミカゼを利用するのである。これら二つの犠牲の効果に関しては、次のことを認めなければならない。ソクラテスは完全に自分の目的に達している、なんとなれば彼は、愛の対象を破壊する根源的な、内的な根を変えているからである。一方、日本の兵士の犠牲は、それ自体としては、目的に達する力がない。実際に、犠牲の効果は、愛の能力によって調整されるものではなくて、破壊の能力によって調整される。またその犠牲の効果は、敵の破壊能力が自分の破壊能力よりも劣っているという事実に従属している。別の言葉で言うならば、戦争は愛の対象の保護を敵のなすがままにさせるのである」（*Psicoanalisi della guerra atomica*, *op. cit.*, p. 40–41.

〔プラトン、藤沢令夫訳、「ゴルギアス」、『世界の名著6　プラトンI』、中央公論社、一九六六年〕）

(21) 神を殺して神を崇める幻想は、政治が倫理的＝宗教的領域から自由になることを可能にしているが、その幻想との類似を強調してもほとんど無駄である。

(22) C. Schmitt, *Ex Captivitate Salus. Expériences des années 1945–1947*, A. Doremus 仏訳, Paris, Vrin, 2003, p. 168.

(23) *Ibid*., p. 168.

(24) *Ibid*.

(25) 主観的な責任の回路を再構築することの意味を、時宜に遅れず理解することができなかったということは、シュミットが自分自身を〈キリスト教的エピメーテウス〉であると定義するときに認めている特異な過ちである（エピメーテウスは〈後で学ぶ者〉。*ibid*., p. 127, 150 を参照）。シュミットの思考におけるこの自己批判の価値については、M. S. Barberi, *Il senso del politico. Saggio su Carl Schmitt*, Milan, Giuffré, 1990, 特に p. 57–67 を参照。

(26) G. W. F. Hegel, *Leçons sur la philosophie de l'histoire*, J. Gibelin 仏訳, Paris, Vrin, 1998, p. 309.〔ヘーゲル、長谷川宏訳、『歴史哲学講義』（上・下）、岩波文庫、一九九四年〕

(27) G. W. F. Hegel, *La Philosophie de l'esprit*（1805）, Guy Planty-Bonjour 仏訳, Paris, PUF, 1982, p. 107–108.〔ヘーゲル、船山信一訳、『精神哲学』、岩波書店、二〇〇二年〕

(28) *Ibid*., p. 108.

(29) この問題に関しては、René Girard, *Des choses cachées depuis la fondation du monde*, Paris, Grasset & Fasquelle, 1978, p. 278–280 のたいへん興味深い指摘を参照。〔ルネ・ジラール、小池健男訳、『世の初めから隠されていること』、法政大学出版局、一九八四年〕

(30) F. Fornari, *Psicoanalisi della guerra atomica*, *op. cit*., p. 19.

(31) *Ibid*., p. 20.

(32) *Ibid*., p. 144 を参照。

(33) *Ibid*., p. 144–145 を参照。

(34) G. W. F. Hegel, *Phénoménologie de l'esprit*, J. Hyppolite 仏訳, Paris, Aubier, 1997, t. I, p. 29.

〔ヘーゲル、樫山欽四郎訳、『精神現象学』（上・下）、平凡社、一九九七年〕

（35）*Ibid.*

（36）この場合にフランコ・フォルナーリの考察は興味深い。実際に、彼は無意識を〈自己＝他者〉とするような理論と関連づけて、〈自己〉の認識のプロセスを記述している。そして、防衛システムが、心理学的、政治的次元とまったく同様に生物学的次元においても、自己に属する他者とは別の他者＝他者とを認識する能力を失わないことの必要性を強調している。それゆえに、他者を破壊すれば、自己破壊することになる。彼は次のように書いている。「したがってある固有の要素を自己として確認することは、最初に破壊されるべく運命づけられている、クローンの自己破壊によって行なわれる［……］。他者＝自己のように体験される自己のほうに向けられた防衛システムの破壊は、敵としての他者＝他者のほうに向けられた防衛システムの機能的有効性を裏付けている。他者＝他者の中に敵を認識する防衛システムが無能力になると（例えば、ガン細胞の中で変質した細胞）、生命システムが窮地に陥り、全体的行為としての死に至る、そして自己は全面的に他者の所有物となって、指示対象を完全に失う。自己の形成を、自己の認識に付随する防衛システムの自己破壊の問題として、また他者の認識に付随する異物破壊システムの始動として、このように生物学的に根拠づけることによって、自己と社会制度の形成にかかわる問題の重大さを、内的な＝異質な領土としての、すなわち自己＝他者の領土としての無意識の形成に基づいた、パラノイア的〔妄想的〕、抑圧的苦悩に対する防衛システムのように理解することができる。無意識との関連では、防衛システムは（自己＝他者の自分自身の部分を救うために）完全に自己破壊的になるわけではないし、また（自己＝他者の他者の部分を破壊するために）完全に異物破壊的になるわけでもないであろう。彼は生物学的システムに対する精神的、社会的システムの特異性、特殊性について語っている」（F. Fornari, *Simbolo e codice*, *op. cit.*, p. 207–208）。生物学的な隠喩がここで政治に対して示しているのは、他者の中に自己を認識し、自己を救うためにその他者を救うことのできるモデルであって、そのモデルは分裂病的自動性を制御し、自己の中の他者による、寛容の修復的メカニズムを再始動させるのである。

（37）**ディアボロン**のような異質な者のテーマについては、R. Escobar, *Metamorfosi della paura*, Bologne, Il Mulino, 1997, 特に p. 153–168 を参照。

(38) F. Fornari, *Simbolo e codice*, *op. cit.*, p. 93 を参照。

(39) ここには、〈新たな境目〉という表現で位置づけられた意味作用を見ることができる。それはフォルナーリ（彼はイニャツィオ・シローネの作品から着想を得ている）が、次のような事実を描写するために用いている表現である。「人間主義的なタイプと権威主義的なタイプというのは、各集団、各分野、各国、各階級、そして各**軍参謀本部**、またいかなるイデオロギー的、宗教的集団の内部にも存在する。またこのような性格のタイプを生み出す二つの苦悩は、どんな人間の中にも存在する。決定的な次元で、また国際政治的な重要問題に関しても、どちらかのタイプの苦悩の支配が、どちらかのタイプの防衛的性格構造の支配が持ちうる重要性について、誰でも理解することができる。今後、その新たな境目はもはや、あるイデオロギーと別のイデオロギー、ある階級と別の階級、ある国と別の国、ある党派と別の党派、ある教会と別の教会、ある軍隊と別の軍隊等々の境界を通ることはないと思われる。その新たな境目は、イデオロギー的な再編成、さまざまな階級、さまざまな国、さまざまな党派、さまざまな参謀本部の内部を、そして各人間の内部を通過するのである」（F. Fornari, *Psicoanalisi della guerra atomica, op. cit.*, p. 189-190）。

兄弟間の争いの起源に関する精神分析的考察

フランチェスコ・シラクザーノ

〈兄弟間の争い〉についての研究は、私にとって、できる限り完璧な人類学的、歴史的、科学的視点がなければ、成立不可能である。またその視点を委ねられるのはただ構造的なモデルだけであろう。そのようなモデルは、人間における思考と文明の発展、さらにはこの上なく見事で、創造的であると同時に、この上なく残虐にして、破壊的な人間の行動を引き起こしてきた、複雑な、双方向的なシステムの探知を容易にするかもしれない。

そこで、文学からのいくつかの抜粋、ある種の精神病理学と結びついた臨床例、とりわけカインに関する聖書のテクストを引用し、解釈することが役立つように思われる。そうして少しずつ解釈のための仮説をいくつか練り上げていくことにしよう。

一見したところ、提示した研究方法が関連性を欠いているようであっても、読者は、それらの研究方法を結びつけているアリアドネの糸〔困難の解決に導く糸〕をうまく捉えられるだろう、と私には思える。この糸は、各人の幼年時代から、人類の揺籃期から発している糸であって、文学的隠喩、病理学、臨床の物語においても、認識、愛、憎悪、善と悪の発生と発展においても、切り離されることはまったくない。聖書におけるカインとその子孫の挿話の中で、古くもあるし現代的でもあるこのプロセスが初めて理解されることになる。

アダムとイヴの不服従の中に位置づけられる人間的認識の出発点は、カインにおける善と悪の二元性において、またありうべきそのすべての結果によって明らかになると思われる。これらすべては、弟の存在によってカインが自分の行動能力のメカニズムを発見する、という事実から生じるようである。

エディプス的三角構造を断ち切り、各要素を突き動かして、リビドーと情動領域の新たな骨組みや、自我がもっと複雑な感情の爆発に適応できるようにする新たな構造体の探求へと駆り立てるものは、人間としての対象、弟、年下の者としてのアベルである。カインの反応は、嫉妬、羨望、本能の世界をかき立てるような一つの事件に続いて出現し、発展し、神的な超自我の介入にもかかわらず、彼を対抗者の殺害にまで追いつめる。最初に彼が体験するものは、行動する自由と、その自由が何よりも先に、彼の内的な二元性、すなわち自我の精神的プロセスにおける〈反定立性〉、自分自身から発する欲動的、情動的な両価性《アンビヴァランス》を解消するべき方法であった。

最初の頃の人間は違ったやり方で考えていたと推測することができる。われわれはおそらく一つの進化現象にかかわっているのであり、そこでは、まだあまり洗練されていない脳構造を経由していた思考の古風な様式が、思考の芽生えのように形成される精神状態へと変化しているのだ。そしてその精神状態の中で、自我の合理性は、生存空間を発展させるために、まさしく憎悪と愛、復讐と寛大さが現われてくるような、欲望や感情を危険にさらす本能の領域から切り離されのである。

だからカインはわれわれ一人一人を表わしており、彼はわれわれ一人一人のことなのだ。すべての人間と同様に、彼は認識、自由、対立、両価性を体験する。周知のように、文化、進歩、文明だけではなく、犯罪、戦争、ジェノサイドもまた、カインの子孫、レメクの恐ろしい復讐に至るまでのこの古い聖書の背景から出てきたのである。

この論考では、ページを開くにつれて、いくつかの繰り返しを指摘することができるだろう。実際に子供、普通の大人、病人、犯罪者は、集団的力学を所有している。というのも、それらの力学はすべて人間的なシステムに、すなわち人間の存在方法に属しているからである。

聖アウグスティヌスを引用して、ラカンは次のように書いている。「ごく小さな子供が嫉妬の餌食となることを、私は自分の目で見て、知った。彼はまだ話すことができないのに、もうすでに真っ青になって、毒を含んだまなざしで、自分の乳兄弟を凝視していた」[1]。次に見るのは彼の解釈である。「したがって彼［アウグスティヌス］は永遠に、**イーンファーンス**［言葉以前の］段階と、劇的な没頭状況、つまりその子供が**凝視していた**を結びつける。また原初的な欲求不満のイメージの再活性化、**毒を含んだまなざしで**というのは、根源的な攻撃性の精神的、身体的座標である」。

この場面から、われわれは、ただ存在するだけで、個人の存在にとっては危機となる相手への防衛として、攻撃的欲動を始動させるのは、父親の体験というよりもむしろ兄弟の体験のほうなのだ、と考えるに至る。青白さ、毒を含んだまなざしは、本能的な動作によって反応することの表現であって、この本能的な動作はその後で、もっと構造化された感情、羨望と憎悪の感情を通して、兄弟殺しの争いのすべての側面を生み出すのであり、その目的は一つの対象、つまり生命に不可欠な対象としての母親の乳房を所有するということである。

だから、必然的に、いわゆる社会化の、よい感情と悪い感情、ありうべきすべての感情を鍛えるのは、弟のほうである。しかし凝視はまた、自分自身の発見をも可能にする。つまり、その子供が自分の兄弟の中に凝視するのは、他ならぬ彼自身、人を不安にさせる存在、攻撃性や、憎悪や、殺したいという欲望が現われることの反映かつ不安である。「とにかく、この私は、彼を殺すことを欲している。彼が私を殺すことを欲しているのだから」。

今度はボルヘスの、『待つ』(2)(一九五二年)という題名の物語を要約してみよう。

朝の九時頃に、一人の男が車から降りて、ノール＝ウエスト通り四〇〇四番地に位置する家に部屋を借りようとする(まるで夢の始まりででもあるかのようだ)。彼は、自分の名前はヴィラリ、ムッシュー・ヴィラリだと名乗るが、この名前はまた自分の敵の名前でもある。彼らの激しい敵意の原因は、われわれには明かされないし、同様に、どちらが正しくて、どちらが間違っているのかも分からない。この人物は不確定な時間の中で日常的な体験をしてゆくことになる。ヴィラリが待っている様子をボルヘスはこんな風に書いている。「前にも何度か引き籠もっていたときには、彼は日数や時間を数えるという誘惑に屈してしまった。しかし今度の引き籠もりは違っていた。なぜならこれには終わりがないからだ——新聞がある朝アレッサンドロ・ヴィラリの死を通知しない限りは。ヴィラリがすでに死んでしまっていたということもありえたが、その時にはこの人生は一つの夢だった。その可能性が彼を不安にした。というのも彼にはそれが安堵に似ているのか、不幸に似ているのか理解することができなかったからだ。彼はそんなことは馬鹿げていると考え、その可能性を退けた」。

この〈ムッシュー・ヴィラリ〉はしばしば、本物のヴィラリに攻撃される夢を見るのだった。そして彼に向かって拳銃を発射した瞬間に、その武器の轟音が彼を目覚めさせるのだった。「それは夢でしかなかった」。ところがある「陰鬱な朝」に、ヴィラリがやって来て、その部屋の中に入り、ムッシュー・ヴィラリを殺害する。拳銃の発砲が魔法を消し去るのである。

したがって一人の男が自分自身に責め苛まれているのであり、彼は現実においても、夢の中でも、自分自身の虜になっている。迫害するような不安は、われわれ自身の内部にある何かから発して、自分に向かってくる漠とした、恐ろしい脅迫感のように始まる、とマニー＝カール（一九六一年）は言っている。その〈何か〉は、はっきりとした輪郭を持つ外的な姿に投影されることによって、生命を得る。するとその姿に対してなら、外見的には、身を守ることがより簡単なものになるだろう。

その敵を、われわれすべてが自分の内部に持っている。われわれがその敵に出会うということも起こりうるし、その敵を一人の兄弟の中に見るということさえ起こりうる。あるいはまた、まるでわれわれが彼の存亡にかかわる敵であるかのように、今度は彼のほうがわれわれを捜し回る。その出会いは常に不安の源である。というのも、その出会いは、われわれが何ものであるか、われわれが何になりたがっているのかをわれわれに告げようとするのであり、われわれが望んでいるもの、つまり権力への意志、心の高揚、われわれの絶望を明らかにしようとするからである。ボルヘスによって描かれているヴィラリの人生は、われわれ一人一人の人生であって、われわれの獣のような部分、精神病的な部分、想像上の双子のかたわれ、内的な妨害者と見なされるその影によって、われわれもまたつきまとわれ、責め苛まれているのである。それは極限的な悲しみ、自殺、妄想、犯罪の残虐行為、麻薬による自己破壊において現われてくるかもしれない、奇妙な、狼狽させるような当事者である。

精神分裂病についての最も炯眼な専門家の一人、ラカミエ(3)（一九八〇年）は、次のように指摘している。

「強迫観念はすべて、出口がなくて、しかも他者および自我の他者性に味方しかつ抵抗する戦いを余儀なくされる。精神病患者の立場とはこのような戦いの姿なのである」。

以下に掲げるのはフロイト（一八九九年）によって報告された症例である。(4)「たいへん教養があって、かなり心の優しい一人の男が、両親の死後に、自分に殺人者の傾向があることを認め始めた。そして彼はその傾向に対して取るべき安全策について悩んでいた。それは自分の良心を完全に維持した状態で取りつかれた深刻な強迫観念の事例であった。まず最初に、街の中を通るということが彼にとっては苦痛となったのだが、それは毎回、彼と出会う人々がどこに消えてゆくのかを知ろうとして彼が抱いた強迫観念のせいだった。もしも誰かが彼の執拗な視線から消えたりすると、彼の頭の中には、自分自身がその人を殺したのかもしれないという可能性と苦痛感とが残されるのだった。もう一方で、この徴候の背後には、カインのような幻想が存在していた。〝すべての人間は兄弟である〟からだ。この状況を解決することができないので、彼は自分の家から外に出ることをあきらめ、四つ壁に囲まれた四人として自分の人生を過ごすようになった。

しかし、部屋の中に閉じ籠もってはいても、絶えず新聞を通して殺人のニュースが彼のところに届いてきた。そして彼の良心は、自分こそがたぶんその殺人者なのだ、と彼に示唆するのだった。何週間も自分の住居を離れなかったという確信が、しばらくの間はそのような非難から彼を守った。ところがある日、自分ではそれと意識せずに、住居を離れたのかもしれない、そうすると、そのことについては何も知らずに、その犯罪に手を染めてしまったのかもしれない、と考えた。その時を境に、彼は鍵でドアを閉めてしまった、そしてその鍵を年老いた家政婦に渡し、たとえ自分が彼女に要求しても、その鍵を自分に返したりはするな、と強く言い渡した」。

他の多くの人間たちと似通った、この男の病理学は、ある一定の状況において、どうして多くの子供たちが、全能の魔法によって母親の腹の中に入り込み、そこにいるかもしれないすべての兄弟たちを殺すことを想像し始めるのか、をわれわれに示している。自分の家の内部に引き籠もるということは、殺人行為に対する不安から逃れるための最後の企てとして現われるのであって、強迫観念や妄想から逃れるためではない。そしてこの引き籠もりは、激しい憎悪のあかしであり、また彼が鍵を渡す母親（家政婦）の体内で、この男が絶えざる殺人行為に移ろうとすることのあかしでもあって、その目的はそこにずっと閉じ籠もっていられるようにすることとなのである。

長ずるに及んで、現在の自分の欲望を実現しようとすると、個人はかつての敵に迫害されていると感じるのだが、そのたびごとに彼がその妄想を発展させたり、発展するに任せたりするのはどうしてなのかを、われわれは知っているし、想像することもできる。人間が狂気という個人的病理学か、またはジェノサイドという社会病理学的な狂気に入り込むのは、まさしくその瞬間である。不幸なことではあるが、個人的な狂気は、（結果の保証はないけれども）精神分析医の長椅子に、あるいは精神病院に行き着くかもしれない。その一方で、社会病理学的な狂気はしばしば、正当化がねじ曲げられ、邪悪になった政治的状況の中で示され、多くの個人たちが自分たちの要求と兄弟殺しの欲動を満足させることになる。どこでも構わず爆弾を破裂させて、血みどろの、破壊的な、時には自己破壊的でもある大饗宴を引き起こして、テロ行為をしでかすような者についても事情は同じである。何年か前に、ある旅行代理店に爆弾を投げ込んだ後で、一人の青年が、自分はボウリングのピンに向かうボールのようにそれを投げたのだと表明した。もしもそれらのピンが彼の兄弟だったとしたら——実際には兄弟だったということなのだが——その遊びの残忍さは明らかになっていたはずだ。この例が示しているのは、破壊行為には本能的な、遊びの様相が含まれており、その中で不確実な爆発の想像と気まぐれが互いに結びつき、増大されるということである。事実、現代的な情勢は、理解に苦しむ青少年犯罪の信じられないようなエピソードに、われわれを立ち会わせる。

ビオン(5)(一九六七年)の〈想像上の双子〔分身〕〉の中では、一人の患者が恐ろしい悪夢を物語っている。彼は今まさにもう一台の車両を追い越そうとしている車の中にいた。しかし彼は追い越す代わりに、その車両と並んで走り続けていた。すると、相手はすでに速度を落とし始めていたので、彼もまた結局、ゆっくりと止まることになった。車の操作が終わると、二台の車は車道に並んで駐車した。相手の車の運転手、彼と背丈がまったく同じ男は、車両から出てくると、彼の車のドアの前に立ちはだかって、彼が外に出るのを妨げた。もう一つのドアもすぐそばに駐車した別の車で遮断されていた。その行為に当然のように満足して、男はドア越しに彼を脅迫した。そこでこの患者は悪夢から目が覚めたのだが、一日中不安に責め苛まれた。

ビオンはこの夢を次のように解釈した。患者を脅迫していた男は患者の精神分析医であって、この精神分析医はまた、以前の診察会見であらかじめ話題にしていた、患者の想像上の双子のかたわれだったのだ。その双子のかたわれは患者の想像の中でしか生きていなかった。というのも、この患者は彼が生まれてくるのを妨げたからである――実際には、彼には双子のかたわれなどいなかった。双子のかたわれなど欲しくはなかったのだから(まるで本当に双子のかたわれを殺したかのようであったということから分かる)、この患者はその双子のかたわれ＝精神分析医に頼るわけにはいかなかったのだ。ところが苦悩から身を守り、自分の障害と闘う手助けをしてもらうために、彼に頼ってしまったのである。

そして今度は、その双子のかたわれが仕返しをして、彼が生まれないように、あるいは結局同じことになるが、彼が自由な、自立した存在にならないようにするために、できる限りのことをしていたのだ。したがって、彼は精神分析医の車の中で身動きが取れなくなっていたというわけである。この患者は、自分が精神分析医の車から出ることがないようにしてしまっていた——そして精神分析医もまた想像上の、執念深い双子のかたわれとして、同じ策略を採用してしまっていたのだ。その点では、彼は、自分が解放されたいと思っていた悪しき側面を、自分の外部に投影していたということになる。

カインの挿話

「創世記」のテクストはあまりにも有名であり、あまりにも研究されてきたので、あえてその何度めかの解読をするに際して、その解読が精神分析的表象に特有の性格を持っていないとしたら、私の単なる思い上がりとなるであろう。しかしその表象は、単にカインと彼の物語だけにかかわっているのではなく、一人一人の人間とその運命にかかわっているのである。

男［アダム］はその妻、イヴを知った。彼女は身籠もりカインを生んで、言った。「私はヤハウェのおかげで一人の男を得た」。彼女はまた、カインの弟、アベルを生んだ。さてアベルは小さな家畜を飼う者となり、カインは土地を耕した［この根本的な違いに留意しよう］。時が過ぎて、カインがヤハウェへの捧げ物としてその土地からの収穫物を持ってくることになった。一方、アベルは自分の家畜の群の中で最初に生まれた、肉づきのよいものを捧げた。ところでヤハウェはアベルとその捧げ物を受け入れた。しかし彼はカインとその捧げ物を受け入れなかったので、カインはそのことにひどくいらだち、落胆した顔つきになった。ヤハウェはカインに言った。「なぜお前はいらだっているのか、またなぜお前の顔は落胆しているのか。もしもお前の機嫌がよいのであれば、お前は顔を上げるのではないだろうか。しかしお前の機嫌がよくないのであれば、罪が戸口にまでやって来るのではないだろうか、お前を渇望するけれども、お前が支配しなければならない、隠れた獣が」。にもかかわらずカインは弟のアベルに言った。「外へ行こう」、そうして彼らが野原の真ん中にやって来ると、カインは弟のアベルに飛びかかって、彼を殺した。

ヤハウェはカインに言った。「お前の弟のアベルはどこにいるのか」。カインは答えた。「私は知りません。私は弟の番人でしょうか」。ヤハウェは言葉を続けた。「お前は何をしたのか。お前の弟の血が土の中から私に向かって叫んでいるのを聞きなさい。今や、お前は呪われて、この肥沃な土地から追放されなければならない。この土地は口を開けて、お前の手からお前の弟の血を受け入れたのだから。たとえお前が土地を耕しても、この土地はもはやお前に実りをもたらすことはないだろう。お前は地上を歩き回る放浪者となるのだ」。そこでカインはヤハウェに言った。「私の苦しみはあまりにも重くて背負いきれません。ほら。あなたは今日私を肥沃な土地から追い出しました。私はあなたの前から遠く身を隠さなければなりません。そして地上をさまよう放浪者となるのです。しかし、誰もが私を殺そうとするでしょう」。ヤハウェが彼に答えた。「そんなことはない、もしも誰かがカインを殺すならば、その者は七倍復讐されるのだから」。そしてヤハウェはカインに一つのしるしをつけた。誰も彼を決して打ち倒すことがないようにするためである。カインはヤハウェの前から立ち去って、エデンの東、ノド地方に住んだ。(6)

カインと神との間の、またカインとアベルとの間の対立は捧げ物が原因で起こる。われわれはそのことを前のほうで述べた。カインの中には認識の効果が十分に現われている。神への捧げ物の挿話を通して、人間の精神にとっては極めてはっきりとした進化の跡を残す二つの事件が判明する、ということを今度は付け加えることができる。つまり象徴的なものの出現と、差異という観念の表明である。

まず最初に聖書の物語を検討してみよう。アベルは自分の家畜の群れの中で最初に生まれたものを供物として捧げる。長男であるカインは、自分が耕している土地の最初の収穫を供物として捧げる。私の見解としては、これは論理的なものと象徴的なものの発展における重大な方向転換を示している。服従のしるしとしての最も古い伝統的な奉納とは、最初に生まれたもの、彼自身の長男の奉納であって、後に最初に生まれた子羊がそれに取って代わるのである。これが原初的な思考に対応すると見なされる戒律通りの儀式であった（イサクの犠牲を思い起こそう）。明らかに、人間の長男と動物の第一子は、無意識のシンメトリックな論理にとっては、さまざまな下位分類において、とりわけ供物の下位分類においてこれらを同一化する根本的要因、つまり生命＝死および血という共通点を持っている。

カインの捧げ物に相当する大地の初穂は、初穂という言葉の定義づけ以外には、人間や動物の第一子との共通点を持たない。その他に関して言えば、それはまったく別のこと、〈違ったこと〉、〈もう一つ別のことを表わすもの〉、つまり象徴なのである。われわれの目の前にあるのは、自我の支配を刻み込むようなシーンであって、その自我の根本的な特権は、象徴や差異の階層を樹立し、発展させることである。するとそれらが天地創造のなかに隠れている正反対の様相を、正しい認識に至らせるような、思考の精神的システムを創り出すのである(7)（ブーバー、一九六五年）。

「差異とは、自我の中に形づくられる観念であり、自我は差異を捉え、表現し、伝達する」と、ベイトソン[8]（一九七九年）は述べている。意味されるもの《シニフィエ》と意味するもの《シニフィアン》との間の、それ自体の才能と与えられた才能との間の差異、またカインとアベルの場合には、一つの生き方ともう一つの生き方との間の、愛と憎悪との間の差異である。カインはさまざまな差異に基づいて、また差異に対して働きかけるのであり、それらの差異の伝達によって、未来に関する可能な限りの情報の通過が可能となる。アベルが静止した情報（原初的な論理に属する）だけで満足しているのに対して、カインはさまざまな〈差異〉、常により一層複雑になってゆく計画から成り立つ情報を創り出す。そしてそれらの計画はやがて彼の子孫によって実現される。

　程度の差はあれ突然に、現実の直接的与件が意識の直接的与件と一致すると、その時に個人は、無意識と優柔不断の霧の中から抜け出す。つまりその与件は、反論できないような、限定的なやり方で、自我によって獲得され、自我の良き、悪しき財産となる。したがって、例えばカインが自分の弟を殺すとき、弟のその動かない身体はカインに、〈死とは何であるか〉、〈殺すということは何を意味するのか〉を永遠に教えているのである。現実の直接的与件とは死というものであり、その死の後に罪、罰、そして復讐が現われてくる。

　この現象は、青少年たちが突然に盗みや自慰行為などを自覚したときに、しばしば観察されるもので、問題の行為は現実においては、発見されるようなある種の出来事と対応している。というのも、他者によって発見されると感じることは、自分自身によって発見される、自覚するということと同じだからである……。

　周知のように、自我は苦悩の本拠地であって、ここでわれわれの興味を引いている事例においては、その苦悩は象徴体系の苦悩、〈反定立性〉の苦悩と定義することができる。まさしくここに、病理学は根を下ろすのである。実際に、この自我は、多くの非対称や、異質な、時には耐え難い思考を提示する無数の集合体の発展を通して、異なる次元への通過を実行しなければならない。

精神分裂病患者は異質なものの思考を我慢できないかもしれない。そのような通過は、エディプス的な顔を持つ侵害のように、また最も初期の段階の対象、例えば母親との絆に対する攻撃のように感じ取られる。それゆえに、すべての通過は、苦悩によって先行され、同伴され、後続されるのである。

苦悩とは、生と死の、快楽と苦痛の、充足と空虚の、断ち切れない結合と決定的な分離の、肉体的で精神的な激しい創造能力と全体的で逆戻りできない衰弱の、原初的な警告にして、かつ極限的な意識である。苦悩は、人間の誕生以来何世紀にも渡って、人間というものに、そしてたぶん人間という種に付随してきたのだ。

起こりうるすべての危険、あるいは生命存続の侵害に対する警報および防御として、生まれつき備わっている本能的作用、苦悩は、人間の中で進化的、保護的な推進力として発展してきた。そして思いもよらない、したがって恐怖せしめる対象を人間が捉えることができるようにした。数ある苦悩の中には、〈極限の苦悩〉と定義することのできる苦悩も加えられる。現実的なものであれ象徴的なものであれ、極限の苦悩はわれわれの多くの個人的、集団的な活動を規制している——そして各個人は、一つの〈通過〉[9]に直面しなければならなくなると、その苦悩のために苦しむ（ヴァン・ゲネップ、一九〇九年）。肉体的な次元から論理的な次元へと通過しながら、われわれはその極限の苦悩を両価性《アンビヴァランス》の苦悩、〈反定立性〉の苦悩と定義することができる。自分の家から外に出るという単純な事実がすでに一つの境界を通過することであって、その通過は、恐怖症患者においては、ひじょうに強い苦悩に満ちた反応の引き金となる。同様に、遺伝子工学の技術者も、生物学的秩序の極限、つまり一つの細胞膜や一つの遺伝子地図の極限、外縁を越える場合に、同じような苦悩の総和を感じ取るに違いない。

古代の思想家はこの動きを、危険と亡霊が住みつく世界への跳躍、二度と戻ることのない跳躍、未知への歩み、洞窟、森、川、あるいは広がった水の中の闇、嵐の中への歩み、これ以上ないほどに濃い霧の中への歩み、要するに限定された境界線の向こう側への歩みとして感じ取っていたはずである。そのために、歩み、通過の一つ一つが儀式によって調整されなければならないのである。もしも人が動物（獲物、あるいは生贄）を殺し、村を築き、自分の死であれ兄弟の死であれ、死（戦争）を迎えに行かなければならないとしたら、儀式は恵みをもたらし、清め、神聖化し、なかんずく通過を可能にする。そのような事例においては、儀式はほとんど常に、通過や、熱心な好奇心溢れる探求や、起源探しの後戻り行程の全段階を昔も今も繰り返している。それゆえに国家と国家の間で境界が儀式化されるのであって、そこを越えることがきっかけとなって侮辱や戦争が始まる。またそれゆえに可能な限りすべての境界が儀式化される。つまり、侵略は破局として体験され、それに対する反応は死活にかかわる必要不可欠な奮起として体験されるのである。この場合、侵略者に対する憎悪は、その侵略者を拒絶するために欠かすわけにはいかない。その侵略者がいかなる者であっても、またその拒絶がいかなる性格であっても。

結局のところ、マフィアにおけるような掟の儀式化が存在する。人間は、最も残虐な犯罪に関してさえ、少なくとも部分的に、罪の意識によって責め苛まれることから免れさせてくれるような、正当化を創り出すのである。

われわれが今研究している精神的プロセスの中で、〈反定立性〉は、ちょうどこれと一致しうる両価性を前提としている、したがってこれは、ある意味では、あるいは別の意味では、個人を行動するように駆り立てる。両価性とは、推進力となる行為の、またおそらくは心理学的行為全体の精神力学的な転写であって、その行為には対立するものも関与するのである。すなわち、それぞれの行為は、互いに相反する二つの動きによって成り立っているということである。内面的な世界において、両価性は、二つの異なる感情、愛と憎悪が共存することを意味する。この二つは、互いに矛盾することも破壊することもなく、欲動の力の中で一つに結びついて、各人の心の最も奥深くに存在しており、その欲動の力は、快楽原則に支配されて、自我に欲望の全面的、即時的な充足を求める。目標に向かう行程で、この二つの感情は区別され、両者の結びつきまたは果てしない分離、生の欲動と死の欲動の対立が現われてくる。愛の体験においては、他者の存在は、自己の中の同化した部分となるほどに、自己の存在にとって必要不可欠である。憎悪の体験においては逆に、他者の存在は自己の存在の否定として知覚される。[10] まさにそのことが、苦悩の出現をもたらすのであり、なぜ苦悩が他者を殺すように駆り立てるのかを説明する。両価性の作用の下に、自我の現実性と超自我の直接的な力が、制限、指示、変換、昇華を強いるのである。これはまた善と悪との間の選択ということである。われわれは欲動のこの最初の結びつきを決して忘れるべきではない。というのも、たぶん精神分裂病、パラノイア〔妄想症〕、鬱病のある種の形態においては、退行はその最初の欲動への、つまりは真のナルシシズムへの緩慢な、漸進的な逆戻りであって、それは異質な刺激をことごとく完全に締め出すからである。そのために外的世界に対する憎悪が全体的に支配することになる。

カインの話に戻ることにしよう。贈り物の挿話の後で神はカインに話しかける。神はカインとの間に権威主義的ではない説得的な対話を設定しようとする。彼は、神の愛が彼を見捨てることはないという証拠をカインに示しながら、カインを苦悩から解放しようとする。神はカインの自我に訴えかけ、カインに自信を持つように、自分の怒りについて熟慮するようにと促す。そしてカインが彼〔悪魔〕のいうことに耳を貸さないように仕向ける。しかしカインは離れていって、弟を殺す。神はその人殺しを妨げなかった。

すなわち、神は人間に選ぶ自由を、弟を殺す自由さえ残したのだった。今度は、その論争がもはや神とカインとの間で展開されているのではなく、カインと彼の道徳意識との間で展開されていると想像してみよう。カインの事例において、超自我は、羨望と憎悪が生み出した欲動の推進力を弱めることはない。そして羨望と憎悪は猛烈な、抑えきれない怒りの中で具体化する。超自我は、自我の中に侵入してきた苦悩を制御することができないのである。逆に超自我は、解決を要求しながら、苦悩を深刻にする。

カインの人間的な企ては達成されなければならないのであり、彼はその時から敵となった者、自分の充足にとっての障害、自分を責め苛む者を排除しなければならない。逆説的ではあるが、善なる部分が排除されるのであって、穏和な男、正統的なアベルが、彼自身の生贄となる用意が整ったのだ。前のほうで示したように、われわれは、まさしく対象が原因となっているために、愛よりも憎悪のほうが強い両価性の漠とした支配下にある。対象関係としての憎悪は愛よりもなお古いものである、とフロイトは述べている。憎悪はさまざまな対象によって引き起こされた落胆に対する反応の表明というものであろうが、この憎悪は、ナルシス的な自我が刺激の源として外的な世界と対立させる原初的な拒絶から、憎悪は噴出してくる。自我の保存的欲動との緊密なつながりの中でずっと維持されてゆく(11)。それゆえに、自我の欲動は、憎悪と愛の欲動が再現する反定立《アンチテーゼ》の中に容易に出現するのである。

M・クラインによれば(12)、神がアベルの捧げ物のほうを好んだときに、カインは対象——この場合には神——を絶対的に制御する可能性が消え去るのを目にしたのだ、したがって、彼は結局、その対象を二つに分離し、その悪しき部分、すなわちアベル——これは、カインにとっての悪しき部分と理解される——を破壊しなければならないというあの責め苛まれるような状況に追い込まれた、と考えることができる。もっと簡単に言うならば、カインは、神という対象を神の部分とアベルの部分に分割し、責め苛むような側面をアベルに転移し、そして彼を殺すのである。カインの精神は、クラインが〈分裂的・妄想的態勢〉と呼ぶシステムに従って反応するのであって、そのシステムが作用することで、カインは自分を責め苛む悪しき対象の特性がアベルのものだと見なすのである。同様に次のようなもう一つ別の仮説を持ち出すこともできる。カインは、神がアベルの捧げ物を高く評価したことに納得している。なぜならばその子羊は、昔ながらの伝統が要求することに則っていて、生きたもの、最初に生まれたものであるからだ。そこで、自分は父親の後継者であると感じ、事実その通りである彼が、自分の弟＝息子、この場合には彼の最初に生まれたものを犠牲として捧げ、そんな風にして古い儀式を遂行する。外見的には非論理的であるこれらの置き換えが、無意識の論理においてはすべてが可能なのである。それは、一つの関係がその反対のものと同一であるような、シンメトリーの原理によって支配されているからである。すなわち、例えばジャンがアントワーヌの父親であるとすると、アントワーヌはジャンの父親となり、アダムがカインの父親であるとすると、カインはアダムの父親、したがってアベルの父親ということになる。人間の精神がこれほど原初的な段階にまで後退するとき、分裂的・妄想的なメカニズムの力は、抑鬱的メカニズムと交替して、極めて強烈な段階にまで達し、聖戦と宣言される戦争の場合には、戦争を指揮する者が自分は神の息子であると感じ、神の意志に従って行動するために、敵の絶滅を犠牲としての大殺戮と見なし、神にその許しを請うという事態が生じてくる。

なお一層重大なことがある。いくつかの事例で、マニー＝カール[13]によって提起された偏執狂的プロセスが実証されるかもしれないということである。その偏執狂的プロセスにおいては、個人は悪しき対象（彼自身の中に生きている敵、すなわち彼の悪しき側面）と同一化する。この同一化はナルシシズムの〈自己陶酔型の〉全能性という特殊な感情を生み出す。つまり、「もしも私自身が、あれほど恐れていた悪しき実体（敵）であるならば、私はもはやこれ以上何ものも恐れるべきではない」。行動の次元でこのような同一化が引き起こすかもしれない結果の重大性を想像することは、読者にまかせることとしよう。

カインに関する考察を締めくくるにあたって、彼の子孫の物語と、現代の神学者、ラヴァージ（一九八八年）が行なっている極めて簡潔な解釈をたどってみるのは興味深いことである。

カインは妻を知った。すると彼女は身籠もって、エノクを生んだ。彼は都市の創設者となった。そしてその都市に、エノクという自分の息子の名前を与えた。(14)

ラヴァージによれば――この見解を持つ者は彼だけではないが――、明らかにこの瞬間から都市化が始まるという。

エノクにはイラドが生まれた。そしてイラドはメホヤエルを生んだ。またメホヤエルはメトサエルを生み、メトサエルはレメクを生んだ。レメクは二人の妻を得た。第一の妻の名前はアダで、第二の妻の名前はチラだった。アダはヤバルを生んだ。彼はテントの下で、家畜とともに生きる者たちの先祖になった。(15)

ここに素描されているのは、遊牧民族の全文化領域である。

彼の弟の名前はユバルだった。彼は竪琴や葦笛を演奏するすべての人々の先祖になった。(16)

このようにして音楽が生まれた。

　チラのほうは、トバル＝カインを生んだ。彼は銅や鉄を加工するすべての鍛冶屋の先祖になった。(17)

このようにして科学と技術が発生した。

しかしながら、レメクはわれわれを最初の憎悪のほうへ差し向ける。なぜなら彼は、人間が享受し、発展させ続けている見事な創造の数々からそれて、内的、外的な迫害者として、破壊と復讐がどんな形をとってでも、常に待ち伏せしていているような事実を例証しているからである。

レメクは自分の妻たちに言った。
アダよ、チラよ、私の声を聞け、
レメクの妻たちよ、私の言葉を聞け。
私は受けた傷のために一人の男を殺した
打ち傷のために一人の子供を殺したのだ。
カインは七倍復讐されるが、
レメクは七十七倍復讐されるのだ！(18)

認識、文明、聖フランシスコのような神聖さによって――しかしまた同時に残忍さ、衝撃的な病理学、愚鈍化によって——作られてきた人間の歴史とは、かくの如きものなのである。

原註

（1） J. Lacan, «L'agressivité en psychanalyse», *Écrits*, Paris, Seuil, 1966, p. 114.
〔ジャック・ラカン、高橋徹訳、「精神分析における攻撃性」、『エクリⅠ』、弘文堂、一九七二年〕

（2） J. L. Borges, *L'Aleph*（1952）, Paris, Gallimard, 1962-1967, p. 176.
〔ホルヘ・ルイス・ボルヘス、篠田一士訳、「エル・アレフ」、『筑摩世界文學大系81』、筑摩書房、一九八四年〕

（3） P. C. Racamier, *Les Schizophrènes*, Paris, Payot, 1980.

（4） S. Freud（1899-1900）, *L'Interprétation des rêves*, Paris, PUF, 2003.
〔ジグムント・フロイト、高橋義孝訳、「夢判断」、『フロイト著作集2』、人文書院、一九六八年〕

（5） W. R. Bion（1967）, *Analisi degli schizofrenici e metodo psicoanalitico*, Rome, Armando, 1970.
〔ウィルフレッド・ルプレヒト・ビオン、福本修訳、『精神分析の方法Ⅰ』、法政大学出版局、一九九九年。福本修・平井正三訳、『精神分析の方法Ⅱ』、法政大学出版局、二〇〇二年〕。

（6） 「創世記」、四、一—一六、『聖書』、エルサレム聖書学派の監修による仏訳、Paris, éd. du Cerf, 1961.

（7） M. Buber, *Bilder von Gut und Böse*, Cologne, Jakob Hegner Verlag, 1953.

（8） G. Bateson（1979）, *La Nature et la pensée*, Paris, Seuil, 1984.
〔グレゴリー・ベイトソン、佐藤良明訳、『精神と自然』（普及版）、新思索社、二〇〇六年〕

（9） A. Van Gennep（1909）, *Les Rites de passage*, La Haye, 1969.

（10） F. Fornari, *Psicoanalisi della guerra*, Milan, Feltrinelli, 1975.

（11） S. Freud（1915）, *Métapsychologie*, Paris, Gallimard, 1952.

（12） M. Klein（1921-1958）, *Scritti*, Turin, Boringhieri, 1978.

（13） R. Money-Kyrle, *Psychanalyse et horizons politiques*, Toulouse, Privat, 1985.

（14） G. F. Ravasi, *Il libro della Genesi*, Bologne, Dehoniane, 1988.

(15)「創世記」、四、一八—二〇、『聖書』、前掲書。
(16) 同、四、二一。
(17) 同、四、二二。
(18) 同、四、二三—二四。

訳者あとがき

本書は、*Politiques de Caïn—En dialogue avec René Girard*, Desclée de Brouwer, 2004の全訳である。ルネ・ジラールとさまざまな分野の八人の研究家が、カインの神話と暴力を巡ってそれぞれ独創的な見解を展開し、神話の奥に隠されているものを読み解くことによって、現代世界の混迷から抜け出す手段を見つけ出そうと努力している。この研究家たちは、イタリア、メッシーナ大学の「ミーティ、シンボリ・エ・ポリーティカ（神話、象徴、政治）センター」に基盤を置いて、象徴的なものの研究を政治哲学の領域にまで拡大したという業績をあげている。そして模倣の心理学や宗教の人類学に関する自分たちの仮説をルネ・ジラールの仮説と対決させている。ここでは、執筆者たちの紹介をするとともに、訳しながら感銘を受けた点について記したいと思うが、その前にまず、カインの物語について簡単に述べておきたい。

「旧約聖書」の「創世記」は、エデンの園を追放されたアダムとイヴのその後を語っている。彼らには二人の子供が生まれ、兄はカイン、弟はアベルと名づけられる。アベルは家畜を飼う者となり、カインは土地を耕す者となる。月日が経ち、彼らがそれぞれ神ヤハウェに捧げ物をするようになると、カインは土地から収穫した物を、アベルは最初に生まれた家畜を供えることになる。ところが神は、アベルの捧げ物は喜んで受け取ったのに、カインの捧げ物を受け入れることはなかった。神のこのえこひいきに憤りつつ、カインが落胆した顔をすると、神はカインに対して、お前はなぜ憤るのか、なぜ顔を伏せるのか、お前の心が晴れないのは、罪がお前を待ち伏せしているからではないのか、と問い詰める。神の詰問にもかかわらず、カインは弟のアベルを野原に連れ出し、アベルに飛びかかって彼を殺してしまう。アベルの姿が見えなくなったので、神がカインにアベルはどこにいるのかと尋ねると、カインは、私は知りません、私は弟の番人でしょうか、と答える。そこで神は言葉を続け、お前は何をしたのか、お前の弟の血が土の中から私に向かって叫んでいる、今やお前は呪われて、この土地から追放されなければならない、とカインを糾弾する。するとカインは、私の苦しみはあまりにも重くて背負いきれません、追放されて、私は地上をさまよう放浪者となりますが、誰もが私を殺そうとするでしょう、と答える。神は、そんなことはない、カインを殺す者は、七倍復讐されることになるのだからと言って、カインが人から害を受けることがないように、彼に一つのしるしをつける。かくして、カインは神の前から去り、エデンの東、ノド地方に住むようになる。

以上が、簡単にまとめたカインとアベルの物語であるが、その意味内容に関しては、古来さまざまな解釈がなされている。アベルを遊牧民族、カインを定住民族と捉え、遊牧民族から定住民族への移行を示しているとする解釈などは説得力があるし、また〈アベル הֶבֶל〉や〈カイン קַיִן〉といった言葉自体が含んでいる意味作用の比較も、たいへん興味深いものに違いない（ヘブライ語は右から左へと書かれ、母音を示す場合には子音文字の下にニクダーと呼ばれる母音記号が付けられるが、本書一二一ページ、原註(12)の〈アベル〉のヘブライ文字は原書のままとした。つまり、原書では〈アベル〉のヘブライ文字をアルファベット式に左から右へと読ませている）。しかし、本書で終始取り上げられ、照明が当てられているのは、カインがアベルに対して振りかざす暴力の場面と言ってもよいと思う。

象徴的ではあるが、これは、人類が最初に手を下す殺害の暴力である。

父親を父親とは知らずに殺してしまう、『ギリシャ神話』のエディプスの物語。それをもとにして、ジグムント・フロイトが名づけた〈エディプス・コンプレックス〉は極めて有名であるが、〈カイン・コンプレックス〉のほうは、〈エディプス・コンプレックス〉という言葉ほど頻繁には用いられない。これは、カインのような、兄弟殺し、同胞殺しがあまりにも数多く、兄弟どうしの軋轢は言わでもがなのことだからという理由によるのだろうか。ドメーニカ・マッツが「序説」で「神話は暴力の再現を禁じるが、暴力は常にそこにあり」と述べているように、確かに、人間という同胞が殺されるニュースは、日常的に新聞やテレビに満ち溢れていて、そんな事件のない日が見当たらないといった状況である。マッツは「暴力が爆発するのをくい止めているのは、常にまさしく暴力なのである」とも言っているが、暴力を抑えるための暴力が爆発するような事態すら起きている。いつの時代にも、またどこの世界にも存在し、それなしで済ますことのできた時間や空間が、果たしてあったのだろうか、と思ってしまう。いつの日かそれがなくなることはあるのだろうか、と訝かるほどに、〈カイン・コンプレックス〉は遍在しているのである。

では、兄弟殺しという暴力を回避したり抑えたりするためにはどうしたらよいのか、言葉を換えれば〈カイン・コンプレックス〉を克服する手段は果たしてあるのか、ということが執筆者たちの念頭にある最大のテーマではないかと思われる。どの論文を読んでみても、執筆者たちは自分の仮説を展開する根底に、そんな期待を込めているという印象を受けるのだが、どうだろうか。

ルネ・ジラール **René GIRARD**

まず最初に掲げられた論文は、ルネ・ジラールの「所属」、原題は *Les appartenances* である。ただし、これは一九九八年、「所属の象徴」に関するシンポジウムの際に、メッシーナ大学で行なわれた講演がもとになっている。比較的短い論文ではあるが、論旨は極めて明快である。

われわれは常に何らかのものに所属している。例えば家庭や学校や会社に所属し、父親や母親や先生などをモデルとして模倣することで、社会生活に同化してゆく。またある町や村に所属し、国家に所属している。しかし所属が併合的になり、拘束力がなくなってくると、われわれはその所属によって保護されることが少なくなり、安心感も得られなくなってくる。つまり所属が弱体化することによって、不都合な事態や危機が生じてくるのである。

ある所に所属していればそこにはモデルがいて、そのモデルを模倣しながら、われわれは育まれてゆくことになる。その観点からすれば、所属は肯定的で、必要不可欠ではあるが、しかしその反面、たいていの所属は、最も目立たないものであれ、ある排除的、拒絶的形態を、したがって暴力的形態を含んでいる。これは入学試験、進級試験、有能な者を選別するシステムを想像するだけでも、十分に理解することができる。そこに入ること、つまり所属することを拒絶された者たちにとって、これは耐え難い暴力のように感じ取られる。ルネ・ジラールは、「排除というのは、その所属が望ましいものであればあるほど、望ましく思えれば思えるほど、排除される者がその分だけ辛さを感じる、一つの暴力である。また一般に、所属は、獲得するのが困難であればあるほど、望ましいものに思える」と述べている。排除したり、拒絶したりすることとは、外的な暴力である。ところが所属というものは、排除という外的な暴力だけではなく、個人どうしの敵対関係という内的な暴力をも引き起こすのだという。つまり所属の内部に存在する暴力である。

相手が自分と同じものを欲しがる場合、われわれはその相手が自分と似通っているなと思う。ところがその類似という近接関係の中にこそ、逆に衝突を生み出す可能性が秘められているのである。相手が自分とはまったく異なり、欲しがる対象が違っていれば、衝突は起こりようがない。けれども互いに分けることのできないもの、分けたくないものがただ一つの対象であるときには、衝突は避けることができない。ルネ・ジラールはこの衝突を、〈ミメーシス的敵対関係〉と呼んでいる。これは、所属が共通であるがゆえに生じてくる敵対関係である。それらの所属は接近させつつ、しかも同時に対立させるのであって、所属は衝突を助長するだけでなく、その衝突が起こるよう促す決闘場をも提供するのだという。ありていに言うならば、同じ土俵に立つことで、同じ釜の飯を食うことで、この内的な暴力は生じてくるわけである。遠い者どうしではなく、近い者どうしの衝突、すなわち「衝突はすべて敵対者である兄弟どうしの衝突である」ということになる。これは、他ならぬカインとアベルの兄弟間の争いということでもある。ルネ・ジラールは、「人間の欲望は、欲せられる対象や欲する主体の中に根を張っているのではなくて、第三者、われわれの欲望のモデルや媒介の中に根を張っている」、「もしも模倣者とモデルが数多くの共通の所属を有しているならば、彼らは敵対しようとする危険な誘惑にさらされる」とも述べて、モデルが競争者となる例も取り上げている。

そうしてみると、所属のゆるみ、所属の弱体化は、敵対関係にけりをつけるどころか、あらゆる社会階層において、競争者たちの間に常により多くの暴力的均衡を引き起こしつつ、敵対関係を激化させるのである。所属がゆるんでくれば、自分と相手が近しい存在となり、欲する対象も共通のものになる機会が増えるわけだから、衝突が増加するのは確かに当然である。かくしてミメーシス的敵対関係が段階的に拡大してゆく中で、競争者たちはついには互いに奪い合っていた対象を忘れてしまい、争いそれ自体に気を取られるようになってくる。するとそのときに効力を発揮するのが、贖罪の山羊のメカニズム、生贄のシステムであって、これは敵対関係によって引き起こされたすべての憎悪を、一人の犠牲者に転移させ、その死や追放によって、必然的に平和を取り戻させるという仕組みである。今や古典的なものとなった『暴力と聖なるもの』の中で詳細に取り扱われたテーマである。

ルネ・ジラールがキリスト教に対して批判的になる理由が、よく分かる。彼は「所属の起源においては真に聖なるものなど何もないことを明らかにし、すべての所属を弱体化させるのが、キリスト教である。したがって、犠牲の原理を弱体化させるのが、キリスト教である」と述べ、「所属の弱体化は本来は肯定的な現象である。というのもそれは人間を隔てる柵を低くするものだからである。所属の弱体化は、排除に抵抗するように、贖罪の山羊を作り出すことに対抗するように作用する。しかしそれはまた、否定的、かつ暴力的な結果をも生じさせる。というのも、儀式的メカニズムと禁忌の柵を取り除くならば、所属の弱体化はミメーシス的敵対関係に対する抵抗をもまた弱めてしまうからである」と言葉を続けている。

そんなわけで、この論文で展開されているのは、所属の弱体化が内的な暴力を激化させるという論理である。ルネ・ジラールは最後に、「弱いがゆえに、衝突の中で衝突によって、強化されることを欲する所属の弁証法」が見事に描写された例として、マルセル・プルーストの『失われた時を求めて』における、コンブレーの村とパリのサロンを取り上げている。ヴェルデュラン家のサロンについて、「これはその精神的な統一性を脅かすものをすべて拒絶する。追放と贖罪の山羊のおかげで存続しているのである」と明快に言い切っている。

☆ルネ・ジラールの著作

Mensonge romantique et vérité romanesque, Grasset, 1961.

〔古田幸男訳、『欲望の現象学　ロマンティークの虚偽とロマネスクの真実』、法政大学出版局、一九七一年〕

Dostoïevski, du double à l'unité, Plon, 1963.

〔鈴木晶訳、『ドストエフスキー　二重性から単一性へ』、法政大学出版局、一九八三年〕

La Violence et le sacré, Grasset, 1972.

〔古田幸男訳、『暴力と聖なるもの』、法政大学出版局、一九八二年〕

Critique dans un souterrain, Lausanne, L'Age d'Homme, 1976.

〔織田年和訳、『地下室の批評家』、白水社、一九八四年〕

Des choses cachées depuis la fondation du monde, Grasset, 1978.

〔小池健男訳、『世の初めから隠されていること』、法政大学出版局、一九八四年〕

To double business bound: Essays on literature, mimesis and anthropology, Johns Hopkins University Press, 1978.

〔浅野敏夫訳、『ミメーシスの文学と人類学　ふたつの立場に縛られて』、法政大学出版局、一九八五年〕

Le Bouc émissaire, Grasset, 1982.

〔織田年和・富永茂樹訳、『身代りの山羊』、法政大学出版局、一九八五年〕

La route antique des hommes pervers, Grasset, 1985.

〔小池健男訳、『邪な人々の昔の道』、法政大学出版局、一九八九年〕

Shakespeare, les feux de l'envie, Grasset, 1990.

〔小林昌夫・田口孝夫訳、『羨望の炎　シェイクスピアと欲望の劇場』、法政大学出版局、一九九九年〕

Quand ces choses commenceront..., Arlea, 1994.

〔小池健男・住谷在昶訳『このようなことが起こり始めたら…』、法政大学出版局、一九九七年〕

Je vois Satan tomber comme l'éclair, Grasset, 1999.

Celui par qui le scandale arrive, Desclée de Brouwer, 2001.

La voix méconnue du réel, Grasset, 2002.

Le sacrifice, Bibliothèque nationale de France - Collection: Conférences del Duca 2003.

Les origines de la culture, Desclée de Brouwer, 2004.

〔田母神顯二郎訳『文化の起源　人類と十字架』、新教出版社、二〇〇八年〕

Vérité ou foi faible. Dialogue sur christianisme et relativisme (*Verità o fede debole. Dialogo su cristianesimo e relativismo*), avec Ginni Vattimo, A cura di P. Antonello, Transeuropa Edizioni, Massa, 2006.

Dieu, une invention?, avec André Gounelle et Alain Houziaux, Edition de l'Atelier, 2007.

De la violence à la divinité, Grasset, 2007.

ルイージ・アルフィエーリ **Luigi ALFIERI**

彼女はウルビノ大学社会学部で、政治哲学と文化人類学を教えている。政治の神話的＝象徴的側面が彼女の研究対象である。本書の論文の原題は *Le feu et la bête. Commentaire philosophico-politique de* Sa Majesté-des-Mouches *de William Golding* という。ただし、これはイザベル・ラヴェルニュ Isabelle Lavergne によって仏訳されたものである。

アルフィエーリは、ウィリアム・ゴールディングの『蝿の王』を論じているが、この『蝿の王』は、

『ロビンソン・クルーソー』に端を発した〈ロビンソナード〉の系列に連なる。それもジュール・ヴェルヌの『十五少年漂流記』（『二年間の休暇』）やロバート・マイケル・バランタインの『珊瑚島』と同じく、外見的には、少年もののロビンソナードと思わせる。『珊瑚島』におけると同様、ジャックという名前の登場人物が出てくる。また『十五少年漂流記』と同様、多くの少年たちから成る共同体がテーマになっている。しかし『蠅の王』は、『十五少年漂流記』などとはまったく異なり、暗澹たる、救いのない世界を、情け容赦なく描き出す。登場人物が子供だけであっても、少年少女向けとはとても言えない。これは、われわれに対する警告の書として読むべきではないだろうか。じつを言えば、本論文の翻訳がきっかけとなって、私はこの小説を初めて読んだのだが、全体の三分の二くらいまで読み進めて来たら、ページをめくる動きが無意識のうちに速くなった。やりきれなくなるような小説であるとはいえ、ルイージ・アルフィエーリも言うように、哲学的、政治的問題にかかわる、最良の例の一つであろう。だからこの論文の前に、まず『蠅の王』の小説そのものを読むことをお勧めする。さらにその前に、『十五少年漂流記』をぜひ読んでおくべきである。

ルイージ・アルフィエーリのこの論文は、『蠅の王』に見事な解釈を施すとともに、哲学的、政治的考察を加えている。極めて明快で、説得力があり、余計な説明はいらないのだが、ここでは彼女が論文の題名に使った〈火〉と〈野獣〉についてのみ触れておくことにする。

この小説における〈火〉は、救済と破滅という両義性を帯びている。島に流れ着いた少年たちは、救助を求めなければならない。そのために、主人公ラルフは、煙が遠くから見えるような火を焚いておくことにこだわる。彼の〈政治戦略《ポリティック》〉は、その火をつけておくという所作だけに要約される。火をつけるために、ポルシネの眼鏡が利用される。そうするとポルシネは遠視なのか、という些細な疑問が残るけれども、火と結びついているという理由で、その眼鏡の行方も重要である。いずれにしても、彼らの運命は〈火〉にかかっている。ところがその〈火〉は、結末の部分では、隠れているラルフを狩り出す手段として用いられる。つまり火は暴力と結びついたのである。エリアス・カネッティが『群衆と権力』(岩田行一訳)の中で述べている次の文は、まさしくジャックたちが放った火のことではないか、と思えてしまう。「あらゆる破壊手段のうちで、もっとも印象的なものは火である。……火は取返しのつかぬほどに破壊する。火の後には、以前に存在したものは何ひとつ残らない。何かに火を放った群衆は、自らを無敵の者と感じる。……火は、群衆のために存在するもっとも強いシンボルである。あらゆるものを破壊しつくしたあとで、群衆と火とは消滅する」。この破壊的な火が、小説の最後に、ラルフに幸運をもたらす。その火を見た海軍士官が装甲艦で島へやって来るからである。救済を願っていたはずのラルフの火が無益なものになり、破滅をもたらしかねなかったジャックの火が救済をもたらす。この〈逆説〉は、何とも皮肉で、辛辣である。

では〈野獣〉とは何だろうか。もちろん〈怪物〉、〈蠅の王〉のことではあるが、これは最初から最後まで、実際にはまったく存在していないのである。人間の意識の中で、〈無〉であったものが〈有〉となってしまう恐ろしさ。ゴールディングはその変化を巧みに描いているとも言える。意識の中で、〈野獣〉が具体化してゆく過程を、ルイージ・アルフィエーリは次のように説明している。「子供たちは恐れている。彼らは何を恐れているのか、なぜ恐れているのかを知らない、けれども彼らは恐れている。……そのはっきりしないものの中に、彼らは自分たちが恐れているその〈もの〉を封じ込めてしまう、そしてそれを存在させ、それに形と固さを与えてしまう。なかんずく、彼らはそれに野獣という名前を与えてしまう。……そんな風にして野獣はまずその名前から、おしゃべりと思考の中に存在し始めるのである。野獣は感情的な存在として生まれ、それを肉づけした感情は現実的で、強烈なものである。恐怖が名前を持ち、それは生きたもの、具体的なものとなってしまった。そしてこれからは、闇の中で待ち受けるあるものが存在するようになる」。「野獣とは彼ら自身の外部に放たれた、彼ら自身の暴力の象徴的な投影なのである。自分の中の怪物性を認めたり、自らのうちに恐怖のはけ口として役立つ血の欲求を認めたりすることができずに、自分の外部にその野獣を創り出す」。しかしながら、子供たちをこのような島へ導いたのは、大人が欲する戦争であり、その戦争による死者の一人が子供たちの目に死そのものへと変貌していったのだから、結局のところ野獣は大人たちが作り上げたものである、と彼女は結論づけている。端的に言って、野獣とは死、恐怖、不条理のことである。

ところで、この野獣、怪物性、すなわち自分自身の内なる悪と対峙することができたのは、シモンただ一人である。自分の内部から話しかけてくるその声に正面から向き合っているシモンの姿は、小説の中で最も印象深い場面の一つである。野獣とはつまり自分の心が作り出した幻影であることに気づけば、恐怖や不条理が消えてゆく。彼のように、自分の内なる悪を凝視しようとする行為の中に、暴力を抑える一つの手段がある、とは言えないだろうか。

なお、ラルフの集団を〈円〉に、ジャックの集団を〈線〉に喩えて展開するアルフィエーリの解釈は、まことに当を得たものとなっている。

☆ルイージ・アルフィエーリの著作

Apollo tra gli schiavi, Franco Angeli, 1984.

Figure e simboli dell'ordine violento, en collaboration avec Christiano M. Bellei et Domenico Sergio Scalzo,

Giappichelli, 2003.

マリーア・ステッラ・バルベーリ **Maria Stella BARBERI**

彼女はメッシーナ大学、政治学部社会学科の哲学教授である。論文の原題は*Adam et Ève avaient deux fils...*といい、カインとアベルの物語を、アウグスティヌス、ルネ・ジラール、カール・シュミットのテクストを拠り所にして解読しようと試みている。

「創世記」のカインとアベルの物語で、誰もが自問するのは、なぜカインは弟を殺したのか、という問題であろう。この二人の兄弟の関係には何が秘められているのか。その疑問に焦点を当てて、マリーア・ステッラ・バルベーリの記述を追ってみたい。その驚くべき答えは、ルネ・ジラールが考察するような、〈スカンダロン σκάνδαλον〉についての聖書の理論によって与えられる、と彼女は述べている。

このギリシャ語は、言うまでもなく〈スキャンダル〉の語源であるが、原註（33）に記されているように、スカンダロンとは、「旧約聖書」の中では、道の上の障害を指す。だから伝統的に〈躓きの石〉という言葉も使われる。しかしこれは物質的なものではなく、敵対関係が障害となって人を躓かせ、またそれにのっとって弟子や模倣者の欲求が躓き続けるような、追随されるモデルのことである。われわれは常に所有欲を誘導するようなモデルに従うのだが、その所有欲が取得される様態を、ルネ・ジラールは〈所有のミメーシス〉とか〈ミメーシス的敵対関係〉と呼ぶ。そしてモデルとして役立つ者は同時に、同じものを獲得しようとする対立の中で競争相手にもなる。模倣関係において、対立状態が顕著になってくると、対立の原因になったものは後方に追いやられ、その対立関係が伝染してくる。スカンダロンとは、対立の始まりと対象を忘れるに至った、模倣的欲求の伝播のことであるという。

「肉体は精神に反して渇望し、精神は肉体に反して渇望する。実際に、この二つのものは、互いに戦っている。その結果、あなたが欲することをあなたはしないのだ」。これはアウグスティヌスがしばしば喚起する、パウロの「ガラテヤ人への手紙」（五、一七）の言葉である。逆境にあると、われわれは他者に従属しているということを思い知らされ、外部との対立という形で従属関係を体験する。しかし、人間が相互関係の中で形成するミメーシス的障害は、人間が欲することを成しえないようにするのであって、アウグスティヌスはカインの行動にそれと同じ障害を見出したのだという。「彼が弟に対して憎しみを抱いたとするだけでは十分ではない。彼は弟の成果を妬んだのであって、弟のまねをするのではなく、むしろ彼を殺すほうがよいと思ったのだ」。つまり、弟が自分に望ましいとして示す欲望を模倣したくはないと思う欲望が、カインをアベルと対抗するように追いやったということになる。これが、〈なぜカインは弟を殺したのか〉に対して、マリーア・ステッラ・バルベーリが考える答えである。スカンダロンとは、押し返す〔拒絶する〕場合に限り引き寄せ〔魅了し〕、引き寄せる場合に限り押し返すような障害である、とも述べられている。まるでツヴェタン・トドロフが『未完の菜園』で次のように記述する欲望の愛、〈エロス〉の形態にそっくりである。「欲望の愛の論理は悪魔的なものであろう。私が愛されない場合にしか私は愛さず、私が愛さない場合にだけ私は愛されるのである」。エロスがスキャンダルと結びつきやすいのも、このへんに理由があるのだろうか。いずれにせよ、スカンダロンは〈暴力の分身〉を再生する強力な機械なのだという。

マリーア・ステッラ・バルベーリは、カール・シュミットを援用しながら、人間どうしの衝突は歴史的行程においても、起源においてもまったく同様に見られるが、それは何よりも「世界の歴史を動くようにしている弁証法的緊張である」と考えている。カインは生成の〈現実的〉原則を、アベルは再生の〈個人的〉原則を表現している。〈現実的原則〉は、カインがその象徴でもある合法性 légalité であって、これは対立を和らげることを狙う。一方、〈個人的原則〉は、権力の生きた基盤を証明することのできる唯一の原則であって、これは正当性 légitimité と同一視される。カインはすなわち合法性、アベルはすなわち正当性として捉え、両者の弁証法的対立が、歴史を刻んできたという風に解釈すると、バルベーリの論文は理解しやすい。

ところでカインとアベルはまた、ギリシャ神話の兄弟、プロメーテウス〔先に考える者〕とエピメーテウス〔後に考える者〕とも比較されている。プロメーテウスやカインのように熱狂的で、多忙な、神々の系譜にまつわる人物たちにとって、行動する権利や自信というものが、兄弟間の置き換えを正当化する。その一方で、〈後に考える者〉、エピメーテウスは、アベルのように、危険を感知することに困難を覚える。働きかける者は生き残り、働きかけない者は敗れ去るというわけで、プロメーテウスやカインの能動性、活動性が肯定的に考察されている。

カインとアベルという原初の兄弟の敵対関係に弁証法的対立を見て、その〈弁証法的緊張〉が歴史の流れを創り出していくのだとすると、次のように締めくくるバルベーリの論理の展開に、なるほどと頷くことができるであろう。〈敵を持たない者に災いあれ〉、〈友を持たない者に災いあれ〉、なんとなれば、友〃敵が欠如、消滅してしまうと、どんな自己同一性も不可能になるからである。敵の認識なくして、可能な歴史は存在しない、とも彼女は述べている。

☆マリーア・ステッラ・バルベーリの著作

Il senso del politico. Saggio su Carl Schmitt, Giuffré, 1990.
Mysterium e ministerium, Giappichelli, 1992.
La Spirale mimétique. Dix-huit leçons sur René Girard, Desclée de Brouwer, 2001.

クラウディオ・ボンヴェッキオ **Claudio BONVECCHIO**

インスブリア大学、社会学科・政治コミュニケーション学科の哲学教授で、政治的・社会的側面からの神話的＝象徴的な思想を研究対象としている。論文の原題は、*Le «signe» de Caïn comme archétype du pouvoir* である。

ボンヴェッキオは、ヘルマン・ヘッセの小説『デーミアン』とジョージ・バイロンの『カイン』という悲劇を取り上げ、比較対照しながら、混沌とした時代背景の中に出現してくる力への意志を、肯定的に捉えようとしている。またこの二作品を「旧約聖書」のカインとアベルの物語に照らし合わせて、恐怖と権力の概念を明確にしている。

まずヘッセの小説から見ていくと、『デーミアン』は、第一次世界大戦の一年後、一九一九年に刊行されている。漠とした時代状況の中で、精神分析の影響を受けているらしいこの作品はどこか曖昧模糊としていて、把握しがたいという印象がある。主人公ジンクレールは、ブルジョワ的ウムヴェルト〔環境〕に属しているのだが、彼の深い精神領域では一種のウーアヴェルト〔太古の世界〕が形を成しつつある。実存的、存在論的な孤独を感じているときに、デーミアンという人物が出現する。「デーミアンは、主人公の無意識が反映したイメージであると同時に、彼の原型的統一体でもあるその太古の世界を象徴している。

彼〔デーミアン〕を他の人と区別するものは、カインのしるしである。それは恥ではなく大胆さという一つのしるしである」と、ボンヴェッキオは述べている。

ブルジョワ的思考や宗教的伝統と対立するこのカイン＝デーミアンは、ニーチェ的な英雄であり、孤独な存在であって、臆病な人々、怖がりな人々、順応主義者たちと対立する存在である。ジンクレールとデーミアン自身が、カインその人について話題にしている場面もあるのだが、ヘッセにとってのカインは、分裂、空虚、政治的混沌、内戦が優位を占めているような歴史の一時期における、集団的無意識の産物、統一的原型であって、権力と恐怖という象徴的重荷を背負っているのだという。

カインという神話上の人物像は、アブラクサスという人物像と混じり合い、混沌と個人的・社会的混乱の時代に、原初的、起源的な秩序を回復させる。このアブラクサスは最初の神で、神的要素と悪魔的要素を両立させるという象徴的役割を持っていた神であるが、詳しくは、原註（24）を参照されたい。

生と死を司る権力を持つ者が神であるから、カインによって犯されるアベルの殺害とは、象徴的には、神的な権力のしるしであって、その権力が死を介して、互いに兄弟どうしであるすべての人間の前に示されるのだ、とボンヴェッキオは述べている。「死を与え、生命を再創造する権力の中に、原初の力が宿っている。強者たちと服従者たちを区別するものは、神に似ているというこの能力である（そしてこれがカインのしるしの起源である）。神的な権力はただ単に生命を与える能力から生じるのではなく、死を与える能力からも生じる」。

一方、バイロンの『カイン』は、〈謎〉という副題を持って、一八二一年に刊行されているが、これは「恐怖政治」とナポレオンの時代の後に続いた混沌と不安定の暗号であるという。ヘッセのカインよりも原型から離れ、象徴という点でより暗示的なバイロンのカインは、最初の言葉から、人間的条件の偶然性を具現化しており、人生の意味について、権力について、死の悲劇、つまり宿命について問いかける。カインの反逆は、圧倒するような、絶滅させるような存在（破滅の神の存在）に対する人間の戦いを表わしていて、その戦いの報酬は、人間にとっては、自分の中に神的権力を持つという確信である。そういう意識が、この世界の隷属状態から、生命に対する恐怖から、死の観念から人間を解放する。つまりカインの恐れは挑戦に変わり、それは臆病なアベルが原型であるような人間たちの服従を糧としている不吉な神に向かって、投げつけられたのである。

ヘッセの場合もバイロンの場合も、因襲的な道徳や、文化的媒介や、権威を受動的に受け入れることを拒否しているのであって、カインは、人間に敵意を示す神に対して最初の反抗をする立役者である。バイロンとヘッセの歴史的な時期は、それぞれフランス革命とファシズムという、二つの〈大いなる恐怖〉の時代である。歴史の網の目が引き裂かれるような状態の中で、神話的な太古の世界が再出現するのを目にするこの二つの時期は、恐怖と権力によって特徴づけられている。ところで、権力に対する恐怖は、権力が危機や無秩序や混乱の時代の中で刷新され、再編成されることから生じてくる。逆に言えば、権力は再編成されるときに、感知しうる形態を通して客体化〔対象化〕されるのであるが、その感知しうる形態こそが恐怖なのだという。

なお、カインの父親がアダムではなく、蛇の形を借りた天使サマエル（サタン）だとする説は興味深い（サマエルについては、原註（89）を参照）。そうすると、アベルは父親も母親も人間であるが、カインのほうは母親は人間でも父親は神ということになる。半分だけ神の血が混じっているがゆえに、カインはその分だけ神性を帯びており、生命を生む力に加えて、生命を殺すという神の権力も行使するわけである。これを逆に読み取れば、人間を殺害する者は、文字通りの〈人でなし〉、神（悪魔）の領域に属する者ということになるだろう。

☆クラウディオ・ボンヴェッキオの著作

Immagine del politico, CEDAM, 1995.
Imago imperii e imago mundi, CEDAM, 1997.
L'ombra del potere, RED, 1998.
La spada e la corona – Studi di simbolica politica, SEB, 1999.
Il pensiero forte, Settimo Sigillo, 2000.
Apologia dei doveri dell'uomo, Asefi-Terziaria, 2002.
Il coraggio di essere. L'esperienza di Eric Fromm, Dadò, 2002.
La maschera e l'uomo. Simbolismo, comunicazione e politica, Franco Angeli, 2002.
Inquietudine e verità, Giappichelli, 2004.

ジューリオ・M・キオーディ **Giulio M. CHIODI**

彼はナポリのフェデリコ二世大学で政治哲学と法哲学を、ベニンカーサ・ウルスラ修道女学院で哲学史を教えている。論文の原題は、*La rivalité entre frères. Paradigme de la conflictualité politique* である。

キオーディは、兄弟間の衝突が政治の最も重要な象徴的パラダイムの一つだということを考察している。この兄弟間の衝突のパラダイムは、ヘブライの伝統に根を下ろしている。一方、ギリシャの伝統には、父親と息子の間の衝突のパラダイムが根づいている。この二つのパラダイムは、同一のパラダイムを分節したものと見なされるのだが、これら二つよりも先行するエジプトの伝統に触れることで、理解を深めることができる。ユダヤの伝統はとりわけエジプトの伝統から直接に、強力に恩恵を受けているからである。

ギリシャの神々の系譜を支配している原初的な出来事は、父親＝息子の戦いである。これはウーラノス、クロノス、ゼウスの行動を見てみれば、一目瞭然である。ところでインド＝ヨーロッパ諸語では、例えばラテン語の〈フラーテル frāter〉やドイツ語の〈ブリューダー Brüder〉など、〈兄弟〉を意味する語は、同じ父親を持つ息子を示す語根を拠り所としている。ところが同じインド＝ヨーロッパ語であるギリシャ語には、〈兄弟〉を意味する語として〈アデルフォス ἀδελφός〉があり、これは同じ胎内から生まれた者、すなわち母親を同じくする息子たちという意味での兄弟なのである。この語に含まれている〈デルフュス δελφύς〉は子宮や母親の乳房を示す。父親を同じくする息子たちは、父親的な原理からしても、競争へ向かうということが予想される。では、母親を同じくする息子たちはどうだろうか。兄弟間の衝突がギリシャ神話の中で緩和されるのは、その兄弟が母親を同じくする息子たちであるからだという。母親というものは和解させるような力となるわけで、兄弟間の敵対関係に関しては、たいへん興味深い指摘である。

ヘブライ文化とエジプト文化の間には、緊密な依存関係が見られる。例えば、イエス＝キリストの神学的な顔は、ファラオの神学的な顔と多くの類似を示している。まずエジプトの神学では、太陽は国王の象徴であり、国王の一生は太陽の一生と一致する。この太陽は、女神ヌトを通して、自己再生する。太陽によって象徴化される父親と息子の間の絶えざる循環が、ファラオの中で再現されるのであって、生命の昼と死の夜とが循環する中で父親であると同時に息子であるがゆえに、ファラオは自分自身の連続性ということになる。実際に父親が息子であり、息子が父親である以上、父親と息子は同じでありながらかつ異なる。ここには、キリスト教神学の中心的原理の一つ、「三位一体」の原理、一人にしてかつ三人という神の概念、つまり「父親」、「息子」、そして彼らを一つにする「聖霊」という概念がかいま見られる。エジプト文明の三位一体の象徴は、ウジャト、つまりホルスの目であって、その球体は太陽のイメージ、そのまぶたはハヤブサのイメージ、その形はヒョウの姿に見られるイメージだという。太陽はもちろん父親、ハヤブサは息子、そしてヒョウは母親、というのも女神ヌトはしばしばヒョウの形で表現されるからだ、という指摘が面白い。

兄弟間の敵対関係について、キオーディが例として挙げるのは、まずエジプトにおけるオシリス神とセト神である。セトは砂漠の神、戦争の神で、最後にはオシリスを殺すに至る。セトはまた善なる神でもあるのだが、月と知識の支配者、死をもたらす者である。セトによる兄殺しは、みんなから愛と尊敬を受けていた兄のオシリスに嫉妬を感じたためとされる。一方、死者たちの神、オシリスはまた、肥沃さと生殖の神でもある。弟セトによって殺され、解体され、その断片が領土全体に分散されるけれども、彼の妹＝妻であるイシスがその断片を集め、復元する。そうして蘇ったオシリスとイシスの結びつきから、ハヤブサの神、ホルスが生まれてくる。再生という観念からすれば、ホルスは生命を得たオシリスのことである。だから、息子は父親であり、父親は息子なのであって、父親と息子を同一化するこの傾向に基づいて、女性たちによって世襲が行なわれるような原理が決定的なものとなりうる。ファラオがファラオとなれるのは、彼が父親の息子だからではなく、神と国王の血を運ぶ者、母親の息子だからである、という見解に納得できる。

ヘブライの伝統に関しては、キオーディは、カインとアベルの流血のバージョンとエサウとヤコブの無血のバージョンを、兄弟間の敵対関係の二つの類型論として提示している。「聖書」は全体として兄よりも弟のほうを優遇しているように見えるのだが、そのような神のえこひいきとともにもたらされる問題点は、権威の譲渡がどのようにして、いかなる正当性のもとでなされるのか、という疑問である。神のえこひいきに怒ったカインは弟のアベルを殺してしまうが、双子の兄弟エサウとヤコブの対立のほうに目を向ければ、その答えが明らかになる。つまり「創世記」は父親・族長の祝福を、叙任の決定的瞬間として示しているのであり、父親のイサクは、終始一貫して、統一性や集団の連続性、すなわち集団を永続させる権威や、礎としての伝統を絶対的に保証するものであることが判明する。キオーディはそこに、〈スペル・オールディネム〔秩序の上の〕第三者 tiers super ōrdinem〉たる父親の姿を見るのであるが、兄弟間の争いのパラダイムのほうが、父親＝息子のパラダイムよりも深く問題を掘り下げている。それは、前者においては、兄弟の上に立つ第三者、父親の存在が必然的に含まれるからだという。それを彼は図式的に、次のように表現している。政治というものは、垂直的に、すなわちヒエラルキーとして考察されることもあれば、もっぱら水平的な意味で、すなわち同質のものどうし、あるいは異質なものどうしの均等な関係として考察されることもある。父親＝息子のパラダイムは垂直方向と結びついており、兄弟のパラダイムは垂直方向も水平方向も同じように表現している。

キオーディはさらに、兄弟間の争いの例として、ロムルスとレムスの双子の伝説を取り上げている。カインが弟を殺して、エノクという町を建設したように、ロムルスも弟レムスを殺して、ローマを建設する。その基盤のもとに、歴史全体が連ねられてゆくのである。こうした兄弟間の衝突を権力関係のモデルと見なし、同時にその象徴的な意味作用を浮き彫りにした作品として、ドメーニカ・マッツの『横領者のコンプレックス *Il complesso dell'usurpatore*』を援用しながら、彼は次のように述べている。どんなタイプの政治的権力も、自らを正当化しようとする必要性を強く感じる。それは、権力を保有することが原初の平等主義の均衡を打ち破った横領行為に基づいているという、ぼんやりした感覚から浮かび上がってくる。カインの弟殺しが象徴的に示しているのは、まさしくこのことなのであって、憲法に則って政治的秩序や制度を設立する者は、原初的な町の創設者たちと同様に、〈横領者〉となるのを避けるわけにはいかないのである。

☆ジューリオ・M・キオーディの著作

Orientamenti di filosofia politica, Vangelista, 1974.
Weimar allegoria di una repubblica, Arca, 1979.
La menzogna del potere. La struttura elementare del potere nel sistema politico, Giuffrè, 1979.
La paura e la città. Atti del I simposio internazionale di Filosofia della politica, Astra, 1984.
Tacito dissenso, Giappichelli, 1990.
Equità. La regola constitutiva del diritto, Giappichelli, 1999.
Europa. Universalità e pluralismo delle culture, Giappichelli, 2000.
Teoresi dei linguaggi concettuali, Franco Angeli, 2000.

ロベルト・エスコバル **Roberto ESCOBAR**

彼はミラノ大学で政治哲学を教え、日刊経済紙「イル・ソーレ・ヴェンティクワットロ・オーレ」の寄稿者でもある。論文の原題は *Rivalité et mimésis. L'étranger de l'intérieur* であるが、原註（2）に記されているように、これはベルリンの壁の崩壊の後、一九九一年の日付を持つ。

敵というものは、それ自体は未知なる者のことである。大いなる敵はかつて、常に遠くに、われわれから分離されていたが、その大いなる敵がいなくなって、今ここに、〈内部の未知なる者〉の存在が浮かび上がってくる。では、内部の未知なる者とは何だろうか。それはまず、われわれの中に溶け込んでいる他者であって、われわれとは異なっているが、同時にわれわれに似通った、近しい存在である。エスコバルはゲオルク・ジンメルの言葉を借りて、これは「ある日やって来て、その翌日に立ち去る」のではなく、「ある日やって来て、その翌日も居残っている」ような人のことだとしている。

未知なる者、敵はわれわれにとって必要不可欠となりうる。その無秩序がわれわれに秩序の中で自らを確認させ、その非＝人間性がわれわれの人間性の中で自らを確認させ、その奇怪さがわれわれの正常さの中で自らを確認させてくれるからである。まさに彼と対峙することで、われわれは自分自身を意識するのである。

ジグムント・フロイトは、〈小さな差異のナルシズム〉と名づけているものに関して、類似と近似が集団どうしの衝突と憎しみの基盤をなしており、これらはまた内部の未知なる者という特殊な場合にも適用される、とほのめかしていた。『モーゼと一神教』の中ではさらに、「根源的な差異よりも小さな差異のほうが、一般大衆の不寛容の標的になる」と述べている。このようなフロイトの概念と、ジンメルが関心を抱いていた小さな差異による社会的憎悪が、エスコバルの考察の出発点になっているようである。

類似性と親近性が強いときには、もはや境界、分離、中立性が存在せず、防衛ももはや存在しない。一般的に平等な、区別のない状況においては、ほんのわずかの不協和音も巨大なものに見え、悲劇的な外観を帯びる。これが、小さな差異の作用である。逆に全体の中で、個人を特徴づけ、切り離している大きな差異があると、各個人は節度をもって自分自身の個性を示し、したがって各個人の小さな差異は、全体的なものにも、暴力的なものにもなることはない、とエスコバルは述べている。この論文の中で、彼が終始一貫して際立たせているのは、内部の敵という存在である。集団の中に入る者たちは、とりわけ猜疑的な迫害意識を引き起こす。彼らはわれわれにとって何よりも、ことごとく内部の敵のように見える。しかしながら内部の敵とは、もしかすると一つの影、われわれの影、われわれの闇の部分、つまり集団の引力や求心力から逃れるためにわれわれが避難する地下蔵でうごめいているものの徴候なのかもしれない。

ところで集団の中では、個人たちは完全に集団のほうに（中心のほうに）向けられていて、〈利他的〉である。しかしながら、各人は自分の中に小さな裏切り者を抱え込んでいて、その裏切り者はごく平穏に食べ、飲み、愛し、生きることを欲する。これが、エリアス・カネッティの言う集団の中の〈小さな裏切り者〉である。エスコバルはこの小さな裏切り者を、内部の敵と関連づける。集団の中に入ってきた者、未知なる者、新参者である他者の中に、われわれは背徳的な自由、誘惑的な自由を想像する。一方、われわれの中にいる小さな裏切り者は、境目によって限定されない権利、互いの重圧や集団の閉鎖性から自由になる権利を要求する。そのような状況の中で、この未知なる者が疎んじられないわけはないのである。

未知なる者とは、カフカの『城』の測量技師のように、〈たくさんの厄介ごと〉をもたらす者、何を考えているか分からない者、そしてついには一人の者であることも否定されるに至る存在である。彼は〈何ものでもない〉のであって、〈何かあるもの〉でありえても断じて一人の人間ではない。わけの分からない言葉をしゃべる者、蛮人という意味の、ギリシャの〈バルバロス βάρβαρος〉とか、よそ者という意味の〈クセノス ξένος〉、さらにニーチェの〈ヴァンデラー Wanderer〉、これらはある日やって来て、その翌日には出発する者であるから、根本的な未知なる者である。しかし、われわれの中に隠れている小さな裏切り者を呼び起こすのは、こうした放浪者ではない。ギリシャ語で〈メトイコス μέτοικος〉、フランス語で〈メテック métèque〉、移住者、居留外国人は、紛れもなく内部の未知なる者であり、未知なる者が集団に入り込むことでメテックとなる。

メテックは、根づいていると同時に根こそぎにされており、近い存在でありながらまた遠い存在でもある。彼はわれわれの動揺、恐怖、憎悪を受けとめることができる贖罪の山羊に等しい。殺されるに値し、かつ崇められるに値する存在である。ルネ・ジラールの記述によれば、アテネでは〈ファルマコス φαρμακός〉というものが機能していたが、これは時折、特に大災害の時期に犠牲として捧げられるために、都市の出費で養われていた幾人かの不幸な人たちのことであった。つまり、贖罪の山羊として使用されるために〈飼育される〉人間たちのことであった。あのアテネに存在していたというのが驚きである。このような存在を念頭に置いて、エスコバルは次のように注意を促している。「われわれの明るい、光の部分は、内部の未知なる者がわれわれと同等の者、われわれの兄弟となることを受け入れる。しかしわれわれの闇の部分、われわれの内なる影は、それらの兄弟の中に――まさしくそれが兄弟だからこそ――同じ数だけの醜悪な分身、われわれ自身の鏡に映った、血まみれのイメージを見るのである」。

最後にもう一つ心に残るものとして、エスコバルの言う〈欲望の欲望〉というものを記しておこう。ジンメルにとって、悔しさとは、「ある主体がその主体にとって特別に欲しいものというわけではなく、単に他者がそれを所有しているからという理由だけで、ある対象を羨望する欲望である」という。エスコバルはこれを、〈AはBを欲する、なぜならCがBを欲するからである〉、と表現する。欲望自体がその関係の核心なのであって、欲望そのものが、その対象を所有する権利を持つという主体の確信を創り出すのである。〈AはCの欲望（によって欲望を募らされた対象B）を欲するのだ〉と言うことはできないか、と彼は問いかけているのだが、これはツヴェタン・トドロフが『未完の菜園』で述べている欲望の愛、〈エロス〉の姿そのものでもある。この欲望の愛は、ライバルや、ライバルが引き起こす嫉妬を糧にする。ライバルの存在が欲望を駆り立て、嫉妬、欲望、禁忌は、愛についてまわるというよりも、むしろこの愛を生み出すのである。

☆ロベルト・エスコバルの著作

Nietzsche e il tragico, Formichiere, 1980.
Metamorfosi della paura, Mulino, 1997.
Il silenzio dei persecutori, ovvero il Coraggio di Shahrazàd, Bologne, Mulino, 2001.
Nietzsche politico, M & B Publishing, 2003.

ジュゼッペ・フォルナーリ **Giuseppe FORNARI**

彼はベルガモ大学、哲学科の歴史の教授である。論文の原題は、*L'arbre de la faute. La révélation biblique de la violence* という。彼はまた、ルネ・ジラールの著作、*Je vois Satan tomber comme l'éclair* をイタリア語に訳している。

ジュゼッペ・フォルナーリは、アダムとイヴ、カインとアベル、イエス＝キリストの物語にかかわっている樹木の象徴的な意味を掘り起こし、それに暴力のテーマを結びつけている。

彼はまず最初に、「創世記」のテクストの形成に関して、〈ヤハウェ資料〉の伝承と聖職者による伝承と、二つのタイプの物語があることを指摘する。前者はだいたい紀元前十世紀にまで遡り、後者は紀元前五世紀の後半に位置づけられる。聖職者による伝承の物語では、人間は神によって、神の〈イメージ〉で、神と〈類似〉させて創られ、神の計画性が強調されている。一方、〈ヤハウェ資料〉によるものは、神は〈粘土〉で人間を形作り、その鼻の中に生命の息を吹き込むというものであって、単純かつ古風である。両者の間に矛盾はないが、「創世記」の中に微妙に異なる二つの性格が流れていることは、記憶にとどめておくほうがよい。

神は人間を創り、彼をエデンの園に入れる。園の真ん中には、生命の樹と、善と悪を知る樹が並べて植えてある。神は人間に、善と悪を知る樹の実を食べることを禁じ、次いで人間に一人の伴侶を与える。しかし、一匹の蛇にそそのかされたその伴侶は、善と悪を知る樹の実を食べてしまい、以下、誰もが知っている〈楽園追放〉の物語となる。

最初の人間は〈アダム Adam אָדָם〉と呼ばれるが、これはヘブライ語の〈アダマ adamah אֲדָמָה〉に由来するもので、このヘブライ語は彼が形成された土を示し、アダムは〈人間、人類〉を意味する。この集合的な言葉が最初の人間の固有名詞になるのは、「創世記」のテクストをずっと先まで進んでからである。フォルナーリは、原罪とは、二人の神話的な祖先によって犯され不可解なやり方で彼らの子孫に伝達される過ちではなく、人間そのものが自らの起源を、すなわち人間としての人間という、人間にとって不可分の構造上の要素を引き出す過ちと捉える。この最初の過ちは、〈知恵〉、つまり善と悪の認識のことで、これ自体はもとは神だけの属性であった。しかしこの善と悪の認識は、人間が〈墜ちる〉ことによってしか実現することのできない衝撃的な飛躍を成している。

ところで、エデンの園の中心に置かれている二本の樹は、何を象徴しているのだろうか。生命の樹は神の超越性を表わしており、人間は起源からしてその超越性のために作られている、とフォルナーリは解釈する。一方、善と悪を認識する樹は、人間が歴史的にその超越性を理解することができるようにする、歪曲されたやり方を表わしているのであって、この二本の樹はそれぞれがもう一方の分身であり、それぞれがもう一方の解釈となる。そうすると堕落〔転落〕というのは、人間がその弱さの中で、神の超越性を理解することができる唯一のやり方である。

女が禁断の樹の実を食べるのは、彼女がそれらを欲するからであり、蛇がそれらを欲しいものと思わせたためである。つまり蛇は、一人の仲介者にして、一つのモデルである。すると原罪は、模倣から生まれる欲望、ミメーシス的欲望ということになる。そのようにして蛇が女にとってのモデルの役割を務めると、今度は女が男にとってのモデルの役割を務め、連鎖的プロセスをたどる。

神の〈イメージ〉で、神と〈類似〉させて人間を創造するということは、人間の欲望が善であり、人間の価値が大きなものであるということを示している。そして神のイメージと類似は、模倣という間接的な方法によってしか実現されえない。だから、人間の行動は根本的にミメーシス的であって、模倣を通して獲得される人間の意識は、創造物としての過ちと結びつけられ、またそれによって形成されている。原罪はまた人間の中にある最も高尚なものをも含んでいるということを把握しなければ、原罪を理解することは不可能である。独特の視点に立って、フォルナーリは「聖書」の〈原罪〉をそんな風に解釈している。

アダムとイヴの長男、カインは、両親の過失の直接的な継承者である。

蛇でミメーシス的欲望を実現させ羨望を引き起こしたのと同じプロセスが、カインにも生じる。人間は模倣によって学び、自己を構築するのであるが、暴力は、その模倣の変質である。モデルとそのモデルをまねる者とが同じものを欲するがゆえに、敵対関係が噴き出してくる。そしてその関係の中でモデルは、憎悪し、打ち倒さなければならないような敵となる。実際の目的はモデルのようになることであって、ある対象を所有することではないのだから、唯一の解決策はライバルの完全なる抹殺、その殺害である。神のために用意された特権、至高の認識を表わす実を食べることで、アダムとイヴは神の地位を手に入れたい、神を殺したいと思うのである。カインもまた、ライバルとして神格化された自分の弟を殺すが、弟の捧げ物を神は気に入っているのだから、ある意味ではこれは神自身をも殺すということである。まずアダムを打ちのめし、次いでカインに襲いかかる神の判決は何よりも、人間の歴史全体に染み込むことになる暴力の、破壊的結果を描いているのだという。

蛇がエデンの園に隠れているのと同じように、われわれ一人一人が自分自身の内部に兄弟殺しの暴力を隠し持っている、そして、隠すということは、欲望を実現させたり欲望を暴力に変質させたりするための本質的な方法である。裸であることを恥ずかしく思ったアダムとイヴは自分たちの体を覆い隠し、カインは弟をだまして外へ連れ出す。原初の時代から、人間は隠蔽と偽装を行なってきたわけである。隠すということの意味合いが、白日の下に曝される。われわれ自身の内なる悪に目を向けることの意義は、どうやらこの点にありそうである。善人はことさらに自分自身の悪に目を向けることはない。ところが、悪事を犯してしまった悪人は、カインのように、もはや永久に取り戻すことのできない善なるものを、悪との対比によって、悔恨とともに認識することができる。だからこそ、カインの末裔である人間たちは、自分自身の中の悪を見つめなければならないのである。

フォルナーリによれば、アダムとイヴは、未来の子孫としてだけでなく、集団としても見なされる人類全体の象徴なのだという。アダムとイヴの代わりに集団全体を想像するならば、そこにはルネ・ジラールの生贄のメカニズムを導入することが可能となる。この生贄のメカニズムが完全に作用するためには、その生贄が、最初の段階では集団のすべての悪の張本人と見なされ、第二の段階では救済の神と見なされなければならない。生贄が集団にとっての善と悪の唯一の源泉として理解されるような、この集団的な二重の転移がなければ、人々はその生贄の周りに、敵対関係の爆発をそらして、阻止するような一体性を創り出すことはできない。これが、おなじみのルネ・ジラールの理論である。ところでフォルナーリは、この二つの転移が、極めて正確なやり方で、例のあの樹の善と悪とに一致しているし、またエデンの園の中央に置かれている樹そのものが集団の中央に置かれている生贄を表わしているのだ、と述べている。

樹木崇拝に、生贄の起源を見るフォルナーリは、最後に、キリスト教の象徴体系では、十字架の樹は善と悪の認識の樹、あるいは生命の樹に由来する、と指摘している。十字架は、象徴的な次元では、人間の文化の基盤となるような、生贄に対する私刑を再現している。したがって十字架は生贄そのものである。十字架は原初の過ちの象徴、善と悪の認識の樹であって、それがキリストの手の中で、神の超越性の象徴、生命と完全な愛の樹、「三位一体」の樹となるのである。

☆ジュゼッペ・フォルナーリの著作

Fra Dioniso e Crist, Pitagora, 2001.

Il caso Nietzsche, avec René Girard, Marietti, 2002.

ドメーニカ・マッツ **Domenica MAZZÙ**

彼女は、メッシーナ大学政治学部の政治哲学教授で、「〈神話、象徴、政治〉研究センター」を主宰している。政治的象徴が、彼女の取り組んでいる研究テーマであり、論文の原題は、*La métaphore auto-immunitaire du politique* である。

ドメーニカ・マッツの論文は、カール・シュミットの友＝敵理論を免疫システムと対比させながら論じた極めて興味深いものである。道徳的なものにおいては、善＝悪が区別の基準となり、美的なものにおいては美＝醜が、経済的なものにおいては利益＝損失が区別の基準となる。それとまったく同じように、政治的なものにおいては友＝敵が区別の基準となるのだが、ただしこの場合、敵というのは私的な敵ではなく、国家などといったレベルの公的な敵のことである。こんな風に、カール・シュミットは政治が存在する根拠を友＝敵という区別の上に置いている（田中浩・原田武雄訳、『政治的なものの概念』、未來社、参照）。このシュミットの理論を踏まえた上で、ドメーニカ・マッツは次のように述べる。「政治はいわば独特の、排他的な免疫能力を持っている。つまりセルフとノット・セルフ（友と敵）を区別し、攻撃を加えることのできる抗体を生み出し、異質な細胞を破壊する（戦争）能力である」。「一方には、私を生かしているがゆえに、私が生かさなければならないもの、国家、愛の対象がある。ところがもう一方には、それが私を殺すかもしれないという理由で、私が殺さなければならないもの、敵がいる」。このような国家は、母親に喩えられ、守らなければならない対象と見なされてしまいがちなのだが、両者は本質的にまったく異なる。

集団的戦略においては、個人は、所属という原初的な欲求、自分と母親とを結びつけていた、愛され保護されたいという欲求に駆られて集団の中に入る。そうしながら、個人はありのままの生命的現実から、人為的な次元、国家へと位置をずらす。しかし国家は自立した地位を持ってはおらず、その生命と糧とを個人から汲み上げる。個人が古くからある自然の関係と、そうした人為的な構造との間に象徴的な絆を創り出すと、その象徴的な絆は、母親に属する最初の生命的機能のすべての特徴を国家に与えるのである。また、国家というものは、実際には単なる策略であって、攻撃性を抑えたり、形成したりする母親的な能力を欠いているのに、愛の対象のように体験される。国家にできることはただ、やはり同じように超＝個人的なもう一つ別の実体に攻撃性を方向転換させることである。するともう一つの実体は公的な敵と化すので、その敵によって滅ぼされないようにするために、それと戦い、それを完全に滅ぼしてしまわなければならなくなる。そこで国家は、救わなければならないはずの生命の犠牲を個人たちに要求することができるのである。あたかも生命組織の免疫作用の如く機能する政治的な装置に対しては、よくよく注意しなければならない。このような一種のすり替え、目くらましに対して、ドメーニカ・マッツは次のように結論づける。母親的なモデルは、人間が自分の恐怖を払うために国家に託す全能性の妄想的性格を暴露しながら、救済の問題を国家に委任しようとすることが一つの幻想であるということを示しているのだ、と。

シュミットの友＝敵理論は、政治というものの核心を突く、ある意味では恐るべき理論であるけれども、グローバル化する世界にあって、核兵器は友も敵も一緒くたに滅ぼしてしまう可能性を秘めているのだから、これからの時代には、適用しがたいものとなるだろう。そのことをドメーニカ・マッツは、フランコ・フォルナーリ Franco FORNARI の『核戦争に関する精神分析 *Psicoanalisi della guerra atomica*』を引用しながら、次のように述べている。「律法は、〝殺すものは、死ぬ〟と述べている。そして死なせることによって、律法は殺さないようにするのである。原子力の展望も、民間的な制度の礎である律法と同じように決然と、われわれに警告している。今からは確実に、殺す者は、死ぬのだ」。

ドメーニカ・マッツは、政治というものを免疫作用と比較し、両者の違いを浮き彫りにしているわけであるが、最後に免疫作用の肯定的な機能の中に、政治的なものの活路を見出しているのではないか、という印象を受けた。生命組織は、セルフ〔自分自身〕の中にノット・セルフ〔自分自身ではないもの〕を迎えるために、自分自身の防衛を弱めるという条件でしか救われない。これと同じプロセスが政治的次元でも確かめられる。人は他者たちの破壊を通してではなく、他者たちの救済を通して自分自身の救済に至ったのだ。強く心に響いてくる言葉ではないだろうか。

☆ドメーニカ・マッツの著作

Logica e mitologica del potere politico, Giappichelli, 1990.
Il complesso dell'usurpatore, Giuffrè, 1999.
Voci dal Tartaro, ETS, 1999.
Tebe e Corinto, Giappichelli, 2004.

フランチェスコ・シラクザーノ **Francesco SIRACUSANO**

彼は、メッシーナ大学政治学部で社会心理学を教えた。精神分析学者として、神話創造に適用される精神分析に関心を持っている。論文の原題は、*Réflexions psychanalytiques sur la genèse de la lutte entre frères* である。

シラクザーノは、ホルヘ・ルイス・ボルヘスの短編小説『待つ』、ジグムント・フロイトの報告する症例、ウィルフレッド・ルブレヒト・ビオンが示す一人の患者の悪夢を取り上げ、自分の分身ともいうべき双子のかたわれによる兄弟殺しや、その根源にあるカインの弟殺しについて、精神分析的考察を行なっている。

ボルヘス、フロイト、ビオンの例はいずれも悪しき分身の例であるが、シラクザーノは、マニー＝カールの言葉を借りて、迫害するような不安は、われわれ自身の内部にある何かから発して、自分に向かってくる漠とした、恐ろしい強迫感のように始まる、と言っている。その〈何か〉は、はっきりとした輪郭を持つ外的な姿に投影されることによって、生命を得る。これはまさしく、ルイージ・アルフィエーリが解釈している『蠅の王』の姿と重ね合わせることができるだろう。その敵を、われわれすべてが自分の内部に持っている。われわれがその敵に出会うということも起こりうるし、その敵を一人の兄弟の中に見ると言うことさえ起こりうる、とシラクザーノは言葉を続けている。したがって、原初の兄弟であるカインとアベルにまで遡って、精神分析的な考察を施そうとする彼の動機も見えてくる。

シラクザーノによれば、カインはわれわれ一人一人を表わしており、カインはわれわれ一人一人のことだという。カインとアベルの対立は捧げ物が原因で起こるが、その捧げ物がアベルの家畜からカインの初穂へと移行するのは、象徴的なものの出現と差異という観念の表明なのであって、これは自我の支配が刻み込まれるシーンである。アベルが原初的な論理に属する、静止した情報だけで満足しているのに対して、カインはさまざまな差異に基づいて、また差異に対して働きかけるのであり、それらの差異によって、未来に関する可能な限りの情報の通過が可能となる。

ところで、自我は苦悩の本拠地であって、苦悩とは、生と死の、快楽と苦痛の、充足と空虚の、断ち切れない結合と決定的な分離の、肉体的で精神的な激しい創造能力と全体的で後戻りできない衰弱の、原初的な警告にして、かつ極限的な意識である。各個人は、一つの〈通過〉に直面しなければならなくなると、その苦悩のために苦しむ。けれども苦悩はまた、人間の中で進化的、保護的な推進力として発展してきたのである。

カインが自分の弟を殺すとき、弟のその動かない身体はカインに、〈死とは何であるか〉、〈殺すということは何を意味するのか〉を永遠に教えているのだ、とシラクザーノは解釈する。人間は、最も残虐な犯罪に関してさえ、罪の意識によって責め苛まれることから免れさせてくれるような、正当化を行なおうとする。それは、人間の精神的プロセスの中に、互いに相反する二つの動きが存在するからである。そのことを彼は次のように述べている。「内面的な世界において、両価性は、二つの異なる感情、愛と憎悪が共存することを意味する。この二つは、互いに矛盾することも破壊することもなく、欲動の力の中で一つに結びついて、各人の心の最も奥深くに存在しており、その欲動の力は、快楽原則に支配されて、自我に欲望の全面的、即時的な充足を求める。目標に向かう行程で、この二つの感情は区別され、両者の結びつきまたは果てしない分離、生の欲動と死の欲動の対立が現われてくる」。個人の中に存在する良き側面と、悪しき側面。その〈反定立性〉によって、人間の歴史は築かれてきたのだと言えないこともない。とはいえシラクザーノは、マニー゠カールが提起しているような偏執狂的プロセスに注意を促している。偏執狂的プロセスにおいては、個人は悪しき対象（彼自身の中に生きている敵、すなわち彼の悪しき側面）と同一化してしまい、「もしも私自身が、あれほど恐れていた悪しき実体（敵）であるならば、私はもはやこれ以上何ものも恐れるべきではない」と開き直るのである。戦慄すべきその結果は、誰にでも想像することができる。そうしてみると、カインの神話は、このような恐るべき存在を生み出さないようにするための、大いなる知恵だったのかもしれない。

＊　＊　＊

この翻訳に関しましては、茨城大学名誉教授、及川馥先生に原稿を読んでいただいた上に、さまざまな御指摘をいただきました。ここに深い感謝の意を表わしたいと思います。また、本書を訳すことを勧めてくださった法政大学出版局の平川俊彦氏、堅実な助言をしてくださった藤田信行氏に、心からお礼を申し上げます。原註を巡って議論を交わした日々が、懐かしく思い出されます。

二〇〇八年七月二十日

内藤雅文

訳者

内藤雅文（ないとう　まさふみ）
1952年生．筑波大学大学院文芸言語研究科各国文学専攻博士課程修了．フランス文学専攻（マルセル・プルーストの研究）．現在，武蔵大学・二松學舎大学非常勤講師．訳書：M. セール『小枝とフォーマット』，J.-J.C. グー『哲学者エディプス』，T. トドロフ『未完の菜園』，M. ド・セルトー『歴史と精神分析』，M. ピカール『遊びとしての読書』（共訳）〔以上は法政大学出版局〕，R. ヤーコブソン他『詩の記号学のために』（共訳，水声社）．

《叢書・ウニベルシタス　888》
カインのポリティック
——ルネ・ジラールとの対話

2008年 8 月15日　　初版第 1 刷発行

ルネ・ジラール／ドメーニカ・マッツほか
内藤雅文 訳
発行所　財団法人　法政大学出版局
〒102-0073 東京都千代田区九段北3-2-7
電話03(5214)5540／振替00160-6-95814
製版，印刷　三和印刷／誠製本

Printed in Japan

ISBN 978-4-588-00888-7